한국수학교육학회 2014년 연보
Korean Society of Mathematical Education Yearbook 2014

수학학습 지도 원리와 적용

황혜정 · 김진호 · 고호경 · 서보억 편집

KM 경문사

한국수학교육학회 2014년 연보를 출간하며

2013년, 한국수학교육학회는 오랜 준비 기간을 거쳐 이사회의 의결에 따라 연보 발행의 공식적인 출발을 가졌다. 한국수학교육학회 연보는 우리나라 수학교육학자들을 중심으로 다양하게 연구된 수학교육학 영역의 핵심 주제들, 앞으로 진지하게 연구되어야 할 수학교육학의 의미 있는 유망한 주제들을 체계적으로 정리하여, 앞으로의 수학교육학 연구의 발전 방향을 제시하려는 의도로 기획되었다.

한국수학교육학회 연보 창간호를 위해 네 명의 편집진이 구성되고, '구성주의와 한국수학교육'을 주제로 연보 발행이 추진되었다. 연보 창간호는 수학적 지식의 구성에 대한 구성주의적 인식론의 주제들로부터 수학 교수 학습 및 평가 등과 같은 수학교수학의 주제들에 이르기까지 다양한 관점들에 관해 다루었다.

연보 창간호와 동일한 절차에 따라, 금년의 한국수학교육학회 2014년 연보도 네 명의 편집진을 중심으로 2014년 연보 주제를 '수학학습 지도 원리와 적용'으로 결정하고, 연보에 실릴 글들의 세부 주제들을 논의하고 이를 바탕으로 집필진을 섭외하였다.

2014년 연보는 '수학학습 지도 원리와 적용'을 주제로 삼았는데, 이 주제의 선정 이유는 예비 교사 및 현직 교사가 수학 교수·학습 이론과 그 활용 방법의 중요성을 인식하고 습득하여 수학수업에서 실제를 보다 효율적으로 풍부히 구현할 수 있도록 하기 위함이다. 이러한 맥락에서 모든 장의 구성은 크게 두 부문으로 나눠지는데, 한 부문은 수학 교수·학습과 관련된 특정 이론의 중요하면서도 핵심적인 내용을 다루고, 다른 부문은 해당 이론을 활용한 수업 실행을 수업 지도안의 형태로 제시하였다. 2014년 연보에서 다룬 수학 교수·학습 이론은 문제해결, 추론, 문제제기, 메타인지, 수학화, 수학적 모델링, 스키마, 의사소통, 스토리텔링, 융합교육, 공학적 도구 활용, 교구 활용, 인성교육에 관한 것이다.

한국수학교육학회 연보 창간호와 더불어, 2014년 연보에서 다룬 내용들이 우리나라 수학교육의 이론을 더욱 공고히 다지고, 효율적인 수업 현장의 활성화에 보탬이 될 수 있기를 기대한다. 또한, 한국수학교육학회 연보가 수학교육학을 이해하고 초·중등학교 수학교육을 개선하고자 하는 모든 분들에게 도움이 되길 기대한다.

끝으로, 이 책의 발간 및 출판을 위해 노력해 주신 모든 편집진과 집필진 여러분, 그리고 경문사 사장님께 깊은 감사의 말씀을 드리며, 한국수학교육학회가 지속적으로 연보 발간 사업을 성공적으로 추진해 나갈 수 있도록 많은 관심과 응원을 부탁드리는 바이다.

황혜정 · 김진호 · 고호경 · 서보억

차례

제4장 메타인지와 수학수업 _ 이봉주

제5장 수학화와 수학수업 _ 김부미

제6장 수학적 모델링과 수학수업 _ 이환철

제7장 스키마와 수학수업 _ 박지현 · 황혜정

第12장 교구를 활용한 수학수업 _ 장혜원

第13장 수학교육에서 인성교육 방안 _ 박만구

제 1 장

문제해결과 수학수업

한인기(경상대학교)

1. 서론

문제해결은 수학교육의 이론과 실제에서 중요한 영역으로 인식되고 있으며, 역사적으로도 Pappus, Descartes에서 Dewey, Polya에 이르기까지 많은 수학자, 철학자들이 효과적인 문제해결 방법에 대해 연구를 수행하였다. 우리나라 수학과 교육과정에서 문제해결이 강조되기 시작한 것은 1980년대 이후로 알려져 있다. 벌써 30년 이상이 흘렀고, 수학 문제해결에 대한 많은 연구들, 자료들이 소개되었다. 그런데 수학교실에서의 긍정적인 변화는 두드러지게 나타나지 않고, 오히려 수학을 포기하거나 낮은 성취에 대한 비판의 목소리를 쉽게 접할 수 있다. 다음은 2014년 7월 21일 KBS 뉴스의 기사이다(국현호, 2014).

> 정부는 올해를 수학의 해로 선포했지만 지난해 수능 수학에서 100점 만점 기준으로 30점도 안 되는 학생이 전체의 40% 가까이나 됐습니다. 이렇게 된 가장 큰 이유는 입시를 위한 문제풀이 수업 방식을 꼽을 수 있습니다. 학생들이 수능까지 만 번 넘게 쓴다는 2차 방정식 근의 공식입니다. 한 교사가 학생들에게 이 공식을 증명하라 했더니 3분의 1도 못했다고 합니다. 문제 풀려고 그냥 외웠기 때문입니다.

이 뉴스 기사에서는 입시를 위한 문제풀이 수업 방식을 낮은 성취의 한 원인으로 꼽고 있다. 수학수업에서 문제를 푼다는 것은 교수-학습 활동의 중요한 부분이며, 충분히 문제를 풀지 않고 수학을 잘 할 수는 없을 것이다. 그런데, 문제가 되는 것은 뉴스의 기사에서도 지적했듯이, '어떻게 문제를 풀 것인가', '문제풀이 수업을 어떻게 구성, 운영할 것인가'이다. 수학교육학자들에 의해 이 문제들에 대해 많은 연구가 이루어졌지만, 아직은 수학교실을 변화시키기에는 미흡함이 있는 것처럼 보인다.

이 글에서는 수학 문제해결을 활동이론의 관점에서 고찰하여 학습행위의 하나로서 문제해결의 다양한 측면들을 밝힐 것이다. 특히 학습행위 형성의 수준에 근거하여 문제해결의 수준에 대해 논의하고, 문제해결에서 교사의 도움의 특징, 내용에 대해 구체적으로 살펴볼 것이다. 그리고 문제해결 중심의 가상 수업을 제시하여, 효과적인 문제해결 수업의 한 사례를 소개할 것이다.

2. 학습행위와 문제해결

2.1 학습활동과 학습행위

행위는 일상용어로도 폭넓게 사용되지만, 활동이론의 중요한 구조적 구성 요소이기도 하다. 활동이론에서 활동은 구조적으로 욕구, 동기, 행위, 조작으로 구성되며, 인간의 내적인 그리고 외적인 능동성으로 설명된다. 인간의 능동성은 도달해야 할 목표를 가진다. 활동의 구성요소인 행위는 활동의 목표에 종속되며, 이 목표를 달성하는 과정인 것이다. 활동 목표의 달성이 활동 주체가 이미 터득한 유닛들의 유기적인 조직을 통해 이루어진다고 한다면, 이러한 유닛을 조작이라고 부른다. 결국 행위는 조작들을 기반으로 구성되며, 목표에 도달하기 위해(행위를 수행하는 과정에서) 어떤 특정한 조작을 선택할 것인가는 활동 상황의 조건들에 의존하여 결정된다. 일반적으로 인간의 생애주기에 따라, 놀이활동(취학 전 아동의 전형적인 활동), 학습활동(학생의 전형적인 활동), 노동활동(성인의 전형적인 활동)으로 구분되며, 각 활동은 자신의 고유한 특징을 가진다.

노동활동의 내용은 활동 주체의 변화가 아니라, 활동의 산출물을 만드는 것이며(비록 활동을 통해 주체에게도 변화가 발생하지만), 학습활동의 내용은 활동 주체의 변화, 발달이며 이 변화, 발달이 학습활동의 결과이다(El'konin, 2001). 학습활동은 활동 주체인 학습자의 자기변화, 자기발달을 목표로 한다는 점에서 노동활동과 구별된다. 그리고 노동활동에서 의도하는 변화의 일차적인 대상은 활동 대상(활동이 미치는, 활동이 지향하는)이지만, 학습활동에서 의도하는 변화의 일차적인 대상은 활동 주체 자신이다.

학습행위는 학습활동의 구성 요소이다. 학습활동의 과정에서 살펴보면, 학습행위는 학습활동의 목표를 달성하는 과정이라 할 수 있다. 학습행위는 학습활동의 주체인 학습자에 의해 수행되어야 하며, 수학교실에서 교사가 학습내용을 설명하고 학생이 듣는 상황은 학습활동이나 학습행위에 관련시키기 어렵다. 학습활동은 학습자의 자기변화, 발달에 관련되어야 하기 때문이다.

학습활동의 목표를 달성하는 과정은 문제해결, 체험, 실험 등 다양한 학습행위와 관련될 수 있다. 문제해결과 관련하여 생각하면, 문제해결의 욕구, 동기, 문제해결 자체 등이 학습활동을 구성한다면, 문제를 해결하는 과정 자체는 학습행위와 관련된다. 이때 문제가 목표(학습활동의 목표)와 조건들(목표의 도달을 위한 필연성으로서의 조건들)로 구성되며, 이 목표를 도달하는 과정을 염두에 두고 학습행위를 말하고 있는 것이다. 그런데 학습활동의 목표가 구체적인 한 개의 수학 문제해결을 통해서 달성되지 못하는 경우가 많으므로, 단편적인 수학 문제 하나의 해결만으로 학습활동의 학습행위를 국한할 수는 없다.

한편 문제해결(학습활동의 목표 도달) 과정도 몇 개의 하위적인(부분적인) 목표의 달성을 통해 이루어지는 경우가 많다. 즉 한 문제를 하위적인 몇 개의 문제로 분할하거나, 한 문제의 해결 과정을 하위적인 몇 단계로 나누어 하위목표의 달성을 통해 학습활동의 목표에 이르는 경우를 생각할 수 있다. 그러므로 특정한 수학 문제의 해결에서 문제의 이해에서 정답을 얻는 것을 하나의 묶음, 전체로 간주하여, 이것을 학습행위의 한 단위로 엄격하게 규정할 수는 없다.

문제해결 과정 모형에 관련하여 많은 주장들이 있다. Dewey는 암시-지성적 정리-가설-추리 작용-검증을, Wallas는 준비-부화-통찰-검증을, Polya는 이해-계획-실행-반성을, Schoenfeld는 분석-계획-탐구-실행-검증을, Burton은 도입-공략-검토-확장을, Lester는 방향 설정-조직화-실행-검증을 들었다. 이밖에도 많은 연구자들이 문제해결 과정을 개념화하였다. 이들을 학습행위와 관련하여 생각할 수 있지만, 충분히 학습행위라고 할 수는 없다. 학습행위는 학습활동의 목표 달성에 관련되기 때문이다.

Davydov(1996)는 학습문제의 해결을 구성하는 학습행위로, 1) 학습문제를 설정하거나 수용하기; 2) 문제의 조건들을 변환하기(학습 대상의 전체공통인 관계를 밝히기 위해); 3) 추출된 전체공통의 관계를 모델링하기(구체물, 그래프, 문자 등을 이용하여); 4) 모델을 변환, 변형하기(전체공통인 관계의 특징을 연구하기 위해); 5) 부분 문제들(같은 방법으로 해결되는)의 체계를 구성하기; 6) 학습행위의 수행을 통제하기; 7) 일반화된 방법의 터득을 평가하기와 같은 7가지를 나열하였다.

Davydov의 학습행위 모형은 이론적 일반화를 지향한다는 것을 특징으로 들 수 있다. 즉 Dewey, Wallas, Polya, Schoenfeld, Burton, Lester의 문제해결 모형에서는 특정한 문제의 해결 과정에 초점을 맞추고 있다면, Davydov의 학습행위 모형은 전체공통의 관계를 포함하는 문제들의(단편적으로 표현하면 유사한 방법으로 해결되는-정확한 표현은 아니지만) 관련성, 전체성의 구성을 지향하고 있다. Davydov의 모형에서는 학습문제로부터 전체공통 관계를 추출하고 이를 모델링하여, 얻어진 모델을 이용하여 전체공통 관계의 다양한 변형을 탐구하고, 이 전체공통 관계를 중심으로 관련된 문제들의 연결성을 밝혀 하나의 체계(system)를 구성하게 된다. 이를 통해 이론적 일반화가 이루어지고 이론적 지식이 구성된다는 것이다. 이때 전체공통 관계는 학습활동의 목표와 관련된다.

2.2 학습행위 형성 수준과 문제해결 수준

수학 문제해결에 대한 연구와 실제에서는 주어진 문제를 해결했는지, 그렇지 않은지에 관심이 집중되어 왔다. 실제로 학습자가 이해-계획-실행-반성과 같은 일정한 단계를 거쳐 성공적으로 주어진 문제를 해결했는지 그렇지 않은지, 주어진 문제를 성공적으로 해결하려면 어떠한 전략이나 접근 방법을 구사해야 하는지, 주어진 문제해결에 관련된 문제제기, 의사소통 등에 대한 다양한 연구들이 진행되었다. 그리고 수학교육 평가에서도 주어진 문제에 국한하여 학습자가 정답을 구했는지, 학생의 답에 오류가 포함되어 있는지 등에 한정하여 학습자의 수학적 수행에 대한 정보를 수집하고 있다.

그런데 '어떤 학생이 주어진 문제에 대해 정답을 냈다'는 것 자체는 학생의 수학적 수행에 대해 그리 많은 것을 알려주지는 못한다. 이것은 우선 그 학생이 주어진 문제에 대해 정답을 썼다는 것을 말해줄 것이지만, 그 학생이 유사한 문제를 풀 수 있을지, 새로운 유형의 문제를 풀 수 있을지 등에 대해서는 의미 있는 정보를 주지는 못한다. 예를 들어, 다음 문제를 살펴보자.

문제 1 [그림]과 같이 10개의 칸으로 구성된 띠가 있다. 띠의 양 끝에 바둑돌이 놓여 있으며, A, B 두 사람이 번갈아 가며 A는 흰 바둑돌을 오른쪽으로 B는 검은 바둑돌을 왼쪽으로 한 칸 또는 두 칸씩 움직일 수 있다고 한다. A가 먼저 바둑돌을 움직이기 시작하며, 서로의 바둑돌을 넘어서서 진행할 수는 없다. 자신의 차례에서 더 이상 바둑돌을 움직이지 못하는 사람이 진다고 할 때, 누가 항상 이길 수 있는가?

○									●

풀이 A가 처음에 흰 바둑돌을 두 칸 움직이면, 항상 이길 수 있다. A가 처음에 두 칸을 움직인 후에, B가 한 칸을 움직이면 A는 두 칸을 움직이고, B가 두 칸을 움직이면 A는 한 칸을 움직인다. 이와 같은 방법으로 A와 B가 한 번 더 바둑돌을 움직이면, 결국엔 B가 더 이상 움직일 수 없는 위치에 놓이게 된다. 그러므로 A가 항상 이기게 된다.

가령 어떤 학생이 문제 1에 대한 정답을 적었다고 하자. 학생의 답안을 분석하면, 이 학생이 이해-계획-실행-반성의 단계를 얼마나 잘 수행했는지에 대한 정보를 얻을 수 있다. 그렇지만, 이 학생이 문제 1의 구조를 파악했는지, 문제 1을 스스로의 힘으로 해결했는지 또는 해결 방법을 외우고 있다가 정답을 적었는지에 대해서는 알 수 없다. 그리고 문제 1과 유사한 문제, 예를 들어 문제 2를 해결할 수 있을지도 알 수 없다.

문제 2 17개의 칸으로 구성된 띠가 있다. 띠의 양 끝에 바둑돌이 놓여 있으며, A, B 두 사람이 번갈아 가며 A는 흰 바둑돌을 오른쪽으로 B는 검은 바둑돌을 왼쪽으로 한 칸 또는 두 칸씩 움직일 수 있다고 한다. A가 먼저 바둑돌을 움직이기 시작하며, 서로의 바둑돌을 넘어서서 진행할 수는 없다. 자신의 차례에서 더 이상 바둑돌을 움직이지 못하는 사람이 진다고 할 때, 누가 항상 이길 수 있는가?

풀이 문제 2에서는 B가 항상 이길 수 있다. A가 한 칸을 움직이면 B는 두 칸을 움직이고, A가 두 칸을 움직이면 B는 한 칸을 움직인다. 이와 같은 방법으로 A와 B가 바둑돌을 몇 번 움직이면, 결국엔 A가 더 이상 움직일 수 없는 위치에 놓이게 된다. 그러므로 B가 항상 이기게 된다.

과연 문제 1을 해결한 학생이 문제 2를 해결할 수 있을까? 일부 학생은 문제 2를 해결할 수 있을 것이고 일부 학생은 그렇지 못할 것이다. 결국 문제 1에 대한 정답을 제시한 학생들 사이에도 문제 1의 해결에 관련하여 큰 개인차가 존재하지만, 지금까지는 문제해결의 그러한 개인차나 문제해결 수준에 대해서는 충분한 연구와 관심이 주어지지 못했다.

앞에서 문제해결이 학습행위와 관련될 수 있다는 것을 기술하였다(비록 모든 문제해결이 학습행위와 관련되지는 않지만). 여기서는 학습행위의 관점에서 문제해결의 다양한 수준을 살펴보자.

학습활동 이론에서 학습 주체인 학습자가 다양한 수준에서 학습행위를 수행한다는 것이 알려져 있다. Repkina & Zaika(1993)는 학습행위의 자립성, 학습행위 방법의 인식,

변화된 조건으로의 학습행위 옮김, 학습행위의 일반화를 중심으로 학습행위의 형성을 6 수준으로 나누어 [표 1]과 같이 제시하였다.

[표 1] 학습행위 형성의 수준(Repkina & Zaika, 1993; 한인기, 강나경, 2014, p. 81 재인용)

학습행위 형성 수준	기본적인 징표	추가적인 징표
제1수준. 활동의 온전한 단위로써의 학습행위의 부재	통상적인 학습행위를 수행하지 못하며, 단지 내적인 연결성 없는 개별적인 조작들을 수행하거나 학습행위의 외적인 형태를 모방할 수 있다.	학습행위의 내용을 인식하지 못하며, 학습행위에 대한 설명을 자립적으로도 교사의 도움을 받아서도 제시하지 못한다. 학습행위를 수행하지 못하며, 기능들은 어렵게 습득하지만 견고하지는 않다.
제2수준. 교사와의 협력을 통한 학습행위 수행	학습행위의 내용과 이들의 조작적 구성요소를 인식하며, 학습행위의 수행에 착수한다. 그러나 외적인 도움 없이는 자신의 학습행위를 조직하지 못하며, 이를 끝까지 완수하지 못한다. 교사와 함께하면 비교적 성공적으로 작업한다.	자신의 학습행위에 대해 설명할 수 있지만, 학습행위의 실제적인 구현에서는 어려움을 겪는다. 교사의 도움을 비교적 쉽게 받아들이며, 통제 하에서는 효과적으로 작업한다. 실질적으로 자립적인 학습행위는 부재하다.
제3수준. 학습행위의 부적절한 옮김	터득한 학습행위의 방법을 자립적으로 새로운 문제에 적용한다. 그러나 이 방법을 구체적인 문제의 조건들에 적합하도록 하기 위해 방법에 크지 않은 변화를 만드는 것조차 하지 못한다.	터득한 방법을 문제의 조건들과 연결짓지 않고 무턱대고 사용한다. 학습행위의 그러한 연결, 재구성은 오직 교사의 도움을 통해서만 가능하며, 자립적으로는 수행하지 못한다. 문제의 조건이 변하지 않으면, 자립적으로 학습행위를 성공적으로 수행한다.
제4수준. 학습행위의 적절한 옮김	새로운 문제와 터득한 학습행위 방법의 불일치를 찾아낼 수 있으며, 자립적으로 이 방법을 재구성하려 시도한다. 그러나 이 재구성은 오직 교사의 도움을 통해서만 올바르게 이루어질 수 있다.	문제의 조건들을 충분히 분석하고, 이 조건들을 알려진 방법과 정확하게 관련짓는다. 교사의 간접적인 도움을 쉽게 수용하며, 자신의 어려움의 원인들을 기술할 수 있으며, 새로운 학습행위 방법의 특징을 기술할 수 있다.
제5수준. 학습행위의 자립적인 구성	새로운 문제를 풀면서, 자립적으로 학습행위의 새로운 방법을 구성하거나 알려진 방법을 수정할 수 있다. 이러한 것을 점진적으로 할 수 있으며, 결국엔 어떤 외부의 도움 없이도 정확하게 문제를 풀 수 있다.	비판적으로 자신의 학습행위를 평가하며, 문제해결의 모든 단계에서 문제해결에 대해 설명할 수 있다. 새로운 방법의 발견은 천천히, 확신없이, 문제 조건들의 반복적인 분석을 통해 수행되지만, 모든 단계가 완전히 자립적으로 이루어진다.
제6수준. 학습행위의 일반화	학습행위 방법의 구성 원리들에 근거하며, 이 원리들로부터 새로운 방법을 이끌어 내면서(알려진 부분적인 방법의 수정이 아닌) 새로운 문제를 그 자리에서 곧바로 해결한다.	새로운 방법을 획득하면서, 이 방법의 구성요소 뿐만 아니라 구성의 원리들(즉 방법이 무엇에 근거하였는지)까지 인식한다. 방법의 서로 다른 변형들 사이의 유사성, 이 변형들과 문제의 조건들 사이의 관계를 인식한다.

제1수준의 학습자는 학습행위의 요소들인 조작을 개별적으로는 수행할 수는 있지만, 학습활동의 목표를 달성을 위해 조작들을 조직하여, 전체성을 띤 학습행위를 구성하지는 못한다. 다음 문제를 살펴보자.

문제 3 실수 m, n에 대해 이차방정식 $x^2-mx+n=0$가 실근을 가진다. 이때 이차방정식 $x^2-(m-2)x+n-m=0$은 허근을 가지는가? 중근을 가지는가? 서로 다른 두 실근을 가지는가?

문제 3의 해결 과정을 살펴보자.

(1) 이차방정식 $x^2-mx+n=0$가 실근을 가지므로, 판별식에 의해 부등식 $m^2-4n \geq 0$, $m^2 \geq 4n$이 성립한다.

(2) 이차방정식 $x^2-(m-2)x+n-m=0$의 판별식은 $(m-2)^2-4(n-m)$이며, $(m-2)^2-4(n-m)$을 정리하면 m^2-4n+4가 된다.

(3) $m^2 \geq 4n$이므로, m^2-4n+4을 0과 비교하면, $m^2-4n+4>0$이 된다.

(4) 이차방정식 $x^2-(m-2)x+n-m=0$은 서로 다른 두 실근을 가진다.

문제 3의 해결을 몇 개의 부분으로 나누어서 기술하였는데, 문제 3의 해결 과정 전체를 학습행위라 한다면, (1), (2), (3)은 학습행위를 구성하는 조작에 해당한다. 제1수준의 학습자는 (1), (2), (3) 각각을 단편적으로 수행할 수는 있지만, 이들을 조직하여 전체의 해결과정을 구성하지는 못한다. 특히 이 수준의 학생은 교사의 문제해결 과정을 모방할 수는 있지만, 문제해결의 방향성이나 문제해결 각 부분의 연결성은 잘 알지 못한다. 결국 모방에 의해 문제를 해결할 수는 있지만, 자신이 어떻게 문제를 풀었는지, 자신이 무엇을 했는지를 인식하지 못한다.

제2수준의 학습자는 목표(구하는 것)와 조건들(주어진 것들)을 명확히 인식하여, 목표와 조건들 사이를 연결하는 징검다리를 구축하려고 시도한다. 즉 문제해결 과정 전체는 각 부분들(조건들을 포함하여)이 유기적으로 조직되어 일정한 목표를 향한다는 것을 이해하며, 그러한 전체성을 이루려고 시도한다. 그러나 혼자의 힘으로는 그러한 전체성을 띤 문제해결 전 과정을 구축하지는 못한다. 이때 교사의 도움이 필수적이라 할 수 있다. 교사가 어떤 도움을 주느냐에 따라, 학습자가 문제해결의 주체가 되어 학습행위로서의 문제해결을 수행할 수도 있고, 교사에 의해 주어지는 결정적인 단서들의 단편적인 결합을 통해 정답을 얻을 수도 있다. 교사의 도움에서는 뒤에서 자세히 기술할 것이다. 제2수준의 문제해결자의 전형적인 특징은 교사의 도움을 통한 문제해결 과정의 구성이라 할 수 있다.

제3수준의 문제해결자는 터득한 학습행위(문제해결)의 방법을 새로운 문제의 해결에 사용하려 자립적으로 시도한다. 제2수준의 문제해결자는 자립적인 문제해결에서 어려움을 겪었다면, 제3수준의 문제해결자는 자립적으로 문제해결 방법을 인식하고 새로운 문제상황에 그 방법을 적용하려고 시도한다. 이때의 시도는 문제의 내적 구조의 파악에 근거한 합리적인 시도라기보다는, 문제들의 외적 유사성에 근거한 시도라 할 수 있다. 그러므로 이러한 시도는 성공적이지 못하며, 교사의 도움을 통해 터득한 문제해결 방법의 조건들과 새로운 문제의 조건들 사이의 불일치를 확인할 수 있다. 그 결과 새로운 문제를 해결할 수 있게 된다.

예를 들어 제3수준의 문제해결자는 문제 1을 해결하고 문제해결의 방법을 인식하므로, 그 방법을 그대로 사용하여 문제 4를 성공적으로 해결할 수 있다.

문제 4 13개의 칸으로 구성된 띠가 있다. 띠의 양 끝에 바둑돌이 놓여 있으며, A, B 두 사람이 번갈아 가며 A는 흰 바둑돌을 오른쪽으로 B는 검은 바둑돌을 왼쪽으로 한 칸 또는 두 칸씩 움직인다. A가 먼저 바둑돌을 움직이기 시작하며, 서로의 바둑돌을 넘어서서 진행할 수는 없다. 자신의 차례에서 더 이상 바둑돌을 움직이지 못하는 사람이 진다고 할 때, 누가 항상 이길 수 있는가?

그러나 제3수준의 문제해결자는 문제 2에서(문제 1과 외형적으로는 유사한) 문제의 변화된 조건인 '17개의 칸'에 따라 문제해결 방법을 재구성하지 못한다(즉 문제 1과 같이 A가 처음에 바둑돌을 두 칸 움직인 후에, B가 바둑돌을 움직인 칸에 맞추어 A가 한 칸 또는 두 칸을 움직이는 전략을 구사한다면, 문제를 해결할 수 없게 된다). 이때 교사의 도움을 통해 문제 1(10칸의 띠가 주어진)과 문제 2(17칸의 띠가 주어진)의 관계는 문제 1과 문제 4(13칸의 띠가 주어진)의 관계와 다르다는 것을 확인하게 된다.

제4수준의 문제해결자가 제3수준의 문제해결자와 구별되는 특징은 터득한 문제해결 방법을 무턱대고(외형적인 유사성에만 근거하여) 변형된 문제에 그대로 적용하려 시도하지 않는다는 것이다. 제4수준의 문제해결자는 문제의 변형된(변화된) 조건의 의미를 파악하며, 터득한 문제해결 방법을 그대로 적용할 수 없음을 인식한다. 그리고 변형된 조건에 맞게 문제해결 방법을 수정하려고 시도하지만, 그러한 시도가 성공하지는 못한다. 결국 교사의 도움으로 이미 터득한 문제해결 방법을 재구성하여 변형된 새로운 문제를 성공적으로 해결하게 된다.

제5수준의 문제해결자가 제3수준의 문제해결자와 구별되는 특징은 터득한 문제해결 방법을 자립적으로 재구성하여 새로운 변형된 문제를 해결한다는 것이다. 이때 '새로운 변형된 문제'의 의미, 특징에 대해서는 후속적인 진지한 연구가 필요할 것이다. 문제 3의 새로운 변형된 문제로 다음 문제 5를 살펴보자.

문제 5 이차방정식 $mx^2-2(m-1)x+m-1=0$은 실근을 가진다. 그리고 이차방정식 $3x^2+(4m-2)x+m^2-m+1=0$도 실근을 가진다. 이때 실수 m의 범위를 구하여라.

문제 3에서는 이차방정식 $x^2-mx+n=0$의 판별식으로부터 m, n 사이의 관계를 찾아서 $x^2-(m-2)x+n-m=0$의 판별식의 부호를 결정하였다. 그러나 문제 5에서는 두 이차방정식의 판별식을 구하여, 실수 m의 범위를 결정해야 한다. 제5수준의 문제해결자는 문제 3과 문제 5 사이의 차이점을 인식하고, 문제 3의 문제해결 방법을 변형시켜 문제 5를 스스로의 힘으로 해결할 수 있다. 즉 제5수준의 문제해결자는 알고 있는 문제로부터 변형된 문제는 자립적으로 해결할 수 있는 학습자이다. 제5수준의 문제해결자는 터득한 문제해결 방법을 다양한 변형된 문제로 일반화시킬 수 있으며, 이를 통해 이론적 지식을 구성할 수 있는 학습자이다.

제6수준의 문제해결자는 문제해결 자체의 의미, 구하는 것(목표)과 주어진 것들(조건들)의 의미와 관계 자체에 주목하여, 알고 있는 문제해결 방법의 변형이 아니라, 새로운 문제해결 방법을 찾아내는 학습자이다. 제6수준의 문제해결자는 문제해결 방법 자체를 대상으로 삼아, 이들 사이의 관계를 파악할 수 있다.

3. 문제해결에서 교사의 도움

학습행위 형성의 수준과 문제해결 수준을 기술하는데 학습행위의 전체성 인식 및 구성 가능성, 학습행위의 옮김 가능성, 새로운 학습행위의 구성(재구성이 아닌) 가능성, 그리고 교사의 도움 여부가 중요한 변인이 된다는 것을 알 수 있다. 여기서는 문제해결 과정에서 교사의 도움을 자세히 살펴보자.

문제 6 이차방정식 $x^2+ax+b^2=0$와 $x^2+bx+a^2=0$가 공통의 실근을 가지도록 하는 실수 a, b 값을 모두 구하여라.

한 학생이 문제 6의 해결을 끝까지 완성하지 못하고, 어려움에 멈추었다고 하자. 다음은 학생과 교사가 나눈 가상의 대화1이다.

학생: 선생님, 이 문제를 잘 풀지 못하겠어요.

교사: 문제를 어디까지 풀었는지 설명해 보자.

학생: x_1을 두 이차방정식의 공통의 실근이라고 할 수 있잖아요. 그러면 $x_1^2+ax_1+b^2=0$와 $x_1^2+bx_1+a^2=0$이구요. 그래서 두 식을 연립했더니, $(a-b)x_1+(b-a)(b+a)=0$이고, $(a-b)(x_1-a-b)=0$이 나왔어요. 그래서 $a=b$, $x_1=a+b$가 되는데요. 이 다음부턴 어떻게 해야 할지 모르겠어요.

교사: 잘 했네. 조금만 더 하면 되는데… 자, 잘 들어봐. 우선 $a=b$인 경우를 살펴보자. 이 경우에 방정식 $x^2+ax+b^2=0$은 $x^2+ax+a^2=0$이 되잖아. 이제 판별식을 계산하면, $D=a^2-4a^2=-3a^2$이고 $D\le 0$이지. 그러므로 이 방정식은 $a=0$일 때에만 실근을 가져. 결국 $a=b=0$이 되지. 이제 $x_1=a+b$인 경우는 네가 문제를 풀어봐.

학생: $x_1=a+b$을 방정식 $x_1^2+ax_1+b^2=0$에 대입하면… (계산을 한 후에) $2a^2+3ab+2b^2=0$가 되잖아요. 이 다음에 어떻게 해야 할지 모르겠어요.

교사: 음… 이건. 이렇게 하면 되잖아. $2a^2+3ab+2b^2=0$을 a에 대한 이차방정식으로 생각하고, 판별식을 계산하자. 그러면 $D=9b^2-16b^2=-7b^2$가 되고, $D\le 0$이 얻어지지. 즉 $b=0$인 경우에만 $2a^2+3ab+2b^2=0$을 만족시키는 실수 a가 존재하게 돼. 이때에도 $2a^2+3ab+2b^2=0$에 $b=0$을 대입하면 $a=0$이 되지. 결국 문제에서 구하는 답은 $a=b=0$이지.

위의 대화1에서 교사는 학생이 문제를 얼마나 풀었는지를 확인하고, 특히 학생에게 자신의 풀이를 말하도록 하고, 학생이 스스로 해결할 기회까지 주었다. 일반적으로(관례적으로) 이러한 상황은 '교사와 학생이 함께 문제를 풀었다'고 말할 것이다.

그러나 이 상황을 엄밀하게 이야기하면, 교사와 학생이 함께 문제를 해결한 것은 아니며, 교사가 학생에게 일방적으로 풀이를 설명한 것이다. 그리고 학생은 학습행위로서 문제해결을 수행한 것은 아니며(이 상황에서 문제해결의 주체는 교사였으므로), 문제의 풀이를 들은 것이다(학생이 문제 풀이를 알 수도 모를 수도 있겠지만). 결국 학습행위의 주체, 문제해결의 주체라는 관점에서 보면, 교사는 학생에게 도움을 준 것이 아니라, 문제의 해법을 전달해 준 것이 된다. 문제해결이 학습행위가 되기 위해선, 문제해결자인 활동 주체가 자립적으로 문제해결의 내용과 틀을 인식하고, 문제해결에 포함된 조작들을 인식하여 문제해결 전 과정을 유기적으로 연결된 전체로 조직할 수 있는 도움이 필요하다.

다음은 한 학생과 교사가 나눈 대화2이다. 대화2의 앞부분은 위에 제시한 대화1의 내용과 같아 생략하였다. 다음에 제시된 대화2를 살펴보자.

(중략)

학생: … 그래서 $a=b$, $x_1=a+b$가 되는데요. 이 다음부턴 어떻게 해야 할지 모르겠어요.

교사: 그러면 $a=b$를 주어진 방정식 중의 하나에 대입해 보자.

학생: 방정식 $x^2+ax+b^2=0$에 대입하면 $x^2+ax+a^2=0$이 되네요.

교사: 이제 판별식을 쓰면 되잖아.

학생: (한참 계산한 후에) $D=a^2-4a^2=-3a^2$이에요.

교사: 그래. $-3a^2$은 항상 0보다 작거나 같으므로, $D\le 0$이지. 이것으로부터 어떤 결론을 내릴 수 있지?

학생: 잘 모르겠는데요.

교사: 봐라, $a=0$일 때 판별식 $D=0$이 되지? 그러니까 $a=0$일 때 이차방정식 $x^2+ax+a^2=0$이 실근을 갖는 거야. 알겠지?

학생: 네.

교사: 이제 $x_1=a+b$인 경우를 살펴보자. $x_1=a+b$도 $x_1^2+ax_1+b^2=0$에 대입해 보자.

학생: (계산을 한 후에) $2a^2+3ab+2b^2=0$이 되었어요.

교사: 이제 무엇을 해야 할까?

학생: 잘 모르겠는데요.

교사: $2a^2+3ab+2b^2=0$은 a에 대한 이차방정식이잖아. 판별식을 계산해봐.

학생: (계산을 한 후에) $D=9b^2-16b^2=-7b^2$이며, $D\le 0$이 되었어요. 이제 어떻게 하면 되요?

교사: 이것은 $b=0$인 경우에만 a에 관한 이차방정식 $2a^2+3ab+2b^2=0$이 실근을 가진다는 거지. 그리고 $2a^2+3ab+2b^2=0$에 $b=0$을 대입하면 $a=0$이 되지. 그래서 두 가지 경우 모두에서 구하는 답은 $a=b=0$이야.

학생: 네. 알겠어요.

살펴본 대화2의 내용이 대화1의 내용과 다른 것처럼 보이지만, 학습행위의 관점에서 보면 차이가 거의 없다. 대화1에서는 교사가 문제해결 과정의 대부분의 계산을 수행했다면, 대화2에서는 학생이 계산 과정을 수행했다는 것이 차이라고 할 수 있다. 그러나 문제해결의 과정 전체에 대해 누가 방향을 설정했는지, 문제해결의 각 부분을 전체성을 가지도록 조직한 것이 누구인가를 생각하면, 대화1과 대화2 모두 교사가 주도적인 역할을 했다고 할 수 있다. 여기서는 문제해결자가 학습활동의 주체가 될 수 있도록, 자립적으로 학습행위를 수행할 수 있도록 하는 의미있는 도움을 찾아보기 어렵다.

결국 문제해결자가 자립적으로 학습행위를 수행하기 위해선, 다음과 같은 문제해결의 각 부분을 스스로의 힘으로 생각하고, 이들을 조직할 수 있는 교사의 도움을 생각해야 한다.

- 등식 $a=b$를 $x^2+ax+b^2=0$에 대입한 후 판별식을 사용하기;
- 판별식 $D=-3a^2$으로부터 방정식의 실근에 대한 결론 유도하기;
- $x_1=a+b$에 대해 $2a^2+3ab+2b^2=0$을 유도하고 판별식 사용하기;
- 판별식 $D=-7b^2$으로부터 $2a^2+3ab+2b^2=0$의 근에 관련된 결론을 유도하고, a, b의 값을 구하기.

예를 들어, $x_1=a+b$에서 $2a^2+3ab+2b^2=0$을 유도하고, 판별식 $D=-7b^2$으로부터 a, b의 값을 구하는 과정에서 교사와 학생 사이의 가상의 대화3을 만들어보자.

학생: 앞에서 $x_1=a+b$를 구했는데, 이제 무엇을 해야 할지 모르겠어요.

교사: $x_1^2+ax_1+b^2=0$와 $x_1^2+bx_1+a^2=0$을 연립하여 $x_1=a+b$를 얻었지? 일반적으로 연립방정식을 풀 때에 어떻게 했었지?

학생: 연립해서 얻은 것을 처음 방정식에 대입했지요.

교사: 그래, 여기서는 그렇게 하면 안 될까?

학생: 해볼게요. ($x_1=a+b$을 방정식 $x_1^2+ax_1+b^2=0$에 대입한다.)
$2a^2+3ab+2b^2=0$이 되었어요. 그 다음엔… 잘 모르겠는데요.

교사: 문제를 다시 읽어보자. a, b에 대한 정보가 있니?

학생: a, b가 실수라는 것? $2a^2+3ab+2b^2=0$이 실근을 가져야 하는 건가요? 그러면 판별식?

교사: …

학생: $D=9b^2-16b^2=-7b^2$이 되고. 판별식의 부호를 생각해야 하는데… $D=-7b^2$이 항상 음이 되잖아요. 실근 a가 존재하지 않네요.

교사: 과연 그럴까?

학생: 아! $b=0$일 때, 중근을 갖네요. 그리고 $b=0$이면, $2a^2+3ab+2b^2=0$에서 a도 0이에요. 됐어요. 답은 $a=b=0$이에요.

대화3에 제시된 교사의 도움은 일반화된 발문의 형태로 제시되어 있다. 대화1과 대화2에서 교사의 발문, 도움이 구체적이었다면, 대화3에서의 도움은 실제로 문제해결자가 도움이라고 인식하지 못할 정도로 포괄적인 발문을 통해서 이루어졌다. Polya(2005)의 'How to solve it'에 제시된 다양한 발문들도 포괄적이며 일반화된 형태이어서 대화3과 같은 형태의 수업에서 충분히 활용할 수 있을 것이다.

학습활동의 주체가 학습자가 되기 위해선, 교사의 도움은 최소의 양으로 주어져야 한다. 문제해결을 위한 탐색의 방향 결정, 탐색의 수행, 구체적인 문제풀이의 수행 등은 학습자 스스로의 힘으로 결정해야 하며, 그 수행의 결과에 대해서도 스스로 반성하는 태도와 습관이 필요하다.

[표 1]에 제시된 학습행위 형성의 수준에서 언급한 교사의 도움은 학습자에게 정답이나 풀이 방법을 직접 알려주는 도움을 의미하는 것이 아니라, 학습자가 학습활동의 주체가 될 수 있도록, 자립적으로 판단하여 수행하고 반성하고 변화할 수 있도록 간접적이고 일반화된 최소의 도움을 의미한다.

4. 문제해결을 적용한 수학수업

우리가 교과서나 참고서에서 보는 모든 수학 문제가 문제해결에서 말하는 '문제(problem)'가 되는 것은 아니다. 문제해결에서 의미하는 문제는 최소한 문제해결자의 문제 상황이 되어야 하며(목표에 도달하려는 욕구가 있어야 하며), 문제해결자가 해결하는 과정에서 장벽을 경험해야 한다(즉각적으로 목표에 이르지 못하며).

예를 들어, 초등학교 학생들은 문제 3을 해결하려는 욕구를 가지지 않으므로(너무 어려워서 또는 필요하지 않아서 등의 이유로), 문제 3은 초등학생들에게는 문제가 되지 못한다. 그리고 '이차방정식 $x^2-4x+5=0$의 해를 구하여라'는 것은 근의 공식과 복소수를 배운 학생에게는 문제가 되지 않을 가능성이 크다(즉각적으로 정답을 구하는 경우에). 그러므로 문제 3도 일부 학생들에게는 문제가 되겠지만, 일부 학생들에게는 문제가 되지 못할 수 있다. 문제해결 수업은 새로운 개념을 배우거나 학습한 내용을 반복 복습하는 수업과는 차이가 있다. 특히 수업에서 다루는 문제의 의도, 내용 등에서 차별화될 수밖에 없을 것이다.

여기서는 수선이 조건으로 주어진 경우에 두 삼각형의 합동을 증명하는 문제들을 중심으로 문제해결 중심의 가상 수업을 구성하였다(이 수업에 제시된 문제들은 Smirnova (2010)에 있는 문제들을 참고하였음). 가상 수업에서는 문제해결 방법을 형성하는 것을 목표로 하는 바탕문제를 제시하였다. 그리고 이 문제해결 방법을 변형된 다른 문제들에 적용하면서, 문제해결자가 주도적으로 문제해결 방법을 변형된 상황으로 옮기고 방법 자체를 변형하여 문제를 해결하도록 구성하였다.

지도 단계	학습흐름 및 관련이론	교수·학습활동		학습자료 및 유의점
		교사	학생	
도입	인사 및 출석확인	• 학생들과 인사한다. • 출석을 확인하고 학습 분위기를 조성한다.		
	선수 학습 확인	• 삼각형의 합동조건(SAS, ASA, SSS)을 보여주는 PPT 자료를 제시한다. • 직각삼각형의 합동조건(RHA, RHS)을 보여주는 PPT 자료를 제시한다.	• PPT 자료를 확인하면서 삼각형의 합동조건과 직각삼각형의 합동조건을 머릿속으로 정리한다.	• PPT 자료를 이용하여 간단히 복습하도록 한다.
	학습 목표 인지	• 학생들에게 학습 목표를 쓰고, 함께 읽어 보도록 한다. 학습 목표: 수선이 조건으로 주어진 경우에 두 삼각형의 합동을 증명할 수 있다.	• 학습 목표를 쓰고, 함께 읽는다.	
	현실 문맥의 활용	◆ 현실 세계에서 수학 내용 탐구 • 다음은 사장교를 단순화한 그림이다. 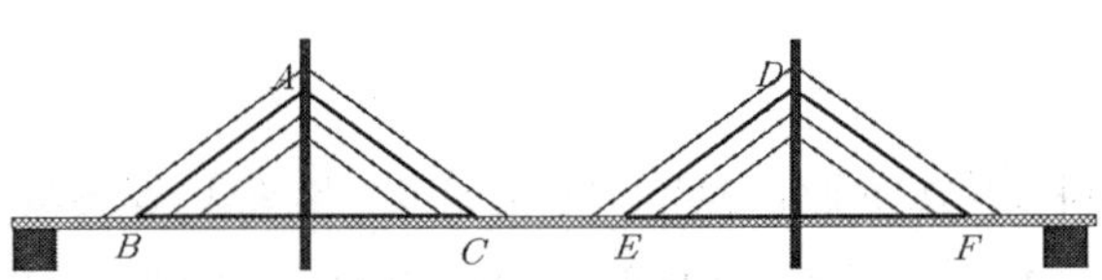 • 그림에서 삼각형 ABC와 삼각형 DEF는 합동인 것처럼 보인다. 어떠한 조건이 만족될 때 두 삼각형은 합동이 되는가? • 삼각형 ABC와 삼각형 DEF에서 꼭짓점 A, D에서 그은 수선을 포함하여, 두 삼각형의 합동이 되는 조건을 찾을 수 있는가?		• 주변 상황이나 타 교과에서 배운 내용 중에서 수선을 포함하는 두 삼각형을 찾아보고, 이들이 합동이 될 조건들을 생각할 기회를 제공한다.

지도 단계	학습흐름 및 관련이론	교수·학습활동		학습자료 및 유의점
		교사	학생	
전개	바탕문제의 제시 및 탐색 수행	◆바탕문제의 제시 [문제 1] 삼각형 ABC, DEF에서 $\overline{AB}=\overline{DE}$, $\overline{BC}=\overline{EF}$이다. 수선 AM, DN에 대해 $\overline{AM}=\overline{DN}$이다. 이때 삼각형 ABC와 DEF의 합동을 증명하여라. 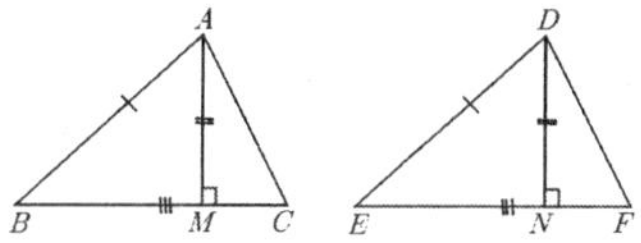	◆바탕문제의 해결을 위한 탐색의 수행 학생: 어떻게 해야 할지 모르겠어요. 교사: 증명할 것이 뭐니? 학생: 두 삼각형 ABC와 DEF의 합동이요. 교사: 합동은 어떻게 증명하지? 학생: 합동조건을 이용하지요. 교사: 문제의 조건들을 보면, 이 문제에는 어떤 합동조건이 사용될 수 있을까? 학생: 일단, 두 변이 같다는 것이 나왔으니까, SAS 아니면 SSS가 되겠지요. 교사: 자, 시도해보자. 학생: 모르겠어요. 교사: 그럼, 문제의 조건을 그림에 모두 표시하고, 그림에서 알 수 있는 것을 모두 써보자. 학생: 삼각형 ABM과 DEN은 RHS에 의해 합동이 되구요…. 교사: 그래서? 학생: $\angle B=\angle E$가 되요. 아! 알겠어요. SAS 합동조건을 쓸 수 있어요. 교사: 그러면 너의 증명을 정리해서 써봐라.	◆교사의 도움을 통한 문제해결 • 교사는 구체적이지 않은 발문을 통해 학생이 스스로의 힘으로 문제해결의 아이디어를 구성하도록 한다.
	증명의 기술	◆학생의 증명 기술 직각삼각형 ABM과 DEN에서 $\overline{AB}=\overline{DE}$, $\overline{AM}=\overline{DN}$이므로, $\triangle ABM\equiv\triangle DEN$이다. 그러므로 $\angle B=\angle E$가 된다. 결국 삼각형 ABC, DEF에서 $\overline{AB}=\overline{DE}$, $\overline{BC}=\overline{EF}$, $\angle B=\angle E$이므로, SAS 합동조건에 의해, $\triangle ABC\equiv\triangle DEF$가 된다.		• 학생이 자신의 아이디어를 바탕으로 증명을 완성할 수 있도록 기다린다.
	문제해결 과정의 의식화와 조직	◆문제해결 과정의 의식화와 조직 교사: 어떻게 증명했는지 설명해봐라. 교사: 문제를 보자마자 증명할 수 있었어? 교사: 왜 증명을 하지 못했는데?	학생: 삼각형의 합동조건을 이용해서 증명했는데요. 학생: 아니요. 학생: 문제에 맞는 합동조건이 없었어요.	• 학생이 기술한 증명만으로 문제해결 과정이 종료된 것은 아니다. 학생은 자신의 언어로 증명 과정 전체를 조직

지도 단계	학습흐름 및 관련이론	교수·학습활동		학습자료 및 유의점
		교사	학생	
전개		교사: 그럼, 어떻게 증명했어? 교사: 그 다음엔? 교사: 잘 했어. 그러면, 증명의 전체 과정을 다시 정리해서 말해줄 수 있겠니?	학생: 우선 삼각형 ABM과 DEN의 합동을 증명했어요. 거기서 $\angle B = \angle E$를 유도했구요. 학생: 그러니까, 삼각형 ABC와 DEF가 SAS 합동조건에 의해 합동이 되었어요. 학생: 삼각형의 합동을 바로 증명할 수 없어서, 다른 삼각형의 합동을 증명했구요, 여기서 원래 삼각형의 각들이 같다는 것이 유도되었어요. 그런 다음, 이것을 이용하여, 원래 삼각형의 합동을 증명했구요.	해야 한다. • 교사의 발문은 포괄적이며 일반화된 것이어야 한다. 이를 통해 학생은 스스로 문제해결 과정을 상식에서 출발하여 일반화의 길로 나갈 수 있다.
	증명 방법의 옮김	[문제 2] 삼각형 ABC, DEF에서 $\overline{AB}=\overline{DE}$, $\overline{AC}=\overline{DF}$이다. 수선 AM, DN에 대해 $\overline{AM}=\overline{DN}$이다. 이때 삼각형 ABC와 DEF의 합동을 증명하여라. 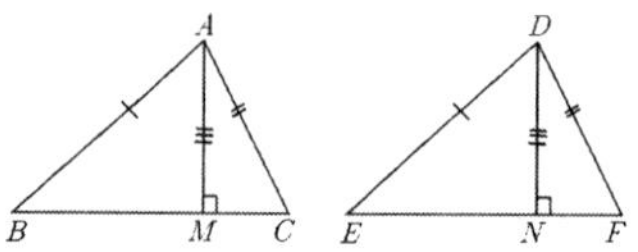	◆문제해결을 위한 탐색의 수행 학생: 문제 1과 같이, 직각삼각형 ABM과 DEN은 합동이 되네요. $\angle B = \angle E$에요. 그런데 증명은 안 되네요. 교사: 삼각형 ABC와 DEF의 합동을 보이려면, 무엇을 알아야 하지? 학생: $\angle BAC = \angle EDF$ 또는 $\overline{BC}=\overline{EF}$를 보여야 하지요. 그런데 직각삼각형의 합동만으로는 이들을 알 수가 없어요. 교사: 직각삼각형의 합동에서 알 수 있는 것은 무엇인데? 학생: $\overline{BM}=\overline{EN}$? 교사: 이제 삼각형 ABC와 DEF의 합동을 증명할 수 있겠니? 학생: 아직요. 그런데, 직각삼각형 AMC와 DNF도 합동이고, 여기서 $\overline{MC}=\overline{NF}$구요. 알겠어요.	• 교사의 발문은 문제 1의 풀이를 염두에 두어야 한다. 학생이 문제 2의 풀이를 문제 1의 풀이와 연결지을 수 있도록 한다.
	증명의 기술	◆학생의 증명 기술 직각삼각형 ABM과 DEN에서 $\overline{AB}=\overline{DE}$, $\overline{AM}=\overline{DN}$이므로, $\triangle ABM \equiv \triangle DEN$이다. 그러므로 $\overline{BM}=\overline{EN}$이 된다. 한편 직각		• 문제 1과 문제 2의 유사점과 차

지도 단계	학습흐름 및 관련이론	교수·학습활동		학습자료 및 유의점
		교사	학생	
전개		삼각형 AMC와 DNF에서 $\overline{AM}=\overline{DN}$, $\overline{AC}=\overline{DF}$이므로, $\triangle AMC \equiv \triangle DNF$이고, $\overline{MC}=\overline{NF}$이다. 그러므로 $\overline{BC}=\overline{EF}$이다. 결국 삼각형 ABC와 DEF는 SSS 합동조건에 의해 합동이 된다.		이점에 주목하여, 문제해결 전 과정을 의식화하고 조직할 수 있도록 발문한다.
	문제해결 과정의 의식화와 조직	◆문제해결 과정의 의식화와 조직, 일반화 교사: 문제 1과 문제 2의 증명방법을 비교해서 설명할 수 있겠니?	학생: 문제 2도 문제 1과 비슷한 방법으로 풀었어요.	
		교사: 뭐가 비슷한데?	학생: 직접 삼각형 ABC와 DEF의 합동을 보일 수 없었어요. 그래서 직각삼각형의 합동을 이용했지요.	
		교사: 그럼, 문제 1과 문제 2의 증명에서 차이는 무엇이지?	학생: 사용된 삼각형의 합동조건? 그리고 문제 2에서는 직각삼각형의 합동조건을 두 번이나 사용했어요.	
		교사: 잘했어. 이제 문제 2의 증명 과정을 간략하게 정리해서 말해 줄래?	학생: 삼각형 ABC와 DEF의 합동을 증명하려면, $\overline{BC}=\overline{EF}$를 보여야 했어요. 이것을 보이기 위해, 직각삼각형의 합동을 이용하여 $\overline{BM}=\overline{EN}$, $\overline{MC}=\overline{NF}$를 보였구요.	
	탐구 문제의 제시	[문제 3] 삼각형 ABC, DEF에서 $\overline{BC}=\overline{EF}$이고 $\angle A=\angle D$이다. 수선 BM, EN에 대해 $\overline{BM}=\overline{EN}$이다. 이때 삼각형 ABC와 DEF의 합동을 증명하여라. [문제 4] 삼각형 ABC, DEF에서 $\angle B=\angle E$, $\angle C=\angle F$이다. 수선 AM, DN에 대해 $\overline{AM}=\overline{DN}$이다. 이때 삼각형 ABC와 DEF의 합동을 증명하여라.	• 문제 3, 문제 4를 문제 1, 문제 2와 관련시켜 해결한다. 특히 문제해결 방법에서의 유사점과 차이점을 문장의 형태로 노트에 기록한다.	• 문제 3, 문제 4는 앞에서 다룬 문제 1, 문제 2의 변형으로서 다룬다.
정리	학습 내용 정리	• 이번 시간에 다룬 삼각형의 합동 증명에서는 문제의 조건으로 수선이 모두 포함되어 있었다. 그러면 직각삼각형이 만들어지며, 직각삼각형의 합동조건을 증명 과정에서 사용하였다. • 삼각형의 합동 증명으로부터, 삼각형의 합동을 증명하는 다음과 같은 증명 절차를 정리할 수 있다. ① '삼각형의 합동을 증명하려면 무엇을 보여야 하는가?'라는 물음을 스스로에게 던진다. ② 합동을 증명할 수 있는 다른 삼각형들의 쌍을 찾을 수 있는		• 문제를 해결하면서 학생들이 지나온 절차를 일반화된 수준에서 정리하여, 학생들이 증명의 틀, 절차를 일반화된 수준에서 정리할

지도 단계	학습흐름 및 관련이론	교수·학습활동		학습자료 및 유의점
		교사	학생	
정리		지 조사한다. ③ ②에서 얻어진 결과가 ①의 물음에 답할 수 있는지를 조사한다. ①의 물음에 답할 수 있을 때까지 탐색을 계속한다. ④ 증명의 아이디어가 만들어지면, 증명의 전체 과정을 논리적으로 기술한다.		수 있도록 한다.
	형성평가	[문제 5] 삼각형 ABC, DEF에서 $\overline{BC}=\overline{EF}$이고 $\angle B=\angle E$이다. 수선 AM, DN에 대해 $\overline{AM}=\overline{DN}$이다. 이때 삼각형 ABC와 DEF의 합동을 증명하려고 한다. 다음 물음에 답하여라. 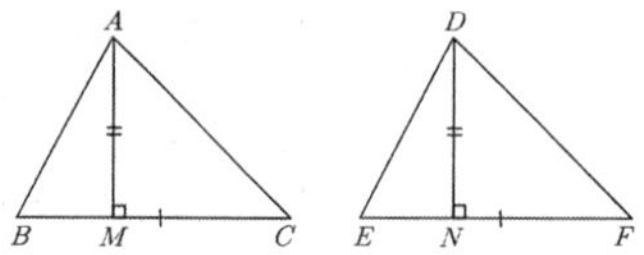 (1) 삼각형 ABC, DEF의 합동을 보이려면, 무엇을 더 알아야 하는가? 이때 어떤 합동조건을 이용하는가? (2) 주어진 조건으로부터 합동을 증명할 수 있는 삼각형의 쌍을 찾아라. 이때 어떤 합동조건을 이용하는가?	• 형성평가 문제에 답을 찾고, 자신의 답을 확인한다.	• 형성평가는 본시 학습내용과 거의 유사해야 한다. 이번 시간에 배운 내용이나 방법을 간단히 확인하는 내용으로 평가를 설계한다.
	숙제 제시	[숙제 1] 형성평가에 제시된 문제의 증명을 완성하여라. [숙제 2] 삼각형 ABC, DEF에서 $\overline{BC}=\overline{EF}$이다. 수선 BM, CN, EG, FH에 대해 $\overline{BM}=\overline{EG}$, $\overline{CN}=\overline{FH}$이다. 이때 삼각형 ABC와 DEF의 합동을 증명하여라.		• 숙제 2에서는 두 수선이 주어진 경우의 합동을 증명한다. 이번 시간에 해결한 문제와 비교하면, 복잡한 문제상황을 포함한 문제이다.
	다음 차시 예고	• 다음 차시에 배울 내용을 간단히 설명해 준다.		

참 고 문 헌

Reference

국현호 (2014). '수학포기자' 양산, 교육과정 문제 없나? (KBS 뉴스 7월 21일). 인터넷 자료: http://news.kbs.co.kr/news/NewsView.do?SEARCH_NE WS_CODE=2897473&ref=A (2014년 11월 4일 확인함)

한인기, 강나경 (2014). 수학 문제해결 과정에서 학습행위 형성 수준에 대한 연구. 수학교육, 53(1), 75-92.

Davydov, V. V. (1996). *Teoriya razvivayushego obucheniya*. Moscow: Intor.

El'konin, D. B. (2001). *Psihicheskoe razvitie v detskih vozrastah*. Moscow: Voronez.

Polya, G. (2005). 어떻게 문제를 풀 것인가? (우정호 역) 서울: 교우사. (원본은 1971년에 출판됨)

Repkina, G. V. & Zaika, E. V. (1993). *Otsenka urovnya sformirovannosti uchevnoi deyatelnosti*. Tomsk: Peleng.

Smirnova, I. (2010). 50 *Zadach o ravenstve treugolikov*. Moscow: Shkola Press.

제 2 장

추론과 수학수업

조완영(충북대학교)

1. 추론과 증명

1.1 추론과 증명 교육의 현황 및 의미

수학을 하는 것은 추론하는 것이며, 수학에 의미를 주고 수학하는 힘의 근원이 되는 것은 발견의 논리인 귀납과 유추에 의한 개연추론 능력과 함께 강력한 정당화의 논리인 연역 추론 능력을 개발하는 것이다(우정호, 1998, p. 315). 추론 능력이 학교수학의 핵심임에도 불구하고 지금까지의 추론교육은 발견의 과정인 추측을 소홀히 한 채 정당화 논리인 증명을 중심으로 이루어져 왔다. 또한 증명의 형식적이고 연역적인 측면을 강조함으로써 학교수학에서의 추론교육이 성공적으로 이루어졌다고 보기 어렵다. 학생들은 증명의 필요성과 의미를 이해하지 못하고 있으며 교사들도 이러한 현상을 인정하고 학생들이 증명을 할 수 있기를 기대하기보다는 증명 결과 만들어진 정리의 내용과 정리의 활용에 중점을 두고 가르치는 경향이 있다.

많은 연구에서 학생들이 증명이 무엇인지, 왜 증명을 해야 하는지, 증명을 어떻게 하는지를 이해하지 못하고 있음을 지적하고 있다(우정호, 1998; 류성림, 1998; 나귀수, 1998; 서동엽, 1999; Fischbein, 1982). Fischbein(1982)은 중학교 3학년 학생들과 고등학생을 대상으로 한 연구에서 증명된 명제를 경험적으로 다시 검사하지 않아도 된다고 응답한 학생이 14.5%에 불과했으며, 그 이유를 학생들이 논리적이고 형식적인 방법보다는 경험적인 방법을 더 선호하기 때문이라고 해석하였다. 즉 연역적이고 형식적인 증명은 학생들의 직관과 일치하지 않으며, 학생들이 증명을 어려워하고 증명의 필요성과 의미를 이해하지 못하는 원인이라는 것이다. Martin과 Harel(1989)은 초등학교 예비교사들을 대상으로 한 연구에서 많은 예비교사들이 귀납추론과 연역추론의 의미를 구분하지 못하고 있다는 연구결과를 보고한 바 있으며, 이는 귀납추론이 수학적 일반화를 지지하기에 부적합하다는 것을 인식하지 못한다는 사실을 확인한 결과로 해석된다(나귀수, 1998). 이러한 연구결과는 수학적인 명제의 타당성을 절대적으로 보증하려는 전통적인 증명 방식과 시각적이고 경험적으로 확인하려는 학생들과 실제적인 사고방법 사이에 차이가 있으며, 추론과 증명교육에서 증명의 필요성과 의미를 강조하고 경험적, 귀납적 방법을 고려할 필요가 있음을 시사하고 있다.

추론과 증명은 합의된 정의가 없으며 관점에 따라 다양한 방법으로 사용되고 있는 개념으로 일반적으로 증명이 추론 개념에 포함되는 것으로 간주된다(Hanna, 2014). 절대주의 철학적 관점에서의 증명은 객관적이고 절대적인 수학적 지식의 참임을 보장하는 유일한 수단이며 공리 체계 내에서 수학적 진리를 공리에서 정리로 전달하는 메커니즘으로 작용해 왔으며, 연역적 증명에 의해 입증된 모든 수학적 정리는 참이며 확실한 지식으로 간주되어 왔다(Ernest, 1991). 그러나 절대주의 수학철학의 증명관에 내재된 문제점을 증명의 역할, 증명의 타당성의 기준, 엄밀성의 수준 세 가지 측면에서 생각할 수 있다. 첫째, 증명은 입증의 수단일 뿐만 아니라 명제가 왜 참인지 그 이유를 말해주는 설명으로서의 역할이나 수학지식을 보다 깊이 이해하고 의사소통하는 역할을 하기도 한다(Hanna & Janke, 1996, p. 878). 둘째, 증명의 타당성에 대한 기준은 절대주의 철학 내에서도 다양하다. 특히 사회적 구성주의에서는 수학적 지식을 사회적 합의를 통한 구성의 결과로 보며, 이러한 관점에서 증명의 타당성을 수용하는 기준은 당대의 수학 사회의 합의에 의해 정해진다(조완영 · 권성룡, 2001). 셋째, 엄밀성의 문제이다. Thom(1976)은 엄밀성에 대한 엄밀한 정의는 없다고 비판하면서 적절히 교육을 받아 제시된 증명을 이해할 만한 준비가 되어 있는 모든 독자들에게 받아들여지면 엄밀한 증명으로 볼 수 있다고 주장한다(우정호, 1998에서 재인용). 이러한 Thom의 주장은 엄밀성의 수준을 수학자 사회 공동체가 합의에 의해 승인하는 정도로 규정하는 사회적 구성주의 관점과 일치한다.

학교수학에서 추론과 증명을 지도할 때, 연역적이고 형식적이며 엄밀한 증명을 강조하는 전통적인 증명관에서 벗어나 다양한 증명의 역할을 반영하고 수학교실 사회의 합의에 의해 증명의 타당성과 엄밀성의 기준이 결정될 수 있는 포괄적인 의미에서의 '증명'[1]을

1) 본 장에서는 학교수학에서의 '증명'이라는 용어를 정당화로 바꾸어 사용할 것을 제안한다.

받아들일 필요가 있다. 추론과 증명은 수학적 진리를 발견하는 맥락에서의 과정이자 수학적 진리가 참임을 보장하는 수단이며, 수학적 지식에 대한 자기 확신과 이해, 타인에 대한 설득의 수단이기도 하다. 이러한 증명의 다양한 성격을 수용하면 증명의 형식성은 부차적인 것이 된다(나귀수, 1998). 결국 학교수학에서 수학공동체의 합의에 의해 '증명'을 수용하고, 학습자의 수준을 고려하여 적절한 엄밀성을 요구하는 정당화 과정으로서 추론과 '증명'을 고려한다면 추론과 '증명'은 모든 수준의 모든 수학 영역에서 가르칠 수 있고 현재까지 제기된 증명교육의 문제점을 해결할 수 있을 것이다.

1.2 추론과 이해

추론은 수학을 이해하는 과정에서 핵심적인 역할을 한다(NCTM, 2000; 류희찬 외(역), 2007). 수학개념의 맥락과 연결된 문제 상황을 기반으로 추론과 이해에 초점을 두면 학생들은 수학을 통합적으로 이해할 수 있다. 추론과 연결하여 수학을 이해하면 수학적 절차가 왜 그렇게 되는지 이유를 알고 정확히 사용할 수 있게 되며, 그 결과 해석도 용이해진다(김성경(역), 2013). 왜 그런지 그 이유를 모른 채 수학을 이해하기는 어렵다. 스캠프는 수학의 이해를 도구적 이해와 관계적 이해로 구분하였다. 도구적 이해란 어떤 규칙을 기억은 하지만 그 규칙이 왜 그렇게 작용하는지를 모른 채 규칙을 문제해결에 적용하는 상태를 의미하고, 관계적 이해란 방법과 이유를 아는 상태를 말한다(우정호, 2000). 여기서 학교수학에서는 도구적 이해보다 관계적 이해가 더 중요하다. 그러나 수학의 이해는 스캠프의 관계적 이해 수준 이상을 요구한다. 어떤 수학 개념을 이해했다는 의미는 개념이 발생한 상황과의 연결, 개념의 표현 사이의 번역 그리고 다른 개념과의 연결 등이 이루어진 것을 포함하는 것으로 확장할 필요가 있다.[2)]

일반적으로 누군가의 설명이 아니라 학생이 능동적으로 이해를 구성한다는 관점에서 보면, 수학을 학습하는 과정에서 이해와 추론은 비형식적 맥락에서의 관찰과 추측에서부터 정당화와 형식화에 이르기까지 계속적으로 상호작용을 한다([그림 1], 김성경(역), 2013).

[그림 1] 추론과 이해의 관계(김성경(역), 2013)

---

2) 저자는 이러한 의미의 이해를 잠정적으로 통합적 이해라 명명하고 그 개념을 구체화해가고 있다. 조완영(1012) 참조

예를 들어 '삼각형의 두 변의 중점을 연결하는 선분은 나머지 변과 평행하고, 그 길이는 나머지 변의 길이의 $\frac{1}{2}$이다'를 중학교 2학년 학생이 이해하는 과정을 생각해 보자. 처음에 학생들은 "삼각형의 두 변의 중점을 연결한 선분은 나머지 변과 어떤 관계가 있을까?"라는 본질적인 질문이 포함된 문제 상황으로부터 시작할 수 있다. 다음에 학생들은 이 문제에 대해 탐구를 한 후, 위의 명제를 추측할 수 있다. 문제를 탐구하는 과정에서 모눈종이를 이용한 삼각형 그림([그림 2])과 같은 자료나 탐구형 기하소프트웨어의 도움을 이용하여 추측할 수도 있고, 두 삼각형의 닮음을 이용하여 연역적으로 추측할 수도 있다([그림 3]).

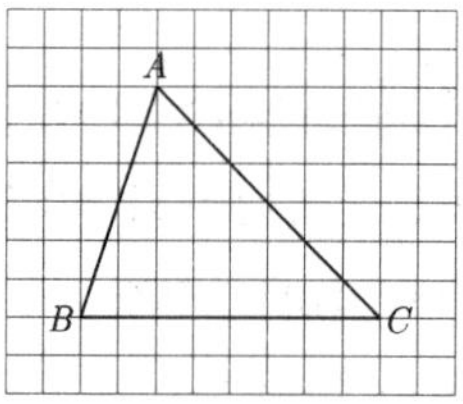

[그림 2]

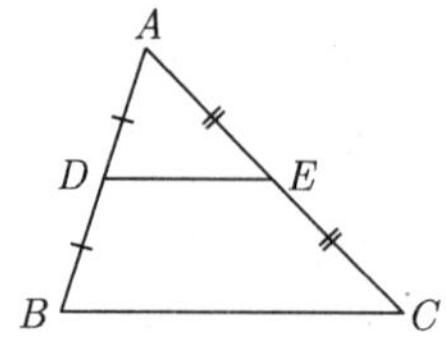

[그림 3]

추측을 한 후, 추측이 참인지를 조사하는 과정에서 보다 엄밀하게 추측이 참인 이유를 설명할 필요성이 있음을 인식할 수 있다. 결과적으로 학생들은 [그림 3]에서의 두 삼각형이 닮음이고 길이의 비와 대응각의 크기가 같다는 사실을 이용하여 위에 제시된 명제가 참이며 왜 참인지를 이해할 수 있다. 이처럼 이해와 추론은 수학을 이해하는 전 과정에서 상호작용을 하면서 수학을 통합적으로 이해하는 것을 가능하게 한다.

1.3 수학의 과정으로서의 추론

NCTM(2000)은 〈학교수학을 위한 원리와 규준〉에서 학교수학을 위한 규준을 내용과 과정으로 구분하고, 과정규준을 문제해결, 추론과 증명, 의사소통, 연결성, 표현 다섯 가지로 제시하였다(류희찬 외(역), 2007). 우리나라 2009 개정 수학과 교육과정에서 제시된 수학적 과정은 학생들 주변의 다양한 현상을 수학과 연결하고 다양한 상황에서 발생하는 문제를 해결할 때, 활성화되어야 하는 수학의 과정적 기능을 의미하며, '수학적 문제해결', '수학적 추론', '수학적 의사소통'으로 구분된다(교육과학기술부, 2011). 연결성은 문제해결에 표현은 의사소통에 포함되도록 하여 NCTM의 과정 규준과 크게 다르지 않다. 수학의 과정의 특징을 다음과 같이 정리할 수 있다(황혜정 외, 2012).

■ 문제해결

- 주어진 문제해결에 필요한 정보를 확인 또는 보완하고 적절한 전략이나 사고 과정을 활용하여 문제를 해결할 수 있다.
- 수학적인 방법으로 문제해결의 과정과 결과의 타당성을 설명할 수 있다.
- 문제해결 과정이나 완결 후 문제제기를 통하여 문제해결을 발전적으로 이끌 수 있다.
- 문제해결에서 얻은 결과와 사용된 전략을 일반화하여 새로운 문제 상황에 적용할 수 있다.

■ 추론

- 수학적 추측이나 주장을 만들고, 수학적 지식에 근거하여 정당화할 수 있다.
- 수학적 아이디어나 사고 과정을 수학적으로 검증할 수 있다.
- 다양하고 독창적인 아이디어를 통하여 수학적으로 추론할 수 있다.

■ 의사소통

- 수학적인 방법을 활용하여 자신의 생각을 논리적으로 정확하게 표현하고, 다른 사람을 이해시킬 수 있다.
- 자신의 수학적인 생각을 다른 사람과 주고받는 활동의 중요성을 인식하고, 이를 통하여 자신의 생각을 개선시킬 수 있다.
- 다른 사람의 수학적 아이디어나 사고 과정을 이해하고 평가할 수 있다.

추론 과정에 정당화는 물론 '수학적인 추측이나 주장을 만들고'와 같이 추측이 강조되고 있으며, 증명이라는 용어 대신에 정당화라는 용어가 사용되고 있음을 주목할 필요가 있다. 2009 개정 수학과 교육과정에서도 교수·학습 방법에서 수학적 추론 능력을 신장시키기 위한 유의사항에서 "귀납, 유추 등을 통해 학생 스스로 수학적 사실을 추측하고, 이를 정당화할 수 있게 한다."라고 제시하여 추측과 정당화를 강조하였다(교육과학기술부, 2011).

수학적 과정을 문제해결, 추론, 의사소통으로 분리하여 제시하고 있지만 세 가지 과정은 서로 밀접한 관련이 있다. 문제해결 과정에서 아이디어를 찾는 과정이나 해결을 한 후 '과정과 결과의 타당성을 설명'하는 것은 바로 추론이다. 의사소통에서 자신의 생각을 명료하게 하거나 다른 사람에게 설명할 때는 물론 타인의 설명을 이해할 때도 추론은 중요한 역할을 한다. 이런 관점에서 볼 때 추론은 기하영역은 물론 모든 학년 수준의 모든 내용 영역에서 아이디어를 개발하고, 현상을 탐구하며, 결과를 확인하고 이를 설명하는 과정에서 강조될 필요가 있다. [그림 4](김원경 외, 2013)의 토의에서 학생들은 '초콜릿 5개를 직사각형 모양으로 늘어놓는 방법이 한 가지뿐이기 때문에 초콜릿의 개수인 5는 약수가 2개 즉 1과 5뿐이어서 소수'라는 수학적 증거와 논리를 근거로 설명할 수 있어야 한다. 또한 직사각형 모양으로 늘어놓는 방법이 두 가지 이상이면 그 수의 소수가 3개 이상이기 때문에 합성수라는 설명을 할 수 있어야 한다.

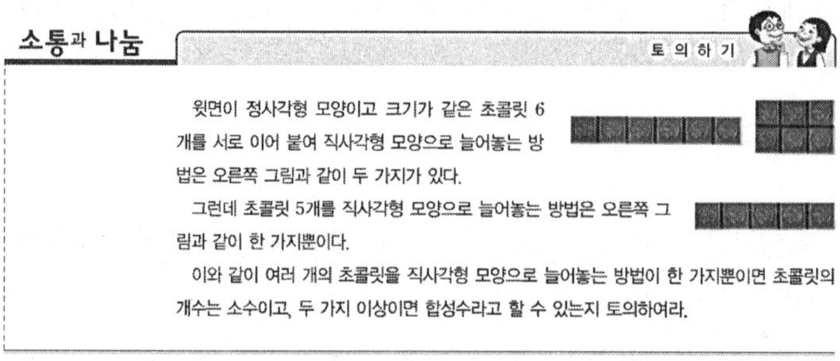

소통과 나눔 토의하기

윗면이 정사각형 모양이고 크기가 같은 초콜릿 6개를 서로 이어 붙여 직사각형 모양으로 늘어놓는 방법은 오른쪽 그림과 같이 두 가지가 있다.

그런데 초콜릿 5개를 직사각형 모양으로 늘어놓는 방법은 오른쪽 그림과 같이 한 가지뿐이다.

이와 같이 여러 개의 초콜릿을 직사각형 모양으로 늘어놓는 방법이 한 가지뿐이면 초콜릿의 개수는 소수이고, 두 가지 이상이면 합성수라고 할 수 있는지 토의하여라.

[그림 4] 의사소통에서의 추론(김원경 외, 2013)

2. 학교수학에서의 '증명': 증명에서 정당화로[3)]

"학교수학에서 '증명'이란 무엇인가"라는 문제는 아주 복잡한 성격을 갖는다. 2009 개정 수학과 교육과정 중학교 2학년에서 증명 개념이 삭제되었다. 증명의 개념은 수학 또는 수학적 지식의 성격과 밀접한 관련이 있다. 절대주의 수학철학자들은 수학적 지식은 보편타당한 지식이며, 이러한 수학적 지식의 타당성을 보장할 수 있는 방법은 연역적이고 엄밀한 증명뿐이라고 생각한다.

그러나 Lakatos의 준경험주의 수학철학에서는 수학적 지식의 절대성을 부정하고 수학적 지식은 논증과 반박을 통해 발전하는 인간이 만든 산물이라고 규정한다. Lakatos의 입장에서 보면 증명이란 수학적 지식의 발달 과정에서 수학적 지식을 발견하고 개선하는 수단 곧 사고실험이다(우정호, 2000). 사회적 구성주의에서는 수학적 지식을 사회적인 합

3) 조완영·권성룡(2001)의 학교수학에서의 '증명'을 요약·수정한 것임

의 절차를 통해 구성된 결과로 보고 있으며 증명 또한 사회적인 합의 과정에서 자신의 확신, 타인의 설득을 얻는 데 필요한 수단으로 작용한다.

본 절에서는 증명의 다양한 역할, 증명의 타당성의 기준과 엄밀성의 수준, '증명'과 경험과학 사이의 관계를 분석하고 이를 토대로 학교수학에서의 '증명'을 개념화하고 '증명'이란 용어를 정당화로 바꿀 필요가 있음을 논의한다.

2.1 증명의 다양한 역할

절대주의 수학철학 관점에서는 새로운 수학적 진리의 확실성을 보증하는 수단으로서의 증명의 역할을 강조한다. 수학적 공리를 참이라고 가정하고 수학적 정의와 논리를 참인 것으로 인정한 후, 논리적 추론 규칙을 이용하여 진리를 보존해 가는 연역적 증명으로 명제가 참임을 밝히고 이를 정리로 규정한다. 결국 연역적 증명에 의해 입증된 모든 수학적 정리는 참이며, 절대적인 의미에서 확실한 수학적 지식으로 인정된다. 따라서 절대주의 철학에서의 증명은 엄밀하고 연역적인 증명일 수밖에 없다(Ernest, 1991).

반면, Lakatos(1976)의 준경험주의 수학철학에서는 증명을 정리가 참임을 정당화하는 수단이 아니라 발견과 개선을 위한 수단이자, 원래의 추측을 부분 추측 곧 보조정리로 분해하여 비판과 개선을 용이하게 하기 위한 사고실험으로 본다. Lakatos의 준경험주의 수학철학을 기본 가정으로 받아들이는 사회적 구성주의 관점에서의 증명은 확신의 수단이자 이해의 수단이며 증명의 목적은 '엄밀함'이라는 추상적 기준을 만족하기 위해 의례적으로 행해지는 것이 아니라 학생들의 이해를 증진시키는 설명이다(나귀수, 1998, pp. 41-43). Lakatos의 준경험주의와 사회적 구성주의 관점에서 보면 증명의 역할을 다양하게 해석할 수 있다. 증명은 수학적 진리가 참임을 보장하는 역할뿐만 아니라 수학적 진리를 발견하는 맥락에서의 정당화의 역할, 수학사회에서 공적인 지식으로 받아들이는 과정에서 수학적 지식을 보다 깊이 있게 이해하고 수학적 지식에 대한 의사소통으로서의 역할을 한다(Hanna & Jahnke, 1996, p. 878).

증명의 역할을 입증, 설명(Bell, 1976; Hanna, 1983; De Villiers, 1990), 체계화(Bell, 1976; De Villiers, 1990), 발견, 의사소통(De Villiers, 1990) 등으로 구분할 수 있다. 입증은 명제의 진리성에 대한 주장과 관련되는 것으로 증명은 어떤 명제가 참임을 주장하기 위한 근거가 된다는 것이다. 증명의 이러한 입증기능을 Hanna(1983)는 '입증하는 증명(proofs that prove)'으로, De Villiers(1990)는 '수학적인 진술의 정확성을 입증(확신 또는 정당화)하는 의미'로 사용하고 있다. 여기서 정확성이란 어떤 상황을 인정되는 추론 규칙에 따라 나타내기 위해 사용한 언어로 논리적 필연성을 강조한 것으로 해석할 수 있다. De Villiers는 또한 입증이 작도나 측정, 수치의 대입 등의 준경험적인 방법에 의해 이루어질 수 있다고 주장하는 바, 입증의 고찰 대상은 어떤 상황에 있어서 그 상황에 설정되어 있는 조건과 그 상황에서 실제로 일어나고 있는 결론과의 관계의 적절성이라고 할 수 있다. 즉, 입증이란 '결론에 대해 가정이 필요함을 나타내는 것, 또는 그러한 가정 하에서는 이러한 결론이 반드시 일어난다는 사실을 보이는 것'으로 볼 수 있다.

설명 기능이란 증명이 어떤 명제가 참인 이유를 보여주는 역할을 함을 의미한다. Hanna(1983)는 이러한 설명 기능을 '설명하는 증명(proofs that explain)'으로 나타내고 있다. 입증과 설명은 증명의 목적과 관계가 있으며, 입증을 목적으로 하는 증명은 명제가 참임을 보이기 위한 것이고 설명을 목적으로 하는 증명은 명제가 참임을 보일 뿐만 아니라 명제가 왜 참인지에 대한 이유도 밝힌다는 것이다. Hanna(1983)는 '자연수 1부터 n까지의 합은 $S(n)=\frac{n(n+1)}{2}$이다'라는 명제에 대한 증명을 이용하여 증명의 설명과 입증 기능을 대비시키고 있다. 이 명제는 수학적 귀납법과 수학자 가우스가 제시한 방법으로 증명할 수 있는 바, 수학적 귀납법은 이 명제가 왜 참인지에 대한 어떤 통찰력도 제공하지 못한다는 점에서 증명하는 증명이고 가우스 방법은 명제가 왜 참이 되는지에 대한 이유를 밝혀준다는 점에서 설명하는 증명이다. De Villers(1990)는 '수학적 명제가 왜 참인지에 대한 통찰을 얻을 수 있는 설명'이라는 말로 증명의 설명 기능을 기술하였다. 입증에서의 작도나 측정, 수치의 대입과 같은 준경험적인 방법으로부터는 설명을 얻을 수 없으며, 설명을 통해 어떤 가정 하에서 어떤 결과가 왜 일어나는지를 분명하게 할 수 있다. 앞에서 제시한 가우스의 증명과 같이 명제가 참인 이유를 제시한다면 자신은 물론 다른 사람을 설득한 것이며, 이러한 의미에서 설명을 '납득 또는 설득'이라고 할 수도 있다. Balacheff(1987) 또한 그 시대의 수학사회에서 수용할 수 있는 설명을 증명이라고 주장하면서 설명과 증명과의 관계를 다음과 같이 밝히고 있다. 증명의 설명 기능은 학교수학의 '증명'교육에서 매우 중요한 역할을 한다.

> 화자에 획득된 명제 또는 결과가 참임을 이해시키려고 시도하는 담론 유형이 설명이다. 화자가 제공하는 이유는 논의의 대상이 되며 반박되거나 수용될 수 있다. 설명이 이루어지는 그 시대, 그 사회에서 수용한 설명이 증명이다(Balacheff, 1987, pp. 147-148).

Bell(1976)이 제시한 증명의 체계화 역할은 증명을 통해 여러 가지 결과들을 공리, 주요 개념 및 정리, 여기서 유도되는 작은 결과 등으로 이루어지는 연역적 체계로 조직화할 수 있음을 의미한다. 발견은 증명이 새로운 결과를 발견 또는 발명하는 데 기여할 수 있음을 의미하는 것으로, 준경험주의 수학철학의 증명에 대한 관점과 일치한다. 입증 또는 정당화가 실제로는 조건과 결론과의 관계가 고찰 대상이기 때문에, 주어진 조건에 대해

"조건은 이것으로 충분한가?" 하는 문제를 제기할 수 있고, "다른 조건으로 바꿀 수는 없을까?"라는 발전된 사고가 일어날 수 있다. 또한 "결론을 바꾸기 위해 조건을 바꿀 수는 없을까?"라는 문제도 제기될 수 있다. 결국 이러한 과정에서 조건과 결론의 새로운 관계를 확립할 수 있다. De Villers(1990)는 의사소통 수단으로서의 증명의 역할을 강조한다. 증명은 나 자신은 물론, 타인을 설득시키는 의사소통 수단이다. 의사소통을 '수학적인 지식을 전달하는 것'으로 보고 의사소통의 범위를 수학자들 사이, 교사와 학생 사이, 학생들 사이에서 일어나는 것으로 보았으며, 전달 자체의 목적보다는 전달을 전제로 이루어지는 설명이나 논쟁을 받아들이는 기준을 습득하는 데 목적이 있다.

지금까지 논의한 Bell, Hanna, De Villiers가 제시한 증명의 역할은 현재 학교수학의 '증명' 지도에 충분히 반영되어 있지 않다. 7차 수학과 교육과정에서는 증명의 역할을 새로운 수학적 진리의 확실성을 보증하는 원천으로 보고, 공리 체계 내에서 수학적 진리를 공리에서 정리로 전달하는 메커니즘으로 도입하고 있다. 8-(나)단계의 교과서에서는 증명을 ① '실험이나 예상이 아니고 용어의 정의와 알고 있는 사실을 통하여 이론적으로 어떤 명제가 참임을 밝히는 것'(황석근, 이재돈, 2001), ② '어떤 명제가 참임을 밝히는 것' (강행고 외, 2001)으로 정의하고 있는 바, 가정에서 출발하여 공리와 이미 알고 있는 정리를 이용하여 결론을 이끌어 내는 활동으로 증명의 의미를 제한하고 있다. 2007 개정 수학과 교육과정의 대부분의 교과서에서도 증명을 '어떤 명제의 가정과 이미 알고 있는 정의나 성질을 근거로 하여 그 명제가 참임을 밝히는 과정'(우정호 외, 2010)으로 기술하고 있는 바, 이전까지의 증명의 의미가 유지되고 있다. 이러한 제한된 의미의 증명에 따른 추론 지도는 학생들이 증명을 왜 해야 하는지를 이해하지 못하고 교사 또는 교과서의 증명을 암기 또는 모방하게 되는 원인이 된다. 따라서 학생들이 증명의 필요성을 깨닫고 증명활동에 참여할 수 있도록 하기 위해서는 증명의 다양한 역할이 반영될 필요가 있다.

2.2 증명의 타당성의 기준과 엄밀성의 수준

절대주의 수리철학의 신념은 다음과 같은 두 가지 중요한 가정을 전제로 하고 있다 (Hanna & Jahnke, 1996, p. 878).

① 현대 수학은 수학적 증명의 타당성을 판단할 수 있는 일반적인 기준이 있다.
② 엄밀한 증명은 현대 수학적 실제의 검증 기준이다.

이러한 가정에 따르면 수학에서의 증명은 이미 확실하게 참이라고 알려진 공리로부터 정리를 연역하는 것이며, 증명을 마친 명제는 정리가 되고 참이라는 것이 보장된다. 어떤 명제가 참이라는 것을 보증하기 위해 증명이 필요하며, 증명은 형식적이고 논리적으로 타당한 형식을 갖춰야 한다. 그러나 수학의 기초를 확립하기 위한 수단으로서 연역적 추론 즉, 형식적 증명을 중시하는 절대주의의 증명관은 그 자체 내에서도 많은 문제점을 내포하고 있으며, 많은 수학자 또는 수학교육자들로부터 비판을 받아왔다. 첫째, 수학적 증명의 타당성에 대한 기준은 절대주의 수리철학 내에서도 논리주의, 형식주의, 직관주의냐에 따라 그 입장이 서로 다르다. 논리주의에서의 증명은 수학 명제가 논리적으로 참(tautology)임을 정당화하는 수단이었으며, 형식주의에서는 증명을 의미 없는 기호 조작으로 환원함으로써 무모순성과 완전성을 정당화하고자 하였다. 직관주의에서는 구성적 증명을 통해 구성 가능성이 입증되는 명제만을 참인 명제로 인정하였다. 이러한 입장 차이는 수학적 증명의 타당성에 대한 유일한 기준을 설정하기 어렵다는 것을 보여준다.

둘째, 엄밀성의 문제로, 엄밀성에 대한 기준은 수학자들마다 다르다. Thom(1971)은 엄밀성에 대한 엄밀한 정의는 없다고 비판하면서 적절히 교육을 받아 그것을 이해할 만한 준비가 되어 있는 모든 독자들에게 받아들여지면 엄밀한 증명으로 볼 수 있는 것 즉, 엄밀성의 수준을 수학자 사회 공동체가 승인하는 정도로 규정하고 있다(우정호, 1998에서 재인용). 수학자들도 엄밀성 자체보다 이해와 의미를 더 중요하게 여긴다. 수학자들이 증명의 타당성을 받아들이고 확신을 하게 되는 것은 증명의 엄밀성보다는 증명의 내용을 이해할 때다. 수학자들은 증명을 이해하고(증명에 내재된 수학적 개념, 증명의 논리적 전제, 증명의 함의) 증명 과정을 참이 아니라고 주장할 만한 근거를 찾지 못했을 때, 정리가 다른 수학 분야에 어떤 함의를 갖고 세밀한 연구와 분석을 정당화할 만큼 충분히 의미가 있을 때, 정리가 이미 수용된 결과들과 일관성이 있을 때, 증명을 한 사람이 정리의 내용 분야에서 전문가로 평판이 나 있을 때, 엄밀하든 그렇지 않든 전에 보았던, 증명에 대한 믿을 만한 논증이 있을 때 증명을 수용한다(Hanna, 1983). 수학자들의 실제를 보면 엄밀성이나 형식성보다 증명이 이해되고 증명이 기존의 학문적 체계 내의 다른 분야와 의미 있게 관련이 있을 때 증명을 수용한다는 것이다. 이러한 수학자들의 태도는 증명 자체도 절대적으로 확실한 것은 아니며 증명의 성격도 정적이지 않다는 것을 함축하고 있다. 즉 증명의 수용 기준에 대한 아이디어가 변화되고 있으며, 증명의 타당성은 시대의 수학적 사조를 반영해야 한다는 의미가 내포되어 있다.

2.3 증명과 경험과학

과학적 방법에 대한 과학자들의 관심은 과학적 탐구를 보다 효율적으로 수행하고자 하는 데 있으며 이런 점에서 실천적인 성격이 강하다. 반면 수학자들은 과학적 탐구 결과를 논리적, 수학적으로 설명하고자 하는 데 관심이 있다는 점에서 이론적이라 할 수 있다.

그러나 수학 특히 학교수학은 경험과학과 밀접한 관계가 있다. 학교수학에서 도형의 성질에 관한 정리를 도입할 때, 학생들의 경험에 호소하여 의미를 부여하는 것, 작도와 측정 등 경험적인 탐구활동을 통해 추측을 하고 추측이 참인지 또는 왜 참인지를 정당화하는 과정은 경험과학의 탐구방법과 직접적으로 관련된다. 학교수학과 경험과학 사이의 관련성을 다음 두 가지 측면으로 정리할 수 있다.

첫째, 수학 특히 기하의 발생은 실용적인 토대 위에서 이루어졌으며, 이러한 것은 수학에 경험적인 차원이 존재함을 의미한다. 바빌로니아와 이집트의 초기 기하학은 실제 측량과 관계된 것이다. 이러한 경험적인 초기의 기하학이 그리스 시대의 탈레스 이후 논증기하로 발전하였다. 바빌로니아와 이집트의 경험적인 수학은 '어떻게'에 초점을 맞추었지만 그리스 시대의 수학은 당시의 합리적인 사회적 분위기와 더불어 '어떻게' 뿐만 아니라 '왜'라는 의문을 가지면서 수학 특히 기하에서의 논증방법과 연역적 특징이 두드러지게 되었다(Eves, 1953, 이우영·신항균(역), 1995). 그리스 시대의 이러한 수학을 집대성한 유클리드 기하는 현재의 학교수학에 깊은 영향을 끼치고 있으며, 형식적인 접근 방법을 이용하여 공리 체계가 논리적으로 일관성이 있는지, 정리가 그 논리 체계로부터 어떻게 도출될 수 있는지에 초점을 두어왔다. 유클리드 기하의 연역적 전개방식은 결과적으로 수학이 생태적으로 갖고 있던 경험 과학적 측면을 소홀히 하고 실제와 격리되어, 이론적이고 논리적인 담론을 중심으로 하는 수학만이 강조되어 왔다. 그러나, 수학 특히 기하가 실제 생활에서의 필요성에서 비롯된 것이라는 점에서 보면 수학에서도 특히 학교수학에서는 관찰과 실험 등 경험적 자료가 중요한 역할을 할 수 있을 것이다.

둘째, 수학을 경험과학과 관련지어 설명하는 경우가 흔히 있다. 중학교 논증기하에서 다루는 기하의 경우는 경험적인 성격이 더욱 강하다(Hanna & Jahnke, 1996). 중학교 논증기하를 지도할 때, 학생들이 그리는 도형은 기하의 정리에서 다루는 도형과 다르다. 실제로 그린 도형들과 달리 정리의 내용에 나오는 도형들은 이상적인 것들이다. 학생들이 그린 도형들은 실제로 정확한 것이 아니지만 기하의 정리를 증명하고 이해하는 과정에서 많은 역할을 하며, 특히 증명하고자 하는 정리가 참인지 그리고 왜 참인지를 이해할 수 있게 한다(Carnap, 1966, 윤용택(역), 1993). '두 직선은 하나 이상의 공유점을 가질 수 없다'라는 명제가 참인지를 확인할 때, 그 상황을 마음속으로 그려서 확인을 한다. 이러한 것은 학교수학의 논증기하에서 기하의 정리가 참인지 그리고 왜 참인지를 설명할 때, 기하의 공리 체계에만 의존하는 것이 아니라 정리를 실제에 적용시켜 보는 활동도 이루어지고 있음을 의미한다.

셋째, 학생들은 심리적으로 경험적인 확인에 의존하는 실제적인 사고방법을 가지고 있으며, 수학적인 명제의 타당성을 절대적으로 보증하려는 전통적인 증명방식과 기본적으로 상충되고 있다(우정호, 1998). 수학 교사들은 증명이 필요하다고 생각하지만 학생들은 다양한 예에 대한 측정을 통해 확인을 했기 때문에 연역적 증명이 필요하다고 생각하지 않는다. 학생들의 현 수준에서 출발하여 새로운 수학을 학습해야 한다는 관점에서 볼 때, 학생들의 경험을 바탕으로 한 정당화 방법에서 출발하여 궁극적으로 연역적 정당화 방법으로 연결시키는 것이 타당한 정당화 지도 방법이라 하겠다.

그럼에도 불구하고 현재의 논증기하에서의 증명지도는 발견의 맥락, 경험과학 측면의 증거, 학생들의 수준을 소홀히 취급하고, 완성된 정리의 증명을 교사가 설명하는 방식으로 이루어져 왔다. 연역적이고 형식적이며 엄밀성을 강조하는 현재의 증명지도는 기하의 역사발생적 성격과 학생들의 심리적 발달 수준을 고려하여 이루어질 필요가 있다. Hanna와 Jahnke(1996)는 수학화된 경험적 이론과 증명의 역할 사이의 역동적 관계를 다음과 같이 주장한다.

> 이론이 구성되기 시작할 때, 증명은 도출된 결과의 진리를 확립하기보다는 그 결과가 도출되는 가정의 신뢰성, 개연성 그리고 효과를 검증하는 역할이 강하다. 그 이론이 이미 수용된 지식의 일부로 통합될 때(또는 학생들이 그 이론을 편안하게 느낄 때), 증명의 의미는 변화되어 증명은 가정에서 정리로 진리(또는 확실성)를 전달하는 역할을 한다. 이러한 역동적인 관점은 순수하게 수학 내적인 상황에서도 마찬가지로 적용되며 일반적으로 증명에 대한 이해를 심오하게 한다.

위에서 언급한 역동적인 관점은 학생들에게 증명을 가르치는 과정에서 교사가 경험하는 여러 가지 현상을 설명하는데 유용하다. 학생들은 어떤 사실이 왜 증명되어야 하는지 즉 증명의 필요성을 이해하지 못하는 경우가 많다. 예를 들어 학생들의 관점에서는 측정만으로도 그 사실은 분명하고 충분히 정당화된 것으로 이해될 수 있다. 학생들에게 증명 과정을 설명한 다음에도 학생들은 정리의 일반적인 타당성을 확신하지 못하고 어떤 예를 가지고 정리가 참인지를 검사하기도 한다(Fischbein, 1982). 저자의 경험에 따르면 기하적 논증으로 충분하지 않다고 생각하면서도 기호적 추론을 증명으로 받아들이는 학생들도 있다. 이러한 현상은 증명이 상황마다 다른 의미를 갖고 있다는 사실을 반영한 것이고, 학생들이 연역적 논증과 경험과학 사이의 관계를 깨닫지 못하고 있음을 나타낸다. 결과적으로 학생들은 증명의 필요성이나 의미를 잘 이해하지 못하고 있으며, 증명에 대해 다양한 의미를 가지고 있는 것으로 해석할 수 있다.

Hanna와 Jahnke(1996)의 주장은 학교수학의 '증명'에서 연역적이고 형식적인 증명만을 강조할 것이 아니라 증명이 갖고 있는 이러한 다양한 의미를 반영할 필요가 있음을 시사하고 있다. 경험적 확인과 연역적이고 형식적인 증명을 상호 보완적인 측면에서 고려할 필요가 있다. Freudenthal(1973)이 학습자에게 익숙한 사실로부터 시작하여 그것을 국소적으로 조직화하는 활동이 재발명 과정에서 가장 중요한 활동이라고 제안하고 있듯이, 증명교육에서도 학생들이 갖고 있는 다양한 정당화 유형에서 출발하여 점차 연역적이고 형식적인 정당화로 발전시켜 가는 것이 온당한 증명지도 방법이라 할 수 있다.

2.4 학교수학에서의 '증명'

지금까지 학교수학에서의 '증명'을 전통적인 연역적이고 형식적인 증명 중심에서 벗어나 정당화라는 포괄적인 관점에서 해석할 필요가 있음을 논의해 왔다. 이러한 주장은 준경험주의 수학철학, 사회적 구성주의를 이론적인 기초로 이루어졌다. 철학적 입장의 변화는 필연적으로 증명의 역할, 증명의 타당성의 판단 기준, 엄밀성의 수준에서의 변화를 수반하며 이러한 변화가 학교수학의 '증명' 개념에 반영되어야 할 것이다.

앞에서의 논의를 바탕으로 학교수학에서의 '증명'은 다음과 같은 성격을 토대로 개념화할 수 있다.4)

① 증명의 역할은 정당화, 설명, 체계화, 발견, 의사소통 등 다양하다.
② 증명의 타당성의 기준과 엄밀성의 수준은 수학 공동체의 합의에 의해 결정된다.
③ 수학화된 경험적 이론과 증명의 역할 사이에는 역동적 관계가 있다.

학교수학에서의 '증명'은 '학생들이 수학적 명제를 추측하고 이를 확인하는 과정에서 수학적 증거와 논리를 기초로 추측한 명제의 타당성을 설명 또는 정당화하는 방법'으로 개념화할 수 있으며, 이러한 '증명'의 개념은 포괄적인 의미를 갖는다. '증명'은 발견의 맥락과 정당화의 맥락에서 중요한 역할을 하며, 자신을 이해시키고 타인을 설득시키기 위한 수단이 된다. 증명의 타당성과 엄밀성에 대한 기준은 학생들로 구성된 수학 사회의 합의에 의해 인정되며, 학생들의 수학적 지식과 경험의 수준이 발달함에 따라 합의된 '증명'의 수준도 발달한다.

NCTM(2000)의 〈학교수학의 원리와 규준〉에서는 NCTM(1989)의 〈수학교육과정과 평가 규준집〉에서의 추론 규준을 추론과 증명 규준으로 바꾸면서, K-12학년 전 수준에서 모든 학생들이 다음을 할 수 있어야 함을 강조하였다(p. 122).

① 수학의 기본적인 면으로서 추론과 증명을 인식할 수 있어야 한다.

---

4) 일반적으로 수학에서 사용하는 증명이라는 용어가 '엄밀하고 형식적이며 연역적인 증명'이라는 의미가 너무 강하게 인식되어 왔기 때문에 학교수학에서의 '증명'을 정당화란 용어로 바꾸어 사용할 필요가 있다. 앞으로 논의와 합의가 필요하다.

② 수학적 추측을 만들고 탐구할 수 있어야 한다.
③ 수학적 논증과 증명을 발전시키고 평가할 수 있어야 한다.
④ 다양한 종류의 추론과 증명 방법을 선택하고 사용할 수 있어야 한다.

추론과 증명 규준은 학교수학에서 추론과 증명의 중요성을 강조하고 있으며(①) 다음과 같은 특징을 갖는다. 첫째, 추론과 증명 규준에 추측과 탐구과정을 포함시키고 있다(②). 이것은 수학적 추론과 증명이 수학의 발견과정과 밀접한 관련이 있음을 암시하고 있다. 둘째, 다양한 종류의 추론과 증명 방법을 인정하고 있다(④). 이것은 연역적이고 형식적인 엄밀한 증명 외의 다른 증명 방법을 인정하고 있는 것으로 보인다. 셋째, 수학적 논증과 증명의 발전을 언급하고 있다(③)는 점이다. 증명의 발전을 언급하는 것은 학생들의 증명 수준이 발달한다는 가정을 하고 있음을 시사하고 있다. 다양한 증명 방법과 증명 발달 수준을 가정하는 것은 앞에서 논의한 학교수학에서의 증명의 재음미나 Tall(1995)의 증명 발달 수준 이론과 같은 맥락에서 이해될 수 있다.

또한 〈학교수학의 원리와 규준〉에서는 추론과 증명이 기하 영역에만 적용되는 것은 아니며 전체 영역에서 강조되어야 한다고 주장한다. 전통적으로 증명은 수열 단원에서 도입되는 수학적 귀납법을 제외하면 주로 기하 단원에서만 다루어져 왔으며, 7차 수학과 교육과정에서도 마찬가지다. 학생들이 증명을 어려워하는 이유 중의 하나가 갑자기, 그것도 어느 한 영역에서 집중적으로 증명(주로 형식적인)을 다루는 데 있다. '증명'은 모든 학년 수준에서 그리고 모든 학교수학의 영역에서 강조될 필요가 있다. 이때 문제가 되는 것은 엄밀성의 수준으로 엄밀성은 수학교실 사회의 합의에 따라 결정될 수 있으며 학년이 올라갈수록 엄밀성의 수준도 달라진다. 예를 들어, 1학년에서 짝수와 홀수가 교대로 나타난다는 것에 주목하여 수 0이 짝수라고 설명할 수 있다. 학년이 올라가면서, 학생들은 수학교실에서 합의된 수학적 진리를 이용하여 추측을 정당화할 때 엄밀성의 수준이 상승된다.

이러한 '증명' 개념에 따르면 학교수학의 모든 수준, 모든 영역에서 '증명'을 강조할 수 있다. 학교수학에서의 '증명'을 '정당화'라는 용어로 바꾸어 사용할 필요가 있다. 지금까지 학교수학에서 증명이라는 개념은 절대주의 수학철학의 영향을 받아 공리 체계 내에서 논리 규칙에 따라 명제들을 체계적으로 연결시키는(황선욱 외, 2011) 엄밀하고 연역적이며 형식적인 증명이라는 인식이 강해 오해의 소지가 있기 때문이다. 황선욱 외(2011)은 증명교육은 중요하지만 기대하는 만큼의 효과를 거두지 못하고 있어 기하교육에서 학생 활동을 중시하고 증명보다는, 자신의 주장 또는 믿음을 타인에게 이해시키려는 시도이자 일정 수준의 객관성을 담보할 수 있으며 학생 수준에 적합한 정당화를 강조할 것을 제안한 바 있다. 그러나 2009 개정 수학과 교육과정에서는 '설명할 수 있다'라고 제시하고 있는데 이를 '정당화할 수 있다'는 의미로 해석할 수 있다. Sowder & Harel(1998)은 정당화를 엄밀하게 전개되는 연역적이고 형식적인 전통적 의미에서의 증명 개념을 포함하면서 다양한 수준의 수학적 명제가 왜 참인지 이유를 설명하는 것까지 지칭하는 심리학적인 의미에서 보다 포괄적인 추론 개념이라고 정의하였다(조완영, 2000에서 재인용). 다음 가상의 대화에서 A와 B가 말하는 증명의 의미는 다르다. B가 말하는 증명은 정당화를 의미한다.

A: 2009 개정 수학과 교육과정 중학교 2학년 기하 영역에서 증명이라는 용어가 삭제되었네요. 중학교 2학년에서 증명을 가르치지 않아도 되는 건가요?

B: 아닙니다. 증명을 가르치지 않는 것이 아니라 오히려 더 강조한다고 봐야 합니다. 교육과정을 보면 교수·학습방법에서 추론 특히 추측과 정당화를 강조하고 있습니다. 전과는 다른 관점에서 증명교육을 하자는 뜻입니다.

학교수학에서 전통적인 관점에서의 형식적이고 연역적 증명을 문제해결 과정에서의 추측 활동과 추측이 왜 참인지를 설명하는 수준으로서의 정당화 개념으로 완화시킬 필요가 있다.

3. 수학적 정당화의 유형과 사례

3.1 Tall의 증명에 관한 인지발달 이론

Tall(1995)은 Bruner(1966)가 구분한 사고발달 수준 즉, 활동적 수준, 영상적 수준, 기호적 수준을 토대로, 증명과 표상에 관한 인지발달 단계를 활동과 몸짓을 통한 환경과의 상호작용과 의사소통에 근거를 둔 활동적 증명, 시각적 표현과 기호적 표현이 서로 상호작용하는 수준에서의 증명, 형식적 정의와 공리 체계를 토대로 이루어지는 전통적인 의미에서의 형식적 증명으로 구분하였다([그림 5]). 시각적 증명은 언어적 설명과 논의를 통해 의미가 보다 정교해지며, 활동적 증명 수준에서 학생들은 구체적인 활동을 통해 어떤 명제가 참이라는 것을 확인하고 왜 참인지를 설명한다. 활동적 증명에서는 활동에 초점을 두고 있으며 시각적, 언어적인 설명이 포함된다.

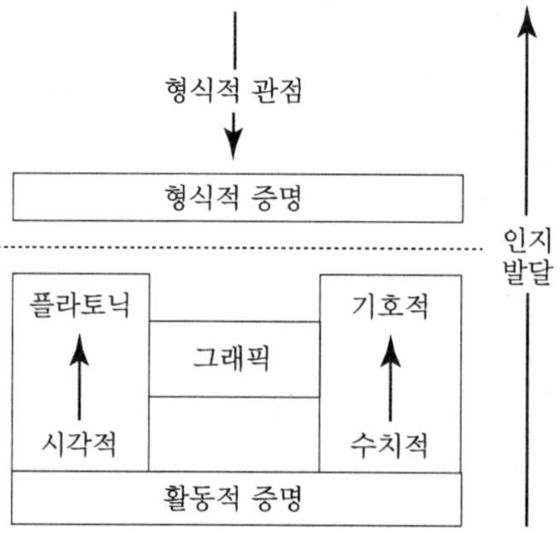

[그림 5] 증명과 표현에 관한 인지발달(Tall, 1995; 조완영, 2000에서 재인용)

이등변삼각형의 두 밑각이 같다는 명제를 종이로 만든 전형적인 삼각형을 잘라 내어 대칭축을 따라 접고 '두 개의 삼각형이 포개지기 때문에 두 각 B와 C가 같다'라고 그 이유를 설명([그림 6])하는 것은 활동적 증명의 예이다.

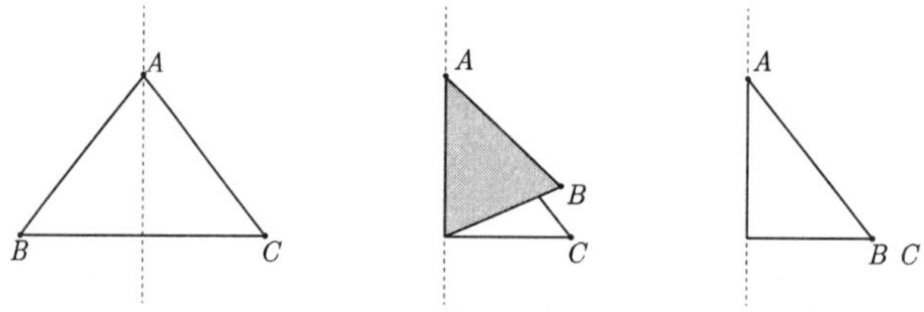

[그림 6] 활동적 증명의 예

시각적 증명은 활동적인 요소는 물론, 언어적 요소를 수반한다. 그림을 이용하여 2×3과 3×2가 같다는 곱셈의 교환법칙을 설명하는 경우에 활동적인 요소가 들어 있기는 하지만 본질은 배열을 어떻게 보느냐에 있기 때문에 시각적 증명으로 분류할 수 있다([그림 7]). 이 예는 4×5, 27×13 등 같은 류, 일반적으로 $m \times n = n \times m$을 대표하는 포괄적인 예로 볼 수 있다.

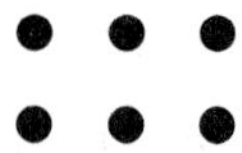

[그림 7] 2×3=3×2의 시각적 증명

이와 같은 시각적 증명을 특히 그래픽 증명(시각적 증명과 기호적 증명의 연결)이라 하며, 여기에도 부분들을 역동적으로 재배열하는 활동적인 요소를 담고 있다.

항등식 $(a+b)(a-b)=a^2-b^2$의 좌변을 전개한 결과가 우변이 된다고 정당화하는 것을 연산 조작적 증명이라고 한다. 산술 활동에서는 예를 들어, 끝자리가 짝수가 아니기 때문에 24532와 34513을 곱한 결과가 846672915는 아니라는 사실을 확인하는 경우 외에는 일반적으로 증명을 고려하지 않았다. 그렇지만, 특수한 명제를 모든 경우의 전형적인 것으로 간주해서 하는 포괄적인 증명은 가능하다. 예를 들면, 제곱해서 2가 되는 유리수가 존재하지 않는다는 사실을 유리수의 분모와 분자를 소인수분해할 수 있다는 사실에 주목해서 다음과 같이 설명할 수도 있다.

> $\frac{9}{40}=\frac{3^2}{2^3\times5}$이고 양변을 제곱하면 $\left(\frac{9}{40}\right)^2=\frac{3^2}{2^3\times5}\times\frac{3^2}{2^3\times5}=\frac{3^4}{2^6\times5^2}$이 된다. 이때, 어떤 유리수(분모와 분자가 정수인 분수의 꼴로 나타낼 수 있는 수)를 제곱하여 분모와 분자를 소인수분해하면 분모와 분자의 소인수의 개수는 각각 짝수개가 된다. 그러므로 제곱하여 2가 되는 유리수는 존재하지 않는다. 왜냐하면 $2=\frac{2}{1}$이 되어 분자에 있는 2의 개수가 홀수이기 때문이다.

대수에서는 산술에 대한 아이디어를 기호로 표현하며, 따라서 증명 방법도 포괄적 증명 방법 이상의 방법이 요구된다. 예를 들면, '연속하는 두 홀수의 합은 4의 배수다'라는 명제는 대수적으로, $(2n+1)+(2n+3)=4n+4=4(n+1)$로 표현할 수 있고 따라서 연속하는 두 홀수의 합은 4의 배수라고 결론을 내릴 수 있다. 그러한 증명은 적절한 대수적 표현과 대수적 연산을 이용하여 실행될 수 있다.

이러한 관점에서 보면 유클리드 기하에 나오는 증명들은 포괄적이고 시각적인 증명을 수학적 기호나 언어로 표현한 것으로 볼 수 있다. 증명해야 할 명제를 그림으로 그리고 (시각적 표현) 이 그림을 탐구한 후 수학적인 언어를 이용하여 표현함으로써 일반성이 확보된 명제 즉, 정리가 된다. 유클리드 기하에서의 정리는 도형의 성질에 관한 것이며, 정리를 따르도록 그려진 도형은 명제를 만족하는 임의의 도형을 나타내는 포괄적인 도형이다. 언어적 증명은 그려진 그 그림에만 적용되는 것이 아니라 일반적으로 그 정리가 나타내는 모든 도형에 적용된다. 명제 '$\triangle ABC$에서 $\overline{AB}=\overline{AC}$이면 $\angle B=\angle C$'의 증명은 그 $\triangle ABC$(아주 표준인 삼각형)에만 적용되는 것이 아니라 그 외의 다른 모든 삼각형에도 적용이 되는 것이다. 이런 면에서 유클리드 증명은 주어진 성질을 갖는 기하적 도형 전체에 적용하는 언어적이고 포괄적인 증명이라 할 수 있다.

현재 학교수학에서의 증명지도의 난점은 학생들의 증명 개념의 발달 수준을 고려하지 않고 연역적이고 형식적인 증명만을 강조하는 데 있다. 이러한 문제를 해결하기 위해서는 형식적인 수준에서의 증명활동이 이루어지기 이전에 다양한 경험적인 활동들이 이루어지고 그러한 정당화 방법의 한계를 자연스럽게 인식함으로써 다른 수준의 증명 방법을 모색할 수 있는 기회가 제공되어야 할 것이다.

3.2 정당화 유형과 사례

3.2.1 정당화 유형

조완영(2000)은 학교수학에서의 '증명'을 증명의 다양한 성격과 역할, 복합적인 측면을 반영하여 추측이 왜 참인지를 설명하는 학생들의 수준을 고려한 정당화의 관점에서 해석할 것을 제안하였다. 조완영(2000)은 Balacheff(1987)의 정당화에 대한 학생들의 이해 수준, Sowder와 Harel(1998)의 정당화 유형 등 선행연구 분석을 바탕으로 정당화의 유형을 경험적 정당화와 연역적 정당화, 권위적 정당화로 구분하였다.

경험적 정당화는 구체적인 활동, 몇 개의 예 또는 범례, 실험과 측정 또는 계산 결과, 시각적인 그림 등을 이용하여 추측의 결과가 참이며 왜 참인지를 설명하는 것을 의미한다. Sowder와 Harel(1998)는 경험적 정당화를 지각적 구조와 예 기반 구조로 구분하였지만 모두 경험적 정당화에 포함시켰으며, Balacheff(1987)가 제시한 정당화의 이해 수준의 소박한 경험주의, 결정적 실험, 포괄적인 예 등도 경험적 정당화이다. Tall(1995)의 증명에 관한 인지발달 이론에서 제시한 증명 방법 중 형식적 증명을 제외한 증명 방법들도 경험적 정당화에 포함된다. 경험적 정당화의 타당성에 대한 기준은 학생들의 수준에 따라 다르며, 수학학습 공동체의 합의에 의해 결정된다는 사회적 구성주의 관점을 따른다.

연역적 정당화는 보다 적절한 수준의 엄밀성을 바탕으로 하는 논리-연역적 방법으로 이루어지는 정당화 활동으로, Sowder와 Harel(1998)이 제시한 분석적 증명 구조 등이 포함된다. Balacheff(1987)가 제시한 사고실험도 학생들이 귀납적 방법으로 추측을 할 수도 있지만 연역적 정당화를 시도하기 때문에 연역적 정당화에 포함시킬 수 있다. 2009 개정 교육과정 이전의 중학교 2학년 기하 영역의 증명도 연역적 정당화에 포함된다. 전통적 의미에서의 증명과 유사하지만 타당성의 기준과 엄밀성의 수준이 수학자들의 증명에서의 수준과 일치할 필요는 없으며, 이단 증명이나 문단 증명과 같은 형식적인 증명 전개 양식만을 고집할 필요도 없다. 경험적 정당화와 연역적 정당화를 이원론적 입장에서 구분하지 않고 상호 보완적인 측면에서 이해할 필요가 있다. 학생들은 연역적 정당화보다는 경험적 정당화를 선호하는 경향이 있지만(Fischbein, 1982), 학생들의 수준에 따라 연역적 정당화의 필요성을 이해시키고 경험적 정당화에서 연역적 정당화로 발전하는 상호보완적인 측면에서 이해해야 한다.

권위적 정당화는 외부의 권위를 이용하여 정당화하는 것을 의미하는 것 즉 수학 내부의 증거나 논리가 아니라 외부의 자원을 이용한 정당화이다. 학생들에게 참인 이유를 설명하라고 요구했을 때, '교과서에 나와 있기 때문에'나 '수학교사가 설명했기 때문에'라고 답하는 경우는 권위적 정당화라 볼 수 있다. 권위적 정당화는 실제로 존재하기 때문에 분류하였지만 이를 피하고 외부의 권위가 아니라 수학적 증거와 논리를 이용하여 정당화해야 함을 학생들에게 강조할 필요가 있다.

3.2.2 NCTM(2000)에 나타난 정당화 사례 분석

NCTM(2000)에 따르면 3-5학년의 학생들은 이전의 경험을 통해 새로운 사실을 참으로 받아들이려는 경향이 있다. 그러나 학생들은 점차 몇 가지 예를 가지고 추측이 참임을 보장할 수 없다는 것과 추측이 참이 아니라는 것을 보이기 위해 반례를 이용할 수 있음을 이해할 수 있게 된다. 따라서 3-5학년의 학생들은 경험적 정당화 수준에서 시작하여 연역적 정당화의 필요성을 인식하기 시작하는 것으로 해석할 수 있다(류희찬·조완영, 1999). NCTM(2000)은 6-8학년의 학생들은 귀납적 추론과 연역적 추론을 이용하여 논증을 할 수 있어야 한다고 제시한다. 다음은 7학년 학생들을 위한 문제로 삼각수에 관련된 수열문제로 NCTM(2000)에 제시된 문제와 학생들의 반응을 재구성한 것이다(pp. 263-264).

문제 다음 그림과 같은 수를 삼각수라고 한다.

(1) 4번째, 5번째 삼각수를 그림으로 나타내어라.
(2) 6번째 삼각수는 얼마인가? 그 이유는 무엇인가?
(3) 100번째 삼각수는 얼마인가? 그 이유를 설명하여라.

학생들의 반응

학생 A: 점의 개수가 2개, 3개··· 규칙적으로 늘어난다는 점을 관찰하고 6번째의 삼각수를 5번째의 삼각수를 이용하여 구한 학생은 99번째의 삼각수를 알 수 없기 때문에 100번째의 삼각수를 구하지 못하였다.

학생 B: 그림으로 된 삼각수를 수열로 늘어놓은 다음 패턴을 탐구하여 수가 연속적으로 늘어난다는 사실을 알아내었다. 이 학생은 이를 이용하여 어느 항의 삼각수는 (항)×(늘어나는 수)÷2라는 사실을 알아냈다. 100번째 삼각수는 $\frac{(100)\times(101)}{2}=5050$이 된다.

다른 학생들의 반응: 두 학생의 방법이 같은 결과를 가져오는지를 확인하기 위해 7번째 삼각수를 두 가지 방법으로 구하여 같음을 확인하였다. 즉, $21+7=\frac{(7)(8)}{2}$ 학생들은 학생 A의 방법이 직관적인 호소력은 있지만 그 방법으로는 100번째 삼각수를 구할 수 없기 때문에 학생 B의 방법이 더 좋을 것이라고 생각했다. 그렇지만, 학생 B의 방법을 정확하게 이해하지 못했다.

교사의 역할: 교사는 학생 B의 방법을 정당화할 기회를 가질 필요가 있음을 인식하고 7번째 삼각수가

$$1+2+3+4+5+6+7=\frac{(7)(8)}{2}$$

로 나타낼 수가 있는지를 확인해 보도록 하였다(가우스 방법을 이용).

일반화: 교사의 요구에 따라 학생들은 어떤 삼각수= $\frac{(수)(수+1)}{2}$이라고 일반화하였다.

위의 예에 나타난 추론과 증명활동은 첫째, 학생들의 탐구와 추측활동 과정에서 증명의 필요성이 대두되었고, 둘째, 가우스 방법이라고 하는 시각적 증명 또는 연산조작적 증명(Tall의 의미) 방법을 이용하였으며, 셋째, 같은 수학교실의 학생들이 학생 B의 추측과 그에 대한 증명을 수용하였다는 특징이 있다. 이러한 증명 방법은 전통적인 의미에서의 연역적이고 형식적인 증명과는 다르다. 위의 문제는 고등학교 수준에서 계차수열을 이용하여 일반항을 구하고 수학적 귀납법으로 증명된다. 7학년 수준에서는 정당한 '증명' 방법으로 수용되었지만 학생들의 수학적 수준이 향상되면서 보다 엄밀한 형식적인 증명이 요구된다.

9-12학년에서의 추론과 증명에서는 보다 더 엄밀한 수준을 요구하며 다양한 증명 방법들이 다루어진다. 학생들은 주어진 조건으로부터 얻은 일반적인 결과의 타당성을 입증하기 위하여 연역적 증명을 할 수 있어야 한다. 그러나 증명의 형태(예, 문단 증명이나 2단 증명)보다 주의 깊게 추론하고 논리적으로 설명을 하였는가에 초점을 맞출 필요가 있다. 교사들은 학생들이 탐구, 추측하고 이를 반증 또는 증명할 필요성이 있음을 이해하도록 도와주는 역할을 해야 한다. 이러한 추론과 증명에 대한 관점은 2단 증명은 약화시키고 구두 또는 글로 연역적 주장을 표현하는 것을 강조한 〈수학교육과정과 평가 규준〉(NCTM, 1989)에서의 관점과 다르지 않다.

추론과 증명은 교육과정의 어느 특정한 주제(예를 들어 기하) 또는 시간에 국한되지 않고 거의 모든 수업시간에 자연스럽게 포함된다. 예를 들어, 합이 44인 네 개의 연속인 정수를 구하라는 문제에 대해 학생들은 답이 없다고 말한다. 교사는 '왜 그런 정수를 찾을 수 없는지를 어떻게 알 수 있는가'라는 질문을 할 수 있고 학생들이

$$n+(n+1)+(n+2)+(n+3)=44\text{에서}$$

$$n=9\frac{1}{2}$$

이므로 자연수는 없다고 반증할 수 있으며 이는 연역적 정당화로 분류할 수 있다.

4. 추론을 적용한 수학수업

4.1 추론수업의 주요 요소

지금까지 추론교육에서 추측과 정당화가 중요하며, 학교수학에서의 '증명' 즉 정당화는 '학생들이 수학적 명제를 추측하고 이를 확인하는 과정에서 수학적 증거와 논리를 기초로 추측한 명제의 타당성을 설명 또는 정당화하는 방법'으로 개념화할 필요가 있음을 주장하였다. 2009 개정 수학과 교육과정의 교수·학습 방법에서도 이러한 맥락에서 수학적 추론능력을 향상시키기 위한 유의 사항을 다음과 같이 제시하고 있다(교육과학기술부, 2011).

① 귀납, 유추 등을 통해 학생 스스로 수학적 사실을 추측하고, 이를 정당화할 수 있게 한다.
② 수학적 사실이나 명제를 분석하고, 수학적 관계를 조직하고 종합하며, 학생 자신의 사고과정을 반성하게 한다.
③ 수학적 추론을 통해 합리적으로 사고하는 능력을 키우고, 일상생활에서 자신의 의견을 정당화할 때 적절한 근거에 기초하여 논지를 전개할 수 있게 한다.

교육과정의 유의사항을 보면 추론수업에서 다음 몇 가지 요소가 강조될 필요가 있다.

첫째, 수학적 추측이 중요하다(①). 학생 스스로 추측하고 추측을 확인하는 과정에서 정당화의 필요성이 발생한다. 학생들이 스스로 추측할 수 있는 기회를 제공하는 것에서 추론수업이 시작되어야 한다. 이를 위한 방법은 추측을 할 수 있는 문제 상황을 제공하는 것이다. 추측을 요구하고 학생들이 추측할 수 있는 문제를 제시하는 것이 중요하다. 교과서에서 제시하고 있는 종이접기 또는 컴퓨터 프로그램을 이용한 활동들은 대부분 추측하는 활동을 제공하지 못하고 있다. [그림 8]은 삼각형의 무게중심의 도입문제로 제시된 탐구하기이다. 활동을 해 보도록 요구하고 있지만 절차를 제시하고 있고, "이때 선분 CF가 점 G를 지나는지 확인하여라."고 요구하고 있어 학생들이 스스로 추측할 수 있는 기회를 제공하고 있지 못하다.

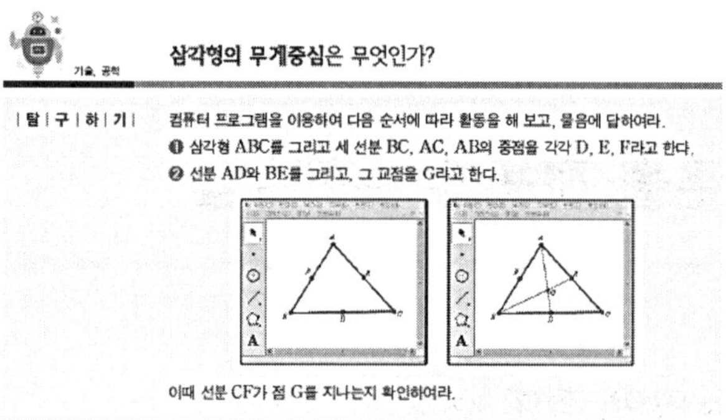

[그림 8] 삼각형의 무게중심(류희찬 외, 2013)

둘째, 문제를 해결하는 과정에서 추측을 하고 추측의 결과가 참인지를 확인하는 과정에서 정당화의 필요성을 인식할 수 있는 탐구활동이 요구된다. 탐구활동에서는 수학적 사실이나 명제를 분석하고 수학적 관계를 조직하는 등의 활동이 필요하다(②). 이 과정에서 정당화의 필요성이 구체화될 수 있다. 즉 탐구활동의 결과 추측이 참일 개연성이 크다고 하더라도 정당화가 필요함을 이해하게 해야 한다.

셋째, 학생들의 수준을 고려한 정당화 과정이 강조되어야 한다. '이유를 설명하여라'는 질문은 학생들의 정당화 활동을 기대하는 좋은 질문이다. 이때 학생들이 정당화의 필요성을 이해해야 하며, 학생들은 여전히 정당화를 어려워할 것임을 고려해야 한다. 정당화 활동은 모든 수학 내용 영역에서 이루어져야 한다. 다음 [그림 9]는 미분계수 개념을 배운 후 제시된 추론문제로 연속과 미분가능성 개념과 연결하여 조사하고(②) 이유를 설명하는 문제로 정당화를 요구하고 있다.[5)]

5) 교과서에서는 의사소통 문제로 분류되어 있지만 추론문제로 볼 수도 있다. 앞에서 논의했듯이 추론과 의사소통은 밀접한 관련이 있다.

한 걸음 더…

[추론하기/의사소통/문제해결/문제만들기]

함수 $f(x)=\begin{cases} x^2 & (x\geq 0) \\ -x & (x<0) \end{cases}$ 에 대하여 다음 물음에 답하여라.

(1) $f(x)$는 $x=0$에서 연속인지 조사하고, 그 이유를 설명하여라.

(2) $f(x)$는 $x=0$에서 미분가능한지 조사하고, 그 이유를 설명하여라.

[그림 9] 추론문제(류희찬 외, 2010)

넷째, 정당화 과정에서 분석법 활용을 권장할 필요가 있다. 분석법은 명제의 증명에서의 분석과 도형의 작도 문제나 방정식 풀이에서의 분석 두 가지로 구분할 수 있다. 방정식은 미지수의 값에 따라 참인 명제도 되고 거짓인 명제도 될 수 있는 명제 함수이다. 방정식에서 우리는 방정식이 이미 풀린 것으로 가정하고 방정식을 변형하여 해이기 위한 필요조건을 찾아간다. 방정식을 풀 때 그 결과는 방정식이 성립하기 위한 필요조건이기 때문에 구한 결과가 방정식의 해이기 위한 충분조건이 되는지를 확인하는 과정[6]을 반드시 거쳐야 한다. 작도에서도 작도 순서를 찾는 과정은 작도했다고 가정하고 순서를 찾아가기 때문에 방정식의 풀이에서와 마찬가지로 작도문제 해결에서의 작도 순서는 충분조건이 아니라 필요조건이며, 종합으로서의 증명과정이 요구된다. 이와 달리 명제의 증명에서의 분석은 명제가 성립한다고 가정하고 결론이 성립하기 위한 충분조건을 찾아가는 과정이다(우정호, 2000). 일반적으로 교과서에 제시되어 있는 증명은 종합이다. 연역적 정당화는 여전히 쉽지 않기 때문에 학생들이 분석법을 이용하여 정당화의 아이디어를 찾는 경험을 하는 것은 매우 중요하다. [그림 10]은 어느 교과서에 제시된 내용으로 '평행사변형에서 두 쌍의 대변의 길이와 대각의 크기는 같다'는 평행사변형의 성질을 추측하고 정당화하는 과정에 대한 것이다. 학생들은 탐구하기를 통해 평행사변형의 성질을 추측한 후, 정당화의 필요성을 인식하고 스스로 정당화를 할 수 있어야 한다. 교과서의 설명이 복잡해 보이지만 분석법을 이용하면 정당화의 구조가 간단하다. 예를 들어 "$\angle B = \angle D$가 성립함을 보이기 위해서 무엇이 성립하면 좋을까?"라는 질문을 통해 '두 각이 대응각인 두 삼각형이 합동이면 좋겠다'는 생각을 이끌어 낼 수 있다. 학생들은 분석법을 이용하여 교과서의 날개에 제시된 '생각 두드림'의 내용([그림 10])이 필요함을 알 수 있다. 중학교 수준의 정당화 문제 대부분은 분석법을 이용하여 1-2개의 징검다리를 찾으면 쉽게 해결할 수 있는 문제들이다.

---

6) 이 과정을 종합이라고 한다. 방정식의 풀이에서의 종합은 흔히 이야기하는 '검산'과 의미가 다르다. '검산'은 방정식의 풀이 과정에서 오류가 있는지를 확인하는 의미로 주로 사용되며 종합은 충분조건이 되는지를 확인하는 과정이다.

평행사변형의 성질은 무엇인가?

| 탐 | 구 | 하 | 기 | 오른쪽 그림은 평행사변형 ABCD와 합동인 사각형 모양의 천을 이어 붙인 것이다. 이 그림을 보고 평행사변형 ABCD에 대하여 다음 물음에 답하여라.

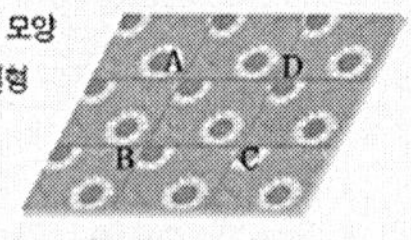

(1) $\overline{AB}$, $\overline{BC}$와 길이가 같은 변을 각각 구하고, 그 이유를 말하여라.

(2) $\angle A$, $\angle B$와 크기가 같은 각을 각각 구하고, 그 이유를 말하여라.

(3) (1), (2)의 결과를 이용하여 평행사변형의 성질을 추측하여라.

이전에 배운 내용

평행사변형은 두 쌍의 대변이 평행한 사각형이다.

생각 두드림

$\overline{AB}=\overline{DC}$, $\overline{AD}=\overline{BC}$임을 설명하기 위해 $\overline{AB}$와 $\overline{BC}$, $\overline{AD}$와 $\overline{DC}$를 각각 포함하는 두 삼각형을 만들어 그 두 삼각형이 합동임을 밝힌다.

탐구하기에서 평행사변형의 두 쌍의 대변의 길이와 두 쌍의 대각의 크기는 각각 같음을 추측할 수 있다. 이 추측이 항상 옳은지 확인해 보자.

오른쪽 그림과 같은 평행사변형 ABCD에서 $\overline{AB}=\overline{DC}$, $\overline{AD}=\overline{BC}$인지 설명하여 보자.

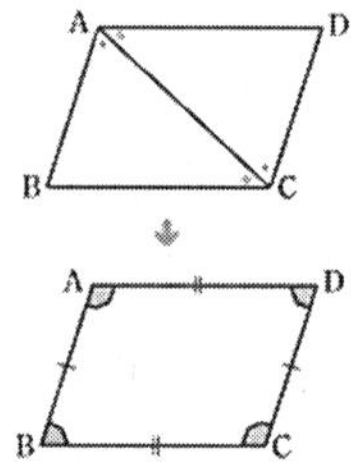

대각선 AC를 그으면 $\triangle ABC$와 $\triangle CDA$에서

$\overline{AB} /\!/ \overline{DC}$이므로

$\angle BAC=\angle DCA$(엇각) ……①

$\overline{AD} /\!/ \overline{BC}$이므로

$\angle BCA=\angle DAC$(엇각) ……②

$\overline{AC}$는 공통인 변 ……③

①, ②, ③에 의하여 $\triangle ABC \equiv \triangle CDA$(ASA 합동)

이다. 따라서

$$\overline{AB}=\overline{DC},\ \overline{AD}=\overline{BC},\ \angle B=\angle D$$

이다. 또, ①, ②에 의하여

$$\angle A=\angle BAC+\angle DAC=\angle DCA+\angle BCA=\angle C$$

이다.

[그림 10] 평행사변형의 성질의 추측과 정당화(류희찬 외, 2013)

다섯째, 추측과 정당화 과정과 결과에 대한 토론 활동이 필요하다(③). 2009 개정 수학과 교육과정의 중학교 기하 영역 〈교수·학습상의 유의점〉에서 '도형의 성질을 이해하고 설명하는 활동은 학생의 수준에 따라 달리할 수 있다'라고 제시하여 학생들의 정당화 수준의 다양성을 인정하고 있다. 그렇지만 학생들은 정당화 수준을 평가하고 발전시킬 수 있어야 하며, 다양한 종류의 추론과 증명 방법을 선택하고 사용할 수 있어야 한다(NCTM, 2000). 따라서 다른 학생의 정당화 과정과 수준이 타당한지에 대한 논의와 수학 교실 공동체의 합의 과정이 필요하다.

4.2 추론수업의 실제

추론수업은 모든 수학 영역에서 가능하지만 학교수학에서 증명교육에 관한 논쟁의 초점이 되고 있는 중학교 2학년 수준의 기하 영역 중 삼각형의 외심을 추론수업의 실제의 소재로 선택하였다. 본 수업의 전개는 몇 가지 특징을 가지고 있다. 첫째, 통합적 이해의 관점에서 학습목표를 제시하였다. 통합적 이해란 학생들이 수학을 어려워하고 잘 이해하지 못하는 이유가 무엇인가에 대한 관심에서 출발하여 "학생 A가 수학 개념 X를 이해했다는 것의 의미는 무엇인가?"라는 물음에 대한 통찰의 결과로, 수학 개념을 이해할 때 맥락과 연결된 개념 정의, 수학적 표현 사이의 연결, 간단한 응용 상황과 개념의 연결 그리고 관련 개념과의 연결 등을 포함하여 수학을 이해하는 것을 가리키는 잠정적이고 대안적인 용어이다. 학생들은 삼각형의 외심의 경우 학생들은 세 점으로부터 같은 거리에 있는 점을 작도할 수 있어야 하고(실세계 맥락과 연결하여), 그 결과 삼각형의 외심은 세 변의 수직이등분선의 교점이고, 외심으로부터 삼각형의 세 꼭짓점까지의 거리가 같다는 것 그리고 삼각형의 외심의 성질을 알아야 하며, 왜 그런지 그 이유도 설명할 수 있어야 삼각형의 외심을 이해한 것으로 볼 수 있다. 통합적 이해란 관점에서 삼각형의 외심의 학습목표에는 다음이 포함되어야 한다.

- 세 점으로부터 같은 거리에 있는 점을 작도하는 방법을 설명할 수 있다.
- 이 점(외심)에서 삼각형의 세 꼭짓점까지의 거리가 같음을 알고 그 이유를 설명할 수 있다.
- 삼각형의 외심의 성질을 이용하여 문제를 해결할 수 있다.

둘째, 문제로부터 시작된다. 수학과제로서의 문제 상황은 학습목표의 달성은 물론 추론 수업에서 중요한 추측과 정당화의 기회가 제공될 수 있어야 한다. 문제는 다음과 같다.

문제

1. 다음 지도를 보고 서울, 부산, 광주에서 같은 거리에 있는 지역을 작도하고 어떻게 작도하였는지를 설명하여라.
2. 서울, 부산, 광주를 하나의 점으로 보고 1에서 작도한 지역(점)의 이름을 짓고, 어떤 성질이 있는지를 조사하여라.

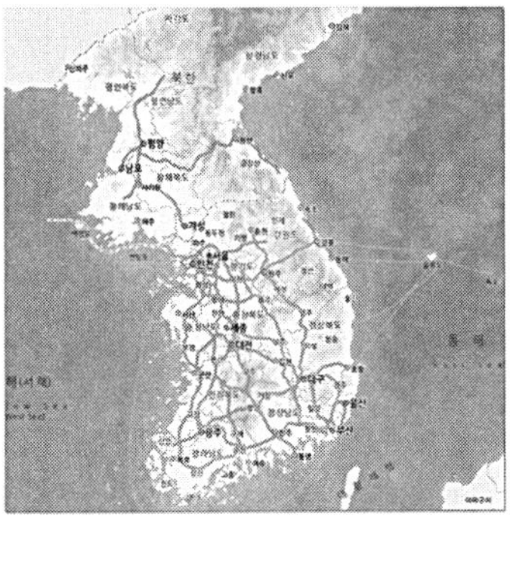

셋째, 모둠 활동이 권장될 필요가 있다. 정당화는 학생들에게 여전히 어려운 문제로 혼자 해결하기에는 부담스러울 수 있다. 모둠별 활동을 통해 추측을 하고 추측이 참인 이유를 찾도록 하는 것이 좋다.

넷째, 반성 활동이 강조되어야 한다. 추론수업의 반성단계에서 다양한 정당화를 검토하고 발전시키는 것, 정당화된 수학적 지식을 이미 알고 있는 내용과 연결하여 이해하거나 이를 활용하여 문제를 해결하는 활동을 할 필요가 있다.

이상을 정리하면 추론수업은 일반적으로 다음과 같은 단계로 이루어질 수 있다. 여기서 탐구 및 추측과 정당화는 자연스럽게 연결될 수도 있다.

[표 1] 추론수업의 과정

단계	학습 활동
도입	• 선수 학습 상기 및 동기 유발
문제 제시	• 문제 제시
탐구 및 추측	• 문제해결(필요하면 작도문제에서의 분석) • 추측한 것을 원인과 결과로 나타내어 보고, 간결하게 표현하기 • 추측이 참인지 다양한 방법으로 확인해 보기
정당화	• 반례가 나타나면, 추측을 수정하기 • 반례가 나타나지 않으면 추측이 옳음을 정당화하기(분석과 종합)
반성	• 추측과 정당화를 검토하고 최적의 정당화를 선택하기 • 이미 알고 있는 내용과 연결하기 • 형식화한 수학적 성질이나 공식을 활용하여 문제해결하기
정리 및 평가	• 형성평가-차시예고

지도 단계	학습흐름 및 관련이론	교수·학습활동		학습자료 및 유의점
		교사	학생	
도입	인사 및 출석확인	• 학생들과 인사한다. • 출석을 확인하고 학습 분위기를 조성한다.	• 모둠별 착석 및 상호인사	
	선수 학습 확인	• 두 점으로부터 같은 거리에 있는 점들은 무엇인가? • 이등변삼각형의 성질을 설명해 보자.7)	• 발표한다. (예상반응) – 수직이등분선 – 꼭지각의 이등분선은 밑변을 수직이등분한다.	• 본 수업에 필요한 선수 학습 요소를 질의응답 또는 탐구활동지로 확인할 수 있다.

7) 이등변삼각형의 성질을 이용할 때 작도문제에서의 분석을 이용해야 한다. 즉 세 꼭짓점으로부터 같은 거리에 있는 점을 찾았다고 가정하면 세 개의 이등변삼각형이 생기고, 이때 이등변삼각형의 성질을 이용하여 구한 점이 세 변의 수직이등분선의 교점임을 이해할 수 있다.

지도 단계	학습흐름 및 관련이론	교수·학습활동		학습자료 및 유의점
		교사	학생	
도입	학습 목표 인지	• 학습 목표 제시 – 세 점으로부터 같은 거리에 있는 점을 작도하는 방법을 설명할 수 있다. – 이 점에서 삼각형의 세 꼭짓점까지의 거리가 같음을 알고 이유를 설명할 수 있다. – 외심의 성질을 이용하여 문제를 해결할 수 있다.	• 학습 목표를 읽는다.	• 이전에 이등변삼각형의 성질을 추측하고 정당화한 경험이 있다.
	문제 제시	◆ 실세계에서 수학 내용 탐구 [문제] 1. 다음 지도를 보고 서울, 부산, 광주에서 같은 거리에 있는 지역을 작도하고 어떻게 작도하였는지를 설명하여라. 2. 서울, 부산, 광주를 하나의 점으로 보고 1에서 작도한 지역(점)의 이름을 짓고, 어떤 성질이 있는지를 조사하여라. 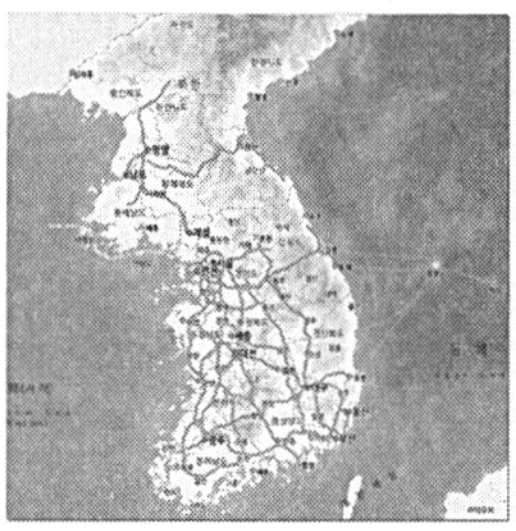	• 조별 문제 확인	• 선분의 수직이등분선의 성질 상기 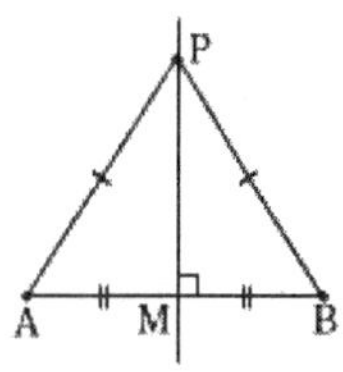 • 두 점으로부터 같은 거리에 있는 점들을 어떻게 작도했는지 상기 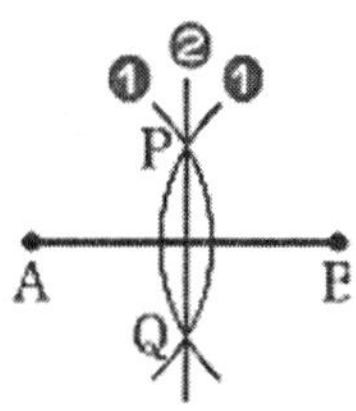
전개	탐구 및 추측	◆ 모둠별 탐구 및 추측 활동 관찰 및 면담(필요한 경우 힌트 질문) • 두 점으로부터 같은 거리에 있는 점은 무엇이고 작도 방법은? • 구한 점에서 세 점까지의 거리는 같은가, 의미는 무엇인가?(원의 중심과 반지름)	◆ 모둠별 문제해결 및 결과 추측 • 교사의 설명에 따라 조각을 만든다.	◆ 의사소통의 강화 • 모둠별로 각자의 아이디어 발표와 토론 권장 • 교사는 학생 활동을 관찰, 질문(발표순서 정하기)
	정당화	◆ 모둠별 정당화 활동 관찰·면담 • '왜 그렇지?'라는 질문을 통해 정당화의 필요성 인식시킨다. • 세 점까지의 거리가 같은 이유는?	◆ 정당화 활동 • 세 꼭짓점까지의 거리가 같은 이유 탐구 • 발표자 선정 ◆ 전체 토의 참여 • 질문하기	• 정당화 과정에서 학생들 사이에 모둠별 그리고 전체에서 활발한 토의가 이루어지도록 안내한다.

지도 단계	학습흐름 및 관련이론	교수·학습활동		학습자료 및 유의점
		교사	학생	
전개	반성	◆모둠별 결과 발표 • 모둠 활동시 관찰 결과 토대로 발표 순서 정하기 • 모둠별 발표 후 질의응답 유도 • 발표 결과 후 외심에 대한 내용 정리: 학생들의 발표 내용 종합 • 학생들의 동의 구하기	• 오류 인정하고 동의하기	• 다른 모둠의 의견 존중 및 오류 인정하고 수정하도록 권장
		◆일반화 및 문제해결 • 예각, 둔각, 직각삼각형의 외심의 위치 확인하기 • 외심의 성질을 생각하도록 유도 세 개의 이등변삼각형에 주목 • 외심의 성질을 이용하여 문제해결하기(응용문제: 예 수막새 포함) • 수막새 복원 문제와 같은 응용문제 해결	• 세 개의 이등변삼각형을 이용하여 외심의 성질 찾고 문제해결 하기 • 삼각형의 외심의 활용 문제 찾고 해결하기	• 활동지 활용 • 외심의 성질은 문제해결을 통해 발견하도록 한다.
정리	학습 내용 정리	• 학습목표와 관련하여 본 차시에 배운 내용을 학생 스스로 정리하고 발표하게 한다.	• 오늘 학습한 내용과 느낀 점을 노트에 정리 • 발표	• 내용은 물론 느낀 점을 학생 스스로 정리하고 발표하게 한다.
	형성 평가	• 학습목표를 고려하여 수준별 형성평가 문항을 만든다. – 외심의 작도, 정의와 성질 – 외심을 이용한 수학내·외적 문제 해결 문제 및 추론 문제	• 형성평가 결과를 반성한다.	• 필요할 경우, 삼각형의 외심과 관련된 실세계 문제를 조사하고 해결해 오는 과제를 제시할 수 있다.
	차시 예고	• 본 차시 학습 내용과 관련하여 삼각형의 중심은 무엇이 있을까를 생각해 보게 한다.	• 교과서나 인터넷을 이용하여 예습을 한다.	

참 고 문 헌

Reference

강행고 외 (2001). 수학 8-나. 서울: ㈜중앙교육진흥연구소.

김원경 외 (2013). 중학교 수학 1. 서울: 비상.

교육과학기술부 (2011). 수학과 교육과정. 교육과학기술부 고시 제2011-361호 [별책 8].

나귀수 (1998). 증명의 본질과 지도 실제의 분석－중학교 기하단원을 중심으로－. 서울대학교 박사학위논문.

류성림 (1998). 피아제의 균형화 모델에 의한 증명의 지도 방법 탐색. 한국교원대학교 박사학위논문.

류희찬·조완영 (1999). 학생들의 정당화 유형과 탐구형 소프트웨어의 활용에 관한 연구. 수학교육학연구, 9(1), 245-261.

류희찬 외 (2013). 중2 수학. 서울: 천재교과서.

류희찬 외 (2010). 미적분과 통계기본. 서울: ㈜미래앤.

서동엽 (1999). 증명의 구성요소 분석 및 학습－지도 방향 탐색－중학교 수학을 중심으로－. 서울대학교 박사학위논문.

우정호 (1998). 학교수학의 교육적 기초. 서울: 서울대학교출판부.

우정호 (2000). 수학 학습-지도 원리와 방법. 서울: 서울대학교출판부.

우정호 외 (2010). 중학교 수학2. 서울: 두산동아.

조완영 (2000). 탐구형 기하 소프트웨어를 활용한 중학교 2학년 학생의 증명활동에 관한 사례연구. 한국교원대학교 박사학위논문.

조완영·권성룡 (2001). 학교수학에서의 '증명'. 수학교육학연구, 11(2), 385-402.

조완영 (2012). 예비교사의 미분영역에 관한 내용지식의 분석. 학교수학, 14(2), 233-253.

황석근·이재돈 (2001). 수학 8-나. 한서출판사.

황선욱 외 (2011). 창의 중심의 미래형 수학과 교과내용 개선 및 교육과정 개정 시안 연구. 서울: 한국과학창의재단.

황혜정·나귀수·최승현·박경미·임재훈·서동엽 (2012). 수학교육학 신론. 서울: 문음사

Balacheff, N. (1987). Processes of proof and situations of validation. *Educational Studies in Mathematics*, *18*, 147-176.

Bell, A. W. (1976). A study of pupil's proof-explanations in mathematical situations. *Educational Studies in Mathematics*, *7*, 23-40.

Bruner, J. S. (1966). *Towards theory of instruction*. Cambridge, Mass.: Harvard University Press.

Carnap, R. (1966). *An introduction to the philosophy of science*. 윤용택(역)(1993). 과학철학 입문. 서울: 서광사.

De Villiers, M. D. (1990). The role and function of proof in mathematics. *Pythagoras*, *24*, 17-24.

Ernest, P. (1991). *The philosophy of mathematics education*. London: Falmer Press.

Eves, H. (1953). *Introduction to the history of mathematics*. 이우영 · 신항균(역). 수학사. 서울: 경문사.

Fischbein, E. (1982). Intuition and proof. *For the Learning of Mathematics*, *3*(2), 9-18.

Freudenthal, H. (1973). *Mathematics as educational task*. Docdrecht-Holland: Reidel Publishing Company.

Hanna, G. (1983). *Rigorous proof in mathematics education*. Toronto: Oise Press.

Hanna, G., & Jahnke, H. N. (1996). Proof and proving. In A. J. Bishop et al. (Eds), *International handbook of mathematics education*(part 2) (pp. 877-908). Dordrecht: Kluwer Academic Publishers.

Hanna, G. (2014). Mathematical proof, argumentation, and reasoning. In Lerman, S. (Ed.), *Encyclopedia of mathematics education* (pp. 405-408). New York: Springer.

Lakatos, I. M. (1976). *Proofs and refutations: The logic of mathematical discovery*. Cambridge: Cambridge University Press.

Martin, W. G., & Harel, G. (1989). Proof frames of preservice elementary teachers. *Journal for Research in Mathematics Education*, *20*(1), 41-51.

National Council of Teachers of Mathematics (2000). *Principles and standards for school mathematics*. Reston, VA: Author.

National Council of Teachers of Mathematics (1989). *Curriculum and evaluation standards for school mathematics*. 구광조 · 오병승 · 류희찬(역). 수학교육과정과 평가의 새로운 방향. 서울: 경문사.

National Council of Teachers of Mathematics (2007). *Principles and standards for school mathematics*. 류희찬 · 조완영 · 이경화 · 나귀수 · 김남균 · 방정숙(역). 서울: 경문사.

National Council of Teachers of Mathematics (2013). *Focus in high school mathematics reasoning and sense making*. 김성경(역). 고등학교 수학에서 추론하기와 이해하기. 서울: 경문사.

Sowder, L., Harel, G. (1998). Types of students' justifications. *Mathematics Teacher*, *91*(8), 670-675.

Tall, D. (1995). *Cognitive developments, representations and proof*. Paper presented at the conference justifying and proving in school mathematics institute of education, London, 27-38.

Thom, R. (1971). Modern mathematics: An educational and philosophic error? In A. G. Howson (Ed.), *Developments in mathematics education* (pp. 194-209). Cambridge: Cambridge University Press.

제 3 장

문제제기와 수학수업

한혜숙(단국대학교), 주홍연(용동중학교)

1. 들어가는 말

우리는 매일 삶 속에서 다양한 문제 상황에 직면하고, 다양한 문제를 제기하며, 그러한 문제들을 해결하며 살아간다. 우리가 일상생활 속에서 접하게 되는 대부분의 문제 상황은 학생들이 학교에서 주로 접하게 되는 문제 상황과는 달리 매우 역동적이고, 비구조화되어 있는 경우가 대부분이므로, 이런 문제들을 해결하기 위해서는 무엇보다 주어진 문제 상황에서 문제를 제기하고 합리적인 의사결정을 내리는 능력이 요구된다. Singer, Ellerton, Cai(2013)는 어떻게 수학적 문제를 발견하고, 문제를 제기해야 할지를 아는 것이 예측할 수 없는 문제 상황에서 합리적인 의사결정을 내리는데 기여할 수 있다고 제안하고 있으며, Einstein과 Infeld(1938)는 흥미로운 문제를 만드는 것이 문제를 푸는 것보다 더 중요하다고 강조하였다. 또한 인간의 사고와 관련된 역사를 거슬러 올라가 볼 때, Socrates는 지속적인 대화를 통해 아이디어를 발현시키기 위해 문제제기를 하고, 물음에 대한 답을 찾도록 유도해가면서 비판적 사고를 자극할 수 있는 효과적인 학습 방법을 제안하기도 하였다(Singer, Ellerton, & Cai, 2013).

수학적 문제제기는 문제해결과 더불어 수학교육에서 중요한 이슈 중 하나이다. 특히 여러 연구를 통해 수학적 문제제기 활동의 중요성 및 그 교육적 효과가 보고됨에 따라서 그 관심이 날로 증가하고 있다. 여러 연구 결과에 의하면, 문제제기는 학생들의 문제해결 능력의 향상(Brown & Walter, 1990; Cai & Hwang, 2002; Ellerton, 1986; English, 1997; Kilpatrick, 1987; Leung, 1996, 1997; Rosenshine, Meister, & Chapman, 1996; Sliver, 1994, 1997)에 도움이 되며, 수학학습에 대한 태도 및 수학에 대한 자신감을 향상시키는데 도움이 되고, 수학적 개념에 대한 폭 넓은 이해 및 수학적 사고의 발달에도 기여할 수 있는 것으로 나타났다(Cai & Cifarelli 2005; English 1997, 1998). 또한 문제제기 활동은 학생들의 창의성 향상과도 밀접한 관련이 있다(Sliver, 1997; Yuan & Sriraman, 2011). Sliver(1997)는 문제제기가 수학에서의 창의적 접근 능력을 향상시킬 수 있다고 언급하면서 유창성, 유연성, 독창성과 같은 창의성의 요소를 개발하고 발달시킬 수 있다고 주장하였다. 이에 많은 연구자들은 수학적 문제제기가 학교 수학교육을 통해서 강조되어야 한다고 주장하였고, 실제로 미국, 호주, 중국 등 여러 나라의 수학과 교육과정에서 문제제기 활동의 중요성에 대해서 언급하고 있다(Silver, 2013).

> 교사는 주기적으로 학생들에게 다양한 수학 내적, 외적인 상황에 기반이 된 흥미로운 문제를 제기하도록 요청해야 한다. …중략… 교사는 학생들의 문제해결 성향의 발달을 돕기 위하여 학생 스스로 문제를 선택하거나 만들어 볼 수 있도록 해야 한다(NCTM, 2000, p. 258).

우리나라의 경우도 2007 개정 수학과 교육과정뿐 아니라 2009 개정 수학과 교육과정에서도 문제제기 활동의 중요성에 대해서 다음과 같이 기술하고 있다.

> 문제해결의 결과뿐만 아니라 문제해결 방법과 과정, 문제를 만들어 보는 활동도 중시한다(교육인적자원부, 2007; 교육과학기술부, 2011, p. 54).

다만, 수학교육에서 문제제기는 문제해결의 중요성에 의해 주로 문제해결과 관련지어 다루어지고 있다 보니 학교교육에서는 문제제기 그 자체로서의 중요성보다 문제해결을 위한 수단으로 다루어지는 경향이 있었다. 그러나 Kilpatrick(1987)은 문제제기를 교육의 목표로도 중요시해야 함을 지적하면서 수학적 문제를 만들고 발견하는 경험이 모든 학생 교육의 일부가 되어야 한다며 문제제기 교육의 중요성을 강조하였다.

2. 수학적 문제제기의 정의와 특성

'문제제기'라는 용어는 여러 학자들에 의해서 다양하게 명명되고, 그 의미 또한 다양하게 정의되었다. Brown과 Walter(1990)는 문제제기(problem posing)로, Kilpatrick(1987)과 Leung(1993)은 문제 형식화하기(problem formulation)로, Duncker(1945)와 Silver(1994)는 문제 생성하기(problem generation)로, Dillon(1982)은 문제 발견하기(problem finding)로 명명하였으나, 문제제기라는 용어는 일반적으로 '새로운 문제의 생성(generation)'과 '주어진 문제의 재구성(reformulation)'의 의미를 포함하여 사용되고 있다(Duncker, 1945; Silver, 1994). 문제제기가 특정 교과목에만 한정되는 것은 아니지만, Stoyanova & Ellerton(1996)은 수학적 문제제기를 다음과 같이 정의하기도 하였다.

> "수학적 경험에 기초하여 학생들이 구체적인 상황에 대한 개인적인 해석을 구성하고 이런 상황으로부터 의미 있는(즉 자명하지 않는) 수학적인 문제를 형식화는 과정(절차)"(Stoyanova & Ellerton, 1996, p. 518)

Leung(1994)은 그의 연구에서 수학적 문제제기가 가진 4가지 특성을 제시하기도 하였다. 첫째, 수학적 문제제기는 특이성(idiosyncratic)을 가지고 있다. 학생들이 주어진 조건을 통해 문제제기를 할 때는 다양한 문제의 조건들과 문제가 가진 목표를 서로 연관시키고자 노력하게 된다. 예를 들면, '교실에 10명의 남학생과 20명의 여학생이 있다'는 조건이 주어졌다고 가정해 보자. 어떤 학생은 "모두 몇 명의 학생들이 교실에 있을까?"라는 문제를 제기할 수 있고, 다른 학생은 "남학생과 여학생의 비가 얼마인가?"라고 문제를 만들 수도 있다. 따라서 학생 개별적 특성이 반영되어 다양한 문제제기의 결과가 나타나게 된다. 둘째, 수학적 문제제기는 그럴듯한 추론 과정을 포함하는 활동이다. 예를 들어, "전체 학생 수가 같을 때 남학생의 수가 11명이라면 비는 어떻게 변하는지 생각해 보아라." 라는 물음은 그 해결을 위해서 학생들의 추론적 사고가 요구되고 있다. 셋째, 수학적 문제제기는 문제해결의 과정과 관련하여 전, 중, 후 단계에서 일어날 수 있다. 예를 들면, 어떤 학생이 새로운 문제를 제기하고, 그 문제를 해결한 후, "그 학급의 남학생 수는 몇 퍼센트인가?"라는 질문을 할 수 있다. 넷째, 문제제기를 통해 만들어진 문제가 아직 해결되지 않았을 때에는 제기된 문제의 의미가 불분명하거나(구체적 명시가 부족함) 풀이 자체가 불가능한 문제일 수도 있다. 예를 들어, "25개의 병을 남학생 10명과 여학생 20명에서 각각 1개씩 나누어준다면, 몇 개의 병이 남아있겠는가?"라는 질문은 풀이 자체가 불가능한 경우라 할 수 있다.

3. 수학적 문제제기 활동의 유형

문제제기 활동은 관점에 따라 다양하게 분류할 수 있다. 예를 들면, Silver(1994)는 문제제기를 문제해결 전, 문제해결 중, 문제해결 후에 일어날 수 있는 활동으로 보아 그에 따라 3가지 유형으로 분류하였고, Stoyanova & Ellerton(1996)은 문제제기 과제의 상황에 따라 문제제기를 3가지 유형으로 분류하였다. 이런 문제제기 활동에 관한 분류는 문제제기 활동에 대한 다양한 방식의 이해를 가능하게 하며, 문제제기 활동에 대한 교수-학습의 설계 및 평가와 관련하여 활용할 수 있을 것이다. 이 절에서는 각각의 연구자들이 제안한 문제제기의 유형에 대해서 보다 구체적으로 살펴보고자 한다.

Silver(1994)는 문제제기가 문제해결 과정과 밀접한 관련이 있다고 주장하며 [표 1]과 같이 문제를 제기하는 시점에 따라 문제제기를 문제해결의 전, 문제해결 중, 문제해결 후의 3단계로 분류하였다.

[표 1] Silver(1994)의 문제해결의 시점에 따른 문제제기의 분류

상황	특징
문제해결 전	특정 소재(스토리, 그림, 표, 다이어그램 등)로부터 문제제기를 하는 경우
문제해결 중	문제를 쉽게 해결하기 위해 의도적으로 문제의 목표와 조건을 변화시켜 문제제기를 하는 경우(예를 들어, '단순화하기' 전략을 활용하는 경우)
문제해결 후	문제해결의 경험을 새로운 문제 상황에 적용해보거나 조건을 바꾸어 문제제기를 하는 경우

문제해결 전(Prior-problem solving) 문제제기 활동은 문제해결에 목적을 두지 않고 어떤 상황 또는 경험으로부터 새로운 문제를 만드는 것을 의미한다. 이런 문제제기는 구체적인 상황 또는 자연스러운 상황으로부터 문제를 만드는 경우이다(Silver, 1994). 문제해결 중(Within-problem solving) 문제제기 활동은 주어진 문제에 대한 문제해결의 목적이

더욱 뚜렷해진다. 즉 문제를 자신에게 익숙한 문제로 재구성하거나(Silver는 이를 개인화(personalized)라고 표현하였음), Polya(1957)가 언급했던 문제해결의 계획단계에서 더 해결하기 쉬운 하위 목표를 가진 문제 형식화하기 등이 이와 밀접한 관련이 있다고 할 수 있다. 문제해결 후(After-problem solving) 문제제기 활동은 Polya(1957)의 문제해결의 마지막 단계인 '반성하기(looking back)'와 관련이 있으며, Brown & Walter(1990)가 강조하였던 'What-if', 'What-if-not' 전략을 활용하는 것이 이에 해당한다고 할 수 있다.

Stoyanova & Ellerton(1996)은 문제제기 상황에 따라서 [표 2]와 같이 문제제기 활동을 분류하였다.

[표 2] Stoyanova & Ellerton(1996)의 상황에 따른 문제제기의 분류

상황	특징
자유로운 상황 (free situation)	학생들이 제약 없이 문제제기를 함
반구조화된 상황 (semi-structured situation)	열린 상황을 제공하고 그 상황에 대한 구조(structure)를 탐색하게 한 후, 이전 수학적 경험으로부터 형성된 지식, 능력, 개념, 관계성 등을 활용하여 문제제기를 하도록 안내됨
구조화된 상황 (structured situation)	이미 해결했던 문제를 재구성하거나 주어진 문제에 대한 질문, 조건을 바꾸어 문제를 제기함

자유로운 상황에서의 문제제기 활동은 학생들이 제약 조건 없이 자유롭게 문제를 제기하는 활동을 의미하고, Stoyanova & Ellerton(1996)은 자유로운 상황에서 문제제기 활동의 예시로 다음과 같은 활동을 제안하였다.

예시 1 자신이 좋아하는 유형의 문제를 하나 만들어 보자.

예시 2 교내 수학경시대회를 위해 문제를 출제해 보자.

예시 3 자신이 어렵다고 생각하는 문제를 하나 만들어 보자.

예시 4 선생님께 풀어달라고 부탁하고 싶은 문제를 하나 만들어 보자.

[그림 1]은 중학교 2학년 수학 교과 내용 중 확률의 계산 영역을 학습한 후 자유로운 상황에서 학생들이 만든 문제의 예시이다.

자유로운 상황

오늘 배운 수업 내용 중에서 자유롭게 문제를 하나 만들어 봅시다. 자신이 만든 문제를 친구들과 교환하고 누가 문제를 더 빨리 해결하는지 겨루어 봅시다.

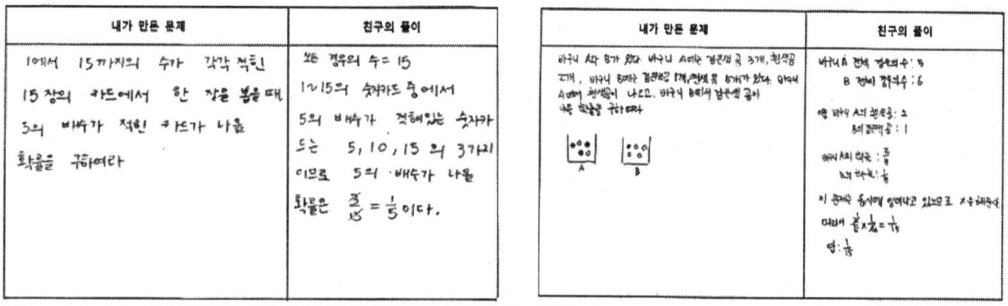

[그림 1] 자유로운 상황에서 학생들의 문제제기 활동의 예시

반구조화된 상황에서의 문제제기 활동은 학생들에게 열린 상황을 제공하여 그 상황에 대한 구조(structure)를 탐색하도록 한 후에 자신의 수학적 개념, 지식 등을 활용하여 문제를 제기하는 활동을 의미한다. Stoyanova & Ellerton(1996)은 반구조화된 상황에서의 문제제기 활동의 예시로 다음과 같은 활동을 제안하였다.

예시 1 직각삼각형의 개념을 활용하여 문제를 만들어 보자.

예시 2 다음과 같은 문제해결 방법을 적용할 수 있는 문제를 만들어 보자.

비둘기집의 원리, 순열, 조합

예시 3 다음의 연산을 활용하여 가능한 한 많은 문제를 만들어 보자.

$$3 \times 25 + 15 \div 5 - 4$$

이외에도 [그림 2]와 같이 수학적 개념이나 관계를 포함하고 있는 그림을 제공하고, 그 그림과 관련된 다양한 문제를 만들어 보게 하는 활동이나, 수식을 제공하고 이 식을 나타

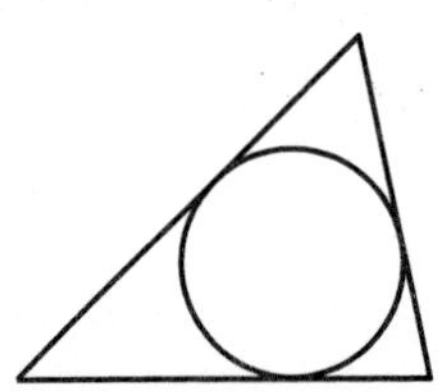

[그림 2] 삼각형과 이에 내접하는 원(Stoyanova, 1997)

낼 수 있는 실생활 문제를 만들어 보게 하는 활동 또한 반구조화된 문제제기 활동으로 활용할 수 있다.

Bonotto(2013)는 문제제기 활동에 실생활 자료(artifacts)를 활용하는 것이 좋은 교수전략이 될 수 있음을 제안하였다. 다음 [그림 3]은 중학교 1학년 수학 교과 내용 중 도수분포와 그래프에 대한 내용을 학습한 후에 반구조화된 상황(음식점 광고 전단지 제공)에서 학생들이 만든 문제의 예시이다.

구조화된 상황에서의 문제제기 활동은 특정한(주어진) 문제에 기반을 둔 문제제기 활동이라고 볼 수 있다. 즉 주어진 문제의 조건을 변화시키거나 이미 해결한 문제를 재구성함으로써 문제를 제기하는 활동이다. 이 문제제기 활동은 특정 문제와 그 문제의 해답 구조에 대한 학생들의 이해를 돕기 위해서 이루어지거나 또는 주어진 문제와 해결하기 위

반구조화된 상황

오늘 배운 수업 내용을 실생활에 적용하기 위하여 선생님이 나누어 준 음식점 광고 전단지를 활용하여 자유롭게 '통계' 관련 문제를 만들어 봅시다. 자신이 만든 문제에 대한 풀이과정 또한 자세히 서술해 봅시다.

음식점 광고 전단지

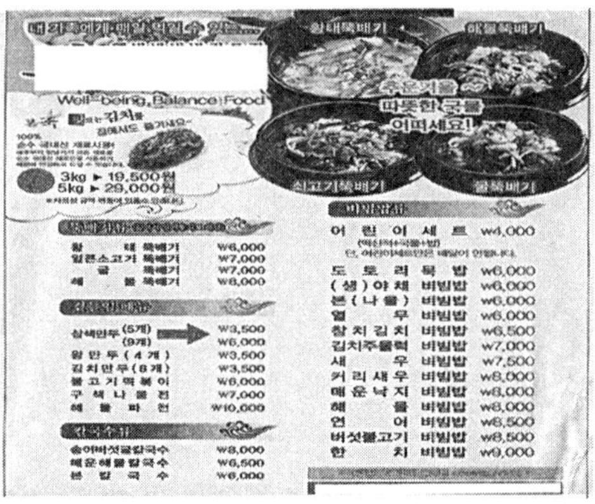

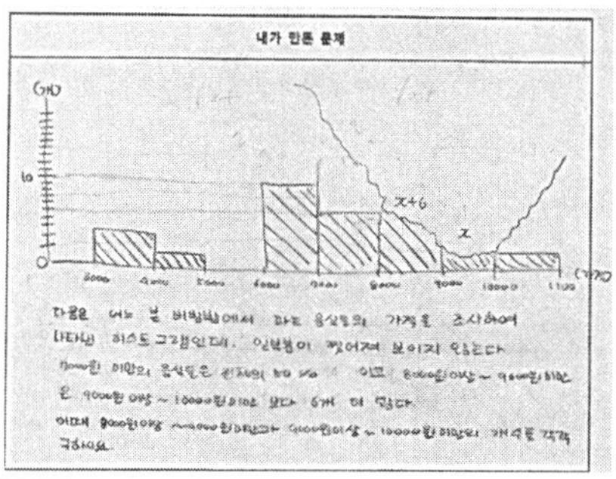

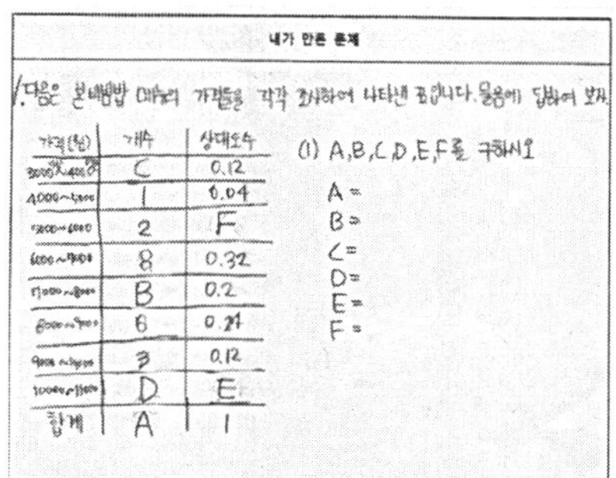

[그림 3] 반구조화된 상황에서 학생들의 문제제기 활동의 예시

한 아이디어 사이의 상호관계를 학생들이 탐구하기 위해서 이루어질 수 있다(Stoyanova & Ellerton, 1996). 구조화된 상황에서의 문제제기 활동의 예시로 Stoyanova(1997)는 다음과 같은 활동을 제안하였다.

> **예시 1** 지난 밤, 파티를 열었는데 초인종이 10번 울렸다. 첫 번째 초인종이 울렸을 때, 딱 1명의 손님이 들어왔다. 매번 초인종이 울릴 때마다 이전에 도착했던 손님보다 3명의 손님이 더 많이 왔다.
> (a) 10번째 초인종이 울렸을 때, 몇 명의 손님이 들어왔는가?
> (b) (a) 문제와 관련된 문제를 가능한 한 많이 만들어 보아라.

(b)의 문제제기 활동과 더불어 학생들에게 자신이 만든 문제들을 적절한 순서로 배열하고 왜 그렇게 했는지에 대해서 기술하도록 하는 활동 또한 주어진 문제의 구조와 그 해결 방안에 대한 학생들의 이해를 확인하기 위한 활동으로 적절하다.

다음 [그림 4]는 중학교 2학년 수학 교과 내용 중 확률의 계산 내용을 학습한 후 구조화된 상황에서 학생들이 만든 문제의 예시이다.

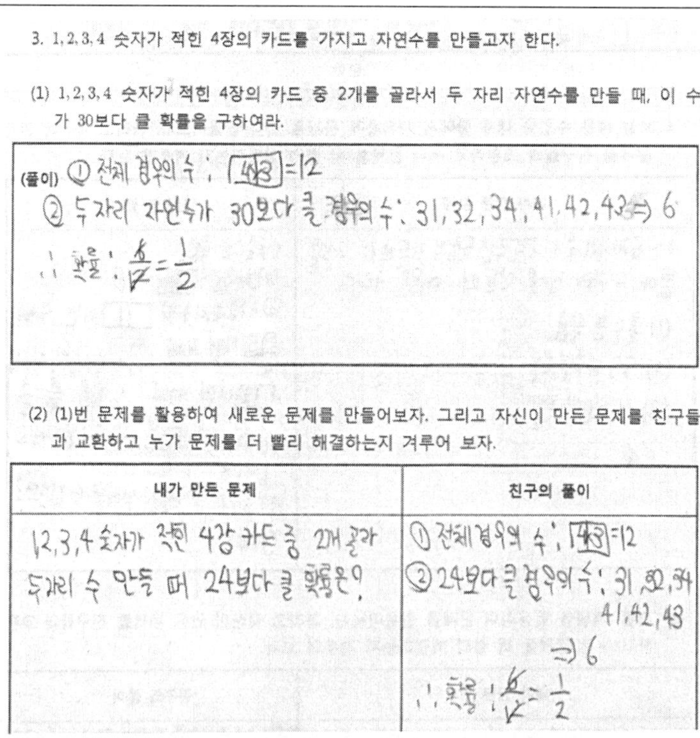

3. 1, 2, 3, 4 숫자가 적힌 4장의 카드를 가지고 자연수를 만들고자 한다.

(1) 1, 2, 3, 4 숫자가 적힌 4장의 카드 중 2개를 골라서 두 자리 자연수를 만들 때, 이 수가 30보다 클 확률을 구하여라.

(풀이) ① 전체 경우의 수 : 4×3 =12
② 두자리 자연수가 30보다 큰 경우의 수 : 31, 32, 34, 41, 42, 43 ⇒ 6
∴ 확률 : $\frac{6}{12}=\frac{1}{2}$

(2) (1)번 문제를 활용하여 새로운 문제를 만들어보자. 그리고 자신이 만든 문제를 친구들과 교환하고 누가 문제를 더 빨리 해결하는지 겨루어 보자.

내가 만든 문제	친구의 풀이
1,2,3,4 숫자가 적힌 4장 카드 중 2개 골라 두자리 수 만들 때 24보다 클 확률은?	① 전체경우의 수 : 4×3 =12 ② 24보다 큰 경우의 수 : 31, 32, 34, 41, 42, 43 ⇒ 6 ∴ 확률 : $\frac{6}{12}=\frac{1}{2}$

[그림 4] 구조화된 상황에서 학생들의 문제제기 활동의 예시

앞서 살펴본 문제제기 유형의 분류 외에도, Tsubota(1987)는 문제제기 과제를 6가지 유형으로 구분하였는데, 문제제기 과제는 알고리즘(algorithm), 문장(text), 그림·표(figure·table), 수학 주제(math topic), 정답(answer), 수학 문제(mathematics problem) 중 하나에 해당된다고 하였다. 또한 Stoyanova(2000)와 Silver(1994)는 수학 활동의 기회를 제공하는 상황과 문제제기 활동의 결과에 따라 (1)일반적으로 문제제기를 요구하는 문제(자유로운 상황과 유사함), (2)주어진 정답을 포함하고 있는 문제, (2)특정 정보를 포함하는 문제, (3)문제 상황을 묻는 질문, (4)주어진 계산에 적합한 문제로 분류하기도 하였다.

Leung(2013)의 연구에서는 학생들이 제기한 문제를 (1)문제가 아닌 것, (2)수학 문제가 아닌 것, (3)풀이 불가능한 것, (4)문제의 조건이 불충분한 것, (5)문제로서 충분한 것의 5가지 범주로 분류하였다. 첫 번째 유형은 제기된 문제가 단순한 설명 또는 문장에 지나지 않으며 문제로 볼 수 없는 경우를 의미하고, 두 번째 유형은 문제는 맞지만 수학 문제가 아닌 경우, 세 번째 유형은 제기된 문제에 제시된 조건(정보)을 활용해서는 문제 풀이가 불가능한 경우, 네 번째 유형은 세 번째 유형과는 다르게 조건(정보)이 추가된다면 문제가 충분히 해결될 수 있는 경우이고, 다섯 번째 유형은 문제로 충분한 조건을 가지고 있으며, 문제 풀이가 가능한 경우를 의미한다.

[표 3]은 '하나의 케이크를 동일한 크기의 8조각으로 나누었다. A가 4/8조각을 먹고, B가 2/8조각을 먹고, C가 2/8조각을 먹었다'라는 정보를 제공하고, 문제제기를 하도록 요청하였을 때, 각 범주에 대한 학생들의 응답 예시를 나타낸다(Leung, 2013).

[표 3] Leung(2013)의 문제제기 범주에 따른 학생 응답 예시

문제제기 유형	학생 응답 예시
문제가 아닌 경우	사이다를 똑같이 8개의 컵에 나누어 부었다. A는 4/8리터를 마셨고, B는 2/8리터를 마셨고, C는 2/8리터를 마셨다.
수학 문제가 아닌 경우	누가 케이크를 먹었을까?
풀이가 불가능한 경우	수박을 10조각으로 잘랐다. A는 4/8을 먹고, B는 2/8을 먹고, C는 3/8을 먹었다. 몇 조각이 남았을까? (이 문제는 남아있는 것이 없기 때문에 풀이가 불가능함)
문제의 조건이 불충분한 경우	케이크를 동일한 크기의 8조각으로 나누었다. A는 4/8조각을 먹고, B는 2/8조각을 먹었다. C는 케이크 몇 조각을 먹었을까? (이 문제는 풀이하기에 충분한 조건을 가지고 있지 않음)
문제로서 충분한 경우	A와 B가 케이크의 2/4와 1/4조각을 각각 먹었다. C는 얼마나 먹을 수 있을까?

Leung(2013)이 제시했던 5가지의 문제제기 범주는 학생들의 문제제기 활동을 평가하기 위한 평가 척도로서도 활용할 수 있다.

4. 수학적 문제제기 전략과 단계

수학적 문제제기 전략이란 기존의 수학 문제의 조건을 분석하여 변형시키고, 질문을 만들어낼 수 있는 체계적인 접근 방법이라고 할 수 있다(Koichu & Kontorovich, 2013). 문제제기 전략과 단계에 대해서는 Brown과 Walter(1990)의 연구가 매우 주목할 만하다. 그들은 문제제기의 단계를 두 가지 단계로 설명하고 있는데 첫 번째는 탐구과정으로써 주어진 것을 있는 그대로 받아들이는 수용(accepting) 단계이고, 두 번째는 주어진 문제에 새로운 질문을 만들어냄으로써 수용의 수준을 넘어서 도전하고자 하는 도전(challenging) 단계이다. Brown과 Walter(1990)는 수용 단계에서의 문제제기 전략을 크게 4가지로 다음과 같이 제시하였다.

첫째, '현상(구체적인 대상, 추상적인 대상, 자료, 정리 등)에 대한 관찰, 질문, 추측하기' 전략은 현상을 관찰하고 추측하면서 여러 질문을 이끌어내는 방법이다. 예를 들어, $x^2+y^2=z^2$을 관찰하면서 만족하는 피타고라스의 수 '3, 4, 5', '5, 12, 13', '7, 24, 25' 등을 찾아낼 수 있고, 이런 관찰을 통해 "z는 항상 홀수인가?", "x, y는 하나는 홀수, 다른 하나는 짝수인가?", "y는 항상 4, 5로 나누어지는가?" 등의 질문을 통해 추측을 만들어낼 수 있다.

둘째, '내적 탐구와 외적 탐구' 전략이다. 예를 들어, 하나의 이등변삼각형이 주어졌을 때, "왜 이등변삼각형이라고 부르는가?", "두 밑각의 크기가 같음을 어떻게 증명할 수 있는가?"와 같이 주어진 대상에 대한 탐구를 통한 문제제기가 이루어질 수 있고, "여러 개의 합동인 이등변삼각형으로 어떤 도형을 만들 수 있는가?"와 같이 주어진 대상의 범위를 넘어서 이등변삼각형을 다른 도형과 관련지을 수 있도록 문제제기를 할 수 있다. 전자는 내적 탐구에 의한 문제제기의 예이고, 후자는 외적 탐구에 의한 문제제기의 예라고 볼 수 있다. 외적 탐구를 통한 문제제기는 학생들로 하여금 제기할 수 있는 문제의 범위를 확장시키는데 기여할 뿐만 아니라 수학적 개념들 사이의 관계 또는 관련성에 대해 탐색

할 수 있는 기회를 제공한다.

셋째, '정밀한(exact) 탐구와 근사적(approximate) 탐구'이다. 정확한 답을 구하는 것이 불필요하거나 불가능한 상황이 있으며, 대략적인 답을 묻는 문제들을 제기할 필요가 있다. 따라서 근사적 탐구 또한 유용한 문제제기 전략이 될 수 있다. 넷째, '역사적 탐구(실제 역사와 가상의 역사)' 전략으로 역사적 사고 방식을 활용하여 의미 있는 문제를 제기하는 것이 가능하다는 것이다. 이 방법은 학생들이 비록 역사학자가 아니더라도 상상을 통해 옛 조상들이 해왔던 고민을 따라가도록 요구한다. 예를 들어, "이등변삼각형을 연구하게 된 역사적인 배경은 무엇인가?" 또는 "피타고라스 정리에 관심을 갖게 된 역사적인 배경은 무엇인가?"라는 질문을 할 수 있다. 중요한 것은 이런 질문에 대한 답을 찾고 단순히 증명을 강조하는 것이 아니라 우리가 탐구하고 있는 주제의 중요성(왜 탐구를 해야 하는가?, 왜 그것이 가치 있는가?)을 강조할 수 있다는데 있다. 따라서 이런 실제 역사와 가상의 상상을 통해 역사적 탐구의 질문을 만들어보는 것은 매우 의미 있는 활동이 된다.

기존 문제 또는 주어진 상황(현상)을 탐구하여 여러 가지 문제를 제기하는 것은 수학적 사고와 관련하여 매우 중요하다. 주어진 것을 탐구하여 이해하는 것은 이것을 기반으로 하여 어떤 것을 증명해야 한다는 것을 가정하고 있으나 증명보다 더 수학적인 것이 있다. 새로운 아이디어를 발현하는 것, 예전 사고에서 가지고 있었던 적절한 이미지를 발견하는 것, 이미 학습했던 아이디어의 중요성을 평가하는 것, 새로운 연결고리를 알아내는 것 또한 매우 논리적인 수학 활동이며 이런 활동을 위해서는 주어진 것을 단순히 명확화하거나 수용하는 것과는 다른 사고가 필요하다(Brown & Walter, 1990).

주어진 것에 대해서 도전하는 단계는 정의, 정리, 구체적인 대상 등의 현상을 탐구하기 위해 주어진 것을 수용하기보다는 그것에 도전할 수 있는 새로운 문제를 만드는 것이라 할 수 있다(정은실, 1993). 특히 Brown과 Walter(1990)는 주어진 것에 도전함으로써 새로운 문제를 만들어내는 전략을 'What-if-not' 전략이라 명명하였다. 문제해결자는 이 전략을 통해 주어진 자료와 기존 문제를 기반으로 새로운 문제를 제기하면서 해결해나간다(송상헌 외, 2007). 이 전략은 [표 4]와 같이 5가지 수준으로 나누어진다. What-if-not 전략을 활용하여 문제제기를 하게 되면 수준0부터 수준Ⅳ까지 그 과정이 진행되기 때문에 Brown과 Walter는 수준을 단계(Stage)로 표현하기도 하였다.

[표 4] 'What-if-not' 전략의 5가지 수준(단계)

수준(단계)	특징
수준0	출발점 선택(Choosing a Starting Point)
수준 I	속성 나열하기(Listing Attributes)
수준 II	What-if-not 전략 활용하기(What-If-Not-ing)
수준 III	질문하기 또는 문제 만들기(Question Asking or Problem Posing)
수준 IV	만들어진 문제 분석하기(Analyzing the Problem)

다음은 Brown과 Walter(1990)가 What-if-not 전략의 예(직사각형 문제)로 제시했던 활동 중 하나이다.

- 수준0: 가로가 2m, 세로가 3m인 직사각형의 면적을 계산하여라.
- 수준 I : 위에 제시된 문제를 고려하여 몇 가지 속성을 나열할 수 있다.

(중략)

4) 문제는 직사각형에 관한 것이다.
5) 면적 계산을 요구하고 있다.
6) 가로와 세로의 길이가 구체적으로 제시되었다.

(중략)

- 수준 II : 속성 6에 대한 'What-if-not' 전략의 활용은 다음과 같다.

(중략)

1) 가로와 세로의 길이의 합이 구체적으로 제시되었다.
2) 주어진 두 수로부터 가로와 세로의 길이를 선택할 수 있다.
3) 두 대각선의 길이가 주어졌다.
4) 중심에서 4개의 꼭짓점 사이의 거리가 주어졌다.

(중략)

- 수준 III : 수준II의 2)에 대해서 "만들 수 있는 직사각형은 무엇인가?"라는 질문과 "몇 개의 직사각형을 만들 수 있는가?"가와 같은 질문을 만들 수 있다.
- 수준 IV : 만약 주어진 두 수가 2m와 3m라면, 2m×3m의 직사각형이 만들어질 수 있다는 것을 알고, 3m×2m의 직사각형과 2m×3m의 직사각형이 똑같다는 것을 이해했다면, 원래 문제보다 훨씬 더 복잡한 문제를 만들 수 있다. 가로길이와 세로길이를 2m, 3m 중에서 선택한다면 2m×3m의 사각형뿐 아니라 2m×2m, 3m×3m 사각형을 생각해볼 수 있다. 3개의 다른 사각형이 만들어지고, 이 중 2개는 정사각형이다. 만약에 3개의 서로 다른 길이 a, b, c가 주어졌다고 가정해보자. 몇 개의 다른 사각형

이 만들어질 수 있는가? 이 경우에는 3개의 정사각형($a \times a$, $b \times b$, $c \times c$)과 3개의 직사각형($a \times b$, $a \times c$, $b \times c$)이 만들어진다. 여기에 답을 찾는 방법이 몇 가지가 있다. 예를 들면, 만약 오직 하나 또는 오직 두 개의 서로 다른 길이에서 시작하여 서로 다른 모양의 사각형을 만들어 본다면 몇 개가 되는가?라는 물음을 시작으로 하여 [표 5]를 만들 수 있다. 이런 분석 과정을 통해 선택된 n개의 길이에 대한 사각형의 총 개수는 $\frac{n(n+1)}{2}$이라는 일반화된 식이 나온다. 또한 n개의 정사각형의 개수와 $\frac{n(n-1)}{2}$개의 정사각형이 아닌 직사각형의 개수가 구해진다. 따라서 $n+\frac{n(n-1)}{2}=\frac{n(n+1)}{2}$이라는 것을 얻을 수 있다.

[표 5] 만들어진 문제의 분석 결과

선택된 길이의 개수	정사각형의 개수	(정사각형이 아닌) 직사각형의 개수	사각형의 총 개수
1	1	0	1
2	2	1	3
3	3	3	6
4	4	6	10
5	5	10	15
⋮	⋮	⋮	⋮

Silver 외(1996)는 81명의 중학교 수학교사 및 예비교사들을 대상으로 그들이 제기하는 문제의 유형 및 문제를 제기하는 과정에서 나타나는 인지 과정 등에 대해서 알아보기 위한 연구를 수행하였다. 그들은 교사들이 제기한 문제를 통해서 문제제기 전략을 크게 ①주어진 조건의 변형 없이 목표(물음) 조작하기(goal manipulation)와 ②제약조건 조작하기(constraint manipulation)의 두 가지로 구분하였는데 목표(물음) 조작하기 전략은 문제에서 주어진 조건이나 가정은 변형시키지 않고, 문제의 목표(또는 물음)만을 변형시키는 것으로 Brown과 Walter(1990)의 수용하기(accept the given) 전략에 해당한다고 하였고, 제약조건 조작하기 전략은 주어진 문제의 조건 또는 가정을 체계적으로 조작하여 새로운 문제를 만드는 것으로 Brown과 Walter(1990)의 도전하기(challenging the given) 전략에 해당한다고 하였다.

Silver 외(1996)는 각 개인의 문제제기 과정에서 나타나는 근원적인 인지적 과정을 파악하기 위하여 각 개인이 제기한 문제들 사이의 관련성을 파악하여 [표 6]과 같이 연쇄 과정, 체계적인 변화, 대칭성, What-if-not 등의 인지적 과정을 발견하였다. 이러한 인지적 과정은 문제제기 전략으로도 볼 수 있다.

[표 6] 문제제기 과정에서 나타난 인지적 과정(전략)

연쇄(Chaining)	기존 문항을 우선 해결해야만 새로운 문항의 풀이가 가능하도록 문항을 확장시켜 나가는 전략
체계적인 변화 (Systemic variation)	문항에서 하나의 중요한 측면은 그대로 유지한 채 다른 중요 변수들을 체계적으로 변화시켜 문제를 제기하는 전략
대칭성(Symmetry)	문제의 목표와 조건 사이의 대칭적인 교환을 통해 새로운 문제를 만드는 전략
Brown & Walter(1990)의 What-if-not	암묵적이거나 명확하게 주어진 조건(제약 조건)에 도전하고, 문제를 보다 개방적인 형태로 제기하는 전략

Silver 외(1996)의 연구에 참여한 교사들이 제기한 문제들 중 연쇄 및 체계적인 변화 전략을 통해 문제를 만든 경우가 가장 많은 것으로 나타났다. 연쇄, 체계적인 변화, 대칭성 전략에 대해서 좀 더 구체적으로 살펴보면, 연쇄 전략의 경우 앞선 문항을 해결해야만 새로운 문항의 풀이가 가능하도록 문제를 제기하는 전략을 의미하며, 체계적인 변화 전략은 문항의 결정적인 부분은 그대로 유지한 채 다른 중요 변수를 변화시켜 문제를 제기하는 전략이다. 대칭성 전략의 경우 주어진 문제의 목표(물음)와 조건 사이의 대칭적인 교환을 통해서 새로운 문제를 제기하는 전략이다. 즉 기존의 문제에서 묻고자 하는 것이 새로운 문제의 조건이 되고, 기존 문제의 조건이 새로운 문제에서는 찾고자 하는 목표가 되는 것이다. 다음은 대칭성 전략을 통한 문제제기 활동의 예이다.

(기존 문제) 가로의 길이와 세로의 길이가 주어졌을 때, 직사각형의 넓이를 구할 수 있는가?

↓

(새로운 문제) 직사각형의 넓이가 주어졌을 때, 가로의 길이와 세로의 길이를 구할 수 있는가?

English(1997)는 문제제기를 위한 질문 리스트를 다음과 같이 제시하기도 하였는데 이러한 질문 리스트 또한 문제제기를 위한 전략으로 활용될 수 있다.

- 이 문제의 중요 아이디어는 무엇인가?
- 이것과는 다른 아이디어를 발견한 적이 있는가?
- 문제를 해결하기 위해 다른 방식으로 주어진 정보를 활용할 수 있는가?
- 문제를 해결하기 위해 충분히 중요한 정보들을 가지고 있는가?

- 다른 문제를 만들기 위해서 모든 정보가 주어지지 않았다면?
- 어떻게 몇 가지 정보를 바꾸겠는가? 이 문제는 어떻게 변하는가?

이처럼, 문제제기 전략에는 기존 문제의 조건과 목표를 조정하여 새로운 문제를 발견하는 방법, 'What if' 'What-if-not' 전략을 활용하는 방법, 문제를 반성하면서 다른 요소를 포함시켜 새로운 관련성을 가정하는 방법 등이 포함될 수 있다(Brown & Walter, 1990; Dillon, 1988; Hashimoto, 1987; Krutetskii, 1976; Polya, 1945).

5. 문제제기 전략을 적용한 수학수업

본 지도안은 문제제기 전략을 적용한 수학수업의 예이다. 특히, 중학교 1학년 통계 단원에서 통계의 기본이 되는 자료의 수집과 정리(줄기와 잎 그림, 도수분포표, 히스토그램과 도수분포다각형 등)를 실생활 소재에 적용해 봄으로써 문제제기 능력과 문제해결력을 기르는데 목적을 두었다. 실생활 소재는 위에서 설명했던 것처럼 문제제기 활동에 좋은 교수 전략이 될 수 있다(Bonotto, 2013). 또한 본 수업지도안의 학습 흐름은 Silver(1994)가 제시했던 문제해결 시점에 따른 전, 중, 후의 문제제기 활동을 참고하고, 각 흐름에 따라 Stoyanova & Ellerton(1996)의 자유로운 상황, 반구조화된 상황, 구조화된 상황에서의 문제제기 활동이 이루어질 수 있도록 개발되었다.

지도 단계	학습흐름 및 관련이론	교수·학습활동		학습자료 및 유의점
		교사	학생	
도입	인사 및 출석확인	• 학생들과 인사한다. • 출석을 확인하고 학습 분위기를 조성한다.	• 교사와 인사한다. • 교사의 말에 경청하고, 수업에 몰입하고자 노력한다.	
	선수 학습 확인	• 자료에 대한 줄기와 잎 그림, 도수분포표, 히스토그램, 도수분포다각형, 상대도수 등 이를 이해하고, 활용할 수 있는지 상기시킨다. (간단한 자료의 예를 주고, 이를 활용하여 지난 시간에 배웠던 표나 그래프로 나타낼 수 있게 한다.)	• 통계 수업시간에 배웠던 개념과 표, 그래프 등을 떠올려 본다. • 주어진 자료를 활용하여 표나 그래프를 (도수분포표, 히스토그램, 도수분포다각형 등) 나타내 본다.	• 본 수업은 통계 수업의 마무리 단계로서 통계단원에서 배웠던 학습 내용을 활용하고 실생활에 적용하는데 목적이 있다. 따라서 간단한 문제를 표, 그래프(도수분포표, 히스토그램, 도수분포다각형 등)를 그릴 수 있도록 유도한다.
	학습 목표 인지	• 학생들에게 학습 목표를 읽어 보게 한다. • 성취기준: 줄기와 잎 그림, 도수분포표, 히스토그램, 도수분포다각형을 이해하고 해석할 수 있다. • 학습목표: 실생활 소재를 활용한 문제제기 활동을 통하여 줄기와 잎 그림, 도수분포표, 히스토그램, 도수분포다각형, 도수분포표에서의 평균, 상대도수 등의 여러 가지 문제를 해결할 수 있다.	• 학습 목표를 읽는다.	
	실생활 소재 (artifact) 제시 (상황 제시)	◆ 실생활 소재 제시 및 탐구활동 • 우리 주변에 흔하게 볼 수 있는 소재(피자집 메뉴, 마트 할인 쿠폰, 광고전단지, 신문의 기상예보, 주간 TV가이드 등등)를 찾아 학생들에게 제시한다. (예)  • 학생들이 실생활 소재를 통해 탐구하고, 이를 친구 또는 교사와 함께 자유롭게 대화하면서 학습의 흥미와 동기부여가 될 수 있도록 유도한다.	• 실생활 소재를 보고 자신의 경험담을 이야기해 보거나 교사의 발문에 대답해 본다. • 제시된 실생활 소재를 통해 어떤 수업이 이루어질지 고민해 보고, 이 자료에 숨어 있는 수학적인 내용(사실)은 어떤 것이 있는지 탐구하여 발표해 본다.	• 실생활 소재를 통해 학생들에게 학습에 대한 호기심과 동기부여를 할 수 있도록 유도한다. • 교사가 제시한 실생활 소재에 대한 발문과 대답, 친구들과의 논의는 반드시 수학적인 내용일 필요는 없다. 상황제시를 통해 학생들이 문제 상황에 몰입하고 자기문제화하는 것이 중요하다.

지도 단계	학습흐름 및 관련이론	교수·학습활동		학습자료 및 유의점
		교사	학생	
전개	문제 해결 전 (Prior-problem solving) 문제 제기 활동	◆상황에 대한 자유로운 문제제기 • 문제해결 전 문제제기는 구체적 대상 또는 제시된 상황에 대해서 자유롭게 문제를 제기하는 것을 말한다. 다음과 같은 질문의 예를 통해 학생들이 질문을 만들어 보고, 이를 친구들이 대답하는 활동을 유도한다. (예) – 어떤 음식을 제일 좋아하니? – 어떤 음식이 제일 잘 팔리고 어떤 음식이 제일 안 팔릴까? – 이 음식점의 메뉴를 가지고 어떤 문제를 만들 수 있을까?	• 교사가 제시한 실생활 소재를 바탕으로 여러 가지 질문 또는 문제를 자유롭게 만들어 본다. • 자신이 만든 문제를 친구들과 공유하고 이를 함께 풀어보면서 상황에 대해 깊이 있는 이해를 한다.	• 학생들이 만들어낸 질문 또는 문제는 문제가 아닌 것, 수학 문제가 아닌 것, 풀이가 불가능한 것도 있을 수 있으나 본 수업의 문제해결 전 문제제기 활동에서는 상황에 대한 이해가 가장 중요한 목적임으로 다양한 질문을 통해 의사소통이 활발하게 이루어질 수 있도록 격려한다.
	문제 해결 중 (within-problem solving) 문제 제기 활동	◆(반구조화)구조화된 문제제기 • 아래와 같은 문제를 제시한다. 다음은 광고 전단지의 일부이다. 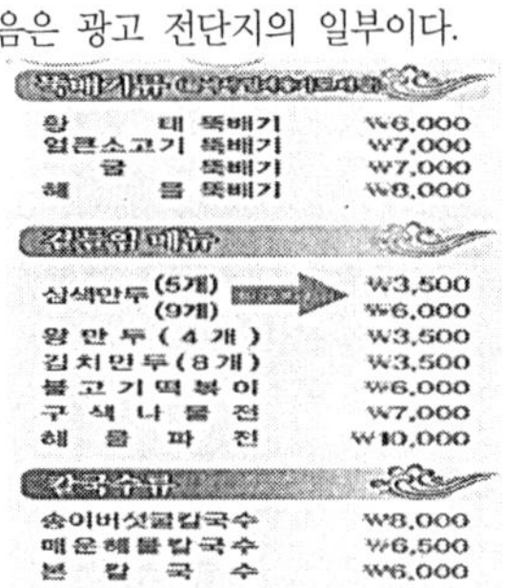 (1) 제시된 자료를 보고 도수분포표를 만들어라. (2) (1)의 도수분포표를 보고, 평균을 구하여라. (단, 십의 자리에서 반올림하여 백의 자리까지 나타내라.) • 제시된 문제를 해결하기 전에 이 문제와 유사한 문제를 해결한 경험이 있는지를 묻고 그 문제를 만들어 해결할 수 있도록 유도한다. 또는 문제해결을 위해 좀 더 학생 스스로 풀기 쉬운 문제를 만들어 보고, 이를 해결하도록 돕는다. • 자신이 만든 문제를 다른 친구들에게 제시해 보고 이를 서로 해결해 볼 수 있도록 한다. • 최종적으로 주어진 문제를 해결하고 그 과정을 서술하도록 유도한다.	• 제시된 문제를 확인하고 이전에 이와 유사한 문제를 해결했던 경험을 토대로 쉽고 간단한 문제를 만들어 보고, 이를 친구들과 서로 교환하여 해결해 보자. (예) – 6, 7, 7, 8, 3, 6, 7, 10, 8, 3의 자료를 보고 도수분포표를 만들어라. – 6, 7, 7, 8, 3, 6, 7, 10, 8, 3의 평균을 구하여라. • 문제제기 활동을 바탕으로 주어진 문제를 해결하고, 그 과정을 자세히 서술한다.	• 도수분포표에서의 평균을 구할 때 계산이 복잡한 경우에는 계산기의 활용을 권장한다. • 문제해결 중 문제제기는 주어진 문제의 해결을 목적으로 하고 있다. 따라서 제시된 문제는 학생들에게 어느 정도 어려움을 느낄 수 있는 문제를 선정하는 것이 좋다. 즉 학생들의 성취도에 따라 문제의 난이도가 다른 문제를 제시하는 것이 문제해결 중 문제제기를 이끌어 내는 좋은 방법이다.

<table>
<tr><th rowspan="2">지도
단계</th><th rowspan="2">학습흐름
및
관련이론</th><th colspan="2">교수·학습활동</th><th rowspan="2">학습자료 및
유의점</th></tr>
<tr><th>교사</th><th>학생</th></tr>
<tr><td rowspan="2">전개</td><td></td><td colspan="2">(주어진 문제에 대한 풀이)
(1)
<table>
<tr><th>가격(100원)</th><th>도수(개)</th></tr>
<tr><td>30이상 ~ 40미만</td><td>3</td></tr>
<tr><td>40 ~ 50</td><td>0</td></tr>
<tr><td>50 ~ 60</td><td>0</td></tr>
<tr><td>60 ~ 70</td><td>5</td></tr>
<tr><td>70 ~ 80</td><td>3</td></tr>
<tr><td>80 ~ 90</td><td>2</td></tr>
<tr><td>90 ~ 100</td><td>1</td></tr>
<tr><td>합계</td><td>14</td></tr>
</table>
(2) $\frac{3500\times3+6500\times5+7500\times3+8500\times2+9500\times1}{14}$
$=\frac{92000}{14}=\frac{46000}{7}$
답: 약 6600원</td><td></td></tr>
<tr><td>문제
해결 후
(after-problem solving)
문제
제기 활동</td><td>◆ '반성하기(looking back)' 단계의 문제제기
('What-if-not' 전략을 활용한 문제제기)
• 제시된 실생활 소재와 위의 문제해결과정을 바탕으로 새로운 문제를 만들 수 있도록 유도한다.

(예)
- 문제해결의 '반성하기' 단계의 문제제기
[(1) 광고전단지를 보고 도수분포표를 만들어라.
(2) (1)의 도수분포표를 보고, 평균을 구하여라.
(3) 실제 주어진 자료의 평균과 도수분포표를 보고 구한 평균을 비교하여라.]
- 'What-if-not' 전략을 활용한 문제제기
[광고 전단지를 보고 줄기와 잎 그림을 만들어라.]
[광고 전단지를 보고 히스토그램을 만들어라.]
[광고 전단지를 보고 도수분포다각형을 만들어라.]</td><td>• 문제를 해결한 후, 제시된 실생활 소재와 문제해결 과정의 경험을 바탕으로 새로운 문제를 만들어 본다.

• 주어진 문제와 유사한 문제, 난이도가 높은 문제, 주어진 조건을 변경하거나 문제의 목적을 다르게 한 문제 등 다양한 문제를 만들어 보고, 이를 친구들에게 제시해 본다.

• 학생끼리 서로의 문제를 제시하고 풀어보는 활동을 통해 자신이 새로 만든 문제가 이상이 없는지 검토해 본다.</td><td>• 문제해결 후 문제기 활동은 모둠활동으로 이루어질 수 있다. 모둠별로 만든 문제를 다른 모둠이 해결하거나 새로 만든 문제의 오류를 찾아내는 토론과정을 통해 의사소통능력을 기르고, 적절히 보상을 해주면서 학습 흥미와 자신감을 높이고, 성취의 경험을 할 수 있다.

• 학생들이 새로 만든 문제를 통해 자기평가, 동료평가, 교사평가가 이루어질 수 있다. 특히, 교사는 평가기준으로 개별(또는 모둠별)로 제기된 문제를 '문제가 아닌 것', '수학 문제가 아닌 문제',</td></tr>
</table>

<table>
<tr><th rowspan="2">지도 단계</th><th rowspan="2">학습흐름 및 관련이론</th><th colspan="2">교수·학습활동</th><th rowspan="2">학습자료 및 유의점</th></tr>
<tr><th>교사</th><th>학생</th></tr>
<tr><td>전개</td><td></td><td>광고 전단지를 보고 만든 도수분포표의 일부가 오염되어 보이지 않는다. 계급값이 8500원인 계급의 상대도수가 0.25일 때, 보이지 않는 부분의 도수를 각각 구하여라.</td><td></td><td>'해결이 불가능한 문제', '문제의 조건이 불충분한 문제', '문제로서 충분한 문제'으로 나누어 평가 점수를 부여할 수 있다.</td></tr>
<tr><td rowspan="3">정리</td><td>학습 내용 정리</td><td colspan="2">• 실생활 소재를 활용한 문제제기 활동을 통해 줄기와 잎 그림, 도수분포표, 히스토그램, 도수분포다각형, 도수분포표에서의 평균, 상대도수 등의 여러 가지 문제를 해결할 수 있음을 이해한다.

• 문제제기는 문제해결 전, 중, 후 과정에서 다양한 목적을 가지고 이루어질 수 있다.
– 문제해결 전: 구체적인 대상, 주어진 상황을 이해하기 위해서 자유로운 문제제기 활동이 가능하다.
– 문제해결 중: 주어진 문제를 해결하기 위해서 유사 문제해결에 대한 경험이나, '단순화하기' 전략, 주어진 조건 및 목적 바꾸기 등을 활용하여 문제제기를 할 수 있다.
– 문제해결 후: 문제해결을 한 후에는 해결과정에 대한 반성으로써 유사 문제를 만들어 보거나 난이도 높은 문제를 만들어 도전할 수 있다.</td><td rowspan="3">• 학생들이 문제를 해결하면서 언제든지 문제제기를 활용할 수 있음을 강조한다.

• 실생활 소재가 수학적 도구로 활용될 수 있음을 깨닫게 하면서 수학과 현실이 밀접하게 관련되어 있음을 이해하도록 유도한다.

• 학생들이 학교 수학의 상황 이외에 실제 일상 속의 소재를 통해 수학화를 경험할 수 있도록 유도하고, 수업에서 주어진 광고 전단지의 예 이외에 다른 소재를 학생 스스로 찾아 문제제기 활동을 할 수 있도록 과제를 제시할 수도 있다.</td></tr>
<tr><td>과제 제시</td><td>• 수업에서 제시된 광고 전단지 이외에 다른 실생활 소재를 찾아 문제제기 활동을 하도록 과제를 제시한다.</td><td rowspan="2">• 치킨집 메뉴, 피자집 메뉴, 마트 할인 쿠폰, 기상예보, TV 채널편성표 등 일상에서 찾아볼 수 있는 소재를 통해 문제제기 활동을 하고 이를 해결해 본다.</td></tr>
<tr><td>다음 차시 예고</td><td>• 다음 차시에 배울 내용을 간단히 설명해 준다.</td></tr>
</table>

참 고 문 헌

Reference

교육과학기술부 (2011). 수학과 교육과정. 교육과학기술부 고시 2011-361호.

교육인적자원부 (2007). 수학과 교육과정. 서울: 대한교과서주식회사.

송상헌·정영옥·임채훈·신은주·이향훈 (2007). 수학영재들이 NIM 게임 과제에서 만든 문제 만들기 사례 분석. 수학교육학연구, 17(1), 51-55.

정은실 (1993). 문제제기에 대한 고찰. 대한수학교육학회 논문집, 3(2), 37-46.

Bonotto, C. (2013). Artifacts as sources for problem-posing activities. *Educational Studies in Mathematics*, *83*(1), 37-55.

Brown, S. I., & Walter, M. I. (1990). *The art of problem posing*. Hillsdale: Lawrence Erlbaum.

Cai, J., & Cifarelli, V. (2005). Exploring mathematical exploration: How do two college students formulate and solve their own mathematical problems? *Focus on Learning Problems in Mathematics*, *27*(3), 43-72.

Cai, J., & Hwang, S. (2002). Generalized and generative thinking in U.S. and Chinese students' mathematical problem solving and problem posing. *Journal of Mathematical Behavior*, *21*(4), 401-421.

Dillon, J. T. (1982). Problem finding and solving. *Journal of Creative Behaviour*, *16*, 97-111.

Dillon, J. T. (1988). Levels of problem finding versus problem solving. *Questioning Exchange*, *2*(2), 105-115.

Dunker, K. (1945). On problem-solving (L. S. Lees, Trans.). *Psychological Monographs, 58(5), i-113.*

Einstein, A., & Infeld, L. (1938). *The evolution of physics*. New York: Simon & Schuster.

Ellerton, N. F. (1986). Children's made-up mathematics problems: A new perspective on talented mathematicians. *Educational Studies in Mathematics*, *17*, 261-271.

English, L. D. (1997). The development of fifth-grade children's problem abilities. *Educational Studies in Mathematics*, *34*, 183-217.

English, L. D. (1998). Children's problem posing within formal and informal contexts.

Journal for Research in Mathematics Education, 29(1), 83-106.

Hashimoto, Y. (1987). Classroom practice of problem solving in Japanese elementary schools. In J. P. Backer & T. Miwa (Eds.), Proceedings of the US-Japan seminar on mathematical problem solving. Columbus, OH: ERIC/SMEAC Clearinghouse (ED 304 315) (pp. 94-119).

Kilpatrick, J. (1987). Problem formulating: Where do good problems come from? In A. H. Schoenfeld (Ed.), *Cognitive science and mathematics education* (pp. 123-147). Hillsdale: Lawrence Erlbaum Associates.

Koichu, B., & Kontorovich, I. (2013). Dissecting success stories on mathematical problem posing: A case of the Billiard Task. *Educational Studies in Mathematics*, *83*, 71-86.

Krutetskii, V. A. (1976). *The psychology of mathematical abilities in school children*. Chicago, University of Chicago Press.

Leung, S. S. (1993). Mathematical Problem Solving: The influence of task formats, mathematics knowledge, and creative thinking. In I. Hirabayashi, N. Nohda, K. Shigematsu, & F. Lin (Eds.), *Proceedings of the 17th International conference for the International Group for the Psychology of Mathematics Education*, Vol. 3 (pp. 33-40). Tsukuba, Japan.

Leung, S. S. (1994). On analyzing problem-posing processes: A study of prospective elementary teachers differing in mathematics knowledge. In J. P. da Ponte & J. F. Matos (Eds.), *Proceedings of the 18th International Conference of the International Group for the Psychology of Mathematics Education*, Vol. 3 (pp. 168-175). Lisbon: University of Lisbon.

Leung, S. S. (1996). Problem posing as assessment: Reflections and reconstructions. *The Mathematics Educator*, *1*(2), 159-171.

Leung, S. S. (1997). On the role of creative thinking in problem posing. *Zentralblatt für Didaktik der Mathematik*, *97*(3), 81-85.

Leung, S. S. (2013). Teachers implementing mathematical problem posing in the classroom: Challenges and strategies. *Educational Studies in Mathematics*, *83*(1), 103-116.

National Council of Teachers of Mathematics. (2000). *Principles and standards for school mathematics*. Reston, VA: Author.

Polya, G. (1957). *How to solve it* (2nd ed.). New York: Doubleday.

Rosenshine, B., Meister, C., & Chapman, S. (1996). Teaching students to generate questions: A review of the intervention studies. *Review of Educational Research*, *66*(2), 181-221.

Silver, E. A. (1994). On mathematical problem posing. *For the Learning of Mathematics*, *14*(1), 19-28.

Silver, E. A. (1997). Fostering creativity through instruction rich in mathematical problem solving and problem posing. *Zentralblatt für Didaktik der Mathematik*, *29*(3), 75-80.

Silver, E. A. (2013). Problem-posing research in mathematics education: Looking back, looking around, and looking ahead. *Educational Studies in Mathematics*, *83*(1), 157-162.

Silver, E. A., Mamona-Downs, J., Leung, S., & Kenney, P. A. (1996). Posing mathematical problems: An exploratory study. *Journal for Research in Mathematics Education*, *27*(3), 293-309.

Singer, F. M., Ellerton, N., & Cai, J. (2013). Problem-posing research in mathematics education: New questions and directions. *Educational Studies in Mathematics*, *83*(1), 1-7.

Stoyanova, E., & Ellerton, N. F. (1996). A framework for research into students' problem posing. In P. Clarkson (Ed.), *Technology in Mathematics Education* (pp. 518-525). Melbourne: Mathematics Education Research Group of Australasia.

Stoyanova, E. (1997). *Extending and exploring students' problem solving via problem posing: A study of years 8 and 9 students involved in mathematics challenge and enrichment stages of Euler enrichment program for young Australians*. Unpublished doctoral dissertation, Edith Cowan University, Perth, Australia.

Stoyanova, E. (2000). Empowering students' problem solving via problem posing: The art of framing "Good" questions. *Australian Mathematics Teacher*, *56*(1), 33-37.

Tsubota, E. (1987). *On children's problem posing* (Grades 1 to 3). Japan Society of Mathematics Education.

Yuan, X., & Sriraman, B. (2011). An exploratory study of relationships between students' creativity and mathematical problem posing abilities. In B. Sriraman & K. Lee (Eds.), *The elements of creativity and giftedness in mathematics* (pp. 5-28). Rotterdam: Sense Publishers.

제 4 장

메타인지와 수학수업

이봉주(경북대학교)

1. 들어가는 말

메타인지(metacognition)는 교육심리학을 비롯하여 교과교육학에서 지속적으로 관심을 가지는 개념 중의 하나이다. 이러한 학문 분야에서 메타인지는 종종 '사고에 대한 사고', '인지에 대한 사고', '인지에 대한 반성', '사고에 대한 조절' 등으로 단순하게 정의되지만 고유의 추상적인 특성 때문에 메타인지를 명확하게 정의하기는 그렇게 간단하지 않다. 그럼에도 불구하고 우리는 매일 메타인지적 활동에 참여할 뿐만 아니라 성공적으로 문제를 해결하고 우수한 학습자가 되는 데에도 메타인지가 중요한 역할을 한다고 널리 알려져 있다.

최근에 Tanner(2012)가 제시한 두 학습자의 다음 사례[1]는 학습 과정에서 메타인지의 중요성을 잘 드러내고 있다.

> 조셉과 마야는 모두 결석하지 않고 과제도 정시에 제출할 뿐만 아니라 수학학습에도 열정적이고 성실한 학생들이다. 중간고사가 끝난 후 두 학생에게 시험을 어떻게 준비했

1) Tanner(2012)가 제시한 사례는 대학교에서 생물학을 공부하는 두 학생 마야와 조세피나에 대한 비교이지만, 이 글에서는 원래 상황을 요약하면서 중고등학교의 수학학습 상황으로 바꾸어 제시한다.

는지 물었더니, 두 학생의 응답은 완전히 달랐다.

먼저, 조셉은 면담하는 동안 지난 주말에 중간고사를 준비하는 데 많은 시간을 보냈기 때문에 월요일에 시험이 끝난 것에 대해 만족감을 표현하였다. 조셉은 토요일 저녁부터 공부를 시작하였고 밤에도 계속 전념하였다. 출제 범위의 교과서 내용을 모두 다시 읽으면서 볼드체로 된 용어와 공식의 학습 카드를 만들었다. 조셉은 토요일과 일요일 종일 공부에 전념하였기 때문에 시험을 잘 쳤고, 자신이 준비할 수 있는 것은 모두 다 했다고 생각하였다. 그렇게 말하면서도 성적에 대하여 걱정하고, 자신이 실제로 얼마나 열심히 공부했는지를 알려줌으로써 좋은 성적을 받기를 원하였다.

다음으로, 마야는 학기 시작한 이후로 수업이 끝난 날 저녁에 정기적으로 유인물을 복습하고, 매주 한 주간 배운 내용을 다시 살펴보았다. 그러면서도 유인물에 포함된 아이디어와 교과서의 정보를 비교하여 유사점과 차이점을 비교하는 데 많은 시간을 보냈다. 또한 마야는 이해되는 부분과 혼란스러운 부분을 구분하고, 매주 이해가 안 되는 부분 또는 문제의 목록을 만들었다. 매주 혼란스러운 문제를 친구들과 공유하는 기회를 가짐으로써 문제의 답을 찾고 자신의 혼란을 해소하였다. 중간고사 전에 이해가 되지 않는 부분에 대하여 교사에게 질문을 하였다. 마야는 중간고사에서 다룬 문제와 개념이 평소 자신이 많이 생각해 본 내용이었기 때문에 성적에 대하여 크게 걱정하지 않았다(p. 113).

조셉과 마야의 차이점은 무엇일까? 성격, 교육적 배경 등 많은 점에서 차이가 있지만 메타인지적 측면에서 중요한 차이점을 발견할 수 있다. 조셉과 마야는 학습 방법에 대한 지식, 자신의 이해도를 모니터하는 능력, 이해하는 내용과 그렇지 못한 내용에 대한 반성, 이해가 안 되는 부분을 해결하기 위한 면밀한 계획 등에서 명백한 차이를 보인다. 즉, 학습 과정에서 메타인지적 접근 방법을 활용하는 능력이 다르다(Tanner, 2012).

이러한 사례에서 알 수 있듯이, 수학수업에서 메타인지적 접근 방법을 어떻게 활용하느냐에 따라 교수·학습의 질에도 차이가 나타날 것이다. 그러므로 여기에서는 메타인지에 대한 이론과 적용 측면을 살펴본 다음에 실제 수학수업에 메타인지를 적용한 예시를 고안해 보고자 한다.

2. 메타인지의 이론적 구조

학습 과정에서 메타인지의 중요성은 소크라테스의 대화법부터 듀이의 반성적 사고까지 거슬러 올라갈 수 있는 오래된 아이디어이지만(Tanner, 2012), 메타인지 용어는 주로 발달심리학자인 Flavell(1979)과 관련지어진다(Livingston, 1997). 메타인지의 이론적 구조의 애매함과 용어 정의의 일관성 부족으로 메타인지 개념에 대한 정의가 불명확하다(Forrest-Pressley & Waller, 1984; Garofalo & Lester, 1985)는 지적이 있기는 하지만, 여러 학문 분야에서 서로 다른 방법으로 메타인지를 받아들여 이용하고 있다(Tanner, 2012).

이와 같이 메타인지 개념은 학자에 따라 관점의 차이가 있지만 각각의 정의와 범주에 대한 유사점과 차이점을 추출해 낼 수 있다면 메타인지를 좀 더 잘 이해할 수 있을 것이다(김수미, 1992). 이에 메타인지의 분류에 관한 학자의 몇 가지 관점을 살펴보고자 한다.

2.1 Flavell의 관점

Flavell(1987)은 메타인지를 메타인지적 지식과 메타인지적 경험으로 구분한다. 메타인지적 지식을 이미 획득된 인지적 사실들과 관련된 일상 지식으로, 메타인지적 경험을 인지적 사실에 관한 의식적인 인지적 또는 정의적 경험으로 설명하고 있다.

2.1.1 메타인지적 지식

Flavell은 메타인지적 지식을 인지적 창조물과 다양한 인지적 과제, 목표, 활동, 경험 등과 관련된 저장된 지식의 세계라고 기술한다. 즉, 메타인지적 지식은 개인이 후천적으로 습득한 인지 과정에 대한 지식이고, 이 지식은 인지 과정을 제어하는 데 이용될 수 있다. Flavell은 메타인지적 지식을 다시 세 가지 범주, 즉 인간 변인에 대한 지식, 과제 변인에 대한 지식, 전략 변인에 대한 지식으로 구분한다.

인간 변인에 대한 지식은 자신의 학습 과정에 대한 개인적인 지식을 포함하여 인간이 정보를 어떻게 획득하고 처리하는지에 대한 일반적인 지식을 의미한다. 예를 들어, 집에서 공부하는 것보다 도서관에서 공부하는 것이 자신의 학습에 더 생산적이라고 인식하는 것이 메타인지의 인간 변인에 대한 지식에 해당된다.

과제 변인에 대한 지식은 개인에게 주어진 요구를 처리하는 유형에 대한 인식을 포함하여 과제의 특성에 대한 지식을 포함한다. 예를 들어, 나는 소설책을 읽고 이해하는 것보다 과학 교과서를 읽고 이해하는 데에 더 많은 시간이 필요할 것이라고 인식하게 되는 것이 이에 해당된다. 또 다른 예를 들면, 다른 과제와 비교하여 이 과제가 엄밀성과 정확성을 더 요구한다고 인식하거나, 과제 목표를 성취하려면 조건을 고려하고 이에 따라 행동해야 된다는 것을 인식하는 것 등이다.

전략 변인에 대한 지식은 어떤 전략이 언제 어디에 적합한지에 대한 조건부 지식뿐만 아니라 인지적 전략과 메타인지적 전략에 대한 지식을 모두 포함한다.

2.1.2 메타인지적 경험

메타인지적 경험은 메타인지적 전략이나 메타인지적 조절의 이용을 포함한다. 메타인지적 전략은 인지적 활동을 제어하고 달성해야 할 인지적 목표를 확인하는 데 필수적인 과정이다. 이러한 과정은 학습에 대한 조절과 감독, 인지적 활동의 계획과 감시, 활동 결과에 대한 검토 등에 도움이 된다.

예를 들어, 학습자가 어떤 문단을 읽은 후에 어떤 개념에 대해 의문을 가지게 될 수 있다. 학습자의 목표가 원문을 이해하는 것이므로, 자기 질문은 일반적인 메타인지적 이해 감시 전략에 해당된다. 질문에 스스로 답할 수 없다거나 원문을 이해하지 못한다는 것을 인식하게 되면, 학습자는 원문 이해라는 인지적 목표를 달성하기 위해 무엇을 할 것인지를 결정해야 한다. 자기 질문에 답하기 위해 이해가 되지 않는 문단으로 되돌아가 다시 읽어야겠다고 결정하고, 다시 읽은 뒤에 질문에 답할 수 있다면 자료를 이해했다고 결정할 수도 있다. 따라서 자기 질문의 메타인지적 전략은 인지적 목표를 달성하는 데 이용된다.

Flavell은 메타인지가 인지와 어떻게 상호작용하는지의 예를 다음과 같이 제시한다 (Forrest-Pressley & Waller, 1984).

> 읽는 것만으로 완전하게 이해할 수 없다는 막연한 느낌이 들어서(메타인지적 경험), 잘못된 것을 정확하게 이해하기 위하여 원문과 이것에 대한 해석을 다시 살펴본다(인지적 활동). 또는 어떤 목적을 달성하기 위하여 다른 어떤 것을 읽어야 한다고 결정하고(목표 설정), 계속해 나가는 것이 어려울 것 같다는 느낌을 해소하기 위하여(메타인지적 경험) 이에 대한 부분을 대충 훑어보는 것으로 시작한다(인지적 활동)(p. 1).

Flavell(1979)은 메타인지적 경험이 인지적 행동에 미치는 영향에 대해서 다음과 같이 언급한다. 첫째, 메타인지적 경험은 새로운 목표를 세우도록 하거나 이전의 목표를 수정 또는 통합하게 한다. 둘째, 메타인지적 경험은 메타인지적 지식 기반에 영향을 주어 기존의 지식 체계에 새롭게 첨가하거나 또는 삭제하거나 수정하게 한다. 셋째, 메타인지적 경험은 메타인지적 전략이 인지적 목표 또는 메타인지적 목표 중의 어느 것에 초점을 맞추더라도 그 목표를 활성화시킬 수 있게 한다.

2.2 Garofalo & Lester의 관점

Garofalo & Lester(1985)는 메타인지 개념의 불명확성에 대해 다음과 같은 두 가지 이유를 들고 있다. 첫 번째 이유는 메타인지가 독립적이면서도 서로 관련되어 있는 두 가지 측면 즉, 인지 현상에 대한 지식과 신념 그리고 인지 활동에 대한 조절과 제어라는 측면을 포함하고 있기 때문이다. 두 번째 이유는 비록 메타인지를 합의에 의해 기술할지라도 인지적인 요소로부터 메타인지적인 요소를 구분하는 것이 쉽지 않기 때문이다. 이에 Garofalo & Lester는 Flavell의 관점을 수용하여 메타인지 개념을 두 가지 측면 즉, 인지에 대한 지식과 인지에 대한 조절로 구분하여 정리한다.

먼저, 메타인지의 첫 번째 측면인 인지에 대한 지식은 한 개인이 특별한 인지적 과제의 수행과 관련하여 자신의 인지적 능력, 과정, 자원에 대해 아는 것과 관계가 있다고 본다. 여기에서의 지식은 실제적이든지 그렇지 않든지 상관없이 신념도 또한 포함하고 있다. Flavell의 인간, 과제, 전략의 범주화는 본래 기억에 대한 메타인지적 지식을 구별하기 위해 고안되었지만, 수학 과제 수행에 있어서 메타인지의 영향을 논의하는 데 이와 같은 분류를 고려하는 것이 더 타당한 것으로 간주되어 수학교육 연구자들이 받아들이고 있다고 설명한다. 또한 이러한 메타인지적 지식은 인간 변인, 과제 변인, 전략 변인의 상호작용을 포함하고 있다. 세 변인은 모두 문제를 해결하는 상황에서 서로 상호작용을 한다고 말하는 것이 타당하고, 인간, 과제, 전략에 대한 지식의 상호작용은 개인의 활동을 조절하기 위한 결정에 영향을 준다.

다음으로 메타인지의 조절 측면은 인지적 과제를 해결하는 과정에서 나타나는 여러 가지 결정과 전략적 행동과 관계가 있다. 이러한 활동은 문제의 특성을 이해하는 데 필요한 전략의 선택, 활동 절차의 계획, 계획을 실행하기 위한 적절한 전략의 선택, 전략을 수행하는 활동에 대한 감시, 전략과 계획의 결과에 대한 평가, 그리고 필요하면 부적절한 전략과 계획의 수정과 삭제 등을 포함한다. 이러한 메타인지적 기능은 수학적 수행 특히, 문제해결에 있어서 결정적인 요소이다.

2.3 Schoenfeld의 관점

Schoenfeld(1987)는 지적 행동을 사고 과정에 대한 지식, 제어 또는 자기 조절, 신념과 직관 등의 세 범주로 나누고, 이 세 범주가 서로 연결되어 있지만 별개임을 강조한다. 사고 과정에 대한 지식은 자신의 사고 과정을 표현할 수 있는 능력, 자신의 기억에 대해 기술할 수 있는 능력 등과 관련된 것이다. 제어 또는 자기 조절은 과제를 처리하는 과정에 필요한 관리와 조정에 대한 능력과 관련된다. Schoenfeld의 구조에서, 신념 체계는 메타인지적 지식과 메타인지적 기능뿐만 아니라 메타인지에 관련된 중요한 측면으로써 강조된다(Yamaguchi, 1993). 실제로, 신념 체계는 수학 문제 해결 수행에 커다란 영향을 준다. 예를 들어, 학습자가 수학에 대해 분명하게 잘못된 신념을 가지면 수학적 행동에도 나쁜 영향을 주게 된다.

이외에도 교육학과 심리학 분야에서 메타인지의 경계 조건과 메타인지 구조를 연구하였다(예: Brown, 1977; Kluwe, 1982; Paris & Winograd, 1990). 모든 연구자들이 메타인지의 다양한 측면에 하나로 동의하지는 않을지라도, 메타인지 개념이 적어도 자신의 지식과 인지적이고 정의적인 상태에 대한 지식, 이러한 지식과 정의적이고 인지적인 상태를 의식적이고 계획적으로 감시하고 조절하는 능력과 같은 개념 등을 포함해야 한다는 데에는 대체적으로 합의가 이루어졌다고 볼 수 있다. 더불어 메타인지가 학습자 자신의 학습과 사고 과정에 대한 인식과 분석을 하게 함으로써 학습자를 성공적인 학습자로 이끄는 데 필요한 개념이라는 것도 분명한 사실로 받아들이고 있다고 할 수 있다(이봉주, 2002).

3. 메타인지의 교육적 적용 연구

메타인지 연구 초기에는 메타인지의 이론적 측면을 강조하였지만 최근에는 교육적 적용도 똑같이 강조되고 있다(Hacker, 1998). 메타인지 이론이 교사와 학생에 대하여 가지는 교육적 관련성을 확신하는 많은 연구자들이 이론에서 실제로, 실험실에서 교실로 관심을 이동시키고 있다. 예를 들면, Borkowski & Muthukrishna(1992)는 메타인지 이론이 유동적이고 창조적인 전략 학습을 강조하는 교실 환경을 구성하고자 하는 교사에게 상당한 잠재성을 가진 이론이라고 주장하였다. 다음의 Paris & Wingorad(1990)의 주장에서도 이와 같은 맥락을 찾아볼 수 있다.

> 학습자는 학교에서 문제를 읽고 쓰고 풀 때, 자신의 사고를 인식하게 됨으로써 학습을 강화할 수 있다. 교사는 학생에게 효과적인 문제해결 전략에 대한 정보를 제공함으로써, 그리고 사고의 인지적이고 동기 부여가 되는 특성을 토론시킴으로써 이러한 인식을 직접적으로 촉진시킬 수 있다(p. 15).

이와 같이 메타인지의 교육적 적용에 관한 연구에서는 주로 메타인지 이론을 교육에 적용할 수 있는 방법을 검토한다(Hacker, 1998). 이러한 연구들은 기본적으로 '메타인지적 과정에 대한 교육이 학습자의 학습을 촉진시킬 수 있을까?'라는 문제에 초점을 맞추었다. 이와 관련하여 Nickerson 등(1985)은 메타인지가 학습자의 사고 기술을 향상시키고 개념적 변화를 촉진시키는 역할을 하고, Kuhn & Pearsall(1998)은 메타인지 능력의 발달이 학습자의 전체적인 학습 성공 촉진과 관련되어 있다는 것을 입증하였다. Kluwe(1982)는 완전학습을 강화하기 위해서는 학습자가 구체적 목표를 의식적이고 계획적으로 달성할 수 있는 자기 조절 유기체로서 자신을 인식하게 되어야 한다는 데 연구자들이 동의할 것으로 여겨진다고 하였다.

한편, 최근의 연구(Tanner, 2012)에서도 학습자가 생물학자처럼 사고할 수 있도록 도와주기 위해 메타인지를 활용할 것을 권장한다. 이는 수학교육에서도 마찬가지로 권장될 수 있다. 이러한 배경에는 학습자의 메타인지를 촉진시키는 것이 학습자가 목표에 도달하기 위해 노력할 수 있도록 하는 유용한 전략이라는 것이 자리 잡고 있다. 수학 교수·학습 과정에서도 학습자에게 메타인지를 활용하도록 지도하는 것은 성공적인 학습자가 되도록 하는 중요한 단계일 것이다. 이를 위해 Tanner(2012)는 학습자가 메타인지를 촉진시키기 위해 자신에게 던져야 할 질문의 예시를 수업시간, 과제수행, 시험준비, 전체과정 등의 맥락에서 제안하였다. Tanner가 각각의 맥락 안에서 학습자 자신의 학습을 계획, 감시, 평가하기 위해 제안한 학습자의 자기 질문 예시를 수학과의 상황으로 변형하여 소개하면 [표 1]과 같다. 이러한 질문을 교수·학습 상황에서 학습자와 공유하면 학습자가 자신의 학습에 대한 메타인지를 촉진시키는 데 도움을 줄 수 있을 것이다.

[표 1] 학습에 대한 학습자의 메타인지를 촉진시키기 위한 자기 질문 예시(Tanner, 2012, p. 115)

활동	계획하기	감시하기	평가하기
수업 시간	• 달성해야 할 수업의 목표는? • 주제에 대해 이미 알고 있는 것은? • 수업 준비를 가장 잘 할 수 있는 방법은? • 수업 시간 동안 나의 학습을 가장 잘 유지하기 위해 해야 할 것은? • 주제에 대하여 더 알고 싶은 것에 대한 질문은?	• 수업 시간에 이해한 것은? 혼란스러운 것은? • 수업 시간에 떠오른 질문은? 질문을 기록하고 있는가? • 흥미를 느끼는가? 그 이유는? 수업 내용을 개인적으로 어떻게 관련시킬 수 있을까? • 중요한 정보를 구별할 수 있을까? 그렇지 않다면 어떻게 해야 할까?	• 오늘 수업에서 다룬 내용은? • 사전 지식과 모순이 되는 내용이 있는가? • 오늘 배운 내용이나 아이디어를 이전 수업과 어떻게 연결시켰는가? • 질문에 대한 답을 구하고 혼란스러운 점을 명확하게 해결하였는가? • 오늘 수업에서 가장 흥미로운 것은?
활동지 및 숙제 수행	• 과제에 제시된 선생님의 의도는? • 과제를 성공적으로 해결하기 위해 해야 할 것은? • 과제를 완성하는 데 필요한 자료는? • 과제를 완수하는 데 걸리는 시간은? • 이전에 이와 유사한 과제를 수행했다면, 이번에 더 잘 할 수 있는 방법은?	• 선택한 전략이 과제를 해결하는 데 도움이 되는가? • 과제를 완수하기 위해 이용할 수 있는 또 다른 자료는? • 과제에서 가장 도전적인 내용은? 가장 혼란스러운 내용은? • 도전과 혼란을 해결하기 위해 중간 과제로 해 볼 수 있는 것은?	• 과제의 목표를 어느 정도까지 성공적으로 달성하였는가? • 이용할 수 있는 자료의 어느 정도까지 활용하였는가? • 내가 교사라면, 나의 과제 수행 과정에서 강점과 단점을 무엇이라고 할 수 있을까? • 유사한 과제를 다시 수행할 때, 바꾸어야 할 것으로 기억하고 싶은 것은? 다음번에 과제를 잘 수행하기 위해 이용해야 할 것은?
시험 준비	• 공부하는 데 이용할 전략은(예, 스터디 그룹, 문제 모음집, 공식 확인, 모의 시험에 도전, 선생님에게 질문, 복습 등)? • 공부하는 데 소요할 시간은? 공부하는 데 필요한 구체적인 시간과 전체 시간은? • 현재 이해 정도를 토대로 할 때, 시간이 더 많이 필요한 내용과 시간이 덜 걸리는 내용은?	• 전체 출제 범위를 공부하는 데 어느 정도 체계적으로 접근하는가? • 이용할 수 있는 모든 학습 지원을 어느 정도 이용하고 있는가? • 공부를 위한 동기 부여에 어려운 점이 있는가? 그렇다면 수학을 공부해야 하는 이유를 알고 있는가? • 혼란을 일으키는 어느 부분을 명확하게 해야 하는가? 해소할 수 있는 방법은?	• 시험 준비를 잘하기 위해 다음번에 기억해야 할 부분은? • 시험 준비 과정에서 잘 하지 못하여 다음번에 해서는 안 되거나 바꾸어야 할 것은? • 옳게 답하지 못한 문제는? 그 이유는? 나의 답과 예시 답안이 어떻게 다른가? • 옳게 답하지 못한 문제는? 그 이유는? 명확하게 할 필요가 있는 혼란스러운

		• 여전히 혼란스러운 내용과 명확하게 해소할 수 있는 방법은?	부분은?
전체 과정	• 수학을 배워야 하는 중요한 이유는? • 수학을 잘 하는 것이 나의 진로 목표와 어떻게 관련되는가? • 수학수업 시간에 나의 학습을 어떻게 적극적으로 모니터할 것인가? • 수학수업에서 가장 배우고 싶은 내용은? • 학기말 또는 졸업할 때까지 수학수업을 통해 이루고 싶은 것은?	• 수학수업에서 교수법이 나의 학습을 어떤 측면에서 지원하는가? 교수법의 효과를 극대화할 수 있는 방법은? • 수학수업에서 교수법이 나의 학습을 어떤 측면에서 도움이 안 되는가? 이것을 바꾸거나 보완할 수 있는 방법은? • 수학수업에 어느 정도 흥미를 가지는가? 나의 학습에 어느 정도 자신감을 느끼는가? 흥미와 자신감을 높이기 위해 할 수 있는 것은?	• 수학수업에 배운 내용 중에서 지금부터 5년 후까지 기억할 내용은? • 이 수학수업을 들을 후배에게 학습법에 가장 하고 싶은 조언은? • 내가 수학 교사라면, 어떤 변화를 주고 싶은가? • 이 수학수업에서 익힌 학습 방법 중에서 미래의 나의 수학수업 또는 나의 직업에 이용할 수 있는 것은?

또한 Tanner(2012)는 교사가 자신의 교수에 대해 메타인지를 촉진시키기 위한 자기 질문의 예시도 수업시간, 전체과정 등의 맥락에서 제안하였다. Tanner가 각각의 맥락 안에서 교사의 교수를 계획, 감시, 평가하기 위해 제안한 교사의 자기 질문 예시를 수학과의 상황으로 변형하여 소개하면 [표 2]와 같다.

[표 2] 교수에 대한 교사의 메타인지를 촉진시키기 위한 자기 질문 예시(Tanner, 2012, p. 119)

활동	계획하기	감시하기	평가하기
수업 시간	• 이번 수업의 목표는? 나는 이 목표를 어떻게 달성했는가? • 이 주제에 대하여 학생이 이미 알고 있어야 한다고 생각하는 것은? 그 근거는? • 교과서 내용을 학생을 위해 어떻게 관련시킬 수 있을까? 이렇게 생각하는 이유는? • 이 내용을 가르쳤던 지난번 수업에서 했던 실수는? 이러한 실수를 반복하지 않기 위한 방법은?	• 이번 수학수업 동안 예상할 수 있는 학생의 행동은? • 학습을 촉진시키기 위해 이용할 언어와 행동 전략은? 학습을 방해하는 언어와 행동은? • 적절한 수업 진행 속도는? 수업을 향상시키기 위해 내가 지금 할 수 있는 것은?	• 오늘 수업에 대하여 어떻게 생각하는가? 그렇게 생각하는 이유는? 그 근거는? • 오늘 수업에서 다루는 아이디어는 지난 수업내용과 어떻게 관련되는가? 학생이 그러한 연결성을 어느 정도까지 인식했다고 생각하는가? • 오늘 수업에 대한 생각이 다음 시간 수업 준비에 어떤 영향을 준다고 생각하는가?

전체 과정	• 다양한 진로를 희망하는 학생이 수학을 배우는 것이 중요하다고 생각하는 이유는? 나의 가설은? • 수학을 잘 하는 것이 학생의 진로 목표와 어떤 관련이 있는가? 그러한 연결성을 학생에게 어떻게 보여주어야 하는가? • 학기말까지 학생이 할 수 있게 되기를 희망하는 것은? 5년 후에도 학생이 계속 할 수 있기를 희망하는 것은?	• 어떤 방법으로 학생이 목표에 효과에 도달할 수 있도록 하고 있는가? 이러한 성공적인 전략을 어떻게 고려할 수 있었는가? • 수업에 적용한 나의 교수법이 어떤 측면에서 학생의 학습에 도움이 안 되는가? 이에 해당하는 교수 전략을 어떻게 바꿀 수 있을까? • 수업에 적용한 교수법이 지난번에 생각했던 것과 어떻게 다른가? 그 이유는?	• 어떤 근거로 수업에서 배워야 할 내용을 학생이 학습했다고 생각하는가? • 내년에 수업을 들을 학생에게 수학학습 방법에 대하여 가장 하고 싶은 조언은? • 다시 가르친다면 어떻게 바꾸고 싶은가? 그 이유는? 이러한 변화를 위해서 무엇을 해야 하는가? • 수정한 교수법에 대한 나의 생각은?

4. 문제해결 과정에서 학습자의 메타인지적 행동 계발을 위한 교수 모델

수학 문제해결은 여러 가지 지식과 기술을 요구하는 복잡한 과정이다. 오랫동안 수학자들, 교육자들, 심리학자들은 수학 문제해결에 포함된 복잡한 과정을 이해하려고 노력하였다. 주로 수학적 또는 준수학적 영역에서 인지적 행위와 과정, 인지적 결과에 중점을 두고 분석하였다. 그러나 일부 연구자들은 복잡한 문제해결 행동에 대한 단순한 인지적 설명만으로는 논리적·심리적으로 불충분하다고 주장하고, 복잡한 수학 문제를 해결하는 다수의 사람들을 관찰함으로써 문제해결의 성패에 영향을 미치는 중요한 요인이 메타인지라고 주장하였다(Silver, 1985). 그리하여 여기에서는 연구된 결과물을 중심으로 효과적인 문제해결 수행에 필요한 메타인지적 행동을 교육 환경에서 가르치기 위한 방법을 대략적으로 살펴본다.

4.1 메타인지적 행동을 촉진시키기 위한 기본 전략

Blakey & Spence(1990)는 기본적인 메타인지 전략을 기존의 지식과 새로운 정보의 연결, 사고 전략의 신중한 선택, 사고 과정의 계획·감시·평가 등으로 분류하고, 이러한 메타인지적 행동을 촉진시키기 위한 여섯 가지 기본 전략을 다음과 같이 제시한다.

첫째, 아는 것과 모르는 것을 명확하게 하도록 한다. 학생은 문제해결 활동을 시작할 때 자신의 지식을 의식적으로 판단하여야 한다. 처음에 '…에 대해 이미 알고 있는 것'과 '…에 대해 배워야 할 것' 등을 생각해 보게 한다.

둘째, 생각하는 것을 말로 표현하게 한다. 교사는 문제해결 계획 단계와 실행 단계에서 학생으로 하여금 자신의 사고 과정을 소리 내어 말하게 한다. 두 명이 한 조가 되어 함께 하는 문제해결은 또 다른 유용한 전략이 된다. 한 학생은 자신의 사고 과정을 설명하면서 문제에 관하여 말하고, 다른 학생은 설명을 듣고 사고를 명확하게 할 수 있도록 질문한다. 마찬가지로, 소집단의 학생이 번갈아 가며 교사의 역할을 하고 질문을 하고 공부한 내용을 명확하게 하여 요약하는 방법도 좋은 전략이 될 수 있다.

셋째, 사고 저널을 만들게 한다. 메타인지적 행동 계발의 또 다른 수단은 저널과 학습일지를 이용하는 것이다. 이 저널에는 학생이 자신의 사고를 반성하고 자신의 불명확성과 혼란을 기록하며, 자신이 부딪히는 장애를 해결하는 방법을 기록한다. 또한 문제를 해결한 과정도 함께 기록한다.

넷째, 스스로 계획하고 자기 조절을 하게 한다. 학생이 자신의 학습을 계획하고 조절해야 할 책임을 느껴야 한다. 학습을 타인이 계획하고 감시하면 학습자는 학습의 주체가 되기 어렵다.

다섯째, 사고 과정을 발표하게 한다. 토론 활동은 다른 학습 상황에 적용할 수 있도록 사고 과정에 대해 학생 간의 다양한 논의에 초점을 맞춘다. 이 전략에서는 다음 세 단계 방법이 유용하다. 첫째 단계에서 교사는 학생의 사고 과정과 느낌에 대한 자료를 수집하여 문제해결 활동을 재검토하도록 안내한다. 둘째 단계에 학생이 이용한 사고 전략을 확인하여 서로 관련된 아이디어를 묶는다. 마지막 단계에서 학생들의 부적절한 전략을 제거하고 유용한 전략을 확인한 다음에 더 나은 대안을 추구하면서 자신의 활동을 평가한다.

여섯째, 자기 평가를 하게 한다. 사고 과정에 초점을 맞춘 점검표를 이용하여 자기 평가 경험을 안내할 수 있다. 이렇게 함으로써 학생은 점차 더 자기 평가를 혼자서도 할 수 있게 될 것이다. 학생이 자기 평가를 통해서 모든 교과목에서의 학습 활동이 유사하다는 것을 인식하게 되면 학습 전략을 새로운 상황에도 전이할 수 있게 된다.

4.2 교사의 메타인지적 조언을 통한 메타인지의 내면화

Shigematsu & Katsumi(1993)는 메타인지적 지식과 메타인지적 기능으로 분류되는 메타인지가 교사로부터 비롯되고, 교사에 의해 내면화된다고 주장한다. 그들은 메타인지의 내면화 과정에 대하여 교사가 학생에게 직접적으로 가르칠 수는 없지만, 학생과의 상호작용을 통하여 메타인지를 가르칠 수 있다고 본다. 이러한 관점에서 다음과 같은 가설을 설정하고 실험 연구를 하였다.

① 학생이 현재의 문제를 이해한다.
② 학생이 문제를 풀기 전이나 풀고 있는 동안, 교사는 학생이 필요로 하면 적절한 메타인지적 조언을 한다.
③ 학생은 일시적으로 교사의 메타인지적 조언을 기억한다.
④ 학생은 교사의 메타인지적 조언을 참고로 하여 문제를 풀 수 있고 동시에 좋은 정서적 느낌을 가지게 된다.
⑤ 학생은 교사의 메타인지적 조언을 오래도록 기억하려고 한다.
⑥ 학생은 교사의 메타인지적 조언을 참고로 하여 유사 문제를 해결할 수 있다.
⑦ 학생은 내적 교사로서 메타인지를 습득(메타인지의 내면화)한다.

이러한 가설로부터 Shigematsu & Katsumi는 메타인지의 내면화가 주로 수업을 하는 동안 교사와 학생 사이의 의사소통으로 이루어진다고 생각한다. 이 실험에서 학습자는 수학 교사의 발문이 자신의 실제 문제해결에 많은 도움이 되었다고 답하였다. 도움이 된 교사의 발문의 예는 다음과 같다.

① 어느 하나의 전략으로 문제를 해결하였다면 다른 방법으로도 풀어 보시오.
② 문제를 해결하는 동안 방향을 잃어버렸다면 다른 전략을 생각해 보시오.
③ 다른 급우에게 자신의 아이디어를 설명한다고 생각하고 풀이를 써 보시오.

이러한 발문은 학생이 수학 문제를 풀고 의사소통하는 데 중요하고도 긍정적으로 작용하는 메타인지, 즉 전략에 대한 메타인지적 지식이 된다. 또한 이러한 지도 조언을 통한 사회적 상호작용이 점차로 개인의 내부에 내면화되고 개인의 지적 발달을 재촉함으로써 이러한 지도 조언이 메타인지적 능력 신장의 효과적인 수단이 된다고 할 수 있다.

4.3 힌트와 학습자 제어

Jo(1993)는 힌트와 학습자 제어에 의한 교육을 통하여 습득된 메타인지적 전략은 문제해결에 유용하고 다른 상황에도 전이될 수 있다고 본다. 또한 이러한 교육을 통하여 학습자가 자신감이 증가하게 되면 모든 상황에서 자신의 메타인지적 전략을 수정하고 활용하려고 한다고 본다. Jo가 주장하는 메타인지적 전략을 향상시키는 힌트와 학습자 제어의 효과에 대한 이론적인 측면을 살펴보면 다음과 같다.

4.3.1 힌트

문제를 해결하려고 하는 학생에게는 어떤 안내가 필요하고, 그 안내는 모든 과정에서 해법을 수정하도록 유도할 수 있다. 이러한 안내는 힌트의 형태로 주어질 수 있다. Sabban(1985)에 의하면 힌트는 다음과 같은 역할을 담당한다. 첫째, 진행 중인 행동이나 사고를 멈추게 한다. 둘째, 정확한 풀이를 하도록 동기를 부여한다. 셋째, 의도적으로 잘못된 풀이 과정으로 이끌 수도 있다. 넷째, 일반적으로 문제해결 과정에서 성공의 수단이 된다.

힌트는 정보를 제공할 뿐만 아니라 학습자로 하여금 문제의 중심 요인과 기초가 되는 내용을 확인하게 하고, 풀이를 위해 문제를 재구성하게 하며, 관련된 기술과 지식을 상기하게 한다. 또한 적절한 전략을 선택하게 하고, 문제해결을 실행하게 하여 정확한 문제해결을 위한 동기를 부여할 수 있다. 힌트는 지식 편집 과정, 즉 선언적 지식을 절차적 지식으로 바꾸는 과정을 활성화시킬 수도 있고, 학습자에게 인지적 처리에서 결함을 보완해 줄 수 있는 인지적 지원을 할 수도 있다. 힌트는 학습자가 이미 습득한 학습 기술을 기억하여 적용하게 할 뿐만 아니라 그러한 과정을 자동화하게 할 수도 있다. 더불어 힌트는 실행적 제어 기능도 향상시킬 수 있게 한다.

메타인지적 관점에서 이루어진 대부분의 연구 결과들은 실행적 제어 기능을 직접적으로는 훈련시킬 수 없지만, 점진적으로 향상시킬 수 있고 오랜 기간에 걸쳐 자동화시킬 수 있다(Derry & Murphy, 1986). 이러한 맥락에서 힌트는 실행 제어 기능의 훈련을 위한 교육 설계에 이용될 수 있다. Collins 등(1986)도 학습자에게 교사가 사용하는 지식을 학생도 사용할 수 있도록 기회를 제공하는 교육 환경을 설계해야 한다고 주장한다.

따라서 문제해결 교수 모델에 힌트를 포함시킨다면 학습자가 주어진 문제를 풀 때 필요에 따라 힌트를 사용할 기회를 가질 수 있게 된다. 학습자는 힌트가 주어지는 학습 과정을 통하여 문제해결에서 메타인지 전략의 사용에 대한 제어 기능을 습득할 수 있고, 또한 이러한 제어 기능을 내면화할 수도 있다.

4.3.2 학습자 제어

학습자는 학습자 제어를 통하여 자신의 이해 정도와 필요한 요소를 분석하고, 분석 결과에 따라 교육적 요소를 이용할 수 있는 기회를 제공받는다. 학습자 제어 전략 아래, 학습자는 제어 선택을 인식하고 선택한 제어 사용에 대한 신중하게 결정한다. Holmes 등(1985)은 학습자가 그렇게 함으로써 자신의 인지적 과정과 수행에 대한 계속적인 감시와 능동적 분석, 주어진 과제에 대한 자신의 이해 정도 평가, 과제를 완수하기 위해 필요한 활동 선택, 선택한 활동을 수행하기 위한 방법 결정, 결정된 결과를 평가하는 등의 다양한 위치에 놓이게 된다고 주장한다. Merrill(1984)은 이러한 교육이 이루어지는 동안, 학습자가 자신의 인지적 능력, 과제의 필요조건, 학습 전략 등에 대해 의식적인 반성을 끊임없이 실행할 수 있고, 주어진 교육의 목표를 달성하기 위하여 자신의 사고 과정과 학습 활동을 관리하는 방법을 배울 수 있다고 한다. 그 결과, 학습자는 기존의 지식 스키마 안에 새로운 학습 내용을 통합할 수 있고, 효과적인 방법으로 메타인지적 전략을 향상시키게 된다.

5. 메타인지를 적용한 수학수업

우리는 생활 주변에서 발생하는 문제 상황을 수학적으로 해석하여 방정식이나 부등식으로 표현하여 해결할 수 있고, 특히 연립방정식은 고대부터 동서양에서 실생활 문제를 해결하는 수학적 수단으로 널리 이용되어 왔다(김원경 외, 2013). 실생활 문제를 해결하는 데에는 과제, 전략 등에 대한 메타인지적 지식뿐만 아니라 전략을 계획·감시·수정하는 메타인지적 조절이 필수이므로, 연립방정식의 활용 단원에서 메타인지적 행동을 촉진하는 지도 방법을 다음과 같이 모색해 볼 수 있다. 메타인지를 강조한 수업 실제의 예는 김서령 외(2013), 김원경 외(2013), 류희찬 외(2013)를 참고하여 작성한 것이다.

학년(실제 대상)	중학교 1~3학년군(중학교 2학년)	
영역	영역	문자와 식
	소영역	연립방정식의 활용
학습 목표	미지수가 2개인 연립일차방정식을 활용하여 다양한 실생활 문제를 해결할 수 있다.	

지도 단계	학습흐름 및 관련이론	교수·학습활동		학습자료 및 유의점
		교사	학생	
도입	인사 및 출석확인	• 학생들과 인사한다. • 출석을 확인하고 학습 분위기를 조성한다.		
	선수 학습 확인	• 다음 두 연립방정식을 풀어 보게 한다. (1) $\begin{cases} x-3y=1 \\ 2x+y=9 \end{cases}$ (2) $\begin{cases} x+y=8 \\ y=3x \end{cases}$ • 두 연립방정식의 풀이 전략을 비교하여 효율적인 풀이 방법에 대하여 설명하게 한다.	• 공책에 직접 연립방정식의 해를 구한다. • 연립방정식의 효율적인 풀이 방법을 상기하고 재확인한다.	• 두 연립방정식의 해를 구하는 데 더 효율적인 전략이 있음을 상기하고 전략에 대한 지식을 활성화하게 한다.
	학습 동기 유발	• '구일집'에 실려 있는 문제를 소개하고, 문제의 답을 어떻게 구할 것인지 생각해 보게 한다. [문제] 말 두 마리와 소 한 마리 값을 합하면 100냥이다. 또 말 한 마리와 소 두 마리의 값을 합하면 92냥이다. 말과 소 한 마리의 값은 각각 얼마인가?	• 답을 구하는 데 사용할 방법이나 전략을 생각해 본다.	• 답을 어떻게 구할 수 있을지에 대한 호기심을 자극한다.
	학습 목표 인지	• 학생에게 학습 목표를 읽고, 확인하게 한다. 학습 목표: 미지수가 2개인 연립일차방정식을 활용하여 다양한 실생활 문제를 해결할 수 있다.	• 학습 목표를 읽고 확인한다.	• 달성해야 할 학습 목표를 학생 스스로 확인할 수 있게 한다.
전개	메타인지적 지식 활성화	◆발문을 통한 학생의 메타인지적 지식 활성화 • 문제에서 구해야 할 것은 무엇입니까? • 문제에 주어진 조건은 무엇입니까? • 문제를 자신의 말로 다시 설명해 보시오. • 유사한 문제를 풀어 본 적이 있습니까?	• 말 한 마리의 값과 소 한 마리의 값 1) 말 두 마리와 소 한 마리의 값의 합 2) 말 한 마리와 소 두 마리의 값의 합 • 학생이 이해한 대로 문제를 다시 설명한다. • 지난 시간 개념 열기에	• 과제와 전략에 대한 학생 개인의 메타인지적 지식을 이끌어 내어 문제를 해결할 수 있도록 힌트와 발문을 이용하여 안내한다. • 학생의 말로 문

지도 단계	학습흐름 및 관련이론	교수·학습활동		학습자료 및 유의점
		교사	학생	
전개			서 학습했던 상황과 같이 두 개의 값을 구해야 한다는 것과 주어진 조건이 2가지임을 발견한다.	제를 다시 말하게 함으로써 문제를 이해했는지 확인한다.
	메타인지적 기술 활성화	◆ 발문을 통한 학생의 메타인지적 기술 활성화 • 문제의 답을 어떻게 구할 것인지 자신만의 계획을 세운 다음에 그 계획을 실행에 옮기시오. • 학생이 풀이 절차가 옳은지 점검해 보시오. • 구한 답이 문제의 조건에 맞는지 확인해 보시오. • 다른 풀이 방법이 있는지 생각해 보시오. • (한 학생에게) 풀이를 설명해 보시오.	• 풀이 전략을 계획하고 실행에 옮긴다. – 방정식 세우기 • 학생 자신의 풀이 절차를 확인한다. • 구한 해가 문제의 조건에 맞는지 확인한다. • 급우의 풀이 절차와 자신의 풀이를 비교한다.	• 문제를 해결하는 방향을 잃어버린 학생에게는 다른 방법으로 시도해 보도록 안내한다. 필요하면 힌트를 제공한다. • 교사는 학생이 처음 세운 전략으로 문제를 해결해 보고 다른 방법으로도 해결해 보는 기회를 가지도록 지도한다.
		• 문제를 해결하는 동안 느낀 혼란스러운 점에 대하여 명확히 할 수 있도록 토론하는 기회를 가진다. • 연립방정식을 활용하여 문제를 해결하는 단계를 되돌아보면서 한 번 더 정리하는 기회를 가짐으로써 학습 목표를 다시 한 번 상기한다. 1. 문제의 상황에 맞게 미지수 정하기 말 한 마리의 값을 x냥, 소 한 마리의 값을 y냥이라고 하자. ※ 실생활 문제를 해결하는 과정에서 단위에 대한 주의를 기울일 수 있도록 지도한다. 2. 문제의 조건에 맞게 연립방정식 세우기 연립방정식을 세우면 $\begin{cases} 2x+y=100 \ldots\ldots ① \\ x+2y=92 \ \ldots\ldots ② \end{cases}$ 3. 연립방정식 풀기 ①×2−②를 하여 풀면 $x=36$, $x=36$을 ①에 대입하여 풀면 $y=28$ 따라서 말 한 마리의 값은 36냥, 소 한 마리의 값은 28냥이다. ※ 실생활 문제를 해결하고 구하고자 하는 값과 그 단위에 주의하여 답을 쓰도록 주의한다. 4. 구한 해가 문제의 뜻에 맞는지 확인하기 $2\times36+28=100$, $36+2\times28=92$이므로 문제의 뜻에 맞다. ※ 어떤 값을 미지수로 하느냐에 따라 식을 다르게 세울 수 있으나 구하는 해는 모두 같음을 알게 하는 기회를 가진다.		• 시각 자료를 활용하여 문제해결 절차를 정리한다. • 문제해결 단계를 외우게 하지 말고, 문제해결 과정을 자연스럽게 터득하도록 지도한다.
	메타인지적 활동 내면화	◆ 메타인지적 활동을 안내하는 활동지 제공 • [문제 1] 다빈이네 반 학생들은 학급 문집을 만들기 위하여 한 학생당 작품을 1편 또는 2편씩 내기로 하였다. 반 전체 학생은 30명이고 학생이 낸 작품은 모두 51편일 때, 작품을 1편 낸 학생과 2편 낸 학생의 수를 각각 구하려고 한다. 다음 절차에 따라 구하시오.		• 소집단 내에서 활동지의 과제를 해결하도록 한다.

<table>
<tr><th rowspan="2">지도 단계</th><th rowspan="2">학습흐름 및 관련이론</th><th colspan="2">교수·학습활동</th><th rowspan="2">학습자료 및 유의점</th></tr>
<tr><th>교사</th><th>학생</th></tr>
<tr><td rowspan="2">전개</td><td rowspan="2"></td><td colspan="2">(1) 구하고자 하는 것은 무엇입니까?
(2) 문제에 주어진 조건은 무엇입니까?
(3) 풀이 전략인 연립방정식을 세우시오. 이때, 먼저 무엇을 미지수로 놓을지 결정하시오.
(4) 연립방정식을 풀어 답을 구하시오.
(5) (4)에서 구한 해가 문제의 뜻에 맞는지 확인하시오.

• [문제 2] 한 송이에 각각 1000원, 1500원 하는 장미와 백합을 합하여 20송이를 샀더니 모두 23000원이었다. 장미와 백합을 각각 몇 송이씩 샀는지 구하시오. 문제 1)에 제시된 절차에 따라 구하시오.

• [문제 3] 두 자리의 자연수가 있다. 이 수는 각 자리의 수의 합의 4배이고, 십의 자리의 숫자와 일의 자리의 숫자를 바꾼 수는 처음 수의 2배보다 9가 작다고 할 때, 처음 두 자리의 자연수를 구하시오.</td><td rowspan="2">• 활동지를 하는 동안 어려움이 있으면 급우나 교사에게 질문하도록 유도한다.

• 학생이 문제를 해결하는 과정에서 자신의 어려운 점을 명확히 하고 해결할 수 있도록 조언한다.</td></tr>
<tr><td>• 소집단에서 학생 자신의 문제해결 과정과 답을 공유하도록 한다. 설명을 듣는 학생은 자신의 사고 과정과 비교하여 더욱 명확하게 하도록 한다.</td><td>• 학생 개인의 문제해결 과정을 설명한다. 듣는 학생은 설명한 학생에게 질문을 함으로써 학습 목표를 달성한다.</td></tr>
<tr><td rowspan="3">정리 및 평가</td><td>형성평가</td><td colspan="2">※ 다음 문제를 해결하시오.

[문제 1] 선영이는 한 자루에 700원인 색연필과 한 자루에 500원인 연필을 합하여 8자루를 사고, 총 5200원을 지불하였다. 선영이가 산 색연필과 연필은 각각 몇 자루인지 구하시오. 다음 절차에 따라 구하시오.
(1) 구하고자 하는 것은 무엇입니까?
(2) 문제에 주어진 조건은 무엇입니까?
(3) 풀이 전략인 연립방정식을 세우시오.
(4) 연립방정식을 풀어 답을 구하시오.
(5) (4)에서 구한 해가 문제의 뜻에 맞는지 확인하시오.

[문제 2] 현재 어머니의 나이와 딸의 나이의 합은 51살이고, 12년 후에는 어머니의 나이가 딸의 나이의 2배가 된다고 한다. 현재 어머니의 나이와 딸의 나이를 구하시오.

[문제 3] 연립방정식을 활용해 해결할 수 있는 실생활 문제를 만들고, 직접 그 문제를 해결하시오.</td><td>• 하위 수준의 학생을 위해 식을 쉽게 세울 수 있는 문제 상황을 제시하고, 상위 수준의 학생을 위해 연립방정식을 활용해 해결할 수 있는 우리 생활 주변의 상황으로 문제를 만들고 직접 해결해 볼 수 있도록 한다.

• 수업 시간에 모두 해결하지 못하는 경우 과제로 제시한다.</td></tr>
<tr><td>학습 내용 정리</td><td>• 수업시간에 배운 내용을 상기할 수 있도록 문제해결 절차를 정리한다.</td><td>• 연립방정식을 활용하여 실생활 문제를 해결할 수 있음을 인식한다.</td><td rowspan="2">• 시각자료

• 구한 해가 문제의 뜻에 맞는지 확인하는 과정을 강조한다.</td></tr>
<tr><td>메타인지적 행동 활성화</td><td>• 오늘의 학습 목표를 다시 한 번 확인하고, 학생으로 하여금 자신의 학습 목표 달성 정도를 스스로 평가하게 한다.</td><td>• 학생 스스로 자신의 학습 목표 달성 정도를 평가하고, 자신의 부족한 부분을 스스로 찾아 보</td></tr>
</table>

지도 단계	학습흐름 및 관련이론	교수·학습활동		학습자료 및 유의점
		교사	학생	
정리 및 평가		• 학습 목표를 달성하는 데에 부족한 점을 스스로 찾아 다음 시간까지 보완할 수 있도록 안내한다.	완한다.	
	다음 차시 예고	• 다음 차시에 배울 내용을 간단히 설명해 준다.		

참 고 문 헌

Reference

김서령 외 (2013). 중학교 수학 2 교사용 지도서. 서울: 천재교육.

김수미 (1992). 수학교육에서의 메타인지 개념에 대한 고찰. 대한수학교육학회 논문집, 2(2), 95-104.

김원경 외 (2013). 중학교 수학 2 교사용 지도서. 서울: 비상교육.

류희찬 외 (2013). 중학교 수학 2 교사용 지도서. 서울: 천재교과서.

이봉주 (2002). 수학 문제해결 과정에서 고등학생들의 메타인지적 능력 활성화 방안 탐색. 한국교원대학교 박사학위논문.

Blakey, E. & Spence, S. (1990). *Developing metacognition*. Washington, DC: Office of educational research and improvement, 4 (ERIC Document Reproduction service No. ED 327218).

Borkowski, J. G. & Muthukrishna, N. (1992). Moving metacognition into the classroom: "Working models" and effective strategy teaching. In M. Pressley, K. R. Harris, & J. T. Guthrie (Eds.), *Prompting academic competence and literacy in school* (pp. 477-501). San Diego, CA: Academic.

Brown, A. H. (1977). *Knowing when, where, and how to remember: A problem of metacognition*. Washington DC: National Inst. of Education. (ERIC Document Reproduction service No. ED 146562).

Collins, A., Brown, J. S., & Newman, S. E. (1986). Cognitive Apprenticeship: Teaching the craft of reading, writing and mathematics. In L. B. Resnick (Ed.) *Cognition and instruction: Issues and agendas*. Hillsdale, NJ: Lawrence Erlbaum Associates.

Derry, S. J. & Murphy, D. A. (1986). Designing system that train learning ability: From theory to math skills. *Journal of Learning Disabilities*, *25*(4), 1-39.

Flavell, J. H. (1979). Metacognition and cognitive monitoring: A new area of cognitive-developmental inquiry. *American Psychologist*, *34*, 906-911.

Flavell, J. H. (1987). Speculations about the nature and development of metacognition. In F. E. Weinert & R. H. Kluwe (Eds.), *Metacognition, motivation and understanding* (pp. 21-29). Hillside, NJ: Lawrence Erlbaum Associates.

Forrest-Pressley, D. L. & Waller, T. G. (1984). *Cognition, metacognition, and reading*. New York: Springer-Verlag.

Garofalo, J. & Lester, F. K. (1985). Metacognition, cognitive monitoring, and mathematical performance. *Journal for Research in Mathematics Education, 16*(3), 163-176.

Hacker, D. J. (1998). Definition and empirical foundations. In D. J. Hacker, J. Dunlosky, & A. C. Grasser (Eds.), *Metacognition in educational theory and practice* (pp. 1-25). Manwah, NJ: Lawrence Erlbaum Associates.

Holmes, N., Robinson, E. H., & Steward, A. P. (1985). Learner control in computer-assisted learning. *Journal of Computer Assisted Learning*, *1*(2), 99-107.

Jo, M. L. (1993). *Hints and learner control for metacognitive strategies in problem solving*. Proceedings for selected research and development presentations at the convention of the association for educational communications and technology sponsored by the research and theory division, 15th, Neq Orleans, Louisiana, January 13-17. (ERIC Document Reproduction Service No. ED 362169).

Kluwe, R. H. (1982). Cognitive knowledge and executive control: Metacognition. In D. R. Griffin (Ed.), *Animal mind-human mind* (pp. 201-224). New York: Springer-Verlag.

Kuhn, D. & Pearsall, S. (1998). Relations between metastrategic knowledge and strategic performance. *Cognitive Development*, *13*, 227-248.

Livingston, J. A. (1997). *Metacognition: An overview*. http://gse.buffalo.edu/fas/shuell/cep564/metacog.htm.

Merrill, M. D. (1984). What is learner control? In R. K. Bass & C. R. Dills (Eds.), *Instructional development: The state of the art, II*. Iowa: Kendall Hunt Publishing Company.

Nickerson, R. S., Perkins, D. N., & Smith, E. E. (1985). *The teaching of thinking*. Hillsdale, NJ: Lawrence Erlbaum Associates.

Paris, S. G. & Winograd, P. (1990). How metacognition can promote academic learning and instruction. In B. F. Jones & L. Idol (Eds.), *Dimensions of thinking and cognitive instruction* (pp. 15-52). Hillsdale, NJ: Lawrence Erlbaum Assocication.

Sabban, Y. (1985). Hints in problem solving. *School Science and Mathematics*, *85*(1), 37-54.

Schoenfeld, A. H. (1987). What's all the fuss about metacognition? In A. H. Schoenfeld (Ed.), *Cognitive science of math education* (pp. 189-215). Hillsdale, NJ: Lawrence Erlbaum Associates.

Shigematsu, K. & Katsumi, Y. (1993). Metacognition: The role of the "Inner Teacher"(5): Research on the process of internalization of "Inner Teacher". *Proceedings of the 17th International Conference on the Psychology of Mathematics Education* (pp. 278-285). Tsukuba, Japan.

Silver, E. A. (1985). Research on teaching mathematical problem solving: Some underrepresented themes and needed directions. In E. A. Silver (Ed.), *Teaching and learning mathematical problem solving: Multiple research perspectives* (pp. 247-266). Hillsdale, NJ: Lawrence Erlbaum Associates.

Tanner, K. D. (2012). Promoting student metacognition. *CBE-Life Science Education, 11*, 113-120.

Yamaguchi, T. (1993). A study of metacognition in mathematical problem solving: The rolls of metacognition on solving a construction problem. In I. Hirabayasaki, N. Nohda, K. Shigematsu, & F. Lin (Eds.), P*roceedings of the seventeenth international conference for the Psychology of Mathematics Education* (Vol. 2, pp. 278-285). Tsukuba Ibaraki, Japan: Tsukuba University, July 18-23.

제 5 장

수학화와 수학수업

김부미(원광대학교)

1. 현실주의 수학교육

Freudenthal은 수학은 무엇이며 수학의 가장 본질적인 특성은 무엇인가를 탐색함으로써, 수학에 가장 적절한 학습-지도 방법으로 수학화를 중시하는 수학 학습-지도론을 제시하였다. Freudenthal은 인간 활동으로서의 수학을 강조하며, 전달해주어야 하는 학습 내용으로서의 수학이 아니라 만인에게 수학의 본질적인 측면인 수학화 활동을 통해 수학적인 안목을 갖고 현상을 보는 삶의 자세를 길러주는 것을 수학교육의 목표로 본다. 이러한 Freudenthal(1905-1990)의 아이디어를 지지하는 사람들이 네덜란드에서 수십 년간 연구해온 수학교육이 현실주의 수학교육(Realistic Mathematics Education)이다. 이 장에서는 현실주의 수학교육과 Freudenthal의 수학화의 의미를 살펴본다.

1.1 현실주의 수학교육 개관

Freudenthal의 수학 학습-지도론은 프로이덴탈 연구소(Freudenthal Institute)의 활발한 후속 연구를 통해 현실주의 수학교육론(Realistic Mathematics Education Theory)으로 구체화되었고 계속 발전되어 왔다. 초기에 현실주의 수학교육(Realistic Mathematics

Education, 이하 RME)은 미국에서 시작된 '새 수학'과 네덜란드의 기계적인 수학교육을 개선하기 위한 시도에서 출발하여 수학학습 지도의 개혁을 위해 프로이덴탈 연구소에서 1970년대 초부터 시행하고 있는 일련의 수학교육 연구 프로젝트를 의미하였다. 그러나 현재 RME는 '인간 활동으로서의 수학'을 학습자들에게 경험시키고자 하는 하나의 수학교육 사조로서, 학생들이 자신의 현실의 문제들로부터 시작하여 수학화를 통해 수학을 재발명함으로써 수학적 태도를 기르게 하는 것을 의미한다. 또한 RME 수업에서는 학습자의 상상력이 발휘될 수 있는 적절한 상황을 강조하고 있으며, 이러한 체험된 수학을 통해서 학습자는 수학을 생의 일부로 유용하게 인식하게 된다(정영옥, 1999; Jurdak, 2006).

수학을 인간의 활동으로 볼 때, 활동은 구체물을 조작하여 어떤 개념이나 구조를 습득하는 것을 의미하는 것이 아니라 주어진 개념과 구조를 주관적인 입장에서 재창조하는 사고활동으로 수학화를 통한 재발명을 의미한다. 재발명은 학습자들로 하여금 새로운 것을 발명하게 하는 것이 아니며, 감추어져 있던 것을 발견해 내게 하는 것도 아니다. 역사적으로 인류의 학습 과정을 있는 그대로 보다 과거의 사람들이 오늘날 우리가 알고 있는 것을 조금 더 알았다고 가정할 때 행했을 것 같은 방식으로 반복하는 것을 말한다(Freudenthal, 1991). 이는 수학의 역사적 발생과정은 패러다임이지만 이를 학생의 현실에 연결시켜 수정해야 하고, 학생이 재현하는 과정 역시 수정되고 개선된 과정이어야 함을 의미한다. 따라서 학생은 교사의 안내에 따라 수학적 개념, 아이디어, 구조 등을 포함하는 수학적 수단에 의해 현실의 경험을 조직하거나 수학적 경험을 체계화시켜 나갈 필요가 있다. 이때의 현실은 학생의 현실이며 학생이 안내되어 온 현실이나, 학생들에게 개념과 수학적 알고리즘을 전달하기 위해 교사에 의해 잘 정리된, 지극히 제한적인 현실이 아니다. 학생의 현실은 수학적 구조와 개념이 나타나는 실제 현상이며, 다양한 학습 요소가 서로 얽혀 있는 형태로 조직되어 있는 것이다(De Lange, 1996).

RME는 수학화를 실제에 적용하기 위한 노력의 결과이다. Freudenthal(1973, 1981a)에 의하면, 수학화는 현상을 본질로 조직해 내는 조직화 활동이며, 수학화 과정은 현상과 본질의 교대 작용에 의해 심리적으로 수준의 비약과 관점의 전환이 거듭되는 불연속 과정이다. 이와 마찬가지로 Freudenthal(1973, 1981a)은 수학학습 과정도 사고 수준간의 비약이 이루어지는 불연속성이 중요한 특징이라고 보았다. 그의 학습 수준 이론은 그가 수학을 현상학적으로 분석하는 과정에서 인류의 학습 과정과 개인의 학습 과정에는 동형성이 있다고 본 관점에 기인하는 것이며(정영옥, 1997에서 재인용), 이는 그의 지도 아래 취득한 van Hieles의 학위논문의 주제인 기하학습 수준 이론으로 보다 구체화되었다(우정호, 2000에서 재인용).

프로이덴탈 연구소는 Freudenthal의 주장을 구현하기 위해 MiC(Mathematics in Context) 교과서 개발 등 많은 연구 프로젝트를 진행하였으며, 현재는 교실에서의 RME

교수 방법, RME 교수 학습에 대한 평가, RME 학습과제에 대한 심화 연구 및 개발, 미래 사회에 적합한 수학 교과목의 내용에 대한 제안(agenda)을 연구하고 있다. 특히, RME 교수 방법 연구는 수학 교사의 RME 교수에 대한 전문성 강화에 초점을 두고 예비교사와 현직 교사의 RME 교수 능력 강화를 위한 프로그램을 개발에 중점을 두고 있다. 구체적으로, 근거 이론(ground theory)과 개발 연구(developmental research) 방법에 대하여 이탈리아, 뉴질랜드, 네덜란드 지역의 예비 수학 교사와 현직 수학 교사를 대상으로 면대면, 블렌디드 러닝(blended learning), 온라인 교육 등의 서로 다른 ICT 접근 방법을 통해 수학 교사 연수 프로그램 개발 연구를 진행 중이다(Arzarello, Drijvers & Thomas, 2012).

프로이덴탈 연구소는 수행 중인 RME 연구 프로젝트 중 일부를 2012년 제12회 국제 수학교육자 대회(the 12th International Congress on Mathematical Education)에서 소개하였다. 구체적으로 유치원생들의 수학적 이해의 발달을 돕기 위한 그림책 활용 프로젝트(the PICO-ma project), 교과서에서 제공하는 학습 기회 분석 프로젝트(the META project), 초등학교 특수교육 대상 학생들의 수학적 힘을 신장하기 위해 ICT 환경을 활용한 학습 및 평가 프로젝트(the IMPULSE project)가 수행중이다(Van Den Heuvel-Panhuizen, 2012). PICO-ma project는 '고장난 장난감 고치기'와 같이 유치원생들이 자신에게 친숙한 이야기를 읽으면서 이야기의 주인공으로 감정 이입이 되어 수학 문제를 자연스럽게 해결할 수 있는 풍부한 문맥이 포함된 그림책을 활용한 수학화 활동을 할 수 있도록 구성된 프로그램이다. META project는 여러 교과서들을 대상으로 문항 유형과 구성 형식, 학습한 내용에 대한 수행 기대, 학습 요소의 노출 빈도를 통한 학습 기회의 제공 정도 등을 비교 분석하는 프로젝트이다. 교과서는 실제의 교수 경험과 사고실험을 통해 가르치는 대로 써야 하고 독자들에게 그들이 눈앞에서 수학이 창조되고 있다는 환상을 주는 형식으로 집필되기를 희망한 Freudenthal의 주장을 구체화한 프로젝트의 일환으로 볼 수 있다. IMPULSE project는 초등학교 장애를 가진 특수교육 대상 학생들이 컴퓨터를 활용하여 간단한 조작 키(key)를 활용하여 자신의 생각을 표현하고 문제를 풀고 스스로 풀이와 정답을 확인하면서 수학 문제 해결 능력을 신장시킬 수 있도록 구성된 수학학습 컴퓨터 프로그램이다. 이는 만인을 위한 수학을 강조한 Freudenthal의 교육 목적 구현과 관련이 있다.

1.2 현실주의 수학교육의 특징

Freudenthal은 Dewey의 경험중심 교육과정과 Bruner의 구조중심 교육과정에서 나타난 이론과 실제의 간극을 간파하고, 이를 점진적 수학화를 추구하는 교육과정으로 극복하고

자 하였다(정영옥, 1997).[1] Freudenthal의 점진적 수학화를 추구하는 교육과정의 의미를 살펴보면, 수학교과는 수학화해야 할 현실적 맥락을 포함하는 문맥들로 구성되며 학생의 현실과 밀접한 관련이 있는 수학적 내용을 포함한 현상으로부터 시작해서 학습 과정의 수준을 고려하면서 점진적으로 형식화되어 나가야 하며, 학습 가닥의 혼합이 이루어지는 것을 뜻한다. 여기에서 학습 가닥의 혼합은 수학의 내용이 횡적으로 종적으로 연결되고 통합됨으로써 구조화되는 것을 의미하며, 학습자의 현실과 부단하게 관련을 맺고 학습자의 현실이 학습의 출발점이자 응용 영역이어야 하며 특히 다른 교과와 밀접한 관련을 맺어야 함을 의미한다(정영옥, 1997).

점진적 수학화를 위해서는 처음에 수학을 가르치고 응용을 다루는 것이 아니라 실세계에서 출발하여 수학화 과정을 거치고 나서 다시 실제 세계에 연결될 수 있도록 구체적인 문맥을 제공해야 한다(Gravemeijer, 1994; De Lange, 1996). 문맥을 제공하는 방법으로는 문제나 놀이동산, 이야기, 신문 발췌, 희곡, 게임, 그래프, 프로젝트 등과 이것들을 결합시킨 것을 들 수 있다.

Freudenthal에 의하면, 문맥은 어떤 구체적 수업 과정에서 학생들에게 열려 있는 수학화되어야 할 현실의 영역이다. Gravemeijer et al.(2000), Stephan & Akyuyz(2012)에 의하면, 문맥은 학생들에게 경험적으로 현실적인 상황으로서, 학생들이 교실 이외의 환경에서 수학을 사용하는 데 있어 기반이 되며 수학적으로 중요한 모델을 만들게 하는 잠재성이 있어야 한다. 즉, 학생들이 문맥과 밀접하게 연결된 수학적 전략을 발달시키게 되면, 문맥 상황은 다른 관련된 문제를 풀기 위해 도움을 줄 수 있는 보다 일반적인 모델의 특성을 가질 수 있음을 의미한다(Gravemeijer, 1999; Linchevski & Williams, 1999). 학생들은 모델화된 문맥 상황에서 의미를 이끌어 내고 수학적 관계를 사고하는 것으로 모델을 사용하게 된다. 이 모델링 활동은 실세계에서 수학 모델을 번역하는 과정이 아니라 모델에 대한 사고와 추론 활동을 조직하는 과정이다(Gravemeijer, 2002; English, 2006). 이처럼 학생들은 문맥 문제를 다루면서 수학적 방법과 이해를 발달시킬 수 있다. 풍부한 문맥을 가진 문제를 해결하는 과정에서 학생의 현실은 계속적으로 조정되고, 지식은 획득하거나 전달해야 하는 독립적인 실재가 아니라 계속적으로 창조된다. 따라서 RME는 학생들의 수학적 지식의 성장과 수학의 이해에 초점을 두고 문맥 문제를 통한 수학의 학습에 대한 연구 이론으로 볼 수 있다(De Lange, 1996; Van Den Heuvel-Panhuizen, 2003).

전통적인 수업[2]과 달리 RME에서 수학을 행하는 것과 배우는 것은 혼자만의 활동이 아니다. 학생들은 기성 수학의 수용자가 아니라 수학적 도구와 통찰력을 발달시키는 교수·

---

1) 우정호(2000)에 의하면, 이 두 교육과정을 통합한 것이 Freudenthal의 현실주의 수학교육(RME)이다.

2) 전통적인 수업에서는 수학학습 내용을 작은 부분들로 쪼개고 고정된 풀이 절차를 연습문제를 통해 훈련하도록 하며, 협력학습보다는 개별학습을 통해 수학을 학습하도록 한다.

학습 과정의 활동적인 참여자가 된다. 전체 학급을 대상으로 하는 지도와 개별학습은 소집단 협동학습과 연계되어야 하는 것이다. 학생들은 상호 작용을 통해 아이디어를 교환하고 문제해결 전략을 비교하고 토론하며 추상화와 내면화에 이르게 하는 반성적 사고를 하게 된다(Freudenthal, 1983; Gravemeijer et al., 2000). 이러한 관점에서 RME는 사회적 구성주의와 공통점이 있다. 그러나 RME 교수 방법에서는 모델이 결정적인 역할을 하고 학생들에게 다른 사람들과 그들의 경험을 나누는 기회를 제공한다는 점에서 사회적 구성주의와 다르다고 볼 수 있다.

이상에서 살펴본 RME의 특징은 Treffers(1987)가 정리한 바와 같이 다음과 같은 다섯 가지로 정리될 수 있다.

■ 다양한 학습 가닥의 조직(intertwinement)

수학적 구조와 개념이 나타나는 실제 현상은 다양한 학습 가닥이 서로 충분히 얽혀 있도록 조직되어야 한다(De Lange, 1996). 한 가지 구조나 한 가지 개념만을 포함할 만큼 순수한 현상은 현실 세계에서 드물기 때문이다. 따라서 여러 가닥을 포함하고 있는 하나의 상황 모델로서 적용하는 문맥을 찾아내는 것이 중요하다.

■ 문맥의 사용

문맥은 수학학습지도의 출발점이어야 하며 그 안에서 수학적 아이디어나 개념이 추출되어 추상화·형식화됨으로써 다음 높은 수준의 수학으로 발달해 나갈 수 있도록 안내해야 하며 그것을 현상에 다시 응용해 봄으로써 현실 세계에 대한 이해의 폭을 확장시켜 나갈 수 있도록 해야 한다. 풍부한 문맥은 교수학적으로도 그리고 학생들에게도 의미가 풍부해야 하고, 수학은 여러 문맥 내에서 지도되어야 하며 아무리 추상적인 수학이라 하더라도 구체적인 문맥에서 시작되어야 함을 의미한다.

■ 모델의 사용

학생들이 그들의 비형식적인 수학적 활동의 기호 모델을 창조하고 정교화하는 활동이 학습-지도 과정에 포함되어야 한다. RME에서 모델은 문제 상황의 수학적 개념과 구조의 핵심적인 측면을 반성하기 위해 필수적인 표현으로서, 학생의 현실과 그들이 상상할 수 있는 문맥에 뿌리를 두고 있어야 하며, 수직적 수학화와 같이 보다 일반적이고 발전된 수준에도 적용할 수 있는 충분한 유연성이 있어야 한다(Van Den Heuvel-Panhuizen, 2003). 이때 모델은 그림과 다이어그램이나 표를 만드는 것, 전형적인 상황(전형적인 보기), 비형식적인 표기를 발전시키는 것이나 전통적인 수학적 표기를 이용하는 것 등을 포함한다.

■ 학생 자신의 구성과 그 산물의 사용

학생들의 처음의 비형식적인 수학적 활동은 점차적으로 세련된 수학적 개념들로 구성하고 추상화할 수 있게 하는 기초를 구성할 수 있어야 한다. 수학화 과정에서 학생들 스스로 자신의 구성 및 산물을 스스로 살펴보는 것은 자신의 학습과정을 반성하게 하고 점진적인 수학화 과정을 진행할 수 있게 도와주어 수학적 사고 수준 상승의 결정적인 수단이 된다. 따라서 학생들에게 반성 및 구성을 계속 경험할 기회를 주어야 한다.

■ 교수 과정에서 상호작용의 강조

수학교육의 실제에서 교수와 학습의 주체는 인간이며, 교수와 학습의 관계는 교사와 학생, 학생과 학생 사이의 상호작용으로 서로 영향을 받는다. 상호작용은 학습 과정을 단축시키거나 다른 학습자의 학습 과정을 통해 스스로를 향상시키는 것을 돕고, 문제를 해결하기 위해 협동할 기회를 제공한다. 풀이를 설명하고 정당화하고 다른 학생들의 풀이에 대하여 토론하고 다른 대안을 묻고 반성하는 것과 같은 학생들의 상호작용이 있어야 한다. 교사가 설명 위주가 아니라 조력자로서의 역할을 담당할 때, 상호작용은 효율적으로 이루어질 수 있다.

2. 수학화

모든 인간은 본유의 능력과 활동을 바탕으로 수학을 창조할 수 있으며, 근본적으로 현실에 내재된 수학적 현상을 기초로 해서 그러한 정신적 능력과 활동은 활성화될 수 있다. 수학은 특수한 정신적 활동을 적절하게 연습할 수 있는 분야로서, 수학을 수학답게 하는 것은 내용이라기보다는 수학을 수행하는 정신적 활동이다(Freudenthal, 1991, pp. 1-2). 따라서 수학을 체계적이고 완성된 것으로 보고 이를 가르치는 상황, 처음부터 형식을 제공함으로써 학생들의 사고를 닫아버리는 상황에서 벗어나, 학생들에게 수학의 내용을 이해해 나가는 사고 방법을 중요시하도록 해야 한다. 이 장에서는 Freudenthal의 수학관을 바탕으로 수학화의 의미, 수평적 수학화와 수직적 수학화에 대해 고찰한다.

2.1 수학화의 의미

Freudenthal에게 수학은 확실성을 추구하는 인간의 정신적 활동이며, 물리적, 사회적, 정신적 세계의 현상들을 조직하는 도구이다. 수학은 현실을 매체로 상식에서 출발하여 형식과 내용, 현상과 본질의 교대 작용에 의해서 더 높은 수준의 상식으로 확장된다(Freudenthal, 1991). 일반적으로 사람들은 수학은 진리라고 생각한다. 이는 수학은 상식적인 것이며, 의심의 여지가 없고 그것을 반박할 수 없을 정도로 당연하게 받아들일 수 있을 정도로 확실한 것임을 의미한다. 그러나 이런 확실성은 처음부터 주어진 것이 아니라 오랜 역사를 거치면서 좀 더 나은 이해를 갈망하는 사람들의 정신적 활동을 통한 계속적인 탐구와 반성의 결과인 것이다. 즉, 확실성은 반박에 의해서보다는 상식적인 것에 대해 좀 더 확실하고, 좀 더 깊은 통찰을 추구하는 사람들에 의해 계속 도전을 받으며 추구되어 온 것이다. 따라서 더욱 개선된 상식적인 관점에 이르게 하는 확실성의 추구 방식이 수학적 활동을 특징짓는다.

이러한 Freudenthal(1991)의 관점에 따르면, 수학적 사고 활동은 비수학적인 어떤 것 혹은 아직은 덜 수학적인 어떤 것을 더 낫게, 더 세련되게, 더 명확하게 수학화하는 것이다. 이때 상식은 개인에 따라 그 수준이 다르며, 상식이 다른 사람들에게 현실 역시 다를 수밖에 없다. 한 개인에게 있어서도 상식의 수준이 높아지면 현실 역시 달라진다. 현실이 변화하는 한 그것을 출발점으로 삼는 수학화 역시 계속되는 과정이다. 즉, 수학화는 현실을 수학화하는 것을 출발점으로 해서 수학 자체의 수학화로 이어지며, 처음에는 국소적으로 나중에는 전반적으로 진행된다. 특히, Freudenthal(1991)은 수학화라는 용어가 현상에 대한 수학자들의 조직화 활동 전체를 포함해야 한다는 점을 강조하였다.

수학화는 '현상을 수학적 수단에 의해서 조직하는 것', 즉, 원초적 현실에서 출발해서 현상과 본질의 교대 작용에 의해 계속적으로 본질을 추구해 나가는 조직화 과정이다. 이때 현상은 현실의 한 영역을 의미하기도 하고 수학 자체를 의미하기도 한다. 예를 들어, 공간적 형상을 도형으로 파악하는 것은 공간을 수학화하는 것이고, 평행사변형의 한 가지 성질을 정의로 받아들이고 그것을 기초로 평행사변형의 여러 가지 성질을 정리하는 것은 평행사변형의 개념적 영역을 수학화하는 것이다. 기하의 공리화도, 기호 체계에 의하여 그 언어적 표현을 세련시키는 형식화도 수학화이다. 자연 현상이나 경제 현상을 함수 관계로 파악하고 기술하는 것은 현실 세계를 수학화하는 것이고, 기하를 대수적 방법으로 다루는 것은 기하를 대수화하는 수학화이다.

또한 현상이 본질로 조직되고, 그 본질이 다시 현상이 되어 새로운 본질로 조직된다는 것은 몇 개의 수준이 있어, 수학이 형성되어 온 과정에는 어느 한 수준에서 다른 한 수준으로의 도약이 있어 왔다는 것을 의미한다. 따라서 수학화 과정은 한 수준에서 정리 수단인 본질이 그 다음 수준에서는 현상, 곧 연구의 대상이 되는 과정을 통해서 수준의 상승이 일어나는 불연속적 과정이다. 이러한 수학화는 점진적으로 이루어지는 과정이므로, 학생들에게 현상은 본질과의 교대작용을 통해 수준이 한 단계씩 향상되면서 수학적 개념으로 추상화되어 간다. 이러한 그의 생각은 van Hieles의 수학학습 수준 이론과 일치하고, Piaget가 수학적인 조작의 발생 메커니즘을 '반사 → 반성 → 반사, 그리고 내용 → 형식 → 보다 세련된 내용 → 세련된 형식 등의 끝없는 교대(우정호, 1985)'라고 본 것과도 일맥상통한다.

수학화 활동에는 형식화, 국소적 조직화, 공리화뿐만 아니라 관찰, 실험, 귀납, 유추, 시행착오, 추측, 일반화, 도식화, 추상화, 기호화, 정의, 알고리즘화, 규칙과 패턴 찾기, 추론, 분석, 증명, 반성적 사고, 관점의 전환, 재구조화, 모델링[3] 등의 활동이 모두 포함된다(우정호, 2000). 이러한 수학화 활동의 원동력은 사고 수준의 비약을 위한 전제가 되는 반성적 사고 태도이다. 반성적 사고는 자신의 행동과 사고를 의식화해서 객관적으로 분석하는 과정이다. 학생들은 반성하기를 통하여 눈에 보이는 것을 의식으로 전환할 수 있고 깊이 탐구하게 되므로, 반성적 사고는 수학적 사고 수준 상승의 결정적 수단이 된다.

Freudenthal은 수학화가 인간 활동으로서의 수학의 가장 본질적인 특성이라면, 학생들에게도 이러한 수학화의 경험을 제공하는 것이 필수적인 것이라고 보았다(김연식, 정영옥, 1997). 따라서 Freudenthal이 주장하는 수학화를 통한 수학교육이란 교사의 적절한 안내에 의해 학습자의 창조적 활동을 통해 선조들이 이미 발명한 수학을, 조직해야 할 현상으로부터 출발해서 수준의 비약을 거쳐 재발명해 나간다는 것을 의미한다.

2.2 수평적 수학화와 수직적 수학화

점진적인 수학화가 가능하도록 하기 위해서는 학습자의 현실 내의 현상과의 부단한 관계를 맺으면서 수평적 수학화와 수직적 수학화가 교대로 일어나도록 하여 반성에 의한 수준 상승이 자연스럽고 자발적으로 이루어지도록 해야 한다(문혜령, 고상숙, 2010). 수평적 수학화 과정은 현실적인 문제 상황에서 비본질적인 요소들을 제거하고 본질인 개념을 추출하는 과정이고, 수직적 수학화 과정은 추출된 개념을 기술하고 정의하는 형식화, 추상화하는 과정이다(조완영, 2006; Ron, Dreyfus & Hershkowitz, 2010). 수직적 수학화

---

3) 모델링은 수학화의 한 가지로 어떤 복잡한 현실이나 이론을 그보다 더 형식적인 수학적 처리가 가능하도록 이상화하고 단순화하는 것을 의미한다(Freudental, 1991; 김연식, 우정호, 박영배, 박교식, 1996; Vahey et al., 2012).

과정은 수평적 수학화 과정에 대한 의사소통과 반성적 사고를 통해 이루어진다.

수평적 수학화와 수직적 수학화라는 용어는 Treffers(1987)가 사용한 용어로 Freudenthal도 이러한 용어를 수용하고 있다(김연식, 우정호, 박영배, 박교식, 1996). Treffers(1987)는 수학화를 알려지지 않는 규칙과 관계, 구조를 발견하기 위해서 자신이 이미 알고 있는 지식과 능력을 이용하여 조직화 및 구조화하는 활동이라고 정의하고, 수평적 수학화를 문제 장면(problem filed)을 수학적 문제로 변형하는 과정과 수학적 대상을 수학적 체계 내에서 가공 처리하는 과정의 차이점을 설명하기 위해 도입하였다. 수학화 과정의 수평적 성분들은 문제가 드러나는 현실 상황의 다양성과 개념 형성에 필요한 여러 관념을 풍부하게 표현해 주는 반면, 수직적 성분은 학습 과정에 필요한 체계적이고 주제 지향적이고 형식적인 지식과 능력을 표현해 준다. 예를 들어, 탁자에 둘러앉은 사람들에게 카드를 나누어 줄 때, 사람들은 카드를 각 사람에게 하나씩 분배하거나 또는 각 사람에게 같은 수만큼의 카드를 분배하는 것으로 시작해서 카드가 다 없어질 때까지 계속한다. 이것은 등분제의 수평적 수학화이다. 이 과정을 단축하기 위해 점점 더 큰 몫, 결국에는 편리한 만큼 큰 몫을 찾는 데서 나눗셈을 알고리즘화 해 나가는 수직적 수학화를 볼 수 있다.

수학화는 현실을 수학적 수단으로 조직하는 수평적 수학화로 시작하지만, 수학적 경험이 축적되면 수학 자체의 수학화인 수직적 수학화가 시작된다. 수평적 수학화는 관찰, 실험, 귀납, 유추 등을 통해 문제 상황을 수학적인 방법을 이용할 수 있도록 변형하는 과정 즉 모델 형성, 도식화, 기호화를 통해 수학으로 향하는 길을 여는 것이고, 수직적 수학화는 수평적 수학화 이후에 따라오는 수학적 과정, 문제를 풀고 일반화하고 형식화하는 것과 관련된 과정 즉, 수학적 처리 과정과 탐구 중인 문제 장면의 구조화 속에서의 수준 상승 과정과 관련된다(김용성, 2000). 예를 들어, ‘A에서 B까지는 3개의 길로 연결되어 있고 B에서 C까지는 4개의 길로 연결되어 있을 때, A에서 B를 지나 C까지 가는 길은 모두 몇 가지인가?’라는 문제에 대하여 수평적 수학화는 문제의 구조를 인식하는 것으로 현명한 세기로 시작하여, 곱에 의한 수직적 수학화로 완성될 수 있다. 또한 이 ‘길 도식’을 다른 상황에 적용하는 것은 경우에 따라 수평적 수학화일 수도 있고 수직적 수학화일 수도 있다. 3과 4를 일반화하여 문자로 대치하는 것은 수직적 수학화이다(Freudenthal, 1991). 이처럼 수평적 수학화와 수직적 수학화의 구분도 수학이 학생의 현실을 바탕으로 조직화되어 가는 활동이라는 점에서 그 맥락이 맞닿아 있음을 알 수 있다.

3. 수학화 수업

수학학습의 과정은 학생의 현실에 내포되어 있는 수학적인 현상들과 수학적 요소들을 알아내어 수학적인 수단으로 조직하고 이와 관련된 수학적인 구조를 창조하는 일련의 과정으로 이루어져야 한다. 따라서 수학학습에서 수학화 활동 경험은 중요하고, 학생들의 수학화 활동을 위해서는 교사의 지도가 중요하다. 이 장에서는 수학화를 안내하는 수학학습 지도 원리와 이를 바탕으로 한 수학화 수업의 원리를 살펴본다.

3.1 수학화 교수·학습의 원리

학생들은 수학화 활동의 경험을 통해서 수학의 여러 가지 내용을 재발명해 봄으로써 그 필요성을 알게 되고, 점진적으로 형식화해 나가며, 현실과 수학을 연결시켜 봄으로써 수학의 유용성을 경험할 수 있다(정보나 외, 2010). 수학화를 안내하는 수학학습 지도 원리로 '안내된 재발명', '교수학적 현상학', '학습 수준 이론' 등이 있다(정영옥, 1997; 우정호, 2000).

■ 안내된 재발명

수학화를 지향하는 수학학습은 기성 수학을 부과하는 것이어서는 안 되며 인류의 수학 학습 과정, 수학의 발생 과정, 수학화 과정을 학습자의 현재 상황에서 재발명하도록 안내하는 '안내된 재발명' 과정이어야 한다. Freudenthal이 주장하는 안내된 재발명은 수학적 개념의 역사 발생 과정에서 인류의 발달을 그 순서 그대로 재현하는 것이 아니라 교사의 적절한 안내를 따라 학생 스스로의 활동을 통하여 수학적 개념을 자신의 현실로부터 수학화 과정을 통해 재발명해 가도록 하는 것이다. 즉, 교사는 학생들에게 수학을 재발명할 수 있도록 적절한 교수학적 조치를 취해 가면서 점진적으로 안내해야 한다. 왜냐하면 재발명을 통해 얻은 지식은 덜 활동적인 방식으로 얻은 지식보다 파지와 전이의 측면에서 월등하고, 재발명에 의한 학습을 통해 학생의 수학학습 동기를 유발하고, 수학을 인간 활동으로 보는 수학적 태도를 길러 줄 수 있기 때문이다(Freudenthal, 1991).

재발명이 가능하기 위해서는 '사고실험'이 중요하다. Freudenthal(1981b)의 사고실험은 두 가지 측면이 있다. 하나는 수업장면과 관련된 것으로 교사나 교과서 저자가 한 학생 또는 학생 집단을 상상하고 머릿속에서 가능한 상호작용을 생각해 봄으로써 미리 가르쳐 보는 것을 의미한다. 다른 하나는 수업내용과 관련된 것으로, 교사가 자신의 입장에서 수학적 개념을 발명했거나 어떤 수학적 방법을 개선한 개인 수학자의 마음속에 어떤 일이 일어났는지를 추측해야 한다는 것이다. 그러나 소크라테스식 방법과 달리, 교사가 안내는 하지만 실제로 재발명을 하는 주체가 학생이 되도록 하기 위한 사고실험임을 잊지 말아야 한다. 사고실험을 통한 학생들의 활발한 활동은 교사로 하여금 수업 방법을 결정하게 만든다(Freudenthal, 1973). 따라서 교사는 사고실험을 통해 재발명을 위한 탐구 활동을 제시해야 한다.

■ 교수학적 현상학

Freudenthal은 수학을 현실과 분리된 실체로 존재하는 완성된 지식 체계가 아니라 현실의 부분을 조직하는 인지적 수단으로 본다. 따라서 학생들에게 수학의 완성된 구조를 직접적으로 접하게 하는 구조주의적인 관점과 다른 교수학적 방법이 요구된다. Freudenthal(1973)은 이를 '교수학적 현상학'이라고 하였는데, 현상과 본질의 상대적인 관계를 교수학적 측면에서 다루는 것이다. 교수학적 현상학은 수학의 특정 부분에 의해 수학화될 수 있는 학습자 주변의 현상을 살펴보고 역사적인 고찰에 의해 수학화 과정을 분석함으로써, 수학적 내용이 어떻게 그 현상을 조직하고 기술하고 분석하는지를 보여 주고, 그 내용이 어떤 중요성을 갖는지를 분석하여, 학생들이 그 수학적 내용을 생각해 내고 이해하도록 돕는 방법을 알아내는 것이다(정영옥, 1997에서 재인용).

교수학적 현상학에 비추어 볼 때, 수학적 개념을 알게 되는 것은 형식적 정의나 설명에 의한 개념 획득보다는 그 개념이 내포된 현상들을 다룸으로써 그 개념을 적용하는 것을 통해 암묵적인 아이디어가 형성되고 그것이 하나의 정신적 대상인 심상으로 승격하고 이것이 형식화됨으로써 하나의 수학적 개념으로 탄생된다는 것이다(Freudenthal, 1983; 김연식, 정영옥, 1997에서 재인용). 본질은 심상의 형성을 전제로 하므로, Freudenthal은 이 심상의 형성이 개념 획득보다 우선된다고 보는 것이다. 이러한 관점에서는 현실 속에서 심상을 구성하기 위한 개념 형성의 근원을 찾는 것 즉, 심상의 형성을 가능하게 해 주는 현상을 제공하는 것이 중요하다. 이는 학생들의 수학화 활동을 위해 교사가 학생들에게 적절한 문제나 외적 상황을 제시할 때 교수학적 현상학이 교사에게 학생의 학습 출발점을 알려줄 수 있음을 의미한다(정보나 외, 2002).

■ 학습 수준 이론

수학학습 과정은 사고 수준간의 비약이 이루어지는 불연속 과정이 되어야 한다는

Freudenthal의 수학학습 수준 이론은 van Hiele의 수학학습 수준 이론과 같은 맥락으로 전개된다. 특히, Freudenthal은 학습자의 관점에서 van Hiele의 제1수준인 시각적 수준에 있는 상태를 바닥 수준이라고 하면서 바닥 수준으로부터의 수학화를 강조한다. 학생의 학습 과정은 바닥 수준의 활동이 탐구 수준에서 반성됨으로써 비로소 수학이 시작되므로, 바닥 수준의 활동을 탐구 수준의 활동과 구분하여 비수학적인 활동으로 보아서는 안 된다. 바닥 수준의 활동은 실제 수학을 하는 것은 아니지만 탐구 수준에서 수학을 할 준비를 해야 하는 예비수학적 활동이다(Freudenthal, 1973). 또한 수준의 비약은 반성적 사고에 의해 가능하며, 반성적 사고는 아동들이 무엇인가 이해하기 위해서 '왜'라고 자문하기 시작할 때 나타나기 시작한다. 반성적 사고는 타인에 대한 관찰에서 시작하여 자신에 대한 관찰로 이루어지며 다른 사람과의 상호작용을 통해 촉진될 수 있다고 본다(Freudenthal, 1979). 교사는 학생들의 반성에 의한 수준 상승이 자연스럽고 자발적으로 일어나도록 점진적인 수학화 활동을 안내해야 한다.

3.2 수학화 수업의 원리

우리나라에서는 수학화 수업과 관련한 많은 석·박사 학위논문이 발표되고 있으며, 국내외 수학화 수업과 관련된 연구들은 수 개념과 함수, 기하, 확률과 통계 영역을 지도하기 위한 수학화 교수 학습 방법에 대한 연구, 문제해결에서 풍부한 문맥의 활용과 그 지도 방법에 대한 연구, 탐구형 소프트웨어나 계산기를 활용한 함수와 기하 영역의 수학화 교수 학습 방법에 대한 연구, 기하와 미적분 영역의 수학화 학습 자료나 프로그램 개발 연구 등을 주제로 많은 연구들이 활발히 이루어지고 있다(나귀수, 1998; 정보나 외, 2002; Bonotto, 2005; English, 2006; Jurdak, 2006; 이영란, 이경화, 2006; 조완영, 2006; 최종철, 김홍철, 2008; 고호경, 고상숙, 2008; Ron et al., 2010; 문혜령, 고상숙, 2010; Stephan et al., 2012; Vahey et al., 2012; 박진형, 이경화, 2013).

앞 절에서 살펴본 수학 교수·학습 원리를 바탕으로 한 구체적인 수업의 원리로는 구체적인 현상의 탐구 원리, 수직적 도구에 의한 수준 상승 원리, 학생들의 창작 활동을 통한 반성적 사고의 촉진 원리, 상호작용 교수 원리, 학습 가닥의 혼합 등을 들 수 있다(Treffers, 1987; Streefland, 1991). 이 절에서는 국내의 수학화 수업에 대한 연구들에서 공통적으로 나타나고 있는 '탐구 학습의 원리', '수직적 도구에 의한 수준 상승의 원리', '반성적 사고의 촉진 원리', '상호작용 교수의 원리'를 살펴본다.

▪ 탐구학습의 원리

수업은 구체적이고 풍부한 문맥에서 시작되어야 하고, 이때 학생들은 직관적인 탐구를 통해 현상의 조직화를 시도해야 한다. 현실 상황에서 직접 탐구 활동을 통하여 수학적 자료를 얻고 이것을 수학적 수단으로 조직함으로써 수학화의 기회를 극대화할 수 있다. 교사가 현실 속에서 의미 풍부한 문맥을 찾아내고 그것을 교수학적으로 다듬어서 제공하는 것은 수학화를 추구하는 교수 학습에서 가장 먼저, 그리고 가장 중요하게 준비해야 할 일이다(정영옥, 1997, p. 85).

■ 수직적 도구에 의한 수준 상승의 원리

수학 용어, 기호, 기호법, 스키마 그리고 모델들을 만드는 것은 수평적, 수직적 수학화 모두에 공헌한다. 수직적 도구의 의미는 바닥 수준에서의 직관적, 구체적, 비형식적 문맥에 결합된 조작과 반성적, 추상적, 형식 체계적 조작 사이의 수준 차이를 연결하는데 도움이 되도록, 학습 초기부터 여러 자료, 화살표와 같은 시각적 모델, 수표, 여러 가지 수학적 모델, 다이어그램, 기호 등과 같은 수학적 도구들이 제공되고, 탐구되고, 개발되어야 한다는 것을 의미한다(Treffers, 1987). 그러나 RME에서는 반드시 구체물, 반구체물, 상징의 순서를 거칠 것을 요구하지는 않는다.

■ 반성적 사고의 촉진 원리

주어진 문맥에서 활동을 통해 수학적으로 조직화해 나가는 과정에서 반성적 사고를 하는 것도 중요하지만, 어떤 단계에 이르러서는 좀 더 새로운 상황에 직면하도록 할 필요가 있다. 갈등 상황을 제시하거나, 다양한 해결책이 허용되는 열린 문제들이나 모순이 되는 문제들, 그리고 불완전한 문제들을 제시하거나 문제를 만들어 보는 활동이 제시될 필요가 있다(정영옥, 1997; 문혜령, 고상숙, 2010; Bonotto, 2013). 이러한 문제들을 탐구하면서 학생들은 잘못된 아이디어와 오개념을 드러냄으로써 교수학습 과정의 반성과 예견을 할 수 있다. 교사는 적절한 발문을 통하여 학생들이 반성적 사고를 연습할 수 있도록 도와주어야 한다. 이 과정에서 유의할 점은, 교사가 의도한 반성적 사고의 틀에 의해서가 아니라 학생 스스로 자신의 행동과 생각에서 의문을 제기하고 그것에 대한 확실성을 추구해 나가는 태도를 기를 수 있게 하는 것이다.

■ 상호작용 교수의 원리

학생은 학생들간의 상호작용, 교사와 학생들간의 상호작용을 통하여 자신의 생각을 의식하게 됨으로써 반성의 기회를 가질 수 있다. Freudenthal은 개별적 수업보다는 소집단 학습을 통하여 문제해결을 위해 다른 사람을 관찰하고 참여하고, 상의하고, 타협하고, 협동하는 의사소통 과정을 경험하는 것이 중요하다고 보았다. 수학 교수학습에서 학생들은 서로 다른 인지 수준과 서로 다른 문화적 배경 속에서 활동하므로 서로 간의 인지적 갈등이 있기 마련인데, 교사, 연구자, 교육과정 개발자들은 이 상황을 최대한으로 만들어야 한다(de Lange, 1996). 이 과정에서 학생들은 자신의 수준에 맞게 서로 다른 방식으로 문제를 해결하고 토의를 통해 서로의 의견을 통합하고 비교하면서 자신의 생각에 대한 반성의 기회를 가질 뿐만 아니라 보다 나은 아이디어를 창조할 수 있다.

3.3 수학화 학습 지도의 실제

학생의 현실과 결부되어 있으면서 두 변수 사이의 관계를 일차식으로 나타낼 수 있는 다양한 상황으로부터 일차함수의 의미를 파악할 수 있도록 수학화에 따른 수업을 [표 1]과 같이 모색해 보고자 한다. 중학교 1~3학년군 수학교과에서 일차함수의 뜻 영역의 수학화에 따른 수업의 예는 위스콘신대학 교육연구소(2003)의 Mathematics in Context의 오르락내리락(Ups and Downs)의 '머리카락과 손톱' 활동의 문제 일부와 우정호 외(2012), 김원경 외(2012), 이준열 외(2012), 이강섭 외(2012), 황선욱 외(2012)를 참고하여 작성한 것이다.

- 학년(실제 대상): 중학교 1~3학년군
- 대영역: 함수
- 중영역: 일차함수와 그래프
- 소영역: 일차함수의 뜻
- 학습목표: 일차함수의 의미를 이해한다.

지도안의 흐름을 살펴보면, 먼저 함수의 뜻을 학습한 학생들을 대상으로 두 변수 사이의 관계를 일차식으로 나타낼 수 있는 '머리카락의 길이' 활동으로부터 일차함수의 의미를 발견하도록 수평적 수학화 활동을 실시한다. 그리고 일차함수 개념을 추상화하고 형식화하는 수직적 수학화 활동을 한다. 그런 다음 현실 세계에서 일차함수의 의미를 갖는 새로운 문맥을 찾아 학습한 개념을 적용해 봄으로써 일차함수 개념을 일반화할 수 있도록, 협력 학습을 통한 문제만들기 활동을 실시한다.

지도 단계	학습흐름 및 관련이론	교수·학습활동		학습자료 및 유의점
		교사	학생	
도입	인사 및 출석확인	• 학생들과 인사한다. • 출석을 확인하고 학습 분위기를 조성한다.		
	선수 학습 확인	• 함수의 뜻을 이해한다. • 함수를 표, 식으로 나타낼 수 있다. (예) 희수는 매년 생일에 키를 재어 벽에 표시해 두었다. 10세일 때부터 14세일 때까지 희수의 키를 잰 수치가 아래 그림과 같을 때, 다음 빈칸을 채우고 함수인지 알아보자.  희수의 나이 희수의 키 10세 → 142.1㎝ 11세 → ㎝ 12세 → ㎝ 13세 → ㎝ 14세 → ㎝	• 실생활에서 함수의 뜻을 이해하고 표로 나타내본다. • 자료를 확인하여 함수가 되는 조건을 알아보고 기억한다. – x의 값이 10, 11, 12, …으로 변함에 따라 y의 값이 142.1, 145.5, 154.0, 157.3, 160.4, …으로 하나씩 정해지므로 y는 x의 함수이다.	• 선수 학습 내용 중에서 본 수업에 필요한 주요 개념들을 탐구 활동지로 만들어 확인한다.
	학습 목표 인지	• 학생들에게 학습 목표를 읽어 보게 한다. 학습 목표: 일차함수의 의미를 이해할 수 있다.	• 학습 목표를 읽는다.	
	현실 문맥의 활용 의사소통	• 머리카락은 매일 기는데 한 시간에 얼마나 자라는지 예상되는 머리카락의 길이를 탐구하도록 한다. ◆ 머리카락의 길이 – 종석이는 머리를 손질한 후 거울을 들여다보고는 생각보다 짧아진 머리에 당분간 머리를 자르지 않아야겠다고 다짐하면서 "머리카락이 얼마나 빨리 자랄까?"를 생각했다.		• 현실에 일차함수가 포함되어 있는 현상을 통해 학생들의 현실로부터 수학적 활동을 시작한다.

<table>
<tr><th rowspan="2">지도 단계</th><th rowspan="2">학습흐름 및 관련이론</th><th colspan="2">교수·학습활동</th><th rowspan="2">학습자료 및 유의점</th></tr>
<tr><th>교사</th><th>학생</th></tr>
<tr><td>도입</td><td></td><td>[표 1]은 종석이가 매달 머리카락의 길이를 측정에서 정리한 결과이다.

[표 1] 머리카락의 길이
<table><tr><td>시간(달)</td><td>0</td><td>1</td><td>2</td><td>3</td><td>4</td><td>5</td><td>6</td></tr><tr><td>길이(㎝)</td><td>2</td><td>3.5</td><td>5</td><td>6.5</td><td></td><td></td><td></td></tr></table>
• 일정시간이 지난 후 머리카락의 길이를 예상해 보고 그 이유를 토의해 보게 한다.

(1) 5개월 후에 머리카락의 길이는 얼마가 될까? 예상되는 길이를 계산해 보고, 그 이유를 설명하시오.</td><td>• 자신이 생각한 예상답안을 발표하고 친구들의 답안과 비교하여 토론해 본다.

(1) 9.5㎝
이유에 대한 여러 가지 설명이 나올 수 있다. 예를 들면, 머리카락이 매달 1.5㎝씩 자라기 때문이다.</td><td></td></tr>
<tr><td>전개</td><td>수평적 수학화 (국소적 조직화 과정)</td><td>• 4명씩 조를 이루어 "머리카락의 길이"에 대한 상황에서 일차함수의 의미를 발견하도록 한다.

− 자신이 발견한 맥락이 일차함수의 의미를 가지는지를 정당화하고, 다른 학생들에게 그것이 적합한지를 판단하게 하여 학생들 사이에서 의사소통 활동이 진행되도록 지도한다.

활동지 1. '머리카락의 길이'

(1) [표 1]에서와 같은 비율로 머리카락이 계속 자란다면 1년 뒤에 종석이의 머리카락 길이는 얼마가 될까?

(2) 만약 이번 달 종석이의 머리카락</td><td>• 활동지에 주어진 문제를 해결하면서 현실 세계의 일차함수가 되는 예로부터 일차함수의 의미를 이해한다.

예) '이러한 문제에서 어떻게 식이 성립하지?', '이 식 외에도 다르게 식을 세울 수 있을까?'

• 활동지에 주어진 문제를 해결한다.
(1) 20㎝
− 남은 6개월에 대한 표를 완성해 본다.
<table><tr><td>시간(달)</td><td>0</td><td>6</td><td>7</td><td>8</td><td>…</td><td>12</td></tr><tr><td>길이(㎝)</td><td>2</td><td>11</td><td>12.5</td><td>14</td><td>…</td><td>20</td></tr></table>
− 12개월 후 머리카락 길이는 18㎝이다(12×1.5 = 18㎝). 머리카락이 원래 2㎝이었으므로 1년 후에는 머리카락이 2+18=20㎝가 된다.

(2) 종석이의 머리카락은 매달</td><td>◆ 안내된 재발명

• 교사는 학생들이 올바른 일차함수 식을 발견할 수 있도록 안내한다.

• 조별 토의 시에 모든 학생들이 참여할 수 있도록 교사가 이끌어 준다.</td></tr>
</table>

지도 단계	학습흐름 및 관련이론	교수·학습활동		학습자료 및 유의점
		교사	학생	
전개		길이를 안다면 다음 달의 머리카락 길이도 알 수 있다. '현재의 길이'와 '다음의 길이' 사이의 관계를 식으로 나타내시오.	같은 길이씩 자라므로, 다음의 길이 =현재의 길이+1.5, 또는 현재의 길이+1.5=다음의 길이	
		(3) 종석이의 처음 머리카락 길이가 2㎝이었다. 따라서 다음과 같이 종석이의 머리카락 길이에 대한 식을 만들 수 있다. L=2+1.5T 문자 L은 무엇을 의미하는가? 문자 T는 무엇을 의미하는가? 식에 쓰인 숫자에 대하여 설명하시오.	(3) L은 길이, ㎝ T는 시간, 달 2는 처음 머리카락의 길이 1.5는 매달 자라는 머리카락	
		(4) 같은 반 친구인 동욱이의 머리카락 길이가 10cm이고, 매달 1.4cm씩 일정하게 자란다. 동욱이의 머리카락이 자라는 정도를 문자 L과 T를 사용하여 식으로 나타내시오.	(4) L=10+1.4T, L=10+16.8T, 20+1.4×T=L 20+16.8T=L	• 교사는 학생 스스로 일차함수를 이끌어 낼 수 있도록 안내한다.
		(5) 종석이와 동욱이의 머리카락의 길이가 시간에 따라 자라는 정도는 함수인가?	(5) 머리카락의 길이 문제에서 T의 값이 1, 2, 3, …으로 변함에 따라 L의 값도 하나씩 정해지므로 L은 T의 함수이다.	
		(6) 시간에 따른 종석이의 머리카락의 길이를 나타낸 관계식과 동욱이의 머리카락의 길이를 나타낸 관계식의 공통점은 무엇인가?	(6) L은 T에 관한 일차식이다.	
	수직적 수학화	• 학생들이 찾은 일차함수의 의미를 기호를 도입하여 개념을 추상화하고 형식화한다. • 일차함수 대표적인 식을 일차함수의 형식적 정의로 도입한다. • 일반적으로 함수 $y=f(x)$에서 y가 x에 대한 일차식 $y=ax+b(a\neq 0,\ a,\ b$는 상수$)$ 로 나타내어질 때, 이 함수를 x에 대한 일차함수라고 한다. • 학생들에게 일차함수의 정의를 간단한 예제를 통해 이해하도록 한다. [예제 1] 다음에서 관계를 식으로 나타내고 일차함수인지 아닌지 말하여라. (1) 500원짜리 동전 1개와 100원짜리 동전 개수를 합한 금액 원 −100원짜리 동전을 x개라 하고, 총 금액을 y라 하면, 100원짜리 동전 x개는 $100x$원이므로 $y=100x+500$ 따라서 $100x+500$은 x에 대한 일차식이므로 y는 x에 대한 일차함		※ 교사의 발문이 지나치게 성급하여 토파즈 효과가 일어나지 않도록 유의한다.

지도 단계	학습흐름 및 관련이론	교수·학습활동		학습자료 및 유의점
		교사	학생	
전개	반성적 사고	수이다. (2) 한 변의 길이가 $x$cm인 정사각형의 넓이 $y\text{cm}^2$ －정사각형의 넓이 $y\text{cm}^2$는 한 변의 길이가 $y$cm의 제곱이므로 $y=x^2$은 x에 대한 일차함수가 아니다. [예제 2] 어느 캠핑 장비 대여점의 이용 요금이 오른쪽과 같을 때, 캠핑 장비의 대여 기간을 x일, 총 이용 요금을 y만 원이라고 할 때, y가 x에 대한 일차함수인지 아닌지를 말해 보게 한다.  －x의 값이 1, 2, 3, …으로 변함에 따라 y의 값이 80000, 110000, 140000, …으로 하나씩 정해지므로 y는 x의 함수이다. 또한 y가 x에 관한 일차식 $y=30000x+50000$로 나타내어지므로 이 함수는 x에 대한 일차함수이다.		
	현실 세계 응용 반성적 사고	◆현실 세계에서 수학 내용 탐구 • 현실 세계에서 일차함수가 되는 예를 찾아 이를 일차함수 관계식으로 만들고 일차함수인지 아닌지를 말해 보게 한다. (예: 육상, 수영, 스케이트 등 다양한 스포츠 상황에서 시간에 따른 거리의 변화(등속 운동), 기온에 따른 속력의 변화, 물을 가열할 때 경과 시간과 온도의 관계 등) 활동지 2. 일차함수를 찾아보자. [문제] 우리가 사는 세상에서 일차함수가 되는 예를 찾아 일차함수 관계식을 만들고 일차함수인지 아닌지를 말해 보는 문제를 만들어 보자. • 4명씩 조를 이루어 일차함수의 맥락을 발견하고 이를 문제로 만들도록 한다. －자신이 발견한 맥락이 일차함수의 의미를 가지고 있는지를 정당화하고, 다른 학생들에게 그것이 적합한지를 판단하게 하여 학생들 사이에서 의사소통 활동이 진행되도록 지도한다. －학생들이 문제만들기를 어려워할 경우, 교사가 학생들과 함께 예시	• 4명씩 조를 이루어 우리가 사는 세계에서 일차함수의 맥락을 찾아 일차함수 관계식으로 나타내는 문제를 만들어 본다. • 주변에서 일차함수의 예들을 찾아보고 일차함수이지 아닌지를 확인해 본다. 〈1조〉 문제만들기 결과 • 소풍 때 찍은 사진을 인터넷 사이트에서 인화하여 받아 보려면 한 장당 300원의 인화료	• 여러 가지 일차함수의 예시 준비한다. 이때, 학생들의

<table>
<tr><th rowspan="2">지도
단계</th><th rowspan="2">학습흐름
및
관련이론</th><th colspan="2">교수·학습활동</th><th rowspan="2">학습자료 및
유의점</th></tr>
<tr><th>교사</th><th>학생</th></tr>
<tr><td>전개</td><td></td><td>문제를 만들어 보는 활동을 한 후, 학생들에게 문제만들기 활동을 하게 한다.

[예시] 서울에서 560km 떨어진 제주도 남쪽 해상에 있는 태풍이 한 시간에 35km의 속력으로 서쪽 해상을 따라 북상하고 있다. x시간 후의 태풍과 서울 사이의 거리를 $y$km라고 할 때, 태풍이 서울에 도달하는 데 걸리는 시간을 식을 세우고 일차함수인지 아닌지 말해 보시오.
답: $y=560-35x$, y는 x에 대한 일차식이므로 y는 x에 대한 일차함수이다.</td><td>와 2000원의 배송비를 내야 한다. 사진을 x장 인화할 때 필요한 금액을 y원이라고 하자.

1) 다음 표를 완성해 보자.
<table><tr><td>x장</td><td>1</td><td>2</td><td>3</td><td>4</td><td>5</td></tr><tr><td>y원</td><td>2300</td><td></td><td></td><td></td><td></td></tr></table>
2) x와 y사이의 관계식을 만들고 일차함수인지 아닌지 말해 보자.
답: $y=300x+2300$에서 y는 x에 대한 일차식이므로 y는 x에 대한 일차함수이다.

〈2조〉 문제만들기 결과
• 용량이 35㎖인 허브향 방향제를 개봉하고 하루에 0.25㎖씩 줄어든다고 한다. x일이 지난 후에 남아 있는 허브향 방향제의 용량을 y㎖라고 할 때, y를 x에 관한 식으로 나타내고 일차함수인지 아닌지 말하여라.
답: $y=-0.25x+35$ 또는 $y=-\frac{1}{4}x+35$, y는 x에 대한 일차식이므로 y는 x에 대한 일차함수이다.

〈3조〉 문제만들기 결과
• 어떤 환자가 900㎖들이의 링거 주사를 맞고 있다. 링거 주사약이 1분에 6㎖씩 환자의 몸에 들어간다고 하자. x분 동안 들어간 링거액 y를 관계식으로 나타내면, y는 x에 대한 일차함수인가?
답: 1분에 6㎖씩 들어가므로, x분 동안 들어간 링거액은 $6x$㎖이므로, x와 y의 관계식을 구하면, $y=-6x+900$이다.
따라서 y는 x에 대한 일차함수이다.

〈4조〉 문제만들기 결과
• ○○시에는 두 개의 택시 회사가 영업을 하고 있다. 빨리가</td><td>현실에서 이해할 수 있는 수준의 구체적인 상황과 문맥을 고려한다.</td></tr>
</table>

<table>
<tr><th rowspan="2">지도 단계</th><th rowspan="2">학습흐름 및 관련이론</th><th colspan="2">교수·학습활동</th><th rowspan="2">학습자료 및 유의점</th></tr>
<tr><th>교사</th><th>학생</th></tr>
<tr><td>전개</td><td></td><td>• 조별로 만든 '문제만들기' 결과를 발표하게 하고 다른 조가 만든 문제를 함께 풀어보게 한다.</td><td>택시회사는 기본요금 2km 3,000원 이후 100m마다 200원씩 올라간다. 에이스 택시회사는 아래 [표]와 같은 요금을 받는다.

[표] 에이스 택시 요금
<table><tr><td>거리(km)</td><td>2</td><td>3</td><td>4</td><td>5</td></tr><tr><td>요금(원)</td><td>4000</td><td>5000</td><td>6000</td><td>7000</td></tr></table>
1) 요금을 C, 거리를 M으로 하여 두 회사의 요금을 계산하는 식을 쓰시오.
답: 빨리가 택시회사
C=2000M+3000
에이스 택시회사
C=1000M+4000

2) 두 택시회사의 요금은 거리에 대한 일차함수인가?
답: C는 M에 대한 일차식이므로 C는 M에 대한 일차함수이다.

• 다른 조의 문제를 해결하면서 일차함수의 의미를 이해하고 있는지를 점검한다.</td><td></td></tr>
<tr><td rowspan="3">정리</td><td>학습 내용 정리</td><td colspan="2">• 반 학생들 전체가 각 조의 문제만들기 결과를 반성하면서 형식적으로 표현된 일차함수의 의미를 이해한다.
−반적으로 함수 $y=f(x)$에서 y가 x에 대한 일차식
$y=ax+b(a \neq 0,\ a,\ b$는 상수)
로 나타내어질 때, 이 함수를 x에 대한 일차함수라고 한다.</td><td></td></tr>
<tr><td>형성평가</td><td>• 형성평가를 통해 일차함수의 의미를 이해하고 있는지 점검한다.

[형성평가] 가로의 길이가 $x$cm, 세로의 길이가 $y$cm인 직사각형의 둘레의 길이가 40cm일 때, y가 x에 대한 일차함수인지 말하여라.</td><td rowspan="2">• 형성평가를 통해 이번 차시에 학습한 일차함수의 뜻을 알고 있는지 스스로 확인해 본다.
답: 직사각형의 둘레의 길이가 40cm이므로, $2x+2y=40$에서 $x+y=20$이다. 이때 y를 x에 대한 식으로 나타내면 $y=-x+20$이고, y가 x에 대한 일차식으로 나타내어지므로 일차함수이다.</td><td></td></tr>
<tr><td>다음 차시 예고</td><td>• 다음 차시에 배울 내용을 간단히 설명해 준다.
• 일차함수 그래프를 그려볼 수 있다.</td><td></td></tr>
</table>

참 | 고 | 문 | 헌

Reference

고호경, 고상숙 (2008). 중학교 함수의 수학화 과정에서의 성차 연구. 수학교육, 47(3), 273-290.

김연식, 우정호, 박영배, 박교식 (1996). 수학교육학 용어 해설 (4). 학교수학, 6(1), 215-227.

김연식, 정영옥 (1997). Freudenthal의 수학화 학습－지도론 연구. 수학교육학연구, 7(2), 1-23.

김용성 (2000). 문제상황을 기초로 한 수학화 경험이 수학적 신념과 문제해결력에 미치는 효과. 한국교원대학교 대학원 석사학위논문.

김원경, 조민식, 방금성, 김수미, 배수경, 오혜정, 지은정, 최형권, 황정하 (2012). 중학교 수학②. 서울: ㈜비상교육.

나귀수 (1998). 중학교 기하의 증명 지도에 관한 소고. 수학교육학연구, 8(1), 291-298.

문혜령, 고상숙 (2010). GSP를 활용한 삼각함수에서 학습부진아의 수학화 과정에 관한 사례연구. 수학교육, 49(3), 353-373.

박진형, 이경화 (2013). 수학적 모델링 과정에서 수학화의 기호학적 분석. 수학교육학연구, 23(2), 95-116.

우정호 (1985). 조작적 수학교육 프로그램. 사대논총, 31, 161-181.

우정호 (2000). 수학 학습-지도 원리와 방법. 서울대학교 서울: 서울대학교출판부.

우정호, 박교식, 이종희, 박경미, 김남희, 임재훈, 남진영, 권석일, 김진환, 강현영, 조차미, 허선희, 전지영, 고현주, 이정연, 최은자, 김준식 (2012). 중학교 수학①. 서울: (주)두산동아.

유현주 (1997). 수학적 사고의 교수방법으로서의 수학화. 한국초등수학교육학회지, 1, 123-140.

위스콘신대학 교육연구소 (2003). 수학으로 보는 세상-오르락내리락 (나온교육연구소 옮김). 서울: 도서출판 나온. (원본은 1998년 출판됨)

이강섭, 최상기, 황규채, 이강희, 송교식, 안인숙, 송영준, 윤상호, 김보현, 황현태, 황형균 (2012). 중학교 수학②. (주)미래엔.

이영란, 이경화 (2006). Freudenthal의 수학화 학습지도론에 따른 무리수 개념 지도 방법의 적용 사례. 수학교육학연구, 16(4), 297-312.

이준열, 최부림, 김동재, 한대희, 이미라, 신송임, 이애경, 강해기 (2012). 중학교 수학②. 서울: 천재교육.

정보나, 류희찬, 조완영 (2002). 탐구형 소프트웨어를 활용한 기하영역의 수학화 교수학습 방법. 수학교육학연구, 12(4), 543-556.

정영옥 (1997). Freudenthal의 수학화 학습-지도론 연구. 서울대학교 대학원 박사학위 논문.

정영옥 (1999). 현실적 수학교육에 대한 고찰-초등학교의 알고리즘 학습을 중심으로. 수학교육학연구, 9(1), 111-119.

조완영 (2006). 고등학교 미적분에서의 수학화 교수·학습에 관한 연구. 학교수학, 8(4), 417-439.

최종철, 김홍철 (2008). 중등기하에서 Freudenthal의 수학화 활동을 위한 학습자료 개발과 적용. 한국학교수학회논문집, 11(1), 69-96.

황선욱, 강병개, 한길준, 한철형, 권혁천, 김의석, 유기종, 정종식, 김민정 (2012). 중학교 수학②. 서울: 좋은 책 신사고.

Arzarello, F., Drijvers, P., & Thomas, M. (2012). How representations and communication infrastructures can enhance mathematics teacher training. *12th International Congress on Mathematical Education Workshop & Sharing Group 13*, 7221-7230.

Bonotto, C. (2005). How informal out-of-school mathematics can help students make sense of formal in school mathematics: The case of multiplying by decimal numbers. *Mathematical Thinking and Learning. An International Journal, 7*(4), 313-344.

Bonotto, C. (2013). Artifacts as sources for problem-posing activities. *Educational Studies in Mathematics, 83*, 37-55.

De Lange, J. (1996). Using and applying mathematics in education, In A. J. Bishop, K. Clements, C. Keitel, J. Kilpatrick, & C. Laborde (Eds.), *International handbook of mathematics education* (pp. 49-97). Dordrecht: Kluwer Academic Publishers.

English, L. (2006). Mathematical modeling in the primary school: Children's construction of a consumer guide. *Educational Studies in Mathematics, 63*, 303-323.

Freudenthal, H. (1973). *Mathematics as an educational task.* Dordrecht: Kluwer Academic Publishers.

Freudenthal, H. (1979). "How does reflective thinking develop?", *Proceedings of the 3rd International Conference for the Psychology of Mathematics Education*, 80-87.

Freudenthal, H. (1981a). Major problems of mathematical education. *Educational Studies in Mathematics, 12*, 133-150.

Freudenthal, H. (1981b). "Should a mthematics teacher know something about the history of mathematics?", *For the Learning of Mathematics, 2*(1), 30-33.

Freudenthal, H. (1983). *Didactical phenomenology of mathematical structures*. Dordrecht: Kluwer Academic Publishers.

Freudenthal, H. (1991). *Revisiting mathematics education: China lectures*. Dordrecht: Kluwer Academic Publishers.

Gravemeijer, K. (1994). Developing realistic mathematics education. Utrecht, the Netherlands: CD-Press.

Gravemeijer, K. (1999). How emergent models may foster the constitution of formal mathematics. *Mathematical Thinking and Learning, 1*(2), 155-177.

Gravemeijer, K. (2002). Preamble: from model to modeling. In K. Gravemeijer. R. Lehrer, B. van Oers, & L. Verschaffel (Eds.), *Symbolizing, modeling, and tool use in mathematics education* (pp. 7-22). Dordrecht: Kluwer Academic Publishers.

Gravemeijer, K., Cobb, P., Bowers, J., & Whitenack, J. (2000). Symbolizing, modeling, and instructional design. In P. Cobb, E. Yackel, & K. McClain (Eds.), *Symbolizing, and communication in mathematics classrooms: Perspectives on discourse, tools, and instructional design* (pp. 225-273). Mahwah, NJ: Lawrence Erlbaum.

Jurdak, M. (2006). Contrasting perspectives and performance of high school students on problem solving in real world situated, and school contexts. *Educational Studies in Mathematics, 63*, 283-301.

Linchevski, L., & Williams, J. (1999). Using intuition from everyday life in "filling" the gap in children's extension of their number concept to include the negative numbers. *Educational Studies in Mathematics, 39*, 131-147.

Ron, G., Dreyfus, T., & Hershkowitz, R. (2010). Partially correct constructs illuminate students' inconsistent answers. *Educational Studies in Mathematics, 75*, 65-87.

Stephan, M., & Akyuz, D. (2012). A proposed instructional theory for integer addition and subtraction. *Journal for Research in Mathematics Education, 43*(4), 428-464.

Streefland, L. (1991). *Realistic Mathematics Education in primary school*. Utrecht: Cd-β Press.

Treffers, A. (1987). *Three dimension*. Dordrecht: D. Reidel.

Vahey, P., Rafanan, K., Patton, C., Swan, K., van't Hooft, M., Hratcoski, A., & Stanford, T. (2012). A cross-disciplinary approach to teaching data literacy and proportionality. *Educational Studies in Mathematics, 81*, 179-205.

Van Den Heuvel-Panhuizen, M. (2003). The didactical use of models in realistic mathematics education: An example from a longitudinal trajectory on percentage. *Educational Studies in Mathematics, 54*, 9-35.

Van Den Heuvel-Panhuizen, M. (2012). Freudenthal's work continues. *12th International Congress on Mathematical Education Regular Lectures 4-7*, 793-817.

제 6 장

수학적 모델링과 수학수업

이환철(한국과학창의재단)

1. 들어가는 말

수학의 중요성은 학교 울타리 안에서 뿐 아니라 사회 곳곳에서도 그 중요성이 더욱 부각되고 있다. 2014년 1월, '2014 한국 수학의 해' 선포식에 참석한 Maria J. Esteban 유럽수학회 응용수학위원장은 '미래산업의 돌파구, 수학'이라는 주제의 강연에서 "수학은 과학에만 사용되는 것이 아니다. 사회과학이나 범죄학, 금융, 전염병이 퍼지는 경로, 세포의 움직임, 신소재 개발 등 다양한 곳에 수학이 활용되고 있다. 수학은 모델링, 시뮬레이션, 최적화 등에 활용가능하다."고 하였다. 또한 토론자인 김승조 한국항공우주연구원장은 "모델링 등 과학기술은 수학의 힘을 빌리고 있다. 그러나 수학적 모델링이 이루어지지 않는 곳도 많은데, 이러한 문제를 해결하기 위하여 수학계가 역할을 하기 위해 좀 더 현실에 가까워지면 어떨까 생각한다."고 토로한 바 있다.[1)]

이러한 사회적 분위기와 더불어 학교교육에서도 미래 사회를 살아갈 학생들을 위해서 보다 적극적으로 실생활의 문제를 적절히 수학적으로 모델링하고 이를 해결해 나가는 교육이 강조되어야 할 필요성이 부각되고 있다.

---

1) HelloDD.com. "항공기 움직임, 암치료 예측… 수학이 세상을 바꾼다". 2014. 1. 13.

수학교육의 목적은 학자마다 관점을 달리하여 주장할 수 있으나, 크게는 정신도야성, 실용성, 심미성, 문화가치성의 4가지를 말하고 있다(강옥기 외, 2011; 황혜정 외, 2012). 이 중에서 최근 들어 실용성의 측면을 크게 부각하여 미래 사회를 살아갈 학생들의 실생활 문제해결을 수학교육의 목적으로 강조하기도 한다. 2009 개정 수학과 교육과정(교육과학기술부, 2011)에서도 실생활의 문제를 수학적으로 모델링하는 능력을 키움으로써 수학적 문제해결 능력의 향상을 강조하고 있다. 즉, 수학적 개념, 원리, 법칙을 이해하고 수학적으로 사고하고 의사소통하는 능력을 길러, 여러 가지 현상과 문제를 수학적으로 고찰함으로써 합리적이고 창의적으로 해결하는 능력을 기르도록 강조하고 있다.

이렇듯 실생활의 여러 가지 문제를 수학을 이용하여 해결하기 위해서는, 우선은 실생활에서 나타나는 문제를 수학적 문제로 변환한 후, 여러 가지 수학적 모델을 활용하여 그 문제를 해결하고 해결한 결과를 실생활 상황에 적용하고 응용하는 과정이 필요하다. 이와 같이 수학적 모델을 통해 실생활의 문제해결을 시도하는 일련의 과정을 수학적 모델링이라고 한다(NCTM, 1989).

본 고에서는 현실 세계에서 나타나는 문제들을 조직화하고 이를 해결하는 일련의 과정인 수학적 모델링의 개념 및 과정에 대해 제시하고, 수학적 모델링을 활용한 구체적인 수업사례에 대해 보이고자 한다. 이는 수학교육이 우리의 주변에서 발생하는 여러 가지 문제들을 해결하는 데 있어서 어떻게 수학적 지식을 활용하여 상황을 이해하고 해결해 나갈 수 있는지를 이해하기 위한 자료로 활용될 수 있을 것이며 또한 이러한 수학적 모델링을 활용한 교육과정과 교수학습 방법에 시사점을 제공할 수 있을 것이다.

2. 수학적 모델링의 정의 및 그 과정

Dossey 외(2002)는 수학을 배우는 목적을 이해(to understand), 예측(to predict), 조정(to control)이라는 3가지 단어로 설명하였다. 우리 주변의 삶인 실세계 상황을 이해하고 예측하며 과정 및 절차에 의한 결과를 조정하기 위해서 수학을 배운다는 것이다. 이에 따라 수학교육자들은 수학·과학적 현상을 이해하는 데 있어서 모델링의 중요성을 오랫동안 인식해왔다. 사실 모델링은 수학·과학 뿐 아니라 다른 모든 영역에서도 유용하다. 인간은 선천적으로 모델을 구성하기 때문이다(Jonassen, 2006).

일반적으로 모델이라고 하면 작품을 만들기 전에 미리 만든 물건 또는 완성된 작품의 대표적인 보기를 말한다. 실세계 현상의 대표적 본보기로서의 모델 중에서도 수학적 방법으로 나타낸 것을 수학적 모델이라고 한다. 자신들의 이해를 표상하기 위하여 사용되는 방정식, 도표, 컴퓨터 프로그램 및 기타 표상매체를 통하여 구체적으로 표현된다. 이와 같이 실세계 체계나 현상을 연구하기 위해 디자인된 수학적 구조물이 수학적 모델이다. 즉 실세계 현상을 수학적 기호, 식, 그래프, 도형 등과 같은 수학적 방법으로 나타낸 것을 모두 수학적 모델이라고 할 수 있다(Dossey 외, 2002; Edward & Hamson, 1989; Niss, 1989).

실세계 현상과 수학적 모델 사이의 관계를 이분해서 본다면 [그림 1]과 같이 나타낼 수 있다(Dossey 외, 2002).

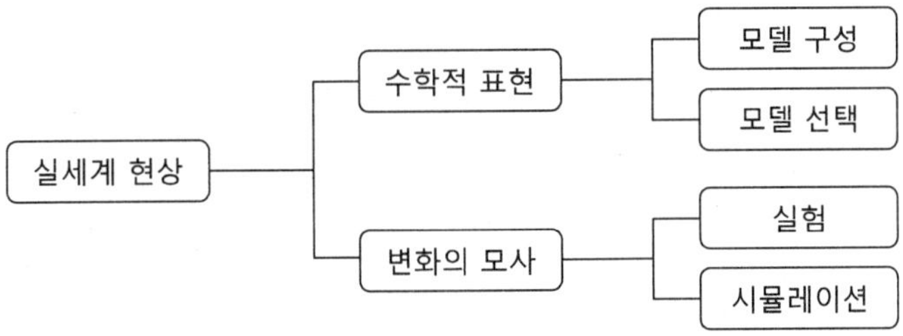

[그림 1] 실세계 현상과 수학적 모델의 관계(Dossey 외, 2002)

실세계 현상을 이해, 예측, 조정하기 위해 수학적 표현을 사용하여 모델을 구성, 선택하기도 하고, 변화의 모사를 위해 실험이나 시뮬레이션을 수행한다. 수학적 모델은 실세계 현상을 수학적으로 표현하기 위해 이미 존재하는 수학 중에서 선택될 수도 있고 만들어질 수도 있으며, 실세계 현상의 변화를 모사하기 위한 실험 또는 시뮬레이션일 수도 있다. 이와 같이 실세계 현상과 수학적 모델 사이의 관계로써 수학적 모델링을 설명할 수 있다.

따라서 수학적 모델링이란 구체적인 문제 상황인 실세계 현상과 추상적인 문제 상황인 수학적 세계를 연결하는 것으로, 실세계 현상을 적절히 단순화하고 이에 부합하는 수학적 모델을 구성하고 시행착오를 통해 확정함으로써 실세계 현상을 해결하는 것이라 정의할 수 있다. 다시 말해, 실세계 현상을 이해하기 위해 실세계 현상 속에 포함된 문제 상황을 인식하고 해결하는 일련의 과정을 모두 포함한 것임을 알 수 있다.

수학적 모델링의 과정은, 실세계 현상과 수학적 모델 사이의 관계로써, 실세계 현상을 수학적 모델로 바꾸고 수학적 모델 상황에서 문제를 해결한 후 이를 실세계 현상에 적용하는 일련의 과정을 말한다는 점에서 NCTM(1989)이 제시한 [그림 2]와 같이 나타낼 수 있다.

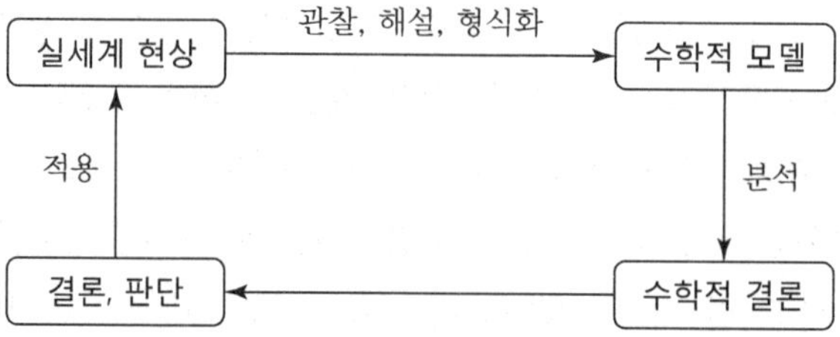

[그림 2] NCTM이 제시한 수학적 모델링 과정(황혜정 외, 2012)

이는 수학적 모델링 과정을 현실적 문제, 현실적 모델, 수학적 모델, 수학적 결과의 순환 과정으로 설명하고 있는 [그림 3]과도 일맥상통한다.

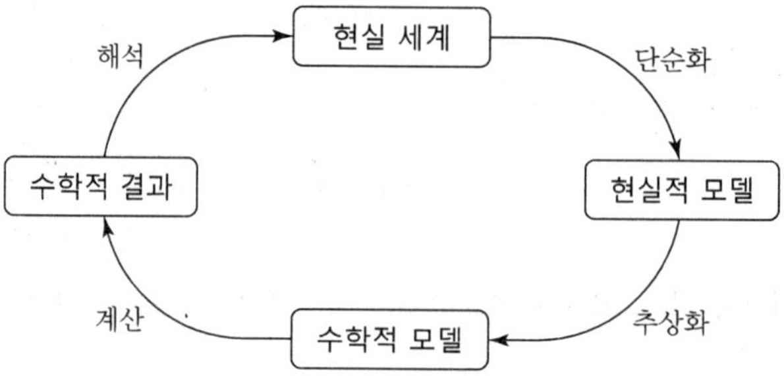

[그림 3] Maki & Thompson(1973)의 수학적 모델링 과정(김민경, 2010, 재인용)

3. 수학적 모델링과 수학수업

실세계 현상에 대한 이해 뿐만 아니라 실세계 현상에 대한 문제해결을 위해서 수학적 모델링은 매우 중요하다. 그러나 수학적 모델링의 중요성과 학교 수학에서의 도입 필요성은 다른 문제이다. 많은 연구자들은 이런 고민을 출발점으로 하여 연구를 시작하였고 학교 수학교육에 수학적 모델링을 적극적으로 도입해야 함을 주장하였다(김민경, 2010). 수학적 모델링 과제를 제시하고 학생들로 하여금 이를 해결하도록 함으로써, 학생들의 수학

학습 이해 및 문제해결력 향상을 꾀할 수 있다는 것이다.

NCTM(1989)은 수학적 모델링을 실생활의 문제 상황을 해결하는데 사용될 뿐만 아니라 실생활 문제를 수학적 문제로 변환하여 다음 그 문제의 해를 구한 다음 실제 문제에 맞게 해설하는 것이라고 정의하면서, 학교 수학교육에 수학적 모델링을 적극 도입해야 한다고 주장하였다. 학교 수학교육에서 강조해야 하는 수학적 모델링 과정을 다음과 같이 5단계로 설명하였다(강옥기 외, 2011).

① 실세계 문제 상황을 단순화하여 실제적 문제를 구성한다.
② 구성된 문제를 방정식, 그래프 등을 이용하여 수학적 모델로 나타낸다.
③ 수학적 모델을 변형하여 수학적 해를 구한다.
④ 수학적 해를 구성된 실제적 문제에 맞게 해설한다.
⑤ 실제적 문제의 해가 실세계 문제 상황에 타당한지를 확인한다.

Dossey 외(2002)는 문제 인식, 모델 구성 및 선택, 데이터 인식 및 수집, 모델 검증, 모델에서 해 구하기, 모델 실행 및 유지의 6단계를 수학적 모델링 과정으로 정하였고 신은주(2005), 서지희(2013)는 실세계 탐구과정, 상황모델 개발과정, 수학모델 개발과정, 모델적용과정의 4단계를 제시하였다. 이와 같이 학자들은 수학적 모델링 과정을 단계로 제시하고자 하였다.

그러나 수학적 모델링 과정에 있어 간과하지 말아야 하는 것이 실세계 문제 상황이 가진 복잡성, 수학적 모델 구성의 어려움 등이다. 이로 인해 수학적 모델링 학습은 더 큰 어려움을 만들어낼 수 있다. 따라서 강옥기(2010)는 실세계 문제 상황의 기본적인 일부 변인만을 고려한 문제를 구성하여 그 해를 구한 다음 남은 변인을 반영해 가면서 점차적으로 정교한 해를 구하는 방법을 고려할 필요가 있다고 하였다. 수학적 모델을 구한 다음 변인의 수를 점차적으로 늘리면서 더욱 정교한 해를 구할 수 있게 변형하는 것이다. 따라서 수학적 모델 내에서 해를 구하는 데에서 그치는 것이 아니라, 수학적 모델 내에서 구해진 해가 실세계 문제 상황에서 의미가 있는지를 확인하는 과정을 지속적으로 실시함으로써 정교화된 수학적 모델을 구성하는 과정이 포함되어야 한다는 것이다. 이러한 과정을 [그림 4]와 같이 나타낼 수 있다.

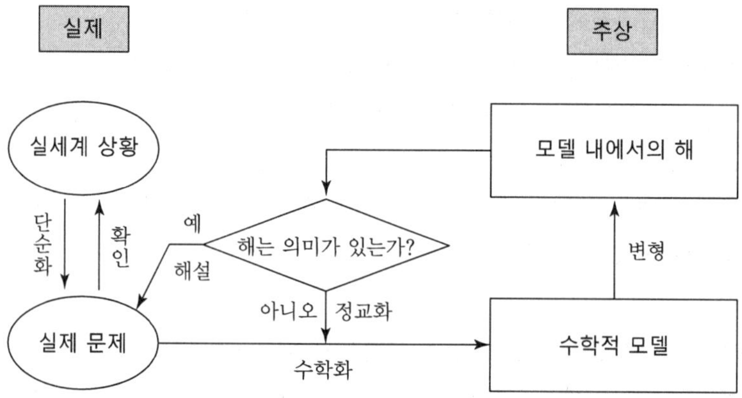

[그림 4] 수학적 모델링의 정교화 과정(강옥기, 2010)

학교 수학수업에서 수학적 모델링을 활용하기 위해서는 이와 같이 수학적 모델링 과정을 단순히 일회적 과정이 아닌 순환 과정으로 인식하고 지도하는 것이 필요하다. 수학적 모델에서 구한 해가 올바른지에 대한 정당화 과정을 거치게 하면서 모델을 수정 보완하는 활동이 포함되어야 한다.

Blum & Ferri(2009)는 수학적 모델링 과정을 다음 그림과 같이 7단계의 순환 모델을 제시하였다. 실세계 상황과 문제를 상황 모델로 구성하고, 상황 모델을 단순화, 구조화하여 실세계 모델과 문제를 만들고, 이를 수학화함으로써 수학적 모델과 문제로 구성하여 수학적 결론을 이끌어내도록 하고, 이렇게 만들어진 수학적 결론을 해설함으로써 만들어진 실세계 결론을 정당화하는 과정을 통해 상황 모델에 적용함으로써 실세계 상황과 문제를 해결하는 과정을 제시하였다. Blum & Ferri(2009)가 제시한 순환 모델은 상황 모델에 적용하는 과정에서 상황 모델을 수정 보완하기도 하고 수학적 상황과 문제, 수학적 결

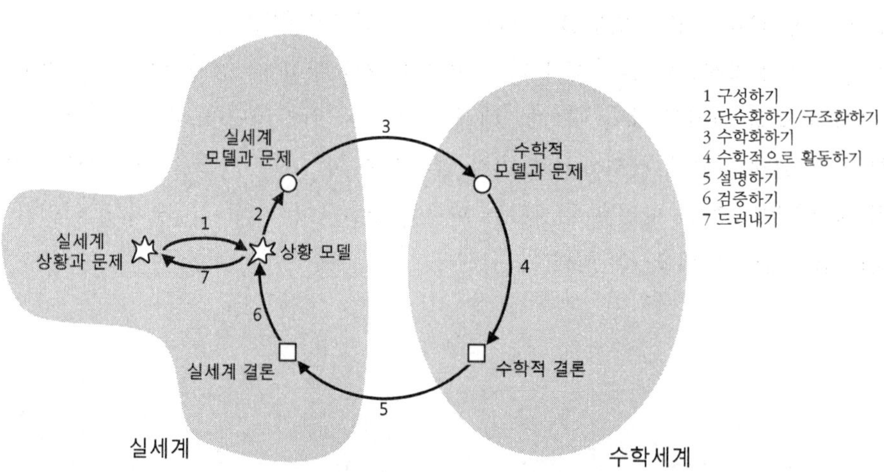

[그림 5] Blum & Ferri(2009)의 수학수업에서의 수학적 모델링 과정

론 등을 수정 보완하는 과정을 반복적으로 수행할 필요성을 제시한 것으로 볼 수 있다.

Blum & Ferri(2009)는 7단계의 수학적 모델링의 순환 모델을 학교에서 어떻게 가르쳐야 할 것인가에 초점을 두어 과제 이해, 모델 수립, 수학 사용, 결과 설명의 4단계로 조정하여 제시하였다([그림 6] 참고). 이는 신은주(2005), 서지희(2013)가 제시한 실세계 탐구 과정, 상황 모델 개발 과정, 수학 모델 개발 과정, 모델 적용 과정의 4단계와도 일맥상통하는 것이다. 이 연구에서는 Blum & Ferri(2009)의 4단계를 기반으로 하면서 정교화 과정, 순환 과정, 정당화 과정, 의사소통 등을 보완하여 수학수업에서 사용가능한 수학적 모델링 단계를 4단계로 제시하였다.

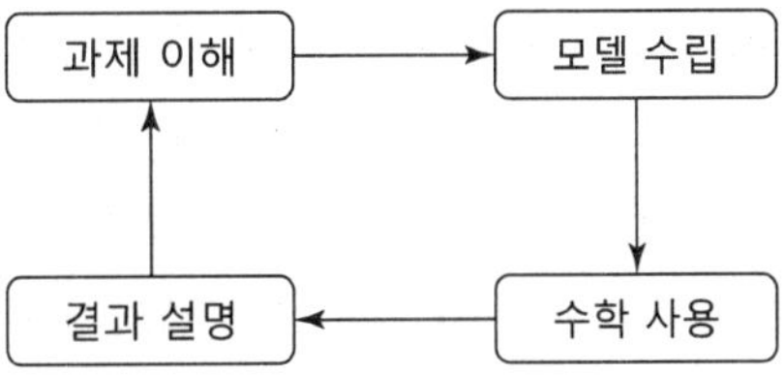

[그림 6] 수학적 모델링 수학수업 절차

첫 번째, 과제 이해 단계이다. 과제 이해 단계에서는 신중하게 과제를 읽고 상황을 분명하게 상상하며, 간단히나마 설계를 구상해보도록 한다.

두 번째, 모델 수립 단계이다. 모델 수립 단계에서는 필요한 자료에 집중하도록 하며 필요한 경우 가설을 수립하고, 수학적 연관성에 집중하도록 한다. 필요에 따라 일부 자료만을 활용하여 모델을 수립하여 주어진 과제에 적용해보고 자료를 추가적으로 고려한 모델을 수립하는 순환 과정을 통해 모델을 정교화하도록 한다.

세 번째, 수학 사용 단계이다. 수학 사용 단계에서는 적절한 절차를 사용하도록 하며 수학적 결과를 써보게 한다.

네 번째, 결과 설명 단계이다. 수학적 결과와 주어진 과제를 연결하여 결론짓도록 한다. 이 과정에서 다양한 의사소통을 통해 수학적 결과의 정당화를 확보하도록 한다. 또한 필요한 경우 과제 이해 단계로 돌아가서 모델을 수정 보완하도록 한다.

4. 수학적 모델링 수업 과제

수업 및 평가의 특징을 결정짓는 가장 중요한 요소는 과제이고 수학적 모델링을 학교수학에 도입하기 위해서는 과제를 부여하는 것이 매우 중요하다. English(2009)는 수학적 모델링 과제의 특징을 5가지로 정리하였다. 첫째, 전통적인 수학 문제들보다 더 넓은 수와 연산을 필요로 한다. 둘째, 보통의 문장제 문제보다 풍부한 학습 경험을 제공한다. 셋째, 수학적 요소를 풍부히 포함하고 있는 실제 맥락의 모델링 문제는 다른 교과 영역과 연계되어 제시될 수 있다. 넷째, 일반화된 모델을 고안해내도록 한다. 다섯째, 소그룹이 함께 활동하도록 구성되면 더욱 효과적이다. 황혜정 외(2012)는 수학적 모델링 과제는 고차원적 인지 활동을 요구하며, 과제의 시작과 끝이 실세계 현상이고, 과제에 적합한 고유의 수학 모델이 형성된다는 점을 특징으로 제시하고 있다.

Lesh 외(2003)는 수학적 모델링 과제의 원리를 6가지로 제시하였다. 유의미 원리, 모델 구성의 원리, 자기 평가 원리, 모델 분류의 원리, 원형 단순화의 원리, 모델 일반화의 원리가 그것이다. 다시 말해, 수학적 모델링 과제는 학생에게 유의미한 과제이어야 하며, 수학적으로 의미있는 모델이 구성되는 것이어야 하며, 자신이 고안한 모델을 평가하고 수정하는데 도움을 줄 수 있는 규준이 제시되어야 하며, 다양한 유형으로 모델을 구성할 수 있으면서도 가장 간단한 모델로 표현될 수 있어야 하며, 학생들이 구성한 모델이 다른 문제 상황에서도 적용될 수 있어야 한다는 것이다.

수학적 모델링 과제는 학생들의 수준에 적합하여 충분히 도전적이며 흥미로워야 하고, 모델링 과정을 통해 충분히 유의미한 학습이 이루어지도록 구성되어야 한다는 점에서 많은 노력이 필요하다. 국내외에서 수학적 모델링 과제로 제시된 사례를 살펴보면 다음과 같다.

연구자	수학적 모델링 과제
Lesh 외 (2003)	젠은 점프에서 5위, 달리기에서 8위, 트리시는 점프에서 8위, 달리기에서 5위이다. 코치는 달리기 능력보다 점핑 능력을 2배 더 중요시하고 있다. 코치는 배구 선수로 누구를 선택할 것인지 설명하여라.
Blum & Ferri(2009)	필리핀의 스포츠센터에서 어떤 사람이 구두 한 쌍을 닦고 있다. 그 구두는 너비가 2.37m, 길이가 5.29m로 세계에서 가장 큰 것으로 기네스북에 기재되어 있다. 이 구두에 맞는 사람의 키는 대략 얼마일지 설명하여라.
NCTM (1991, 김민경, 2010에서 재인용)	한 제조회사는 원통모양 용기를 단기간 저장할 방법을 찾고 있다. 그 회사는 최소한의 비용이 들기를 원한다. 그러므로 가능한 최소한의 공간을 사용하면서 용기를 포장해야 한다. 그 용기들은 반지름이 1피트이고, 높이가 3피트인 직원기둥이다. 총175개의 용기는 꼭 똑바로 선 상태로 포장되어야 한다. 또한 포장기간은 2달이다. 포장 단위는 3종류의 크기로, 각각 빌리는 것이 가능하다. 한 달에 67달러로 11×11피트, 105달러로 11×22피트, 130달러로 11×33피트를 각각 빌릴 수 있다. 모든 단위는 높이가 10피트이다. 이제 포장해보자! 용기들을 어떻게 포장해야 할지에 대한 결정은 각각의 포장공간에 용기가 들어가는지를 알아야 할 수 있다. 몇 줄이 나오며, 몇 층이 나오는가? 그리고 한 줄에는 몇 개가 들어가는가?
강옥기 (2010)	어떤 용기에 살아 있는 효모가 있다. 이 효모는 시간이 지남에 따라 증가하고 있다. 효모의 양은 시간에 따라 어떻게 변하는가?

<table>
<tr><td>서지희 외
(2013)</td><td>2004년 12월 26일 수마트라섬 북서부의 반디아체에서 431km 떨어진 인도양에서 발생한 해저지진으로 인해 쓰나미가 인도네시아, 태국, 스리랑카를 강타했다. 진앙지에서 바다깊이는 10km였다고 한다. 이때 진앙지에서 쓰나미의 속도는 얼마였을까?
<table>
<tr><th>Depth(meters)</th><th>Velocity(km/h)</th><th>Wave length(km)</th></tr>
<tr><td>7000</td><td>943</td><td>282</td></tr>
<tr><td>4000</td><td>713</td><td>213</td></tr>
<tr><td>2000</td><td>504</td><td>151</td></tr>
<tr><td>200</td><td>159</td><td>48</td></tr>
<tr><td>50</td><td>79</td><td>23</td></tr>
<tr><td>10</td><td>36</td><td>10.6</td></tr>
</table></td></tr>
<tr><td>손홍찬,
류희찬(2005)</td><td>※ 수영장의 박테리아 수가 월요일 오전 8시에 1㎤당 1,500마리이고, 매일 2배씩 늘어난다고 할 때 다음에 답하여라.
(1) 수요일 오전 8시에 박테리아 수는 얼마인가? 토요일 8시에는 그 수가 어떻게 되는가?
(2) 수요일 오후 2시에는 얼마가 되는가?
(3) 수요일 오전 8시부터 6시간 동안 증가한 박테리아 수와 금요일 같은 시간 동안 증가한 박테리아 수를 비교하고 시간이 지남에 따라 박테리아 수의 증가 추이에 대해 그래프를 보고 토론하여라.
(4) 수영장 위생관리법이 최대 허용한 박테리아 수를 1㎤당 200,000마리라고 하면 이 수영장은 며칠 동안 안전한가?</td></tr>
</table>

5. 수학적 모델링 수업 사례

앞서 언급한 수학적 모델링 과제의 특성을 반영한 수학수업의 사례를 살펴보고자 한다. 신은주(2005)가 제시한 활동과제 중 하나를 수업사례로 재구성하였다. 특히 앞서 제시한 수학적 모델링 수학수업의 절차인 과제 이해, 모델 수립, 수학 사용, 결과 설명의 4단계 맞춰 제시하였다.

활동과제[2)]

다양한 모양의 그릇, 비커, 삼각 플라스크, 둥근 바닥 플라스크에 물을 부을 때에 수면의 높이 변화를 생각해봅시다. 수면의 높이 변화에 영향을 미치는 양을 찾고 그 양과 높이의 변화관계를 설명하시오. 또한 변화관계를 나타내는 그래프를 그리고 그래프에서 수면의 높이 변화를 설명하시오.

이 활동과제는 중학교 2학년 일차함수의 그래프를 선행 지식에 기반을 두고 모델링 활동을 하면서도 중학교 3학년의 이차함수를 학습하는데 기초가 되는 비선형 함수의 그래프를 점진적으로 형식화하기 위해 개발된 과제이다(신은주, 2005). 수업의 형태는 소집단 협력학습을 기본으로 하는 것으로 제시하였다.

지도 단계	학습흐름 및 관련이론	교수·학습활동		학습자료 및 유의점
		교사	학생	
도입	인사 및 출석확인	• 학생들과 인사한다. • 출석을 확인하고 학습 분위기를 조성한다.		
	과제 이해	• 과제를 제시하여 과제가 무엇인지 소집단별로 의사소통하게 한다. - 주어진 물체의 모양이 가진 특성을 이야기하게 한다. • 시간, 물을 붓는 속도, 물의 부피, 물높이 등의 변화 요소가 있음을 생각하도록 발문한다. - 물을 부을 때 무엇이 변하게 되나요? - 물높이 변화에 영향을 주는 것은 무엇인가요? • 추측활동이 어려운 학생들이 있는 경우 비커, 삼각플라스크 등의 실물을 함께 보면서 횡단면을 생각하게 하는 발문을 통해 학생들의 추측활동을 돕는다.	• 자신의 생각을 친구들과 자유롭게 얘기한다. • 실제 물을 따라보는 활동을 하지는 않지만 머릿속으로 추측활동을 한다.	• 주어진 물체들의 모양을 살펴볼 수 있도록 준비물을 각 소집단별로 제시한다.
전개	모델 수립	• 변화하는 4가지 요소인 시간, 물을 붓는 속도, 물의 부피, 물높이 중에서 인과관계 존재하는 것을 생각하게 한다. - 물의 붓는 속도를 일정하게 한다	• 두 양 사이의 관계를 측정하는 방법에 대해 논의하고 실제 측정을 시도한다.	• 학생들의 수행과정에 나타날 수 있는 측정 오류가 있을 수 있음을 알고 학생들 스스로 발견해

2) 이 과제는 Carlson 외(2002)의 'Applying covariational reasoning while modeling dynamic events: A framework and a study author(s)'에 제시되어 있는 'the bottle problem'이라는 것을 신은주(2005)가 재구성한 것이다.

지도 단계	학습흐름 및 관련이론	교수·학습활동		학습자료 및 유의점
		교사	학생	
전개	모델 수립	는 전제 하에 시간에 따른 물높이의 변화에 주목하게 할 수도 있고, 붓는 물의 부피에 따른 물의 높이의 변화에 주목하게 할 수도 있다. 다만 하나만이 모델임이 강조되지 않도록 한다. • 소집단 활동을 통해 각자 가설을 세울 수 있도록 안내한다. 이때 그 가설이 오류가 있을 수 있음을 발견하는 것도 훌륭한 활동임을 안내한다.	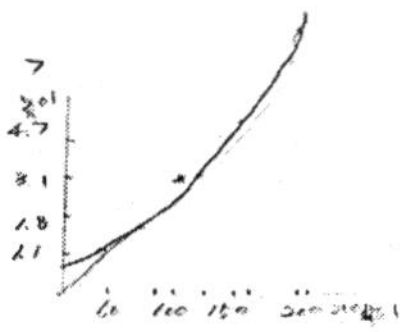 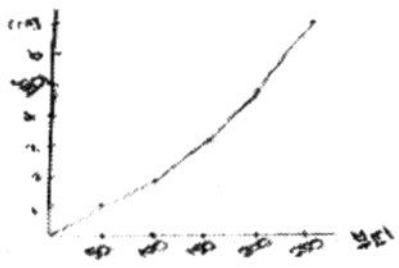 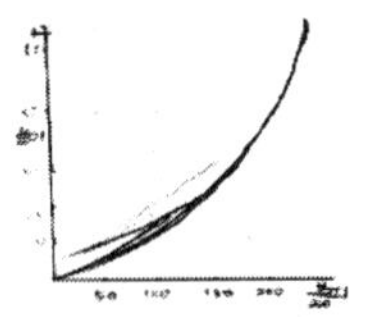	낼 수 있도록 한다.
	수학 사용	• 두 양 사이의 관계를 그래프, 식 등으로 표현해보도록 안내한다. 이때 비선형 그래프가 나타날 수 있음을 생각하지 못할 수 있으므로 이 부분에 대해서 지도방안에 대해 생각해둔다. • 추측한 결과와 실제 측정한 결과가 일치하는지에 대해 판단하면서 수행하도록 한다. – 각자 생각한 가설을 설명하기 위해 측정 방법을 고려하고 실제 측정 과정에서 자신이 생각한 가설을 수정, 보완도 가능하도록 안내한다.	• 시간을 가로축으로 물높이를 세로축으로 하여 모델을 수립하거나 부은 부피를 가로축으로 물높이를 세로축으로 하여 모델을 수립한다. • 데이터로부터 점을 찍은 후에 점들 사이의 선을 연결해보는 활동을 통해 그래프의 모양을 추측한다. – 다만, 점들 사이의 선이 무조건 직선이어야 한다는 생각을 가질 수 있으므로 어떤 선이 되어야 할지도 생각하게 발문해야 한다. 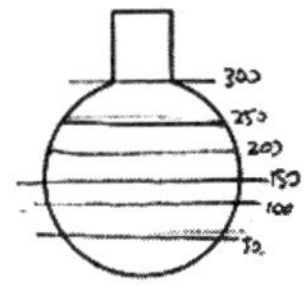 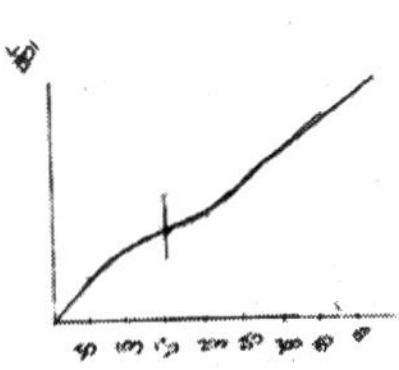	• 쉽게 결론짓고 포기하지 않도록 충분한 토론 분위기를 조성한다. 특히 학생들이 직선 형태의 그래프만을 인식하고 있을 수 있으므로 곡선 형태의 그래프가 그려질 수 있음을 격려한다.

<table>
<tr><th rowspan="2">지도 단계</th><th rowspan="2">학습흐름 및 관련이론</th><th colspan="2">교수·학습활동</th><th rowspan="2">학습자료 및 유의점</th></tr>
<tr><th>교사</th><th>학생</th></tr>
<tr><td>전개</td><td>결과 설명</td><td>• 자신들이 그린 그래프에 대해 근거를 들어 설명할 수 있게 한다. 논거가 부족한 경우가 있는지 상호 의사소통을 하도록 장려한다.
• 그래프의 모양이 왜 그렇게 그려졌는지 특히 특정 점에서의 기울기의 의미를 설명할 수 있게 안내한다.
• 현재 주어진 물체의 모양 뿐 아니라 다소 모양이 달라졌을 때 어떻게 그래프가 그려질지에 대한 일반화를 고민할 수 있도록 안내한다.</td><td>• 주어진 물체의 모양과 그래프 모양 사이의 관계에 대해 설명할 수 있도록 논거를 준비한다.</td><td>• 주어진 물체에 알맞은 그래프 뿐 아니라 역으로 그래프 모양에 맞는 물체의 모양을 그려보는 활동을 할 수 있게 안내해도 좋다.</td></tr>
<tr><td rowspan="2">정리</td><td>학습 내용 정리</td><td colspan="2">• 소집단별로 활동한 결과를 발표하게 한다.
• 자신의 생각과는 다르지만 논거가 명확하고 결론을 정확하게 이끈 경우에 대해 상호 칭찬의 기회를 갖게 한다.</td><td rowspan="2">• 소집단별 발표내용에 대한 상호 질의 응답의 기회를 제공한다.</td></tr>
<tr><td>다음 차시 예고</td><td>• 다음 차시에 배울 내용을 간단히 설명해 준다.</td><td></td></tr>
</table>

6. 마무리하는 말

21세기 들어 컴퓨터, 인터넷, 스마트폰 등의 컴퓨팅시스템이 발달하면서 모델링, 시뮬레이션, 최적화 등의 개념이 주목받고 있다. 이는 21세기를 살아가는 모든 사람에게 기본적으로 필요한 기술이라는 주장(예, Wing, 2006)과 함께 수학교육에서 역시 관심의 대상이 된지 오래이다.

수학교육에서는 실생활의 상황에서 발생하는 문제를 해결하기 위해 시뮬레이션하고 최적화하고 모델링하는 과정 중에서 학생들에게 현상에 대한 관찰, 조사, 수집, 탐구 활동을 강조함으로써, 문제해결 능력 향상과 더불어 문제해결에 대한 흥미와 관심을 지속적으로 가지게 함을 목표로 하고 있다. 이를 위한 수학적 모델링 과제는 학생들의 수준에 적합하면서도 실생활의 맥락을 충분히 반영하고 있어야 한다. 그러나 앞에서도 몇 가지 예를 살펴보았듯이 현재까지 수학적 모델링을 위해 개발된 과제들은 다분히 인위적이어서 수학교육이 실세계 상황을 수학화하는 과정을 충분히 경험시키기에 한계가 있다. 따라서 진정한 의미의 수학적 모델링 수업이 되기 위해서는 모델링을 위한 다양한 과제 개발이 선행되어야 할 것이다.

그러나 현실적 상황에서부터 출발하여 수학적 결론에 도달하는 과정에 이르기까지 지필만으로 일련의 과정을 해결하는 것에는 한계가 뒤따른다. 따라서 이를 해결하기 위해서는 수학교육에서 각종 공학적 도구를 활발히 사용하는 것을 권장할 필요가 있다. 컴퓨터는 다양한 모델과 시뮬레이션을 통해 형식적인 수학적 결론을 도출하는 도움을 준다(Balacheff & Kaput, 1996). 따라서 수학적 모델링이 보다 모델링 교육과 현실적 수학교육의 도구가 되기 위해서는 수학수업 환경에서 공학적 도구를 활용하는 데 어려움이 없어야 할 것이다.

또한, 우리나라 교육과정에서는 거의 모든 영역에서 수학적 모델링을 활용할 수 있는 실생활 문제를 강조하고 있다. 그러나 이러한 상황에서는 수학적 모델링의 의미와 과정, 적용 후의 해석 등의 일련의 과정을 충분히 경험하기엔 부족할 수 있다. 따라서 학교 수학에서 수학적 모델링을 도입하는 타당성에 대한 고찰에 근거하여, 정규 교육과정의 내용이 아닐지라도 수학적 모델링을 보다 심도 있게 다룰 수 있는 교과나 교육과정 구성도 재고해볼 필요가 있을 것이다.

마지막으로 수학적 모델링을 수학수업에 보다 적극적으로 활용할 수 있도록 구체적인 교수설계 및 이를 근거로 한 수업사례에 대한 지속적인 연구의 필요성을 강조하며 말을 맺고자 한다. 진정한 의미의 수학적 모델링을 수업에 적용할 수 있게 된다면, 우리는 학생들에게 수학을 왜 배워야 하는지에 대한 실용적 측면에서의 정당성을 제공해줄 수 있을 것이라 기대한다.

참 | 고 | 문 | 헌

Reference

강옥기 (2010). 수학적 모델링의 정교화 과정 연구. 수학교육학연구, 20(1), 73-84.

강옥기, 허난, 조현공, 박경은, 이환철 (2011). 수학교육학 정론. 서울: 경문사.

김민경 (2010). 수학적 모델링－초등수학 중심으로－. 서울: 경문사.

교육과학기술부 (2011). 수학과 교육과정. 교육과학기술부 고시 2011-361호.

서지희, 윤종국, 이광호 (2013). 중학교 3학년 수학 영재 학생들을 위한 수학적 모델링 교수·학습 자료의 개발 및 적용: 쓰나미를 소재로. 학교수학, 15(4), 785-799.

손홍찬, 류희찬 (2005). 함수 지도와 수학적 모델링 활동에서 스프레트시트의 활용. 수학교육학연구, 15(4), 505-522

신은주 (2005). 모델링 활동 사례분석 연구: 중학교 수학을 중심으로. 서울: 이화여자대학교 박사학위논문.

황혜정, 나귀수, 최승현, 박경미, 임재훈 (2012). 수학교육학신론. 서울: 문음사.

Balacheff, N., & Kaput, J. J. (1996). Computer-based learning environments in mathematics. In A. J. Bishop et al. (Eds.), *International handbook of mathematics education* (pp. 469-501). Dordrecht, Netherlands: Kluwer Academic.

Blum W. & Ferri R. B. (2009). Mathematical modelling: Can it be taught and learnt? *Journal of Mathematical Modelling and Application*, *1*(1), 45-58.

Carlson, M., Jacobs, S., Coe, E., Larsen. S., & Hsu, E. (2002). Applying covariational reasoning while modeling dynamic events: A framework and a study. *Journal for Research in Mathematics Education*, *33*(5), 352-378.

Dossey, J. A., Giordano, F. R., McCrone, S. S., & Weir, M. D. (2002). *Mathematics methods and modeling for today's mathematics classroom*. Pacific Grove, CA: Brooks/Cole.

Edward, D., & Hamson, M. (1989). *Guide to mathematical modeling*. Boca Ration, FL: CRC Press.

English, L. D. (2009). Promoting interdisciplinary through mathematical modeling. *ZDM Mathematics Education*, *41*, 161-181.

HelloDD.com. "항공기 움직임, 암치료 예측… 수학이 세상을 바꾼다". 2014.1.13.

Jonassen, D. H. (2006). 컴퓨터 테크놀로지 활용 모델링(조규락·오상철 공역). 서울: 아카데미프레스.

Lesh, R., Cramer, K., Doerr, H., Post, T., & Zawojewski, J. (2003). Model development sequences. In R. A. Lesh & H. Doerr (Eds.), *Beyond constructivism: A models and modelling perspective on mathematics teaching, learning, and problem solving* (pp. 35-58). Mahwah, NJ: Lawrence Erlbaum.

Maki, D., & Thompson (1973). *Mathematical modes and applications, with emphasis on the social, life, and management sciences* (2nd ed.). Englewood Cliffs, NJ: Prentice-Hall.

National Council of Teachers of Mathematics (1989). *Curriculum and evaluation standards for school mathematics*. Reston, VA: Author.

National Council of Teachers of Mathematics (1991). *Mathematical modeling in the secondary school curriculum*. Reston, VA: Author.

Niss, M. (1989). Aims and scope of application and modeling in mathematics curriculum. In W. Blum, J. S. Berry et al. (Eds.), *Applications and modeling in learning and teaching mathematics* (pp. 22-31). Chichester, UK: Elis Horwood Limited.

Wing, J. M. (2006). Computational thinking. *Communications of the ACM, 19*(3), 33-35.

제 7 장

스키마와 수학수업

박지현(한국교육과정평가원), 황혜정(조선대학교)

1. 스키마

1.1 스키마의 개념

사람들은 자신이 한 행동을 기억하고, 이러한 기억들이 특정 관계를 중심으로 모이게 되면 어떤 구조를 형성한다. 인지심리학자 F. C. Bartlett은 그의 저서 '기억(Remembering)'에서 과거의 경험 또는 반응에 대한 조직을 '스키마(Schema)'라 정의하였다. 특정한 반응은 순차적으로 조직되어온 유사한 다른 반응들과 관련이 있을 때 나타난다(Bartlett, 1932). 그러므로 개인이 어떤 새로운 정보를 마주하게 되면, 기존에 가지고 있던 구조화된 기억 즉, 스키마와 연결시켜 해석하게 된다. 스키마는 어떤 핵심 개념, 이 개념들 사이의 관계, 이러한 개념들을 언제 어떻게 사용하는지에 관한 지식에 대한 정보를 담고 있는 지식들의 집합체로 간주되기도 한다(Chinnappan, 1998). Piaget는 스키마를 개인이 환경을 지각하고 행동이나 사고를 반복하게 하거나 일반화할 수 있게 하는 인지 구조로 보았으며, 주어진 상황에서 행해진 행동이 일반화된 습관으로 보는 경우도 있다(Nesher & Herschkovitz, 1994).

스키마는 개인의 기억에 형성되어 있는 경험의 조직이다. 그러므로 기존에 가지고 있는 스키마는 경험을 이해하는 데 활용되며, 반대로 스키마는 경험에 의해 지속적으로 변화하게 된다. Piaget에 따르면 스키마는 개인이 환경에 적응하는 과정에서 나타나는 인지적 균형의 파괴와 그에 따르는 적응 과정에 의해 만들어지는 새로운 균형화를 통해 끊임없이 재구성된다.

Piaget에 의하면 논리-수학적 개념은 개인이 행한 행동과 조작에 대한 일반적 조정이 이루어지는 반영적 추상화를 통해 형성되는 조작적 스키마이다. 그러므로 한 개인이 가지고 있는 모든 수학적 지식은 스키마가 형성되어 있으며, 스키마들은 복잡하게 조직화되면서 상호 관련성을 갖는다(Dubinsky, 2007, p. 137). 이에 스킴(scheme)을 사용하여 주어진 텍스트와 이에 대한 수학적 구조 사이에 놓여 있는 의미론적 관계들 사이의 연결을 만들 수 있게 된다(Nesher & Herschkovitz, 1994).

1.2 스키마의 형성

스키마는 경험의 적극적 조직화를 통해 만들어진다(Bartlett, 1932). Piaget에 따르면 동화와 조절을 거쳐 평형화에 이르는 반영적 추상화 과정을 통해 스키마가 형성된다. 외부로부터 경험을 통해 들어온 정보가 기존의 스키마와 균형을 이루는 것을 평형화라 하는데 이 과정에 동화와 조절이라는 적응 과정이 관여하는 것이다. 이러한 과정에 따라 스키마는 지속적으로 질적인 변화가 나타나게 되고, 스키마들은 상호 의존적이고 유기적인 체계를 이루게 된다.

Skemp(2007)는 스키마의 형성 과정을 스키마를 만들고(Schema building) 스키마를 검증(Schema testing)하는 두 가지 과정을 통해 설명한다. 이 두 가지 과정은 [표 1]과 같은 활동들을 통해 나타날 수 있다.

스키마의 건조는 물리적 세계와 접촉하는 경험, 다른 사람의 스키마를 통한 의사소통, 고차원적인 개념을 형성하고 그 안에서 나타나는 창조성에 의해 이루어지며, 각각에 대해 물리적 사건에 대한 기대에 반하는 실험하기, 다른 사람의 스키마와 비교하여 토의하기, 자신이 이미 알고 있는 지식과 신념에 비교하는 내적 일관성 확인 등의 과정을 통해 스키

[표 1] 스키마의 구성(Skemp, 2007, p. 188)

스키마의 건조	스키마의 검증
경험: 물리적 세계와의 접촉으로부터	실험: 물리적 사건의 기대에 반하여
의사소통: 다른 사람의 스키마로부터	토의: 다른 사람의 스키마와 비교하여
창조성: 고차원의 개념(유도, 상상, 직관)을 형성하고 그 안에서	내적 일관성: 자신이 이미 알고 있는 지식과 신념에 비교하여

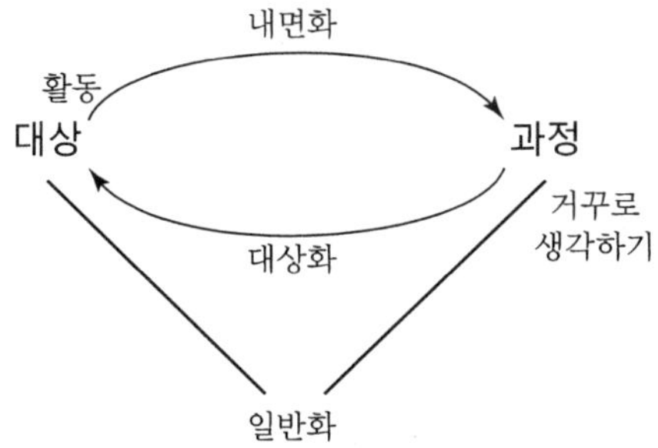

[그림 1] 스키마와 스키마의 구성(Dubinsky, 2007, p. 142)

마의 검증이 이루어진다(Skemp, 2007, pp. 187-188). 즉, 개인 내적 또는 외적 경험에 의해 스키마가 만들어지고, 그 경험을 바탕으로 다양한 검증 과정을 거치면서 새로운 스키마를 형성하거나 기존 스키마의 변형을 가져오는 것이다. 그러므로 학습자에게 새로운 스키마를 형성하도록 하기 위해서는 스키마의 변형을 가져올 수 있는 인지적 경험을 제공하고 이를 바탕으로 적절한 검증 과정을 거칠 수 있도록 수업을 설계할 필요가 있다.

학습자가 경험을 통해 스키마의 더 넓은 활용 범위를 깨닫게 되면 스키마의 일반화가 일어나고 새로운 스키마가 형성될 수 있다. Dubinsky는 고등 수학적 사고 과정에서 Piaget가 제시한 반영적 추상화를 구성하는 다섯 가지 형식을 바탕으로 일반화를 거쳐 스키마가 형성되는 과정을 [그림 1]과 같이 설명하였다(Dubinsky, 2007, pp. 141-142). 이에 따르면 고등 수학적 사고는 일정한 대상이 있을 때 나타난다. 어떤 대상에 대한 내면적 활동을 과정이라 할 수 있고, 과정은 대상화를 거쳐 활동을 위한 대상이 된다. 이처럼 순환적인 연결 고리 속에서 대상과 과정이 일반화를 통해 응집된 집합체로 스키마가 형성된다(Dubinsky, 2007, p. 137).

이는 행동(Action), 과정(Process), 대상(Object), 스키마(Schema)에 따르는 인지 구조의 발달 과정을 설명하는 APOS 이론으로 확장된다. APOS 이론에 따르면 어떤 개념에 대한 행동은 동적인 과정 단계와 정적인 대상 단계를 거쳐 스키마로 발전해간다(Dubinsky & McDonald, 2001). 수학적 대상물에 대한 행동이 반복되면 개인은 그것을 반영하여 반복된 행동에 의한 결과를 과정이라는 내적 정신 구조로 만든다. 순차적으로 지각되던 과정 상태의 개념이 하나의 막에 싸이는 것처럼 대상화(Encapsulation)되면, 전체적으로 지각되면서 변형을 가할 수 있는 대상이라는 구조를 만들고, 대상으로써 활용하는 경험이 반복되면서 스키마가 구성된다(황혜정 외, 2012, p. 117).

이상의 논의에 따르면 스키마는 기존에 가지고 있는 스키마에 기초해서 만들어지며, 기존의 스키마와 연결됨으로써 더 포괄적인 새로운 스키마가 형성된다고 볼 수 있다. 또한,

경험에 의해 만들어진 스키마는 구체적인 예를 표상할 수 있고, 기존의 스키마로부터 표상된 정보들과 새로운 경험을 통해 얻어진 정보가 상호작용을 하면서 스키마가 변형된다. 즉, 스키마는 절대적인 것이 아니라 조금씩 바뀔 수 있으며, 새롭게 다시 만들어질 수도 있는 것이다. 그러므로 개념을 확장할 필요가 있거나 현재 알고 있는 의미로 설명할 수 없는 새로운 상황에 부딪히면 학습자는 스키마를 확장하거나 과감히 바꿀 수 있어야 하고(라병소, 1999), 교사들은 학습자들이 스키마를 적극적으로 이용하고 변형하여 새로운 스키마를 형성할 수 있도록 수업을 설계해야 한다.

1.3 수학적 스키마에 관한 사례 연구

Bartlett 이후로 스키마와 스키마의 형성에 관한 다양한 연구들이 진행되었다. Piaget, Skemp, Dubinsky 이외에도 수학적 스키마에 관한 실험 연구들이 많이 진행되었는데, 몇 가지 연구들을 살펴보면 다음과 같다.

Fischbein과 Grossman(1997)은 조합론적 추론 과정에서 나타나는 스키마에 관해 연구하였다. 이 연구에 따르면 조합론적 문제에서 직관은 어떤 구조적 스키마에 기반하여 나타난다. 즉, 직관적 사고의 발달에 스키마가 중추적인 역할을 하는 것이다. 그러므로 직관을 발달시키기 위해서는 먼저 스키마를 개발해야 한다. 그러나 스키마는 단편적인 기억에 의해서 개발되지 않고, 복잡한 계층적 구조를 가지고 있기 때문에, 학습 과정에서 구조화 능력에 관한 정신적 태도(mental attitudes)를 함께 고려할 필요가 있다.

Steele와 Johanning(2004)는 일반화를 스키마 발달의 핵심으로 보고 7학년 학생들의 문제 해결 스키마의 발달과 일반화에 대해 연구하였다. 이 연구에서는 문제 해결 스키마의 유형으로 잘 연결된 스키마(well-connected schema)와 부분적으로 형성된 스키마(partially formed schema)의 두 종류가 있음을 밝혔다. 연구에 의하면 학생들은 새로운 특수 사례를 기존의 일반적인 스키마에 동화시키거나 기존의 일반적인 스키마를 조절하면서 자신의 스키마를 확장하였으며, 학생들이 형성하는 일반화와 스키마의 유형은 상호 관련이 있었다.

Chinnapan(1998)은 스키마가 기하학적 지식의 구조를 학습하는 데 중요한 이론적 도구를 제공한다고 보고, 고등학생들을 성취수준에 따라 두 집단으로 나누어 스키마와 정신 모델 사이의 잠재적인 연결에 대해 조사하였다. 연구 결과 성취수준이 높은 집단이 성취수준이 낮은 집단의 학생들에 비해 기하학적 스키마를 더 넓은 범위에서 사용하였고, 이용 가능한 스키마를 더 활성화하는 경향이 있었다. 또한, 성취수준이 높은 학생들이 활성화한 스키마는 더 세밀하고 다양했다. 즉, 성취수준이 높은 학생들이 학습 과정에서 스키마를 더 빈번하게 사용하고, 질적으로도 우수한 스키마를 사용하였다. 이는 학생들이 수업 시간에 활성화하는 스키마와 학생들의 수학학습의 성공이 관련이 있을 수 있음을 보여주는 것이라 할 수 있다.

김화수(2014)는 수학적 개념 형성과정에서 나타나는 스키마의 유형을 살펴보았는데, 본질은 변하지 않으면서 모양이나 형태가 새롭게 변형된 1차적 개념과 다른 1차적 개념이나 스키마가 연결되어 형성된 새로운 스키마를 변형된 스키마라 정의하였다. 예를 들어 $7+8$을 하는 과정에서 $(7+3)+5$와 같이 계산하는 것이 일반적인 1차적 개념이라면 7부터 1을 여덟 번 더하는 경우는 하나씩 수를 세는 기존의 스키마에 1차적 개념이 연결된 변형된 스키마이다. 이 연구에서는 영재아들의 스키마와 변형된 스키마가 상위 수준으로 발전하거나 변형되는 과정을 살펴보았다. 그 결과 스키마와 변형된 스키마는 영재아들의 수학에 대한 잠재적 발달 수준을 발전시키고, 관계적 이해와 스키마의 재구성을 가능하게 하는 것으로 나타났다.

이러한 연구 결과들은 스키마가 수학학습에 중요한 영향을 미치고 있음을 말해준다. 그러므로 수학수업을 설계할 때 스키마를 어떻게 활용할 것인지가 중요하게 고려되어야 할 것이다.

2. 수학적 이해와 스키마

수학적 이해는 단지 지식의 소유를 뜻하는 것이 아니라 수학을 개념적으로 어떻게 조직하는지를 의미하는 것이다(이종희, 1994). 스키마가 현상이나 개념에 대한 이해를 바탕으로 형성되는 것임을 고려할 때, 이해는 스키마의 형성과정의 핵심적인 인지 요소가 된다.

수학적 이해는 다양한 형태로 나타날 수 있다. Skemp(1976)는 수학적 이해를 도구적 이해(instrumental understanding)와 관계적 이해(relational understanding)의 두 가지[1)]로 설명하였다. 도구적 이해는 개념을 완전하게 이해하지 못하고 단순하게 공식 등을 문제 해결의 도구로 사용할 수 있는 능력을 갖게 되는 것으로, Skemp(2007, p. 259)는 이를

1) Skemp는 이후 '수학학습 심리학(2007)'에서 이해를 다시 도구적 이해, 관계적 이해, 논리적 이해의 세 가지로 분류하고, 기호적 이해를 덧붙여 설명하였으나 본 고에서는 스키마 학습의 주요 개념이 되는 도구적 이해와 관계적 이해를 중심으로 설명함

이유 없는 법칙이라 하였다. 그러므로 도구적으로 이해하게 되면 개념들 사이에 연결되어 있는 관계는 알지 못하지만 공식을 암기하여 적용할 수 있게 된다(황혜정 외, 2012, p. 206).

도구적 이해는 완전한 수학적 스키마를 구성하는 데에는 적절하지 않지만, 수학학습에서 도구적으로 이해하는 것이 반드시 단점만 가지고 있는 것은 아니다. 도구적 이해는 다음과 같은 장점이 있으며, 이러한 장점들로 인해 많은 교사들이 학생들이 도구적 이해를 하도록 가르치게 된다(Skemp, 2007, pp. 268-269).

- 이해하기가 더 쉽다.
- 보상이 즉각적이고 명백하다.
- 관계적 사고에 비해 더 빨리 문제를 해결할 수 있다.

반면, 관계적 이해는 무엇을 해야 할지, 왜 그런지를 모두 아는 것으로(Skemp, 2007, pp. 258-259), 어떤 현상 또는 개념을 관계적으로 이해한다는 것은 그것을 적당한 스키마에 동화시키는 것이다(Skemp, 2007, p. 60). 관계적으로 이해한 학습자는 어떤 수학적 개념이 성립하는 이유 및 개념 간의 관계가 왜 그런지를 알게 된다(황혜정 외, 2012, p. 206). 이에 따라 관계적 이해는 다음과 같은 장점을 갖는다(Skemp, 2007, pp. 269-271).

- 관계적 수학은 새로운 과제에 더 잘 적응된다.
- 기억하기가 더 쉽다.
- 관계적 지식은 그 자체가 목적으로서 효과적일 수 있다.
- 관계적 이해에 따르는 스키마는 질적으로 유기적이다.

Skemp는 두 가지 이해가 일어나는 교수학습 상황에서 교사와 학생이 서로 다른 이해를 추구하는 경우를 우려한다. 만약 교사는 관계적으로 이해하기를 원하지만 학생은 도구적으로 이해하고자 한다면, 이 수업에서 학생은 교사의 자세하고 시간이 걸리는 설명에 지루해할 수 있다(Skemp, 2007, p. 262). 반대로 학생은 관계적으로 이해하기를 원하지만 교사가 도구적 이해를 목표로 지도한다면, 학생은 교사의 설명을 이해할 수 없을 것이다. 그러므로 교사는 수업 상황에서 도구적 이해와 관계적이 이해가 필요한 경우를 적절히 판단하고 학생들에게 수업에서 그러한 이유를 추구하는 목적을 설명해주어야 한다. 교사와 학생이 추구하는 이해가 일치할 때 수업 상황에 맞는 적절한 스키마가 형성될 수 있다.

Byers와 Herscovics(1977)은 Skemp가 제시한 두 가지 수학적 이해에 직관적 이해와

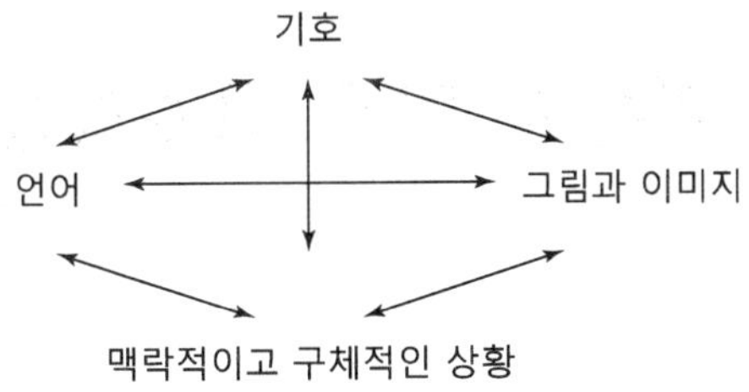

[그림 2] 수학학습에서의 연결 모델

형식적 이해의 두 가지 이해를 추가하여 수학적 이해를 네 가지로 확장하였다. 먼저 직관적 이해는 문제를 풀기 전에 분석 과정을 거치지 않고 바로 문제를 푸는 능력을 의미한다. 즉, 학생들이 문제를 접했을 때 기존의 스키마에서 즉각적으로 표상된 정보를 이용해 문제를 해결하는 능력을 말하는 것이다. 그러므로 직관적 이해는 도구적 이해나 관계적 이해와는 다른 능력이라 할 수 있다.

또한, 형식적 이해는 수학적 기호와 표기를 수학적 아이디어와 논리적인 추론에 적합하게 연결하는 능력을 의미한다. 수학적 이해가 발달하기 위해서는 여러 가지 요소들이 개입되는데, 이러한 요소들을 적절히 사용하는 것이 형식적 이해이다. Haylock과 Cockburn(1989)은 개념을 완전히 이해하는 데 필요한 네 가지 요소를 언어(language), 그림과 이미지(Pictures/image), 맥락적이고 구체적인 상황(Context/Concrete situations), 기호(Symbols)라 하였다. 이 네 가지 요소가 [그림 2]와 같이 서로 연결되면서 개념적인 이해가 형성된다는 것이다.

이 모델은 새로운 경험과 기존에 가지고 있는 인지 구조들 사이의 인지적 연결이 이루어지면 이해가 발달한다는 아이디어에 기초한 것이다. 그러므로 스키마가 형성되고 이를 통해 수학적 이해가 이루어지기 위해서는 수학수업에서 이와 같이 다양한 표현적 요소들이 함께 고려될 필요가 있다.

3. 스키마 이론에 따른 교수학습

3.1 스키마와 학습

Piaget는 스키마를 이용한 지식 습득의 과정을 동화와 조절이라는 두 가지 인지적 과정으로 좀 더 세분화하여 설명하였다. 새로운 개념이 기존의 스키마로 해석이 가능하면 기존의 스키마에 자연스럽게 동화되어 스키마의 양적 확장이 일어나고, 기존의 스키마로 해석이 되지 않는 경우에는 기존의 스키마가 조절되어 질적인 변형이 일어난다는 것이다.

Piaget의 심리학을 수학교육적 관점에서 해석한 Skemp(2007, pp. 57-58)에 따르면, 스키마 학습(schematic learning)은 기존에 가지고 있던 스키마를 새로운 개념을 이해하는 데 활용하여 새로운 개념적 관계를 형성하는 것이다. 새로운 개념을 이해하고자 할 때 학습자는 기존에 자신이 가지고 있던 스키마를 활성화하고 이를 활용한다. 기존의 스키마를 이용해 새로운 개념을 해석함으로써 자신이 가지고 있던 스키마에 새로운 개념을 동화시킨다. 이렇게 되면 기존의 스키마는 새로운 개념을 포괄하는 새로운 스키마가 된다. Dubinsky(2007)에 따르면 학습은 기존의 스키마가 이를 포괄하는 경험을 거치면서 일반화되는 것이다.

Skemp는 스키마를 새로운 학습을 위한 도구로 보았다. 인지심리학으로 확장된 스키마 이론을 행동주의 심리학과 구별하기 위해 학습을 습관적 학습(habit learning)과 지적 학습(intelligent learning)으로 구분하였다. 습관적 학습은 자극-반응에 의해 강화되는 것으로 우연한 행동과 그에 따른 반응이 반복되면서 학습이 이루어진다. 반면, 지적 학습은 개인이 세우는 계획에 따라 행동이 이루어지고 행동의 결과에 따라 계획을 수정하는 것이 반복되면서 지식이 형성되는 것으로 개인의 지적 능력과 의지에 따라 학습이 이루어진다. 즉, 스키마 학습은 자극에 의해 무의식적으로 이루어지는 것이 아니라 일종의 목표-지향적인 활동으로 볼 수 있다(Skemp, 2007, p. 178).

결과적으로 두 가지 관점 모두 스키마 학습을 통해 스키마의 양적 또는 질적 변형이 일어난다는 것을 설명하고 있다. 즉, 스키마 학습을 통해 학습자는 기존에 가지고 있었던 인지 구조를 어떠한 방식으로든 바꾸게 되는 것이다.

3.2 수학학습에서 스키마의 기능

수학학습은 학습자가 가지고 있는 선행 개념에 따라 후속 학습에 많은 영향을 미친다. 수학학습에서 스키마는 다음과 같은 기능을 한다(Skemp, 2007, p. 52).

- 기존의 지식을 통합한다.
- 새로운 학습을 위한 도구로 활용될 수 있다.
- 이해를 가능하게 한다.

스키마 학습 과정에서는 기존의 스키마와 개념들 사이의 관계에 대해 분석하게 되므로, 분산되어 있던 지식들을 통합하여 관계망을 형성하고 새로운 스키마를 만들게 된다. 그러므로 스키마는 학습 과정에서 기존의 지식들을 통합하는 역할을 하게 되고, 새로운 개념의 학습을 위한 기본 재료가 된다. 이러한 과정들을 거쳐 새로운 개념을 이해함으로써 인지 구조가 조정되므로 스키마는 이해를 가능하게 하는 기능을 한다고 볼 수 있다.

그러나 스키마 학습은 시간이 오래 걸릴 수 있으며, 잘못 형성될 경우 후속 학습에 미치는 영향력이 매우 크다는 문제가 있다(Skemp, 2007, p. 57). 스키마 학습은 새로운 개념과 스키마 사이의 관계에 대한 분석이 이루어지고 이들 사이의 연결을 통해 새로운 스키마를 형성하는 일련의 과정을 거치게 되므로 관계에 대한 고민 없이 단순하게 반복 연습을 통한 암기보다 시간이 오래 걸릴 수 있다.

또한, 새로운 개념 학습에 필요한 스키마가 잘못 형성된 경우 이와 관련된 개념에 대한 이해와 그에 따라 형성되는 스키마에 연쇄적으로 영향을 미칠 수 있다. 예를 들어 기본적인 함수 관계 스키마가 잘못 형성된 경우 일차함수, 이차함수를 비롯한 모든 함수 개념이 잘못 형성되어 인지 구조에 오개념으로 정착될 수 있으며, 이러한 개념을 바탕으로 확장되는 스키마도 잘못 형성될 가능성이 높다. Skemp(2007, p. 58)에 의하면 이러한 현상은 기존의 스키마가 가지는 자기영속성(self-perpetuation)에 의해 나타나는 것으로 이러한 특징은 스키마의 재구성을 어렵게 한다.

특히 수학은 개념들이 독립되어 있는 것이 아니라 계열성을 가지기 때문에 이러한 스키마 학습의 단점은 수학 교과에서 더 큰 문제가 될 수 있다. 실제로 많은 학생들이 저학년에서 수학을 좋아하고 잘하지만 고학년으로 올라갈수록 수학을 어려워하는 경우가 많은데, 저학년에서 잘못 형성된 스키마가 이후 수학학습에 지속적으로 영향을 미치는 것이 하나의 원인이라 할 수 있다. 그러므로 저학년에서 수학적 스키마를 적절하게 구성하는 것이 매우 중요하며 동시에 교사들이 개념 학습 이전에 학생들이 가지고 있는 기존의 스키마를 점검하는 것이 필요하다는 것을 의미한다.

3.3 교사의 역할

스키마 이론에 따르면 이해의 과정에는 이해의 활동을 하는 주체가 가지고 있는 기존의 스키마가 동원된다. 그러므로 수학수업에서 학생들이 수학적 개념을 이해하기 위해서는 자신이 가지고 있는 스키마를 활용하게 되는 것이다. 이때, 개인이 가지고 있는 스키마는 학생마다 다를 수 있으며, 이를 이해의 과정에 얼마나 잘 활용하느냐에 따라 이해에 성공하거나 실패하거나 오개념을 가지게 될 수도 있다. 이러한 관점에서 볼 때, 교사는 수학적 개념의 이해시키는 것을 목적으로 하는 수업에서 수업의 국면에 따라 다음과 같은 점에 주의를 기울여야 한다.

- 학생들이 이번 시간에 배울 개념의 이해에 필요한 기존 스키마를 적절하게 가지고 있는가?
- 학생들이 개념을 이해하는 데 적합한 기존 스키마를 활용하고 있는가?
- 새롭게 구성된 스키마는 올바르게 형성되었는가?

교사는 개념 학습 이전에 준비 단계로 학생들이 개념 형성을 위해 기존의 스키마를 활성화할 수 있도록 하고, 만약 기존의 스키마가 형성되어 있지 않다면 이를 보충할 수 있도록 도와주어야 한다. 또한, 잘못된 기존 스키마를 바로잡아주어야 하는데, 스키마 이론에 따른 학습에서는 학생들이 개념을 형성하기 위해서는 자신이 가진 기존의 스키마를 활성화해야 하므로 학생들이 오개념을 형성하지 않도록 하기 위해서 꼭 필요한 단계라 할 수 있다.

개념 학습 과정에서 교사들은 학생들이 기존의 스키마를 활성화하기 위한 노력을 하고 있는지와 기존의 스키마 중 적절한 스키마를 활용하고 있는지 지속적으로 확인해야 한다. 스키마 이론에 따른 학습은 학생들이 기존의 스키마를 개념의 이해에 능동적으로 활용함으로써 가능해지므로 학생들이 기존의 스키마를 활성화하려는 노력을 하는 것이 필요하다. 또한, 기존의 스키마에서 이해하고자 하는 개념에 적합한 스키마를 선택적으로 활용하여야 하는데, 예를 들어 어떤 학생이 이차함수의 개념을 형성하는 과정에서 선형 관계에 대한 스키마를 활성화한다면 이차함수의 개념을 형성하지 못하거나 오개념을 형성하게 될 수 있다. 그러므로 이 경우 교사들의 적절한 교수학적 처치가 필요하다.

마지막으로 개념이해를 통해 구성된 새로운 스키마가 적절한 것인지 파악해야 한다. 개념 학습을 통해 형성된 개념은 기존의 스키마들과 네트워크를 통해 새로운 개념적 스키마를 형성하게 되므로 교사는 가르치려고 했던 개념이 적절히 형성되었는지를 점검하는 것과 동시에 다른 개념과 적절하게 네트워크를 형성하였는지도 파악해야 한다.

4. 맺는말

본 고에서는 스키마의 의미에 대해 알아보고 스키마의 형성 과정을 중심으로 Skemp, Piaget, Dubinsky 등의 연구 결과를 살펴보았다. 또한, 수학 교수학습에서 스키마의 활용 방안에 대해 논하였다. 스키마를 주요 개념으로 사용하고 있는 연구들은 기존의 스키마를 기반으로 새로운 스키마가 구성되며, 그 구성 과정에 학습자의 능동적인 참여가 필요하다는 동일한 가정을 가지고 있다. 그러므로 스키마 중심 교수학습은 기존의 스키마를 바탕으로 새로운 스키마가 구성되는 과정에 중점을 두고 설계되어야 하며, 설계 과정에서 기존의 스키마의 적절성, 학습자의 능동적인 참여 유도의 측면도 중요하게 생각되어야 할 부분이다.

❖ 지도안

* 대상: 중학교 1학년

* 대단원: 평면도형
* 중단원: 원과 부채꼴
* 소단원: 부채꼴의 호의 길이와 넓이

* 학습 목표: 부채꼴의 호의 길이를 구할 수 있다.

* 지도 계통

선수 학습 내용	본 차시 학습 내용	후속 학습 내용
초등학교 3학년 -원의 구성요소 초등학교 6학년 -원주율과 원의 넓이 중학교 1학년 -원과 부채꼴	중학교 1학년 -부채꼴의 호의 길이와 넓이	중학교 3학년 -원과 직선, 원주각 고등학교 1학년 -원의 방정식

* 수업의 흐름

도입 - 전시학습 확인과 본시학습 소개, 흥미유발 및 선행 스키마 확인

전개 - 부채꼴의 호의 길이 구하기, 적용

지도 단계	학습흐름 및 관련이론	교수·학습활동		학습자료 및 유의점
		교사	학생	
도입	인사 및 출석확인	• 학생들과 인사 • 출석을 확인하고 학습 분위기를 조성		
	학습 목표 인지	◆본 차시 단원 소개 및 학습 목표 제시 -학습 목표: 부채꼴의 호의 길이를 구할 수 있다. -학생들에게 학습 목표를 읽어보게 한다.	• 학습 목표를 읽고 학습할 내용에 대해 인지한다.	
	선행 개념 및 스키마 확인	◆교사의 발문 -부채꼴의 중심각과 호의 길이, 넓이 사이의 관계 -원의 원주 구하는 공식 $l=2\pi r$, 원의 넓이 구하는 공식 $S=\pi r^2$ ◆다음 문제가 담긴 활동지를 제시  위 그림과 같이 원 모양의 케이크가 있다. 이 케이크의 윗면의 반지름의 길이가 10cm라 할 때, (1) 케이크의 윗면의 둘레와 넓이는 어떻게 구하는가? (2) 케이크를 동일하게 8조각으로 잘랐을 때 한 조각의 윗면의 호의 길이와 넓이는 얼마일까? -학생들이 문제를 해결하는 과정을 관찰하고, 학생들에게 문제 해결 과정을 설명하게 한다. -케이크 한 조각의 윗면의 호의 길이와 넓이를 구하는 다른 방법이 있는지 질문한다.	• 원주와 넓이를 구하는 공식을 대답한다. • 케이크의 윗면 전체의 넓이는 구할 수 있지만, 한 조각의 윗면의 넓이는 전체 윗면의 넓이의 $\frac{1}{8}$로 구할 수 있음을 안다(기존 스키마에 동화). • 다른 방법으로 구하는 것을 알지 못한다는 것을 알고, 부채꼴의 넓이는 어떻게 구하는지 의문을 갖는다(스키마의 불균형 상태).	• 학생들이 기존에 가지고 있는 스키마를 활성화시킨다. • 학생들의 문제 해결 과정에서 선행 스키마에서 오류가 발견된 경우 교사는 이를 교정하도록 한다. • (1)을 통해 지난 시간 배운 원의 둘레와 넓이 공식을 상기시킨다. • (2)를 통해 부채꼴의 호의 길이와 넓이를 구하는 방법에 대해 생각해보게 함으로써 학생들 스스로 자신의 스키마를 이용해 학습 내용을 인지하도록 한다.
전개	동화와 조절을 통한 관계적 이해	◆활동하기 -활동지와 피자 그림을 모둠별로 나누어 주고 활동지를 풀도록 한다. -준비물: 활동학습지, 피자 그림, 털실, 자	• 모둠별로 등분된 피자를 이용해 각의 비와 호의 길이의 비를 구하는 경험을 하면서 활성화한	• 모둠별 학습은 15분 정도로 하고, 교사는 교실을 돌아다니며 학생들

지도 단계	학습흐름 및 관련이론	교수·학습활동		학습자료 및 유의점
		교사	학생	
전개	동화와 조절을 통한 관계적 이해	아래 그림은 반지름의 길이가 5cm인 피자 그림이다. 이 피자를 8조각으로 자르고 다음의 질문에 답하여 보아라. 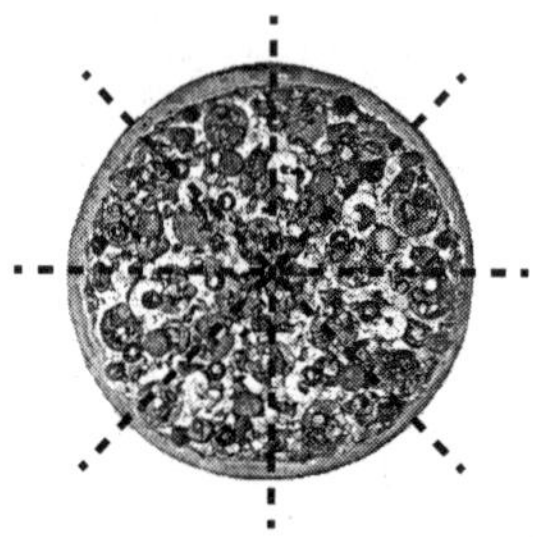 (1) 주어진 털실을 이용하여 피자의 각과 호의 길이를 구하여 표를 완성하시오. (2) 위에서 구한 각 피자의 각의 크기와 호의 길이를 이용하여 호의 길이의 비를 구하는 표를 완성하시오. (3) 위 결과로부터 무엇을 알 수 있는가?	기존의 스키마를 통해 이 관계를 이해하거나(동화), 기존의 스키마에 맞지 않는 경우는 관계를 파악한다(조절). • 각의 비와 호의 길이의 비 사이의 관계를 이해하고 원, 원주, 각, 호 등에 대해 학습한 개념들을 연결하려는 노력을 통해 새로운 스키마를 형성하기 위한 기반을 마련한다(관계적 이해).	의 이해를 돕는다.
	일반화를 통한 스키마 형성	◆ 개념학습 – 활동하기를 통해 얻은 결과를 일반화하여 부채꼴의 호의 길이를 구하는 과정을 설명한다. 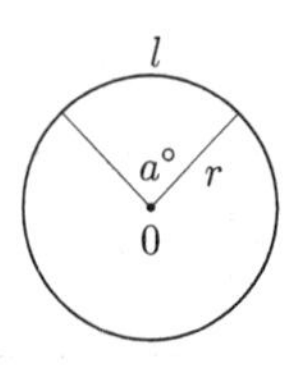 반지름의 길이가 r이고, 중심각의 크기가 $a°$인 부채꼴의 호의 길이를 l이라 하자. 한 원에서 부채꼴의 호의 길이는 중심각의 크기에 정비례하므로 $l:2\pi r=a:360$이다. 따라서 호의 길이 l은 다음과 같이 구할 수 있다. $l=2\pi r\times\frac{a}{360}$	• 등분된 피자를 활용하여 문제를 해결하는 경험을 바탕으로 이를 일반화함으로써 부채꼴의 반지름의 길이를 이용해 호의 길이를 구하는 방법에 대한 새로운 스키마를 확립한다.	
	새로운 스키마의	◆ 예제풀이 & 적용 – 교과서의 예제를 풀어준다.	• 선생님이 문제 푸는 과정을 살펴보면서 새로	• 관계적으로 이해하지 못한 학생들

지도 단계	학습흐름 및 관련이론	교수·학습활동		학습자료 및 유의점
		교사	학생	
전개	적용 또는 도구적 이해	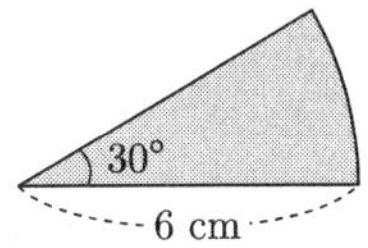 반지름의 길이가 6*cm*이고, 중심각의 크기가 30°인 부채꼴의 호의 길이를 l이라 하면 $l : 2\pi \times 6 = 30 : 360$이므로 $l = 2\pi \times 6 \times \frac{30}{360} = \pi(cm)$	형성한 부채꼴의 호의 길이를 구하는 스키마가 적절한지 확인한다.	은 도구적으로 암기하여 문제를 해결하기도 한다.
		◆형성평가 – 교과서의 문제를 개별적으로 풀어보게 한 후 조별로 답을 맞춰보도록 한다.	• 새로운 스키마가 적절하다고 판단했다면, 선생님이 제시한 문제에 자신의 스키마를 적용해본다. • 새로운 스키마를 형성하지 못한 학생들은 교과서에 제시된 공식을 문제에 적용하면서 문제를 풀어본다(도구적 이해). • 각자 문제를 풀어본 후 조별로 답을 맞춰보고, 풀지 못하거나 답이 틀렸을 경우 해결한 친구의 도움을 받아 문제를 푼다.	• 각자 문제를 풀어본 후 조별로 답을 맞춰보고, 풀지 못하거나 답이 틀렸을 경우 해결한 친구의 도움을 받아 문제를 풀게 한다. • 제시된 문제를 모두 푼 학생은 더 높은 수준의 문제를 준비하여 풀어보게 한다. • 틀린 문제는 과제로 다시 풀어오게 한다.
정리	학습 내용 정리	◆부채꼴의 호의 길이는 $l = 2\pi r \times \frac{a}{360}$임을 다시 한 번 설명한다.	• 새롭게 형성한 스키마가 선생님이 정리해주시는 내용에 적합한지 확인한다.	
	다음 차시 예고	◆다음 차시에 배울 내용을 간단히 설명해준다(부채꼴의 넓이).	• 오늘 형성한 스키마를 상기하면서 다음 차시의 내용을 생각해본다.	

참 | 고 | 문 | 헌

Reference

김화수 (2014). 수학의 1차적 개념이 초등학교 3학년 영재아의 수학적 개념구성과정에 미치는 영향에 대한 사례연구－분수의 덧셈과 곱셈을 중심으로－. 영재교육연구, 24(1), 17-43.

라병소 (1999). 수학적 지식의 구조와 스키마의 구성. 수학교육논문집, 3(1), 7-20.

이종희 (1994). 수학교육에서 이해와 지식. 대한수학교육학회 논문집, 4(1). 169-180.

황혜정, 최승현, 조성민, 박지현 (2012). 수학수업의 이론과 실제. 서울: 문음사.

Bartlett, F. C. (1932). *Remembering: A study in experimental and social psychology*. Cambridge: Cambridge University Press.

Byers, V. & Herscovics, N. (1977). Understanding school mathematics. *Mathematics Teaching,* 81, 24-27.

Chinnappan, M. (1998). Schemas and mental models in geometry problem solving. *Educational Studies in Mathematics, 36*, 201-217.

Dubinsky, E., & McDonald, M. (2001). APOS: A constructivist theory of learning in undergraduate mathematics education research. *The Teaching and Learning of Mathematics at University Level,* 7(3), 275-282.

Dubinsky, E. (2007). 고등 수학 개념 형서에서의 개념적 실체와 기호의 역할. In D. Tall (Ed.), 고등수학적사고 (pp. 127-165). 서울: 경문사. (원본은 1991년에 출판됨)

Fischbein, E. & Grossman, A. (1997). Schemata and Intuitions in Combinatorial Reasoning. *Educational Studies in Mathematics, 34*, 27-47.

Haylock, D. & Cockburn, A. (1989). *Understanding early years mathematics.* London: Paul Chapman Publishing.

Nesher, P., & Herschkovitz, S. (1994). The role of schemes in two-step problems: Analysis and research findings. *Educational Studies in Mathematics, 26(1)*, 1-23.

Skemp, R. R. (1976). Relational understanding and instrumental understanding. *Mathematics Teaching, 77*, 20-26.

Skemp, R. R. (2007). 수학학습 심리학(황우형 역). 서울: 사이언스북스. (원본은 1987년 출판됨)

Steele, D. F., & Johanning, D. I. (2004). A schematic-theoretic view of problem solving and development of algebraic thinking. *Educational Studies in Mathematics, 57*, 65-90.

제 8 장

수학수업에서 의사소통의 미학

이지은(Oakland University), 김진호(대구교육대학교), 남미선(서울갈현초등학교)

1. 서론

소통은 우리 사회 전반에 걸쳐 지향하고자 하는 덕목 중의 하나이다. '지향'이라는 말 속에는 그 필요성에 대한 구성원들의 공감대는 형성되어 있으나, 최적의 바람직한 상태와 현실 사이에는 아직 괴리가 존재함이 내포되어 있음을 의미한다. 수학교육에서 의사소통의 중요성 역시 많은 공감대를 얻고 있으며, 이상적인 수학교육 구현에 기여하는 중요 요인으로 인식되고 있다. 우리나라를 비롯한 세계 각국에서 수학교육의 개혁을 지향하는 교육과정 문서 상에도 이는 여실히 반영되어 있다. 우리나라의 경우, 제7차 교육과정에서 강조하는 학습자 중심 교수-학습의 실현을 위해서 수학적 의사소통 능력이 필수적이라고 진술하고(교육인적자원부, 1997), 2007 개정 교육과정과 2009 개정 교육과정은 수학적 의사소통을 수학 교과의 목표 중의 하나로 더욱 강조한다(교육과학기술부, 2008, 2011). 미국수학교사협의회(National Council of Teachers of Mathematics; 이하 NCTM)도 의사소통을 학교 수학 원리와 규준의 중요한 항목으로 표방해 왔으며(NCTM, 1989, 2000), 미국 대다수의 주에서 실행하고 있는 공통핵심수학교육과정(Common Core State Standards for Mathematics)의 실천규준에서도 수학적 의사소통을 중요한 수학적 과정 및 소양으로 제시하고 있다(National Governors Association Center for Best Practices

& Council of Chief State School Officers, 2010). 싱가포르의 교육과정도 학생들의 수학에 대한 이해와 수학적 사고력을 계발하는데 도움을 주는 중요한 요소인 동시에, 교수, 학습, 평가의 전 과정에서 고려되어야 할 원리로 의사소통을 논하고 있다(Ministry of Education, 2006a, 2006b). 더 많은 예를 제시하지 않더라도, 수학교육에서 지향해야 할 의사소통의 중요성에 대한 공감대 형성은 이미 자명한 현실인 듯하다.

역설적으로 이러한 공감대는 과거의 교수학습법에 대한 불만족에 기인한 것이라 볼 수 있다. 즉, 바람직한 의사소통이 이루어지지 않은 수업 경험은 수학적 이해 도모에 기여하지 못할 뿐만이 아니라, 학생들에게 수학이라는 교과 자체에 대한 부정적인 태도를 갖게 할 수도 있다(Boaler, 2009, Skemp, 1987). 한 예로, Lee와 Zeppelin(2014)은 초등학교 예비교사들에게 본인들의 학창시절 수학학습의 경험이나 수학선생님의 수업을 그림과 글로써 표현하라는 과제를 주고 이들로부터 얻은 자료를 분석하였다. 이 결과에 따르면, 긍정적인 주제보다는 부정적인 주제가 대다수를 차지하였고, 부정적인 주제 중의 하나가 교사-학생 사이의 물리적, 심리적 거리감이었다. 가령, [그림 1-1]에서 교사는 칠판을 향한 채로 학생들에게 "100개의 연습문제를 풀라."고 말하고 있고, 학생들은 "어제도 했는데…" 혹은 "지겨워" 등의 전혀 다른 생각을 하고 있다. [그림 1-2]는 수학문제로 가득 찬 칠판이 보이고, 일렬로 배열된 개인 책상에 앉아 학생들이 각자 개별적으로 수학문제를 풀고 있는 장면을 묘사하고 있다. 교사의 일방적인 설명을 듣고 그 설명에 따라 유사한 문제를 획일적으로 풀어 가는, 학생들의 생각을 전개할 공간이 없는 수학교실을 표현하고 있는 것이다. 이 두 그림 모두 교사-학생, 혹은 학생-학생 간의 소통이 부재된 수학수업의 경험을 묘사하고 있다. 이런 수업 경험들의 축적이 수학에 대한 학생들의 부정적 인식을 형성하고 있는 한 축임에 틀림없다(Boaler, 2009).

과거 수학교육에 대한 반성, 수학수업에 있어 의사소통의 중요성에 대한 공감대의 형

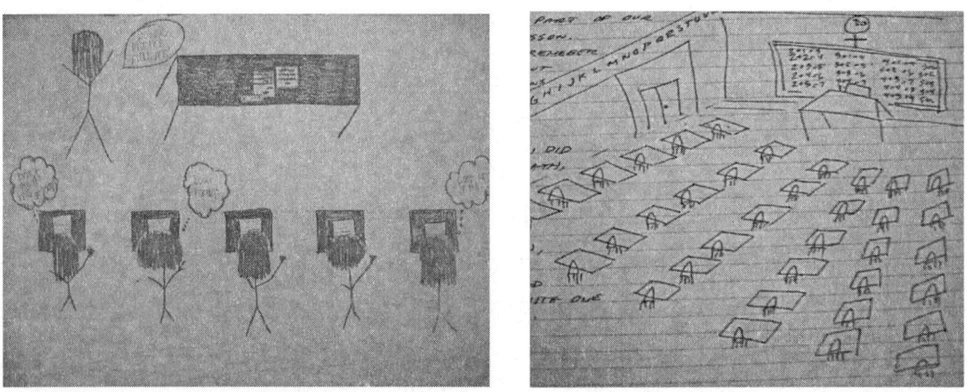

[그림 1-1] 학생들의 참여가 결여된 수업 [그림 1-2] 교사 중심의 일방향 의사소통

[그림 1] 의사소통 부재의 수학수업 경험

성, 이 모든 것들이 우리가 나아가야 할 명확한 방향을 제시하고 있는 듯하다. 그러나 이상적인 '수학적 의사소통'이 문헌상의 규준을 넘어 다양한 변수와 도전 요소들이 복합적으로 존재하는 교실이라는 공간에서 어떻게 효과적으로 실현될 수 있는가 하는 문제는 교사들에게 여전히 큰 과제로 남아 있다. 일례로 초임교사들을 대상으로 한 연구들에 따르면, 학생들에게 교과내용을 수준에 맞게 설명하는 것, 다양한 발문을 하는 것 등과 같은 효과적인 의사소통과 관련된 어려움들이 수학수업 상에 존재하는 것이 확인되었다(강완, 장윤영, 정선혜, 2011; 박만구, 안희진, 남미선, 2005). 본 장에서는 수학수업에서 의사소통의 중요성을 뒷받침하는 이론들을 고찰하고, 실제 수학수업 현장에서 수집한 교사-학생 의사소통의 일례를 이러한 이론적 배경, 특히 사회문화주의적 시각을 근간으로 하여 분석해보고자 한다. 본 장에서 제공하는 이론과 실제의 연결이 보다 효과적인 수학적 의사소통을 구현하고자 하는 교사들에게 도움이 되기를 바란다.

2. 이론적 배경

2.1 학습이론에 따른 의사소통의 역할

인지발달 과정을 어떻게 해석하느냐에 따라 교수-학습을 보는 시각도 달라진다. 가령, 행동주의 이론은 교수-학습과정을 자극-반응의 체계로 보고, 수업의 목적은 교사가 전달한 정보를 학생들이 연습을 통해 숙달하고 그 학습의 성과를 측정하는데 중점을 둔다. 따라서 교사중심의 일제식 수업이 주를 이룬다. 서론에서 예를 든 초등학교예비교사들의 그림도 이와 같은 행동주의 교수-학습에 대한 경험을 다분히 내포하고 있다. 행동주의에 기반을 둔 수업에서 나타나는 의사소통의 형태는 주로 '교사의 발문 – 학생의 반응 – 학생의 반응에 대한 교사의 피드백'의 유형으로 나타나는데, 이는 학생들의 복잡한 사고와 인지발달 과정을 지나치게 단순화하였으며 의미 있는 학습과정을 조성하는 데는 역부족이라는 비판을 받아왔다(Wood, 1998).

이에 상응하여 학습자의 인지구조와 능동적인 사고과정을 중시하는 구성주의 학습이론이 대두하게 되었고, 이는 수학교육 전반에 걸쳐 지대한 영향을 미치게 되었다(Confrey & Kazak, 2006). 구성주의 학습이론의 핵심은 학습자가 자신의 기존 인지체계에 부합하지 않는 현상을 이해하기 위하여 조절과 동화의 과정을 거쳐 학습자 스스로 자신의 인지 구조를 변화시키는 것이다(Piaget, 1932). 구성주의 학습이론에서 사회적 상호작용의 역할에 대해서는 다소 상반된 논의가 있다. 어떤 학자들은 개인심리에 바탕을 둔 연구, 즉 Piaget 학파의 연구나 급진적 구성주의자들의 연구를 사회-문화적 패러다임으로 보는 것에 동의를 하지 않는 반면(Lerman, 2006), 다른 학자들은 사회적 상호작용이 구성주의 학습이론에서 중요한 역할을 하고 있다고 주장한다(Cobb, 2000; Cobb & Bauersfeld, 1995; Kamii, 1994). Piaget의 관점에서의 인지적 갈등(cognitive conflict)은 학습자가 자신의 인지 체계와 다른 인지 체계를 가진 사람과 의사소통하는 과정 중 얻은 정보가 불일치했을 때 발생하며, 이것은 학습자에게 한 단계 높은 추론과 학습의 기회를 제공한다(Piaget, 1932). 즉, 사회적 상호작용은 개개인 간의 상이한 생각이 존재하는 사회적 상황에서 그 불일치를 해결해 나가는데 있어 결정적인 역할을 하며, 협력적인 논의는 갈등을 해결하고 새로운 지식의 구조를 생성하는 데 기여한다는 것이다(Cobb, 1995, 2002; Kamii, 1994; Palincsar, 1998). 타인의 관점에 대응하여 자신의 생각을 설명하고 정당화하는 사회인지적 갈등을 이용한 의사소통 방법이 학습에 긍정적인 영향을 줄 수 있다는 것이다(Doise, 1990; Doise & Mugny, 1984).

사회적 구성주의가 문화적인 도구와 사회적인 역동성을 개인의 인지구성에 있어 외재적으로 존재하는 요소로 규정하고 있는 반면, 사회문화주의적 시각에서는 사회-문화적 상황학습의 중요성을 강조하고 있다. Vygotsky학파로 대변되는 사회적 구성주의에서는 개인을 사회와 분리시킬 수 없다고 보며, 이런 시각에서 학습은 문화를 습득하는 과정이며 개인과 사회는 하나의 시스템을 이루는 보완적인 요소로 보아야 한다는 것이다(Luria et al., 1979; Vygotsky & Cole, 1978). Vygotsky(1978)가 제시한 근접발달영역(zone of proximal development)은 실제적 발달수준(학습자가 스스로 문제해결을 할 수 있는 수준)과 잠재적 발달수준(타인의 도움으로 문제해결을 할 수 있는 수준) 사이에 존재하는 학습 활동이 일어나는 영역이다. 이 영역에서 적극적인 의사소통을 통한 교수-학습 방법이 적용되었을 때, 한 단계 높은 실제적 발달수준과 새로운 근접발달영역이 형성되는 것이다. 또한 학습은 문화적 도구를 매개로 이루어지는데, 이러한 문화적 도구는 언어, 표상, 상징체계, 구체물과 같은 다양한 형태를 가질 수 있다(Wertsch, 1985). 무엇보다도 중요한 것은 이러한 도구의 이용 자체만으로 학습이 일어나지는 않는다는 것이다. 이러한 도구들이 집단 내에서의 상호작용을 도모하고 추론을 촉진하는 매개로 사용될 수 있을 때, 진정한 학습이 일어날 수 있다는 것이다.

앞서 논의한 구성주의 학습이론의 발달과 함께 수학교육에서의 의사소통은 성공적인 수학학습의 중요한 요인으로 그 어느 때보다도 주목을 받고 있다. 더 나아가 Sfard(2001, 2008)와 같은 연구자들은 의사소통이 단순히 수학학습을 보조하는 수단이 아니라 그 자체가 수학적 사고임을 강조하며, 인지론적 시각과 사회문화적 시각, 그리고 참여주의적 연구들을 바탕으로 '인지에 대한 의사소통적 접근(communicational approach to cognition)'을 제시하였다. 이 관점에서는 수업이라는 상황에서 형성되는 수학적 담론(discourse) - 다양한 언어적, 비언어적 의사소통 - 에 참여하는 사람들은 자신의 담론을 변경, 확장하며, 새로이 형성된 담론의 형식을 이용하여 의사소통을 하게 되는데, 학습자의 입장에서 이러한 의사소통은 바로 수학학습이다. 따라서, 담론을 분석한다는 것은 그에 따른 수학학습과 수학적 사고를 분석하는 것과 동일시되는 것으로 보고 있다(Sfard, 2008).

2.2 효과적인 의사소통을 위한 몇 가지 관행

교수-학습은 다양한 변인이 반영되는 복잡한 과정이며, 각 수업이 진행되는 교실은 각기 나름대로의 특수를 지니고 있기에, 효과적인 의사소통이 무엇인가에 대한 간단명료한 답을 찾기는 어렵다. 그러나, 지난 약 20년 간 어떻게 하면 수학수업에서의 효과적인 의사소통을 도모할 수 있는가에 대한 꾸준한 연구가 이루어져 왔고, 이상적인 교수방법에 대한 관행들이 있어 왔다. 이 중 몇 가지 교수-학습 전략을 논의해 보고자 한다.

▪ 상호 존중하는 교실문화 형성

김진호(2009)는 학습자 중심 수업에서 지식 구성의 주체는 학습자이나, 수업 운영의 주체는 교사로 보고, 교사의 중요 과제 중의 하나는 상호 존중하는 교실문화의 형성이라고 하였다. 즉, 교사가 좀 더 개방적이고 학생 중심적인 수업을 도모하고자 한다면, 무엇보다도 선행되어야 하는 일이 학생들을 그러한 문화로 초대해야 하는 것이다 (Herbel-eisenmann & Cirillo, 2009). 학생들이 수학수업 중 지식을 구성하는 과정에서 상호 존중하는 교실문화를 형성하기 위해서 가장 중요한 조건은 모든 학생들이 공평한 참여기회를 보장할 수 있는 교사의 의사소통 중재자로서의 관행이 필요하다. 예를 들어, 어떤 문제에 대해 여러 학생들이 자신만의 아이디어들을 발표한 후에도, 교사는 "더 발표할 사람 있어요?"와 같은 발문을 해 주어야 한다. 이 수업 관행으로부터 학생들은 교사가 학생들의 생각을 존중하고 있음을 감지할 수 있다.

▪ 양질의 과제 선정

어떠한 내용과 수준의 과제를 논의하는가는 의사소통의 질과 직접적으로 관련이 있다. 답이 하나로 정해져 있는 폐쇄형 문제나 과제가 중심이 되는 수학수업에서는 학생들 간의 활발한 의사소통을 기대할 수 없다. 교사는 학생들이 저마다의 지적 능력에서 서로 다른 아이디어로 접근할 수 있는 개방형 과제, 즉 여러 가지 방법으로 주어진 과제를 해결할 수 있거나, 답이 여러 가지일 수 있거나, 주어진 자료로부터 여러 가지 문제를 구성할 수 있는 과제를 학생들에게 제공할 필요가 있다(김진호, 김상미, 2013). 이 세 경우에 대한 개방형 과제의 예가 아래에 있다.

- 27+26을 여러 가지 방법으로 푸시오.
- 2, 4 다음에 올 수 있는 수는 무엇입니까?
- 철수네 학급에는 남학생이 12명, 여학생이 13명 있습니다. 이 사실을 이용해서 문제를 만들고 만든 문제에 대한 답을 구하시오.

▪ 양질의 질문 준비

잘 계획되고 준비된 질문 하나가 한 시간의 토론을 충분히 유도할 수 있다(Dillon, 1983). 그런데 선행연구들에 따르면, 많은 교사들이 단답형의 답변을 요구하는 폐쇄형 질문을 자주 사용한다(Ainley, 1987; Latterell, 2008; Perrot, 2002). 이런 단답형의 답변을 요구하는 질문으로는 학생들 간의 활발한 의사소통을 기대할 수 없음은 자명하다. 보다 개방적인 의사소통을 유도하기 위해서는 '개방형 질문', 즉 학습자의 사고과정을 잘 나타나고 학생들의 참여를 극대화할 수 있는 질문들이 준비되어야 하나, 이러한 유형의 질문들이 많이 사용되고 있지 않는 경향이 있다(김진호, 2009; Smith, 1986). 또한, 효과적인 의사소통이 이루어지는 수업을 위해서는 양질의 과제 선정도 중요하지만 양질의 질문도 사전에 준비하는 것이 중요하다(Smith & Stein, 2011). 즉, 교사는 학생들이 자신만의 고유한 사고로 접근할 수 있는 개방형 과제를 제시하고, 학생들 각자가 한 다양한 생각을 자유롭게 반응할 수 있는 질문 즉 열린 질문을 하는 것이 중요하다. 학생들에게 개방형 과제를 제시하였을 때, 교사가 할 수 있는 양질의 질문으로는 다음과 같은 질문들이 있을 수 있다.

- 다른 접근(아이디어)을 한 학생 있어요?
- 우리가 수집한 자료들로부터 알 수 있는 것은 무엇인가요?
- ○○의 설명을 자신의 말로 설명할 수 있어요?

▪ 학생들의 참여를 유도하는 담론의 진행

학생 중심의 수업참여를 도모하기 위해 교사는 여러 가지 전략들을 이용할 수 있다. 가령, 학생의 발언을 교사나 다른 학생이 재진술하게 하고, 타인의 의견에 덧붙여 참여할 기회를 주고, 질문 후 충분히 기다려 주는 것과 같은 전략들을 교사가 명백한 목적을 가지고 기술적으로 잘 활용할 때, 학생들의 수학적 사고력은 발달하고 또한 이해를 수반한 학습이 발생한다(김진호, 2009; Chapin, O'Connor, & Anderson, 2009; Herbel-Eisenmann, Steele, & Cirillo, 2013). 또한 교사가 모든 정보를 일방적이고 직접적으로 말하기 보다는('teaching as telling'), 학생들이 토론을 해 나갈 수 있는 시발점을 제공하는 전략('initiating')이 요구된다. 가령, 학생들이 자신의 생각을 검증하거나 반례를 찾아보는데 필요한 정보를 제공한다든지, 소크라테스식 산파법으로 새 개념을 도입하는 것, 혹은 어떤 상황에 대한 새로운 표상을 사용한다든지 하는 것이다(Lobato, Clarke, & Ellis, 2005).

▪ 전체적 의사소통의 지휘

학생들은 서로 다른 지적 능력과 학습성향을 지니고 있기 때문에, 그들에게 주어진 과제에 대해서 각기 다른 접근을 하고 저마다 다른 추상을 한다. 따라서 교사는 이를 염두에 두고 개별활동, 소집단 활동, 또는 전체학급을 대상으로 한 의사소통을 주도 면밀하게 지휘해 나가야 한다. 교사가 학생들이 구성해 낸 아이디어와 전략들을 효과적으로 토론하면서 교류할 수 있도록 다양한 상황에서의 토론을 지휘하기 위해서 사용할 수 있는 몇 가지 전략들이 있다(Smith & Stein, 2011).

- 교사는 학생들의 반응을 예측한다.
- 교사는 학생들이 개별 활동 또는 소집단 활동을 하는 동안 학생들의 과제참여 성과를 모니터한다.
- 교사는 학급전체가 공유할 가치가 있는 아이디어 또는 전략을 보인 특정 학생들에게 자신의 생각을 발표할 수 있는 기회를 제공한다.
- 교사는 학생들의 반응들을 특정 순서로 학생들이 발표할 순서를 정한다.
- 교사는 학생들이 자신들이 구성해 낸 여러 가지 다른 반응들을 연결할 기회를 제공하고, 그 반응들을 수학적 아이디어들과 관련짓기를 시도한다.

▪ 오답의 탐색을 통한 의사소통

수학학습에 있어 물론 정확한 답을 구하는 것이 중요하지만, 많은 교육자들은 오답을 점검, 탐색, 논의하는 의사소통도 학습의 중요한 과정이며, 때로는 예기치 못한 오답이 더 풍부한 수학적 논의의 기회를 제공하는 경우도 있다고 보고하고 있다(Bochicchio et al., 2009; Lee, 2006, 2007; Staples & Colonis, 2007). 즉, 교사는 학생이 제시한 답을 '진행 중인 사고'의 과정으로 보고 정답의 유무에 초점을 맞추는 수업 관행을 삼가 해야 한다. 대신에, 교사는 학생이 제시한 오류에 대한 추론과 정당화를 할 수 있는 기회를 학생들에게 제공하고 학생들이 오류를 찾아 수정해 갈 수 있는 수업 관행을 실천에 옮겨야 한다. 이를 위해 다음과 같이 교사가 실천할 수 있는 몇 가지 관행이 있다.

- 학생들이 과제를 수행하는 중 오류가 발생하면 학생들이 낸 결과가 달라진다. 이때 교사는 학생들에게 "자신의 답을 수정할 사람 있나요?"라고 발문함으로써 학생 스스로 자신의 오류를 찾아 수정할 수 있는 기회를 제공한다.
- 교사는 학생들에게 주어진 문제 상황을 다시 읽게 하거나 풀이과정을 설명해 보도록 하는 과정을 통해 자신의 오류를 스스로 인식하고 수정할 수 있는 기회를 제공할 수 있다.
- 교사는 학생이 보인 오류를 학생이 스스로 수정할 수 있도록 하기 위해서 학생이 보인 오류와 관련된 참고자료를 다시 살펴보도록 하는 관행을 실천에 옮길 수 있다. 즉, "수학 책 ㅇㅇ쪽을 다시 보겠니?" 또는 "ㅇㅇ와 관련된 책을 찾아보세요."

2.3 수학수업의 재조명: 의사소통을 중심으로

본 장에서는 앞 절에서 살펴본 학습이론에 따른 의사소통의 가치와 의미, 그리고 효과적인 의사소통을 위한 관행들을 바탕으로, 저자 중의 한 명이 실제 초등학교 교실에서 계획하고 실행한 수학수업을 재조명 해보고자 한다.[1] 수학수업에서의 의사소통은 여러 가지 요소가 융합되어 있는 복잡한 현상이기에 그 유형을 다양한 각도에서 분석할 수 있겠지만, 본 장에서는 수업자가 어떠한 의도와 목적을 가지고 학급전체의 의사소통을 조율해 나갔는지에 중심을 두고 해설을 하였다. 특히 앞 절에서 제시된 여섯 가지 관행들을 교사가 수업의 전체적인 흐름 속에 어떻게 접목을 시켰는가를 중심으로 조명해 보고자 한다. 아래의 표는 다음 절에 제시된 수업의 예에서 수업자가 해설을 통해 강조한 관행들을 나타내고 있다. 물론 교사의 단순한 발언이나 질문 하나에도 여러 가지 관행들이 유기적으로 결합되어 있기에 단순한 일대일 식의 대응은 어렵겠으나, 각 부분마다 구체적으로 강조된 관행을 토대로 분석하였다.

1) 본 수업자는 수업 중 동영상 촬영도 실시하였다. 따라서 학생들이 모둠 활동을 하는 동안에 교사가 실천에 옮겨야 하는 몇 가지 관행들은 제대로 실천에 옮길 수 없었음을 미리 밝혀둔다.

[표 1] 수업 예시에 나타난 효과적 의사소통을 위한 관행들

지도안 해설번호 / 의사소통 관행	[1]	[2]	[3]	[4]	[5]	[6]	[7]	[8]	[9]	[10]	[11]	[12]	[13]	[14]	[15]	[16]	[17]	[18]	[19]	[20]	[21]	[22]
상호 존중 교실문화 형성	○	○		○	○	○	○				○		○				○		○	○	○	
양질의 과제선정			○					○	○	○						○	○	○				
양질의 질문 준비			○	○		○		○		○		○	○			○	○	○				
학생의 참여 유도		○		○	○	○	○	○		○		○	○	○			○	○	○	○	○	
의사소통의 지휘			○	○	○	○	○	○	○	○		○		○	○	○	○	○	○		○	○
오답의 탐색						○					○											

3. 의사소통을 적용한 수학수업

수업에 대한 철학이 바뀌면 바뀐 철학에 맞는 수업지도안 틀을 사용해야 한다. 객관적 인식론을 바탕으로 하는 수업지도안으로 의사소통을 강조한 수업을 위한 수업지도안을 작성하는 것은 바람직하지 못하다. 아래 소개하는 의사소통을 강조한 수업지도안은 가능한 여러 가지의 수업지도안 중의 하나이다. 전통적인 수업지도안과 다른 틀로 작성된 수업지도안은 Kamii의 연구(1994), Burns와 동료들의 연구(Burns, 2001, 2003, 2010; Burns, Wickett, & Ohanian, 2002), Chapin, O'Connor, & Anderson의 연구(2009) 등에서 볼 수 있다.

다음은 5학년 1학기 1단원인 약수와 배수 중 1-2차시를 위한 수업지도안이다.

- 학습 주제: 수들의 관계를 통하여 약수와 배수의 개념 이해하기(1~2차시)
- 학습 요소: 곱셈, 나눗셈, 약수와 배수, 곱셈의 교환법칙, 홀수와 짝수, 소수와 합성수
- 준비물: 31-60까지의 숫자카드
- 수업의 절차

1. 교실 문화 형성하기
2. 수를 곱셈식으로 표현하기
   - 36을 곱셈식으로 다양하게 나타내기
   - 4×9와 9×4의 개수가 같음으로 교환법칙 이해하기
3. 나머지가 있는 경우 곱셈식으로 표현하기
4. 숫자 카드를 이용하여 여러 가지 숫자를 곱셈식으로 표현하기 짝 활동
5. 곱셈식에서 알 수 있는 사실을 바탕으로 전체 토론하기
6. 과제 안내

4. 의사소통을 강조한 수학수업의 실제2) 및 수업자 해설

4.1 교실 문화 형성하기

선생님 1: 선생님이 질문을 하면 여러분은 큰 소리로 대답해 주세요. 자신의 생각을 말할 때는 자신의 생각을 좀 더 명확히 정리해서 말해 주세요. 알겠죠?

학생들: 네.

선생님 2: 우리는 수학교과서와 수학익힘책이 있어요. 이 두 책은 주로 숙제를 낼 때 사용할 것이에요. 공부할 내용은 선생님이 따로 준비를 해 올 것이에요. 알겠죠?

학생들: 네.

선생님 3: 네, 오늘은 첫날이라서 선생님과 여러분들과 얼굴을 익히는 시간이 필요해요. 선생님은 서울교대를 졸업하고, 청주에 있는 한국교원대학교에서 석사를 마치고, 미국에 가서 박사학위를 취득했어요. 지금은 대구교육대학교에서 한 10년 정도 공부, 연구를 하고 있어요. 다음으로 몇 가지만 조금 당부를 할게요. 선생님과 수학 공부를 할 때는 무엇을 해야 할까요?

학생들: 집중이요.

---

2) 본 수업의 실제는 실제로 경상북도에 있는 한 초등학교에서 세 연구자들 중 한 연구자가 실제로 실천에 옮긴 수학수업이다. 수업 발췌록은 가독성을 위해 약간 수정하였음을 밝혀 둔다.

선생님 4: 그렇지요. 집중해야지요. 선생님의 생각과 여러분의 생각에 집중을 해야 해요. 수학 공부란 바로 생각하는 것이거든. 그런데 내 생각과 친구들의 생각이 같겠어요, 다르겠어요?

학생들: 달라요.

선생님 5: 응, 그러니까 내 생각을 잘 하고, 말해 주어야 해요. 친구가 말을 할 때엔 어떻게 해야 되겠어요? 잘 들어야 되겠죠? 잘 들으면서 무엇을 해야 되겠어요? 자기의 생각과 비교도 해보고, 그 친구는 왜 나하고 다른 생각을 했는지도 이해하려고 노력해야 하지요. 또 무엇을 해야 할까요? 처음에 내가 했던 생각과 친구들의 생각을 들으면서 내가 갖게 된 생각에 변화가 생기겠죠? 그 변화된 생각을 또 정리해야 해요. 수업 중에는 수학 시간 뿐만 아니라 국어 시간에도 그렇고, 과학, 사회 시간에도 그래요. 계속 생각해야 해요. 내 생각, 친구 생각에 대해서 말이에요. 그래서 수업이 끝날 때쯤 되면 무엇을 해야 되겠어요? 무슨 정리를 해야 할까? 응, 나 스스로 이전에 했던 생각과 지금 수업이 끝나면서 바뀐 나의 생각을 정리해야 해요. 이런 것들이 어디에 나타나야 해요? 여러분 머릿속에만 있으면 되겠어요? 공책에 나타나야 해요. 공책에 자기의 생각들을 한 번 표현해 보세요. 수업 중에 선생님이 질문을 하면, 그 질문에 대한 여러분들의 생각을 기꺼이 적어 보는 거예요. 나의 생각이 틀릴 가능성도 있겠지요? 경우에 따라서는 선생님도 틀리게 생각할 수 있어요. 선생님도. 여러분들은 더더욱 틀리게 생각할 수 있는 가능성이 존재하는 게 너무나 당연한 것이에요. 우리가 새로운 것을 배우잖아요? 새로운 것을 배울 때 금방금방 다 안다면 정말 천재겠지요. 응, 보통 사람들은 틀렸다가, 제대로 생각했다가를 반복하는 게 너무나 당연한 것이에요. 그러니까, 그냥 자유롭게 자기의 생각을 얘기하면 돼요. 선생님이 얘기하는 것 잘 알겠죠?

학생들: 네.

선생님 6: 혹시 친구가 얘기를 했는데 굉장히 엉뚱한 얘기를 했어요. 그때 친구의 생각에 대해서 웃음거리를 만들면 되겠어요, 안 되겠어요?

학생들: 안 돼요.

선생님 7: 그러면 그 친구들이 자기의 생각을 얘기하려 들지 않거든요. 아, 저 친구는 저렇게 생각하는데 거기서 잘못된 부분이 어딘지 서로 고치려고 노력을 하면 돼요. 아셨죠?

학생들: 네.

[해설 1]
이 수업 장면은 교사와 학생이 처음 만나는 수업시간이다. 더군다나, 교사는 담임 교사가 아니라 수학수업만 진행하는 임시교사이다. 교사와 학생들이 함께 상호 존중하는 교실 문화를 형성해 가는 것이 중요하지만, 이 형성이 이 한 번의 교사의 발언으로 이루어지지는 않는다. 교사는 끊임없이 상호 존중하는 교실 문화 형성을 위한 수업 관행들을 실천해 가야 한다. 교사는 '선생님 4'와 '선생님 5'에서 학생들이 서로 다른 생각을 할 것이므로 이 서로 다른 생각들을 공유해야 함을 강조하고 있다. 교사는 '선생님 5'에서 수업 중에 학생들이 사고하는 것이 중요함을 강조하고, 사고하는 방법을 구체적으로 설명하고 있다. 나아가 교사는 교실 내에서 다른 사람의 의견을 듣고 존중하는 것의 중요성을 강조하여 사고의 다양성을 허용하는 교실 문화를 형성하고 있다.

4.2 수를 곱셈식으로 표현하기

선생님 8: 자 그러면, 이제 수학수업을 합시다. 선생님이 준비해 온 게 있어요. 오늘 수업이 한 시간이 될는지, 두 시간이 될는지 잘 모르겠어요. 여러분이 하는 것에 따라서 달라질 거예요.

[해설 2]
의사소통이 활발하게 이루어진 수업을 실천에 옮기는 수학수업은 각 차시의 시간을 정해 두고 수업을 실천에 옮길 수 없다. 그 이유는 학생들이 자신들이 구성해 낸 아이디어 또는 자신들이 접근한 방법들을 논의하는 과정이 길어질 수도 짧아질 수도 있기 때문이다. '선생님 8'은 또한 학생들의 적극적인 수업참여를 독려하는 의도가 담긴 교사의 발언이기도 하다.

[그림 2] 6×6 배열의 36개의 별

학생들: 네.

선생님 9: 아직 공책 준비 안 한 친구들은 내일부터 공책 준비 하세요. 초등학교 2학년 학생들이 배우는 아주 쉬운 걸로 시작할 거예요. 그런데 그게 여러분이 5학년 때 배우는 약수와 배수와 관련이 있어요. 선생님이 지금 별을 그리고 있어요. 그리고, 이 별을 곱셈식으로 어떻게 표현할 수 있겠는지 한번 잘 생각하면서 보세요. (선생님이 칠판에 6×6의 배열로 별을 그린다. [그림 2] 참고)

[해설 3]
교사는 수업을 시작하면서 양질의 발문을 던지고 있다. 양질의 질문이 갖추어야 할 조건들 중의 하나는 학생들이 주어진 자료로부터 여러 가지 아이디어를 찾아낼 수 있는 질문이어야 한다. 교사의 이 발문은 이 조건을 충족하고 있다. 교사의 이 발문으로 인해서 학생들은 하나의 정해진 아이디어를 찾아내는 것이 아니고 자신의 기저지식 및 관심을 바탕으로 다양한 곱셈식을 찾아낼 수 있다. 결과적으로, 교사와 학생, 학생과 학생과의 의사소통이 자연스럽게 이어질 수 있다.

학생들: 네.

선생님 10: 선생님이 36개의 별을 그렸나요?

학생들: 네.

선생님 11: 36개의 별이 있어요. 이것을 곱셈식으로 표현하고 싶어요. 어떤 곱셈식으로 표현할 수 있을까요? 손들고 발표해 봅시다. 네, 준혁이가 한번 발표해 볼까요?

권준혁: 6곱하기 6이요.

선생님 12: 네, 선생님이 그린 그림이 왜 6곱하기 6인지 설명할 수 있어요?

[해설 4]
학생들은 [그림 2]로부터 쉽게 6×6을 인지할 수 있다. 그럼에도 불구하고 교사는 왜 6×6인지에 대한 설명을 요구하는 질문을 하고 있다. 즉, 교사는 결과가 중요한 것이 아니라 학생들이 한 사고과정이 중요하다고 생각하기 때문에, 교사가 한 이 질문은 이 학생의 사고과정을 알기 위해서는 반드시 필요한 질문이다. 이 질문에 대한 학생의 답을 교사와 다른 학생들이 듣는 것으로 의사소통이 이루어지고 있다.

권준혁: 가로와 세로의 수가 6개씩이니까 곱하면 돼요.

선생님 13: 자, 여기 6개 짜리가 6개 있어서 6곱하기 6으로 표현할 수 있어요. 또 다르게 표현할 수 있는 사람 있어요?

[해설 5]

교사가 '선생님 13'에서 한 질문은 상호 존중하는 교실 문화를 형성하는 데 있어서 매우 중요하다. 이 질문은 서로 다른 지적 능력을 가진 학생들이 구성해 낼 수 있는 서로 다른 아이디어들을 발표할 수 있는 기회를 제공하고 있다. 또한, 학생들은 이런 기회를 가짐으로써 교사가 자신들의 아이디어를 경청하고자 하는 태도를 보이고 있음을 암묵적으로 인지할 수 있다. 더불어, 학생들은 교사가 자신들의 아이디어를 존중하고 있음을 인지할 수 있다.

윤민서: 4곱하기 9로 표현할 수 있어요.

선생님 14: 자 한번, 여기 보세요. 민서가 4곱하기 9로 표현할 수 있다고 했는데, 저기 안에 4곱하기 9가 보여요? 한번 이 그림에서 4곱하기 9를 찾아보세요.

윤민서: 그림에서요?

[그림 3] 36개 별의 4×9 배열

선생님 15: 네, 우리는 지금 이 그림을 바탕으로 얘기하자는 것이잖아요. 그냥 36이라는 수만 보고서 찾자는 말이 아니고, 그림을 보고서 그 안에서 찾자는 말이에요. 혹시, 이 그림에서 4곱하기 9가 보이는 사람이 있어요? 네, 하영이가 해 볼까요? 나와서 해도 되고 서서 발표해도 돼요.

박하영: (칠판에 있는 별에서 2×2의 배열로 4개씩 9개의 묶음을 만든다. [그림 3] 참고)

선생님 16: 자, 우리 친구가 하는 것을 잘 봤죠? 여기에 지금 4곱하기 9가 보였어요? 자, 4개씩을 다른 방법으로 묶을 수도 있겠죠? 이건 넘어 갈게요. 다른 방법으로 또 표현할 수 있는 사람 있어요? 네, 동민이가 얘기해 볼까요?

[해설 6]
윤민서 학생의 반응은 사교육을 통한 선행학습 및 계산 또는 결과 중심의 수업에 익숙한 학생들에게서 나오는 전형적인 오반응이다. 학생들의 사고에 중요한 가치를 두는 수업에서는 학생들이 주어진 상황에 맞는 사고를 해야 한다. 또한, 이런 상황에서 윤민서 학생에게 계속 사고할 것을 압박하는 것보다는 다른 학생들의 도움을 받아서 수업의 흐름을 끊지 않는 것이 중요하다. 그런 점에서 교사가 한 '선생님 15' 중의 질문은 가치 있는 질문이었다. 즉, 수업이란 교사와 한 학생이 실천에 옮기는 것이 아니고 여러 학생들이 함께 실천해 가는 것임을 교사는 잊어서는 안 된다.

이동민: 18곱하기 2요.

선생님 17: 네, 18곱하기 2라고 했어요. 여기 열 여덟 개가 두 묶음이 있는 게 보이나요? 어떻게 나누면 되겠어요?

학생들: 반으로 나누면 돼요.

선생님 18: (칠판에서 두 묶음으로 나누면서) 이렇게 나누면 되겠지요? 또 다른 방법 있나요?

정연수: 3곱하기 12요.

선생님 19: 오, 3곱하기 12. 이 그림에서 3곱하기 12가 되는 것 여러분도 이제 보이나요?

학생들: 아니요, (나름대로 칠판을 가리키며) 이렇게, 저렇게…

선생님 20: 그러면, 발표한 학생에게 나와서 그릴 수 있도록 기회를 줘 볼까요.

정연수: (칠판에 있는 별에서 1×3의 배열로 3개씩 12개의 묶음을 만든다.)

선생님 21: 네, 3개씩 12묶음이 있는 것 보이죠? 또 다른 것 보이세요? 동민이가 얘기 해 보자.

이동민: 36곱하기 1이요.

선생님 22: 허허.

학생들: 하하 (다같이 즐거워한다.).

선생님 23: 이것 무슨 뜻이에요? 36개 짜리가 한 묶음 있어, 이 말이죠?

[해설 7]
여러 명의 학생들이 주어진 과제에서 찾아낼 수 있는 몇 가지 곱셈식을 찾았음에도 불구하고, 교사는 지속적으로 다른 곱셈식을 찾은 사람을 요청하고 있다. 교사의 이런 압박에 대해 이동민 학생이 찾아낸 18×2는 많은 학생들이 수업에 몰입하게 해 주는 효과 뿐만 아니라 다른 관련 곱셈식을 찾아내는 구동력이 되고 있다. 개방형 과제는 이처럼 많은 학생들이 참여할 수 있는 기회를 제공해 준다. 또한, 다른 학생들도 이동민 학생이 찾아낸 곱셈식을 이해하면서 즐거워하고 있음을 알 수 있다. 이처럼 수학 교실은 모두에게 즐거운 시간이 될 수 있다.

선생님 24: 또 다른 것 있나요? 다 찾은 것 같아요? 4개씩 9묶음 있는 것 하고, 9개씩 4묶음 있는 것 하고는 같아요, 달라요?

학생들: 같아요. / 달라요.

선생님 25: 오, 같다고도 그러고 다르다고도 그러네요? 미영이가 왜 같은지 설명 좀 해 주세요. 자, 친구가 무슨 생각으로 4곱하기 9와 9곱하기 4가 같다고 생각했는지 잘 들어 보세요.

이미영: 4곱하기 9 했을 때 값이랑 9곱하기 4 했을 때 값이랑 같아서요.

선생님 26: 아, 미영이는 4곱하기 9를 했을 때의 결과와, 9곱하기 4를 했을 때의 결과가 같아서 같다고 생각했대요. 혹시 또 다른 이유로 같다고 생각한 사람? 하영이가 일어나서 얘기해 볼까요?

박하영: 그러니까, 4곱하기 9와 9곱하기 4가 순서만 다를 뿐 둘 다 같은 수를 곱했잖아요.

선생님 27: 음, 순서는 바뀌었지만 같은 두 수를 곱했기 때문에 결과는 같은 것이라고 얘기했어요. 그러면 두 학생이 얘기한 것 다들 이해했나요? 서현이는 또 다른 생각으로 같다는 것을 설명할 수 있는 것 같아요.

서서현: 저게 9개씩 4묶음이 돼요.

선생님 28: 자, 아마도 이렇게 생각한 게 아닌가 싶어요. 9개씩 4묶음이 됐어요. 그래서 이제 같다는 생각을 했어, 역시 결과가 같기 때문에 같다고 생각한 것 같아요.

이동민: (손을 번쩍 든다.)

선생님 29: 동민이, 또 다른 이유가 있어요?

이동민: 36을 9로 나누면 4가 나오고, 또 36을 4로 나누면 9가 나오니까요. (발표 뒤 선생님이 말씀하시는 중 열심히 필기를 한다.)

선생님 30: 오, 나눗셈을 생각했어요. 동민이가 얘기한 것도 이해하겠죠? 아까 동규를 비롯해서 몇 명의 학생들이 다르다고 얘기했었어요? 왜 다른지 민서가 한 번 얘기해 볼까요?

윤민서: 음… (한참을 생각한다.) 아까 했던 생각을 잊어 버렸어요.

선생님 31: 자, 혹시 다르다고 생각하는 학생 있나요? '4곱하기 9와 9곱하기 4는 다른 것이야'라고 생각하는 학생 있어요? 없나요? 자, 여기서 6곱하기 6도 36이고, 4곱하기 9도 36이잖아요. 그러면 이렇게도 생각할 수 있겠죠? 자, 그러면 1×36은 무슨 뜻이에요? 하나씩 쌓아 놓은 것이 몇 개? 36개. 36×1은 36개짜리가 몇 묶음? 한 묶음. 결과는 같죠? 결과는 같은데, 그 사이에 들어가는 과정은 다를 수 있어요. 여러분들은 '교환법칙이 성립한다'라는 얘기는 잘 알고 있죠? 그 말은, 결과는 같을 수 있는데 그 안의 과정은 다를 수 있어요. 그 안의 의미는 다를 수 있어. 이해했어요?

학생들: 네.

[해설 8]
학생들이 지금까지 찾아낸 곱셈식은 6×6, 4×9, 18×2, 3×12, 36×1이다. 이때, 교사가 '선생님 24'에서 던진 질문은 학생들이 이미 알고 있는 곱셈의 교환법칙을 이용해서 다른 가능한 곱셈식을 찾아낼 수 있도록 하기 위함이다. 교사는 이 질문을 통해서 학생들이 이제 의사소통의 주제를 곱셈식 찾기에서 곱셈의 교환법칙으로 이동할 것을 제시하고 있다. 또한, 교사는 자신들의 사고에 대한 정당화를 요구함으로써 학생들이 곱셈의 교환법칙에 대해 명료한 이해를 하고 있는지 평가한다.

4.3 나머지가 있는 경우 곱셈식으로 표현하기

선생님 32: 잘 생각해 보세요, 선생님이 왜 이런 것들을 찾아보게 했을까요? 혹시, 이 안에 또 다른 가능성이 있을까요? 또 다른 곱셈으로 표현할 수 있는 것은요? 우리가 아직 찾지 못한 것이 있지 않을까요?

학생들: 세 개로 나타낼 수 있어요.

선생님 33: (3×12를 가리키며) 세 개로 하는 것은 우리가 이미 생각해 본 것 같아요. 자, 하나씩 우리 생각해 보세요. (각 결과를 가리키며) 하나씩 묶는 것 생각해 봤죠? 두 개씩 묶는 것 생각해 봤죠? 세 개씩 묶는 것 생각해 봤죠? 네 개씩 묶는 것 생각해 봤죠? 여기서 다섯 개 묶는 것은 없네요? 여섯 개씩 묶는 것 생각해 봤죠? 우리 여기에 없는 다섯 개씩 묶는 방법을 생각해 보면 어떻게 될까요? 36을 다섯 개씩 묶으면? 하나가 남아요. 그걸 곱셈식으로 표현하면 어떻게 될까요?

학생들: 5곱하기 7요.

선생님 34: 이러면 35잖아요.

학생들: 더하기 1이요.

선생님 35: 35에서 36이 되려면?

학생들: 1을 더해요.

선생님 36: 자, 여기 보세요. 다섯 개씩 묶었어요. 한 묶음, 두 묶음, … , 다섯 묶음, 그리고 맨 끝에 하나가 남았지요? 그래서 더하기 1을 썼어요. 여섯 개까지 했어요, 그런데 일곱 개씩 묶은 것 있어요, 없어요?

학생들: 없어요.

[해설 9]

교사가 '선생님 32'에서 한 질문은 약수와 배수를 학습하는데 있어서 중요한 개념인 '나누어 떨어진다.'는 아이디어를 부각시키기 위해서 반례를 도입하기 위함이었다. 그런데 교사의 이런 의도 때문에, 교사는 '선생님 33'과 같은 반응을 하고 말았다. 교사는 수업 중에 학생들이 말한 "세 개로 나타낼 수 있어요."의 '세 개'라는 말이 "세 개씩"으로 판단하고 3×12를 가리켰다. 교사가 학생들이 한 반응의 의미가 '세 수의 곱으로 표현할 수 있어요.'라고 판단하였다면, 이 수업은 다른 방향으로 전개될 수 있었다. 학생들의 반응에 대한 교사의 민감성이 수업의 흐름을 주도하고, 그런 면에서 학생들의 반응은 중요한 수업 자료이다. 이 시점에서 지금까지 한 교사와 학생들의 활동은 여러 가지 의미가 있다. 그 중의 하나는 학생들이 개별활동 또는 모둠활동을 할 때 학생들이 무엇을 해야 하는지를 충분하게 설명해 주고 있다는 점이다. 교사의 간단한 설명 후, 학생들이 개별활동 및 모둠활동을 요청할 때는 학생들이 활동하는 동안 다시 설명을 해야 하는 상황이 발생한다.

선생님 37: 자, 그럼 일곱 개씩 묶으면 7곱하기 5 더하기 1. 이렇게(36=7×5+1) 쓰겠지요. 다음, 8은 있어요, 없어요? 이렇게 (8×4+4) 쓸 수 있겠죠? 9는 있고, 10은? 11은? 이렇게 쓸 수 있겠죠? 그래서 무슨 얘길할 수 있을 것 같아요? 어떤 수는 나머지가 없이 묶을 수 있는 경우가 있고, 나머지가 생기게 묶을 수도 있어요. 그렇죠? 그것에 대해서 배우는 것이 이번에 5학년 약수와 배수에서 배우는 것과 관련되는 거예요. 자, 이거는 선생님과 같이 해 본 거고, 공책에다가 32를 가지고 두 명씩 짝을 지어서 처음에 선생님이 했던 것처럼 곱셈식을 적어 보고, 이걸 다 찾았다고 생각되면 선생님이 한 것처럼 5~6개 정도 나머지가 생기는 경우를 묶어 보기도 합시다. 그림도 그려 보세요. 선생님이 한 설명 이해 못한 사람? (질문하는 학생이 없음을 확인한 후) 짝하고 같이 해 보세요.

박하영: 혼자 해도 돼요?

선생님 38: 하하, 혼자하고 싶으면 혼자 해 보세요. 가급적이면 짝이랑 같이 하세요.

박하영: 몇 개 해요?

선생님 39: 서른 두 개 해 보세요.

(약 5분 경과)

선생님 40: 나누어 떨어지지 않는 것도 다섯 개 정도는 해 보세요. 시간이 된다면 더 해도 되고요. 동민이는 친구랑 같이 한 거예요? 친구한테 설명 한번 해 주세요. 친구가 공책을 안 갖고 왔나 봐.

(약 5분 경과)

선생님 41: 자, 많은 학생들이 다 한 것 같아요. 어떤 걸 찾았는지 같이 한번 해 볼까요?

어떤 학생: 잠깐만요.

선생님 42: 네.

(약 1분 경과)

선생님 43: 선생님이 칠판 지우고 다음을 준비하는 동안 마무리 못한 친구들은 한번 마무리해 보세요.

(약 1분 경과)

[해설 10]

지금까지 교사가 오늘 학습할 내용을 소개하기 위해서 학생들과 '36'의 곱셈식을 탐구해 왔다. 주 활동에 들어가기 전에 예비 활동을 위해서 교사는 '선생님 37'에서 '32'라는 수를 학생들에게 제시하고 있다. 이 수 또한 여러 가지 곱셈식이 가능한 수로, 양질의 과제이다. 한편, 학생들이 자신들이 한 활동 중 그들이 구성한 아이디어들을 의사소통하기 위해서 그들을 충분히 준비시킬 필요가 있다. 이를 위해서 교사는 학생들에게 충분한 시간을 주어야 한다(선생님 42-43).

선생님 44: 자, 32라고 했죠? 자, 제일 작은 숫자로 어떻게 묶을 수 있겠어요? 제일 작은 숫자는?

학생들: 1이요.

선생님 45: 자, 서른 두 개를 머릿속으로 생각하세요. 얘네들을 하나씩 서른 두 묶음으로 만들었어요. 가능해요? 자 그 다음에, 조금 더 큰 묶음으로 묶으면 어떻게 되겠어? 두 개씩 열여섯 묶음으로 만들면 서른 두 개를 다 쓸 수 있어요. 세 개씩 가능하겠어요?

학생들: 안 돼요.

선생님 46: 세 개는 안 돼요. 세 개는 조금 후에 다시 해 보기로 해요. 네 개는 가능하겠어요? 네 개씩은? 자기가 한 것 보고서 찾아보세요. 네 개씩 여덟 묶음. 다섯 개씩은 가능해요?

어떤 학생: 네.

선생님 47: 오, 누가 "네" 그랬어, 하하.

어떤 학생: 아니, 안 돼요, 안 돼요.

선생님 48: 하하하, 어떻게 가능하지?

어떤 학생: (말을 잇지 못한다.)

선생님 49: 여섯 개씩은 가능해요? 일곱 개씩은? 아이, 뭐 이렇게 안 되는 게 많지요. 여덟 개는? 되고, 아홉 개는 되겠어요? 열 개는?

[해설 11]
학생들과 의사소통을 하는 가운데, 학생들 스스로가 자신들이 만들어 낸 오류를 수정해 가는 경험을 하는 것은 중요하다. 이를 통해, 학생들은 자신이 해 낸 생각들이 존중받고 있음을 인지하고 더불어 수학을 구성해 갈 수 있는 자신감을 형성해 간다.

어떤 학생: 이제는 없어요.

선생님 50: 이제는 없어요?

다른 어떤 학생: 아, 아니다. 16곱하기 2.

선생님 51: 또?

다른 어떤 학생: 32곱하기 1.

선생님 52: 자, 아까 어떤 학생이 "이제는 없어요"라고 얘기했는데 그 말이 무슨 뜻인지 설명해 줄 수 있는 친구 있어요? "이제는 없어요"란 말에 대해서 설명해 볼 수 있는 친구? (이아령 학생이 손을 든다.) 아령이가 설명해 주겠대요.

[해설 12]
학생들이 하는 반응 중에는 그 반응만으로는 학생의 사고과정을 알 수 없을 때가 있다. 이때 교사는 그 사고과정을 그 학생 또는 동료 학생의 설명을 통해서 명료화할 필요가 있다. 이를 위해서 교사는 '선생님 52'와 같은 질문을 함으로써 학생들을 의사소통의 장으로 끌어들일 수 있다.

이아령: 8곱하기 4랑 4곱하기 8이랑 똑같으니까 답이 먼저 나왔어요.
선생님 53: 음, 답이 나왔으니까 우리가 생각을 어디까지 하면 되겠어? 응, 하영이가 얘기해 보세요.
박하영: 곱하기로만 해서는 더 이상 32가 나오는 수가 없으니까요.
선생님 54: 응, 없으니까… 하영이가 한 말이 무슨 말인지 이해했어요?
학생들: 아니요.
선생님 55: 잠깐만, 하영이가 한 말을 이해한 사람 있어요? 응, 민서가 얘기해 보자.
윤민서: 더 이상은 무언가를 곱해서 나오는 값이 32가 없기 때문입니다.
선생님 56: "곱해서 32가 될 수 있는 다른 숫자들이 이제 없기 때문에" 이 말이었어요?
윤민서: 네.
선생님 57: 자, 지금 친구가 한 말 다들 이해했어요?
학생들: 네.
선생님 58: 혹시 다른 방법으로 설명할 수 있어요? 응, 동민이가 설명해 보세요.
이동민: 저기까지 나온 자연수들 이외에는 32를 표현할 방법이 없기 때문입니다.

[해설 13]
교사가 '선생님 54-55'를 통해서 한 말은 학생들 사이에 원활한 의사소통이 이루어지기 위해서 그리고 학급공동체로 학습해 간다는 의미에서 대단히 중요한 발문이다. 서로 다른 지적 능력을 갖춘 학생들이 한 학급에 모여서 학습을 할 때 학생들은 서로로부터 배워야 한다. 이런 질문을 통해서 학생들은 다른 학생들의 사고를 이해할 수 있는 기회를 갖는다. 또한, 이 발문을 통해서 학생들이 수업 중에 이루어지는 의사소통에 참여하기 위해서는 반드시 동료 학생들이 말할 때 경청해야만 한다는 점을 암묵적으로 인지할 수 있다. 즉, 다른 학생들이 말하는 것을 경청하지 않고는 진행 중인 의사소통에 참여할 수 없다. 교사는 본 수업 중에 끊임없이 "다른 방법으로 설명할 수 있어요?"(선생님 58 참고)와 같은 질문을 한다. 이런 질문을 통해서 교사는 많은 학생들이 자신들만의 고유한 사고를 할 것을 요구하고 그 생각을

발표할 수 있도록 함으로써 학생들이 늘 수업 중에 논의되고 있는 아이디어들에 집중할 수 있도록 한다.

선생님 59: 응, 여기를 보니까 벌써 앞에서 했던 숫자들이 나왔지요? 그러니까 이 밑으로는 할 필요가 있겠어요, 없겠어요? 이제 그것이 아까 교환법칙에 대해서 얘기했었잖아요. 곱셈하고 교환법칙이 성립하니까 이런 것이 나왔으면 이 앞에 있던 것들이 다시 나오겠지요?

[해설 14]
학습정리는 수시로 이루어져야 한다. 그런데, 학습정리를 할 때, 학습정리의 주체는 학생이 되어야 한다. 그러나 교사가 필요에 의해서 학습정리를 할 때는 학생들이 구성해 낸 아이디어들을 바탕으로 그 아이디어들을 정리하는 정도에서 행해져야 한다.

학생들: 네.
선생님 60: 자, 10분 쉬는 시간이죠? 10분 쉬었다가 이거 조금 더 할게요.

[해설 15]
의사소통이 중심이 되는 수업을 실천에 옮길 때, 일반적으로 수업의 마무리는 전통적인 형식의 수업의 마무리와는 다르게 실천된다. 교사가 학생들 간의 의사소통이 활발하게 이루어지는 수업을 진행할 때, 고려해야 하는 점 중의 하나가 학생들의 지적 피로도이다. 이 수업은 5학년 1학기 수학수업의 첫 차시이다. 더군다나, 이 학생들은 지금까지 진술한 것처럼 새로운 지식을 스스로 이해할 것을 끊임없이 요구하는 정신적 압박을 받아 본 적이 없다. 그런 점에서 연차시 수업을 하더라도 이때는 10분 휴식 시간을 갖는 것이 바람직하다고 판단된다. 학생들이 지적 활동에 대한 몰입도가 높아가면 갈수록 교사가 휴식 시간을 갖자고 제안해도 학생들이 실행하던 활동들을 계속할 수 있도록 해 달라는 요구를 한다.

선생님 61: 자, 쉬는 시간 잘 보냈어요?
학생들: 네.
선생님 62: 아이구, 하품도 하고… 자, 우리 어디까지 했어요? (칠판에 판서된 것을 보

며) 여기까지 했죠? 그래서, 각자가 무슨 생각으로 이렇게 했는지를 설명하기까지 했어요. 그런데 세 개씩은 어떻게 했어요? 세 개씩 묶으면 어떻게 돼요? 열 묶음이 생기고, 낱개 두 개가 생기지요. 다섯 개씩 하면은요? 여섯 묶음이 생기고, 낱개가 두 개가 생겨요. 여섯 개씩 하면은요?

학생들: 6곱하기 5 더하기 2.

선생님 63: 일곱 개씩 묶으면은요?

학생들: 7곱하기 4 더하기 4요.

선생님 64: 자, 아까 36을 가지고 했을 때처럼, 묶음을 묶었을 때 낱개가 생기지 않는 경우들이 쭉 있었고, 지금처럼 낱개가 생기는 경우도 있겠죠?

4.4 숫자 카드를 이용하여 여러 가지 수를 곱셈식으로 표현하기: 짝 활동

선생님 65: 자, 아까 36을 가지고 했을 때처럼, 묶음을 묶었을 때 낱개가 생기지 않는 경우들이 쭉 있었고, 지금처럼 낱개가 생기는 경우도 있겠죠? 이제 잘 찾았는데, 그래서 이번에는 혼자서 하면 안 되고 둘씩 짝끼리 해야 해요. 선생님이 이렇게 숫자를 적어 왔어요. 이걸 가지고 낱개가 생기지 않는 경우와 낱개가 생기는 경우, 그런데 낱개가 생기지 않는 경우는 다 찾아야 돼요. 낱개가 생기지 않는 경우는 어떻게 묶으면 낱개가 생기지 않는지 다 찾아야 해요. 그 다음에 낱개가 생기는 경우는 몇 가지가 있겠어요?

학생들: 끝이 없어요.

선생님 66: 하하, 끝이 없을 정도는 아니지만, 엄청 많겠지요? 그것을 다 할 필요는 있을까요, 없을까요?

학생들: 없어요.

선생님 67: 그래서 한 4~5개 정도만 구하세요.

어떤 학생: 다 해도 되기는 되죠?

선생님 68: 다 해도 되기는 되는데, 아마 구하다 보면 다 할 생각이 없을 걸요?

어떤 학생: 아이, 난 다 하려고 했는데….

선생님 69: 자, 그래서 선생님이 숫자카드를 준비해 왔으니깐 이 카드를 짝하고 의논해서 자기가 받은 숫자를 낱개가 생기지 않게 묶는 경우 적고, 낱개가 생기게 묶는 경우 적고, 활동을 다 찾은 사람은 선생님한테 얘기를 하세요. 선생님은 칠판에다가 적을 게요. (학생들에게 숫자카드를 하나씩 나누어 준 후, 전지를 칠판에 붙이고 도표를 만든다. ([그림 4] 참고) 교사가 이 준비를 하는

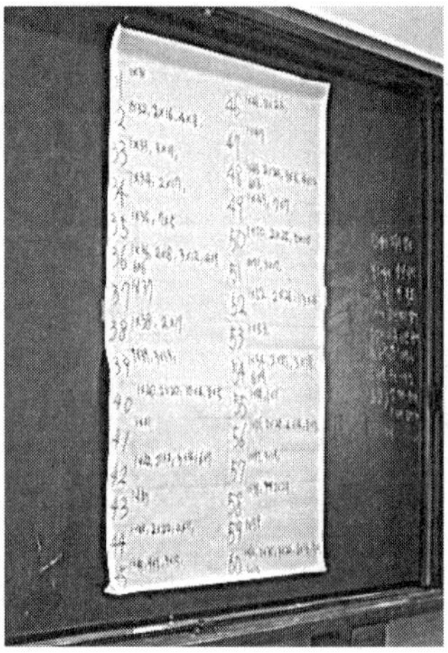

[그림 4] 31-60까지의 곱셈식 표

동안 학생들은 자신이 받는 숫자카드에 맞는 곱셈식을 찾는다.)

(3분 경과)

선생님 70: 자, 이제 다 찾은 사람 있어요. 숫자카드가 더 있어요.

어떤 학생: 59는 많이 없어요.

선생님 71: 많이 없을 수도 있어요. 59곱하기 1, 1곱하기 59. 59인 경우에 이것들 말고 또 있을까요, 없을까요? (이 학생이 없다고 끄덕인다.) 없어, 없어. 그거 하나밖에 없어요. 얼른 와. 자, 다 했다고 생각되는 사람만 앞으로 나오세요. 자, 카드는 앞에 놔 두고 다른 숫자카드로 해 보세요. (교사는 약 14분 동안 학생들이 찾은 곱셈식을 전지에 적어 주고, 다른 숫자카드를 학생들에게 주면서 이 활동을 진행한다. 거의 모든 수들에 대한 곱셈식을 적어 갈 때 교사는 다음과 같은 발문을 함으로써, 각 숫자에 대한 곱셈식 구하기 활동 이후의 활동을 예고한다.)

선생님 72: (35에 대한 곱셈식들을 전지에 적는다.) 자, 다 한 사람들은 앞에 있는 표를 보면서 우리가 무슨 얘기를 할 건지, 어떤 것을 찾아낼 수 있는지 잘 보세요. (이후 아직 자신이 찾은 곱셈식을 발표하지 않은 몇 명의 학생들이 발표를 하고, 다른 학생들은 전지 위에 수집된 자료들을 이 자료들로부터 무엇을 알아낼 수 있는지를 생각한다. 예를 들어, 교사가 다른 학생들이 찾은 곱셈식을 전지 위에 기록하는 동안 이동민 학생은 "선생님, 이 중에 소수가 있어요?"라고 질문한다.)

[해설 16]

이 활동은 오늘 수업 중 학생들이 실행해야 하는 주요 활동 중의 하나이다. 본 수업에서 학생들이 수행해야 하는 가장 중요한 활동은 자신들이 수집한 자료로부터 지식을 구성하는 이 활동 이후의 활동이다. 현 시점에서는 이 활동을 위해서 교사가 학생들에게 제시한 과제가 지니는 다섯 가지 중요한 특징들에 대해서 살펴보도록 하자. 첫 번째, 이 활동에 앞서서 학생들과 함께 한 두 과제 모두 개방형 과제였고, 이 과제 또한 개방형이다. 그런데 이 과제를 개방형 과제라고 할 수 있는 이유를 앞서 설명한 이유와는 다른 관점에서 찾을 수 있다. 학생들이 숫자카드를 받아서 카드에 적힌 수에 대하여 여러 가지 곱셈식을 찾는 것은 일반적인 개방형 과제의 속성이라고 할 수 있지만, 한 가지 더 학생들이 받을 수 있는 과제가 하나로 정해져 있지 않다는 점이다. 한 숫자카드에 대한 곱셈식을 빨리 찾은 학생들은 계속해서 다른 숫자카드를 받아서 다시 과제를 수행할 수 있다. 본 수업에서는 교사가 임의로 숫자카드를 제공해 주었지만, 조금 더 나아가면, Smith와 Stein(2011)이 제안했듯이, 교사는 학생들이 숫자카드 즉 수를 선택할 수 있는 과제 선택권을 학생들에게 위임할 수 있다. 두 번째, 바로 앞의 설명에서 한 것으로부터 유추해 낼 수 있는 특징이기는 하지만 이 과제는 주어진 과제를 빨리 마친 학생들을 위한 장치가 마련되어 있다는 점이다. 일반적으로 수학교과서에 제시되어 있는 과제를 학생들에게 제시해 주었을 때 주어진 과제를 빨리 마무리한 학생들은 다른 친구들을 도와주거나, 현재 이루어지고 있는 과제와는 다른 과제를 하거나, 그저 휴식을 취하거나 한다. 세 번째, 이 과제는 모든 학생들이 과제를 성실히 수행해야지만 수업을 진행해 갈 수 있도록 설계되어 있다. 자료 수집하는 과정에서 한 학생이라도 곱셈식을 찾지 못해 발표를 하지 못하면, 자료수집을 완료할 수 없다. 모든 학생들이 저마다의 지적 노력을 하면서 그 결과를 학급구성원들과 함께 공유할 수 있을 때, 학생들은 자료수집 후 실천되는 의사소통에 활발하게 참여할 수 있다. 네 번째, 이 과제가 지니는 또 다른 특징은 자료수집 활동의 주체가 학생들이라는 점이다. 자신들이 직접 수집한 자료이기 때문에, 학생들은 그 자료들이 갖는 특징을 발견하고자 하는 관심도가 자연스럽게 높아진다. 결과적으로 학생들은 이후 실천되는 전체 학급토론에 적극적으로 참여하게 된다. 다섯 번째, 학생들은 수집한 자료로부터 다양한 수학적 사실들을 찾아내거나 구성해 낼 수 있다. 이런 것이 가능하기 위해서는 이처럼 자료의 양이 상당히 있어야 한다. 학생들이 수학교과서처럼 적은 수의 자료로부터 유추 또는 귀납적 사고를 하기는 어렵다.

4.5 곱셈식에서 알 수 있는 사실 전체 토론하기

선생님 73: 우리가 거의 다 찾았잖아요. 여기서 무엇을 생각할 수 있겠어요? 이 표를 보고서, 무엇을 생각할 수 있을까요?

이동민: 약수와 배수.

선생님 74: 약수와 배수?

이동민: 소수와 합성수.

선생님 75: 소수와 합성수?

학생들: 곱셈과 나눗셈, 덧셈과 뺄셈.

선생님 76: 덧셈과 뺄셈? 자, 천천히 생각해 봐요. 이걸 가지고서 우리가 무엇을 할 수 있을까요? 혹시 앞에 친구가 '소수와 합성수' 이런 말을 했는데, 소수를 들어 본 적 있어요?

학생들: 네.

선생님 77: 소수는 어떤 뜻이에요?

학생들: 영점….

김신혜: 만약에 2라면 1과 2밖에 안 되는 수입니다.

선생님 78: 친구가 한 말이 무슨 말인지 이해하겠어요?

학생들: 네/아니오.

선생님 79: 모르는 학생들도 있나 봐요. 혹시 조금 더 다르게, 크게 설명해 줄 수 있는 친구 있어요?

어떤 학생: 크게는 할 수 있는데 다르게는 못하겠어요.

선생님 80: 하하하.

이동민: 자연수의 약수가 1과 자신밖에 없는 것.

[해설 17]

수집한 자료에 소수가 있는 것은 사실이다. 그러나 소수가 5학년 수학과 교육과정에 포함되어 있지 않다고 해서 소수를 수업 중에 배제하는 것은 적절하지 못하다. 이 학급에 있는 일부 학생들이 수집한 자료로부터 소수가 있음을 인지한다는 것은 이들은 이미 소수에 대해서 무엇인가를 자기 나름대로 알고 있음을 의미한다. 이런 수업 현상은 지극히 자연스런 현상이다. 왜냐하면 이 학급에 있는 학생들 중에는 지적 능력이 매우 뛰어난 학생들도 있기 때문이다. 서로 다른 이질적인 지적 능력을 지닌 학생들이 모인 학습공동체에서는 이런 학생들이 찾아내는 아이디어들을 다른 학생들이 모두 다 이해할 수 없다손치더라도 이를 수업 중에 성실하게 다루어 줌으로써 이들이 낸 아이디어로부터 이들 학생들 뿐만 아니라 다른 학생들도 배울 수 있다. 이 과정에서 어떤 학생은 '소수'에 대한 자신의 생각을 정교화할 수 있고 어떤 학생은 '소수'라는 아이디어에 대한 최초의 이해를 시작한다.

선생님 81: 우리가 초등학교 2학년 때는 약수를 어떻게 배웠냐 하면, 곱하는 수, 곱해지는 수 이런 용어로 배웠었죠? 그 말을 이제 바꿀 것이에요. (전지를 가리키면서) 37을 보면, 1하고 37밖에 없죠? 또 뭐가 있어요? 31, 41도 1과 41, 또 뭐 있어요? 59도 그렇고. 53도 그렇고. 47. 이러한 수들은 약수가 1하고 자기 자신밖에 없는 수에요. 그런 수를 뭐라고 한다고? 소수라고 합니다. 그렇지 않은 수들은? 합성수. 근데 그거 말고, 그것도 이 표를 보면 알 수 있죠? 그것 말고 또 뭘 볼 수 있을까요? 그것과 관련이 되어 있을 것 같아요. 어떤 수는 곱셈식이 많고, 어떤 수는 곱셈식이 적고 하네요. 여러분들이 보이는 대로 얘기하면 돼요. 어떤 것은 약수를 많이 갖고 있고, 어떤 것은 약수를 적게 갖고 있어요. 모든 수들이 약수를 똑같이 갖고 있지는 않은 거죠? 저 표를 보고서 또 뭘 생각해 볼 수 있겠어요?

[해설 18]
교사는 '선생님 81'에서 '약수'라는 용어를 사용하고 있다. 이는 초등학교 교사용 지도서(교육과학기술부, 2010)에서 '~ 추상적인 수학 기호와 수학 용어를 합의하여 약속(p. 44)'한다는 제안과는 다른 접근이다. 실제로 개념형성모형의 이론적 근거를 제시한 Skemp(1987)는 개념을 형성하는 과정 또는 후에 언제든지 현재 형성 중인 개념에 대한 용어를 사용할 수 있고, Kamii(1994)는 이들 용어 또는 기호는 구성의 대상이 아니라 전수의 대상이라고 지적하고 있다. 즉, 수학적 용어 또는 기호는 학생들이 구성해야 할 대상이 아닌 것이다. 의사소통이 원활하게 이루어지는 수업을 실천에 옮기기 위해서는 구성의 대상이 아닌 대상을 구성할 것을 학생들에게 요청해서는 안 된다. 또한, 교사는 학생이 한 반응을 토대로 하면서 동시에 수집된 자료를 참고하면서 논의 중인 아이디어를 정리하고 있다. 교사의 학습정리는 이처럼 학습자의 반응을 체계적으로 정리하는 수준에서 머물려야 한다. 그래야 학생들이 자신의 반응을 정리할 수 있는 기회를 가질 수 있다. 이때 주목할 점은 이런 교수 관행이 어떤 특정한 수학 내용을 학생들에게 이해시킬 목적으로 행하는 교수 관행과는 질적으로 다르다는 점이다.

김원준: 어떤 수는 1밖에 없고, 다른 수는 2하고 4, 이런 걸 가지고 있어서….

선생님 82: 2하고 4 이런 수들이 있어요. 자, 지금 친구가 한 말은, 여기에 32, 34, 36, 40 이런 수를 무엇이라고 불러요? 짝수라고 부르지요. 짝수는 적어도 2곱하기 무엇이라고 표현이 가능하겠지요? 그 얘기를 한 것 같아요. 여기서 또 다른 것 찾을 수 있겠어요? 한번 찾아보세요. 아까 처음 시작할 때 선생님이 뭐라고 했냐 하면 "생각하기"라고 했어요. "생각하기". 여기서 어떤 것을 찾아낼 수 있을까요?

서서현: 홀수와 짝수?

선생님 83: 어떤 점에서요? 좀 더 설명해 줄래요?

서서현: 31, 33, 35, 37, 39 같은 숫자는 홀수이구요. 32, 34, 36, 38, 40은 짝수에요.

선생님 84: 칠판에 보면 왼쪽과 오른쪽에 적어 놓은 숫자들이 홀수와 짝수가 반복돼 있어요. 그 얘기를 한 것 같아요. 또 다른 것은요?

[해설 19]

교사는 끊임없이 학생들에게 수집한 자료로부터 알아낼 수 있는 수학적 사실을 요구하고 있다. 이런 요구를 받은 초기에 가장 자주 나타나는 현상 중의 하나가 서서현 학생이 한 반응처럼 매우 사소한 발견을 하는 것이다. 서서현 학생이 찾아낸 아이디어는 [그림 4]에 숫자카드에 있던 수들을 옮겨 놓은 수들이 홀수, 짝수를 반복하고 있다는 것이다. 사실 이 아이디어는 현재 논의 중인 논의와는 무관하다. 그럼에도 불구하고, 교사는 '선생님 84'에서 이 아이디어가 의미하는 바를 짚고 있다. 이런 교사의 반응은 학생들에게 교사가 학생들의 사고를 존중하고 있음을 인식하게 해 준다. 또한, 이런 사소한 반응이 나왔음에도 불구하고, 교사는 또 다른 아이디어를 찾을 수 없는지를 묻고 있음에 주목할 필요가 있다. 이 발문으로 인해서 아래 여현경 학생의 반응을 들을 기회를 가질 수 있었다.

여현경: 모든 수가 1과 곱해져요.

선생님 85: 아! 아주 좋은 걸 찾아낸 것 같아요. 한번 잘 보세요. 여기 31에서부터 60까지 봤는데, 모든 수들이 다 1곱하기 뭐, 1곱하기 뭐, 1과 자기 자신으로 표현돼 있어요. 1이 다 들어가 있어요. 그렇죠? 응, 친구가 표를 보고서 굉장히 좋은 걸 생각해 낸 것 같아요.

[해설 20]
학생들에게 제시된 자료는 풍부한 수학적 아이디어들이 포함되어 있다. 여현경 학생이 찾은 아이디어는 1은 모든 수의 곱셈식에 1을 약수로 갖고 있다는 것으로 1은 모든 수의 약수라는 사실이다.

선생님 86: 또 뭐가 있을까요? 지금까지 우리가 얘기한 것을 생각해 보면, 아까 소수는 짝수에서도 나올 수 있겠어요?

학생들: 네. / 아니오.

선생님 87: 네 일까요, 아닐까요?

학생들: ….

선생님 88: 지금 선생님이 하는 말을 이해할 수 있겠어요? 지금까지 우리가 얘기한 것을 생각하면 짝수는 소수가 될 수 있을까요, 없을까요?

학생들: 있다. / 없다.

선생님 89: 자, 잘 모르겠어. 지금 선생님이 무슨 질문을 했는지는 이해했어요?

학생들: 네.

선생님 90: 자기 짝하고 "소수 중 짝수가 있는지 없는지"에 대해서 한번 의논해 보세요. 선생님이 수업하는 것을 보니까 이따가 선생님이 뭐하겠어요? "있다/없다"에 대해서 왜 그렇게 생각했는지 묻겠죠? 단지 있다/없다만 물어보지는 않겠지요? 둘이 물어보면서 그 이유에 대해서 물어보고, 자기들의 생각을 친구와 얘기해 보세요. (3분 경과)

선생님 91: 자, 선생님이 보니까 "있다"고 한 친구들이 많은 것 같아요. 물론 "없다"고 생각한 친구도 있고요. (1분 경과) 자, 마지막으로 1~2분만 시간을 더 줄게요. 선생님이 뭐라고 했냐 하면, "이 표를 보고서"라고 했어요. 이 표를 보고서 우리가 지금 몇 가지 찾은 것들에 대해서 얘기했잖아요. 그것에 대해서 얘기하자고 얘기했어요. 자, 자기 생각들 다 정리했어요? 근원이부터 한번 얘기해 볼까요?

김근원: 52라고 하면, 1과 52 말고 2도 있으니까. 소수가 아니에요.

선생님 92: 응, 있으니까 소수가 안 돼. 혹시 미영이가 같이 의논했으니까 더 설명해 줄 수 있어요? 아까 근원이가 없다고 얘기했었지요? 왜 없다고 생각했는지 얘기해 주세요.

이미영: 짝수는 2, 4, 6, 8, 10이 들어가는 수인데, 지금 이 표를 보면 짝수에는 소수가 아무것도 안 들어가 있어요.

선생님 93: 아, 이 학생은 이렇게 찾았어요. 여기 보면 "32, 34, 36, 38 등 2곱하기 뭐 형식으로 되어 있는데, 이러한 짝수에는 소수가 없어요. 그래서 짝수는 소수가 될 수 없어요." 이렇게 생각을 했대요. 그럼 짝수가 소수가 될 수 있다는 친구가 왜 그런지 한번 얘기해 볼까요?

어떤 학생: 2는 짝수인데 1과 2밖에 없어서 소수이다.

선생님 94: 2는 짝수인데 1과 자기 자신밖에 없기 때문에 2는 소수에요. 선생님이 던진 질문은 뭐지요? "저 표에서 소수인 짝수가 있을까요, 없을까?"였어요?

어떤 학생: 이 표에서는 없어요.

선생님 95: 응, 이 표에서는 없어요. 그러면 지금까지 우리가 한 말을 정리하면 어떻게 되겠어요? "모든 자연수 중에서 짝수인 소수는 2 하나밖에 없다." 이렇게 얘기하면 되겠죠?

[해설 21]
교사는 '선생님 88'의 질문을 함으로써 학생들이 좀 더 고차적 추상을 할 것을 요구하고 있고 학생들이 이 질문에 대한 아이디어를 구성할 수 있도록 하기 위해서 학생들의 생각을 듣기에 앞서서 짝과 함께 발표할 아이디어를 찾아보도록 하고 있다. 이런 기회를 제공함으로써 학생들은 나름대로 아이디어를 구성하고 자신이 구성한 아이디어를 발표할 준비를 할 수 있다. 결과적으로 학생들은 표에 있는 짝수들은 모두 소수가 아니지만, '2'는 소수이면서 짝수라는 사실도 찾아낸다. 이 사실을 한 학생이 찾아냈을지언정 이 아이디어는 이 학생만의 지식이 아니라 이 학급에 있는 모든 학생들의 지식이 된다. 즉, 의사소통하는 과정을 통해서 한 학급에서 논의된 아이디어들은 모든 학생들의 아이디어가 될 수 있다.

4.6 과제 안내

선생님 96: 우리, 수업은 여기까지 하구요. 오늘 수업 중에 소수에 대한 얘기가 나왔는데, 혹시 소수가 무엇인지 잘 모르는 학생들은 집에 가서 소수가 무엇인지 공책에 공부를 좀 해 보세요. 그 다음에 아까 얘기한 것처럼 책이 있는데, 책에 있는 건 쉬우니까 책에 4~5쪽을 숙제로 해 오세요. 익힘책도 8쪽까지 해 오세요.

[해설 22]
수업 중 의사소통은 수업 중에만 이루어지는 것은 아니다. 학생들의 지적 능력이 모두 다를 수 있기 때문에 일부 학생들은 수업 중에 다룬 내용들 중 이해가 안 된 내용을 좀 더 찾아보고 정리할 필요가 있다. 즉 자기 자신과의 대화 또한 대단히 중요한 의사소통의 한 형태이다.

5. 결론 및 제언

교실이라는 공간에서는 하루에도 무수히 많은 질문들과 대화들이 오간다. 그러나 단순히 대화의 양 자체가 의사소통의 질을 결정하지는 않는다. 이 장에서 제시된 수업 예시처럼 교사의 주도 면밀한 사전 준비와 목적의식 없이는 효과적인 의사소통을 구현할 수 없다. 의사소통이 활발히 이루어지는 수학수업을 실천에 옮기기 위해서는 교사는 다음과 같은 점에 주의해야 한다. 첫 번째, 위의 수업에서 나타나듯이 교사가 학생들에게 특정한 수학적 내용을 이해시킬 목적으로 하는 설명이 없어야 한다. 그 대신에 학생들이 구성해 낸 아이디어들을 중심으로 그 아이디어들이 갖는 의미를 탐색하는 시간을 학생들과 함께 해야 한다. 두 번째, 한 학급에 있는 학생들은 저마다 서로 다른 지적 능력을 가지고 있기 때문에 가능한 한 자주 학생들에게 개방형 과제 또는 문제를 제공해 주어야 한다. 학생들이 이런 과제를 제공받으면 학생들은 저마다의 지적 능력 수준에서 아이디어들을 구성해 내고 이 아이디어들을 바탕으로 활발한 의사소통을 할 수 있다. 더 나아가 학생들은 같은 문제 또는 과제를 제시받았기 때문에 전체 학급 토론에서 함께 의사소통하는 것이 가능해진다. 일부 연구자들은 학생들이 서로 다른 지적 능력을 갖추고 있기 때문에 이들에게 서로 다른 문제 또는 과제를 제공해 주어야 한다고 주장하기도 하는데, 그러면 학생들이 서로 다른 과제를 부여받았기 때문에 학생들은 개별활동 또는 모둠별활동 후에 의사소통을 할 수 없다. 이런 수업은 이질집단이 아닌 동질집단으로 구성된 학급에서나 가능한 접근인데, 일반적으로 초등학교의 학급은 이질집단으로 구성된 관계로 이런 주장은 초등학교 수업에서는 부적절하다고 할 수 있다. 세 번째, 의사소통이 활발히 이루어지는 수학수업을 위해서는 학생들에게 개방형 과제를 제공해 주는 것이 필요하다. 학생들은 서로 다른 지적 능력을 형성하고 있기 때문에 개방형 문제를 받으면 자신의 지적 능력에서 해결 전략을 찾고 아이디어를 구성한다. 그래서 학생들이 구성한 다양한 아이디어들이 있어야 의사소통이 활발하게 이루어질 수 있음은 자명하다. 차시별 학습목표와 같은 학습목표를 설정하면, 학생들에게 여러 가지 전략을 사용하도록 허용하더라도 학습목표에 근접하지 않은 전략들은 가치 있게 다루지 않는 의사소통을 하게 된다. 네 번째, 교사가 학생들이 저마다 다른 지적 능력을 형성하고 있음을 인정하면, 교사는 모든 학생들이 같은 학습경험을 하더라도 서로 다른 구성을 할 것을 염두에 두면서 수업을 해야 한다. 그래야 학생들이 각자 수준에서 이해한 것을 자유롭게 의사소통할 수 있는 기회를 갖게 된다.

혹자는 교사와 변호사 모두 비슷한 소양이 필요한 전문직이라고 말하고 있다(e. g., Tienken, Goldberg, DiRocco, 2009). 법정에 아무 질문도 준비하지 않고 들어가는 변호사는 없다. 그들은 정확한 목표를 가지고 구체적인 질문과 의사소통의 계획을 가지고 변론에 임한다. 마찬가지로 교사들도 학생들의 수학적 이해와 사고력 증진이라는 목적을 달성하기 위해 구체적인 발문과 의사소통 계획을 가지고 수업에 임한다. 효과적인 의사소통을 지휘하는 교사의 능력은 하루 아침에 성취할 수 있는 것이 아니다. 단순히 시간이 지난다고 해결되는 일도 아니다. 부단한 노력과 의식적인 준비과정이 필요한 일이다. 연수참여, 동료장학, 수업컨설팅, 소규모 교사학습공동체 등의 활동을 통해서 좀 더 효과적인 수학수업에서의 의사소통을 위한 논의가 지속되기를 기대해 본다.

참 고 문 헌

Reference

강완, 장윤영, 정선혜 (2011). 수학수업 발문유형 분석 및 대안 탐색: 신임 교사 사례 연구. 초등수학교육, 14(3), 293-302.

교육인적자원부 (1997). 교육부 고시 1997-15호에 따른 초등학교 교육과정 해설(IV)-수학, 과학, 실과. 서울: 대한교과서주식회사.

교육과학기술부 (2008). 교육인적자원부 고시 2006-75호 및 2007-79에 따른 초등학교 교육과정 해설(IV)-수학, 과학, 실과. 서울: 대한교과서주식회사.

교육과학기술부 (2011). 교육과학기술부 고시 제2011-361호에 따른 수학과 교육과정 별책 8. 서울: 교육과학기술부.

교육과학기술부 (2010). 초등학교 교사용 지도서: 수학 4-1. 서울: 두산동아.

김진호 (2009). 수학수업 중 원활한 의사소통이 이루어지는 교실문화 형성하기. 초등수학교육, 12(2), 99-115.

김진호, 김상미 (2013). 구성주의 입장에서 보는 학습자 중심의 수학 교수·학습. 김진호, 장경윤, 한인기, 고호경(편저), 구성주의와 한국수학교육 (pp. 45-64). 서울: 경문사.

박만구, 안희진, 남미선 (2005). 초등학교 초임교사들이 수학수업에서 겪는 어려움. 한국학교수 학회논문집, 8(2), 291-314.

Ainley, J. (1987). Telling questions. *Mathematics Teaching*, 118, 24-27.

Boaler, J. (2009). *The elephant in the classroom: Helping children learn and love math*. London: Souvenir Press.

Bochicchio, D., Cole, S., Ostien, D., Rodriguez, V., Staples, M., Susla, P., & Truxaw, M. (2009). Shared language. *Mathematics Teacher*, *102*(8), 606-613.

Burns, M. (2001). *Teaching arithmetic: Lessons for introducing fractions, Grades 4-5*. Sausalito, CA: Math Solutions Publications.

Burns, M. (2003). *Teaching arithmetic: Lessons for extending fractions, Grade 5*. Sausalito, CA: Math Solutions Publications.

Burns, M. (2010). *Teaching arithmetic: Lessons for multiplying & dividing fractions, Grades 5-6*. Sausalito, CA: Math Solutions Publications.

Burns, M., Wickett, M., & Ohanian, S. (2002). *Teaching arithmetic: Lessons for introducing division, Grades 3-4*. Sausalito, CA: Math Solutions Publications.

Chapin, S. H., O'Connor, C., & Anderson, N. C. (2009). *Classroom discussions using math talk to help students learn, grades 1-6*, (2nd edition). Sausalito CA: Math Solutions Publications.

Cobb, P. (1995). Mathematical learning and small-group interaction: Four case studies. In P. Cobb, & H. Bauersfeld (Eds.), *The emergence of mathematics meaning: Interaction in classroom cultures* (pp. 25-129). Mahwah, NJ: Lawrence Erlbaum.

Cobb, P. (2000). From representations to symbolizing: Introductory comments on semiotics and mathematical learning. In P. Cobb, E. Yackel, & K. McClain (Eds.), *Symbolizing and communicating in mathematics classroom: Perspectives on discourse, tools, and instructional design* (pp. 17-36). Mahwah, NJ: Lawrence Erlbaum.

Cobb, P. (2002). Reasoning with tools and inscriptions. *Journal of the Learning Sciences*, *11*(2/3), 187-215.

Cobb, P., & Bauersfeld, H. (1995). *The emergence of mathematical meaning: Interaction in classroom cultures*. Mahwah, NJ: Lawrence Erlbaum.

Confrey, J., & Kazak, S. (2006). *A thiry-year reflection on constructivism in mathematics education in PME*. IN A. Guttierrez, & P. Boero (Eds.), Handbook of research on the Psychology of Mathematics Education: Past, present and future (pp. 305-345). Rotherdam: Sense Publications.

Dillon, J. T. (1983). *Teaching and the art of questioning*. Bloomington, IN: Phi Delta Kappa (Fastback No. 194).

Doise, W. (1990). The development of individual competencies through social interaction. In H. C. Foot, M. J. Morgan, & R. H. Shute (Eds.), *Children helping children* (pp. 43-64). Chichester: J. Wiley & Sons.

Doise, W., & Mugny, G. (1984). *The social development of the intellect*. Oxford: Pergamon Press.

Herbel-Eisenmann, B., & Cirillo, M. (Eds.). (2009). *Promoting purposeful discourse*. Reston, VA: NCTM.

Herbel-Eisenmann, B. A., Steele, M. D., & Cirillo, M. (2013). Developing teacher discourse moves: A framework for professional development. *Mathematics Teacher Educator*, *1*(2), 181-196.

Kamii, C. (1994). *Young children continue to reinvent arithmetic-3rd grade.*

NewYork, NY: Teacher College Press.

Latterell, C. M. (2004). *Math wars: A guide for parents and teachers*. Westport, CT: Praeger Publishers.

Lee, J. (2006). Teaching algebraic expressions to young students: The three-day journey of 'a+2'. *School Science and Mathematics*, *106*(2), 98-104.

Lee, J. (2007). Making sense of the traditional long division algorithm. *The Journal of Mathematical Behavior*, *26*(1), 48-59.

Lee, J., & Zeppelin, M. (2014). Using drawings to bridge the transition from student to future teacher of mathematics. *International Electronic Journal of Elementary Education*, *6*(2), 333-346.

Lerman, S. (2006). Socio-cultural Research in PME. In A. Gutiérrez & P. Boero (Eds.), *Handbook of research on the Psychology of Mathematics Education: Past, present and future* (pp. 347–366). Rotterdam: Sense Publications.

Lobato, J., Clarke, D., & Ellis, A.B. (2005). Initiating and eliciting in teaching: A reformulation of telling. *Journal for Research in Mathematics Education*, *36*(2), 101–136

Luria, A. R., Cole, M., & Cole, S. (1979). *The modeling of mind: A personal account of Soviet psychology*. Cambridge, MA: Harvard University Press.

Ministry of Education (2006a). *Mathematics syllabus: Secondary*. Singapore: Curriculum Planning and Development Division.

Ministry of Education (2006b). *Past year examination questions 1996-2006: Additional mathematics*. Singapore: Dyna Publishers.

National Council of Teachers of Mathematics. (1989). *Curriculum and evaluation standards for school mathematics*. Reston, VA: Author.

National Council of Teacher of Mathematics. (2000). *The principles and standards for school mathematics*. Reston, VA: Author.

National Governors Association Center for Best Practices & Council of Chief State School Officers. (2010). *Common Core State Standards for Mathematics*. Washington, DC: Author.

Palincsar, A. S. (1998). Social constructivist perspectives on teaching and learning. *Annual Review of Psychology*, 49, 345-75.

Perrot, E. (2002). Using questions in classroom discussion. In A. Pollard (Ed.), *Reading for reflective teaching* (pp. 267-272). New York: Continuum.

Piaget, J. (1932). *The language and thought of the child.* London: Routledge and Kegan Paul.

Sfard, A. (2001). There is more to discourse than meets the ears: Looking at thinking as communicating to learn more about mathematical learning. *Educational Studies in Mathematics*, *46*, 13-57.

Sfard, A. (2008). *Thinking as communicating: Human development, the growth of discourses, and mathematizing*. New York: Cambridge University Press.

Skemp, R. R. (1987). *The psychology of learning mathematics*. Hillsdale, NJ: awrence Erlbaum Associates.

Smith, J. (1986). Questioning questioning. *Mathematics Teaching*, *115*, 47.

Smith, M., & Stein, M. K. (2011). *5 practices for orchestrating productive mathematics discussions*. Reston, VA: NCTM.

Staples, M. & Colonis, M. M. (2007). Making the most of mathematical discussions. *Mathematics Teacher*, *101*(4), 257-261.

Tienken, C. H., Goldberg, S., & DiRocco, D. (2009). Questioning the questions. *Kappa Delta Pi Record*, *46*(1), 39-43.

Vygotsky, L. S. (1978). Interaction between learning and development. In L. S. Vygotsky, M. Cole, V. John-Steiner, S. Scribner & E. Souberman, (Eds.), *Mind in society: The development of higher psychological processes* (pp. 79-91). Cambridge, MA: Harvard University Press.

Vygotsky, L. S., & Cole, M. (1978). *Mind in society: The development of higher psychological processes*. Cambridge, MA: Harvard University Press.

Wood, T. (1998). Alternative patterns of communication in mathematics classroom: Funneling or focusing? In H. Steinbring, M. G. B. Bussi, & A. Sierpinska (Eds.), *Language and communication in the mathematics classroom* (pp. 167-178). Virginia: NCTM.

Wertsch, J. V. (1995). The need for action in sociocultural research. In J. V. Wertsch, P. del Rio, & A. Alvarez (Eds.), *Sociocultural studies of minds* (pp. 56-74). New York: Cambridge University Press.

제 9 장

스토리텔링 수학수업

서보억(충남대학교)

1. 스토리텔링 수학수업의 이론

수학에서 스토리텔링을 접목한 수학수업 형태는 꽤나 오래된 수업 형태 중의 하나이다. 비록 스토리텔링 수학수업이 표면 위로 부상한 것은 최근의 일이기는 하지만, 이야기와 맥락을 바탕으로 하는 수학수업은 오랫동안 교실 수업 방법으로 널리 알려져 있기 때문이다. 저자가 중등학교 교사로 수업을 진행할 때, 삼각비 단원을 주제로 한 수업에서 탈 fp스(Thales)가 이집트를 방문하여 피라미드의 높이를 구했다는 일화를 바탕으로 한 수업 전개는 매우 친숙하였고, $\sum_{k=1}^{n} k$의 값을 구하기 위해 가우스(Gauss)의 어린 시절에 있었던 일화를 인용하는 것은 매우 당연한 수업 방법이었다. 또한 필요에 따라서는 이차방정식의 근의 공식을 노래 가락과 연결하여 수업을 진행하는 것은 매우 자연스러운 수업 형태였음은 누구도 부정할 수 없는 사실이다. 이러한 방식의 수업 형태가 비록 스토리텔링이라는 이름하에 진행된 것은 아니었고, 체계적으로 스토리텔링을 활용한 수학수업 방식을 적용한 것은 아닐지 모르지만, 한 가지 분명한 것은 현재 우리가 지향하고 있는 스토리텔링 수학수업과 무관해 보이지는 않는다.

이번 장에서 제시하고자 하는 스토리텔링과 수학수업에 대한 내용은 이러한 관점에서 접근하는 것이 타당할 것으로 생각한다. 스토리텔링 수학수업은 이 시대에 새롭게 등장한 것이 아니라, 기존에 우리와 친숙하였던 수업의 한 형태라는 점이다. 단지 스토리텔링이라는 체계적인 틀을 갖추지 않았을 뿐이었음을 새삼 강조하고 싶다.

최근 우리나라 수학교실 모습과 수학학습에 대한 언론 보도는 다소 부정적인 시각으로 접근하고 있는 듯하다. 이러한 언론의 공통적인 메시지는 '수학학습에 대한 흥미 부족', '수학에 대한 부정적 태도', '수학에 대한 두려움', '수학 학습결과에 대한 불안감' 등이고, 이러한 결과로 수학에 대한 부정적인 태도가 대폭 증가하였다고 지적한다. 실제로 수학교육계는 학습에 대한 낮은 자존감과 부정적인 태도를 해소하고, 수학교육의 본질적인 목적인 창의적이고 합리적인 문제해결 능력을 가진 인재양성을 위해 새로운 수학교육 방법을 강하게 요구하고 있다. 이러한 필요성에 대한 핵심은 수학에 대한 인지적인 측면의 개선과 더불어 정의적 측면에서의 개선을 기본 골자로 하고 있는데, 특히 정의적 측면에서의 개선에 더 큰 관심을 기울이고 있는 것이 현실이다. 이에 지난 정부의 교육과학기술부(이하, 교과부)는 '스토리텔링을 활용한 수학교육'을 통한 수학교육의 개선을 제안하였다. 2012년 1월 교과부가 발표한 '수학교육 선진화 방안'에 따른 '신개념 수학교육'이 바로 그것인데, 여기에서 '스토리텔링 수학'을 강하게 제기하고 있으며, 공식과 문제 풀이 위주의 무미건조하고 재미없는 수학수업을 '스토리텔링' 요소의 가미로 흥미롭고 열정적인 수업으로의 전환 및 재미있는 수학학습으로의 전환을 기대하고 있다.

스토리텔링 요소를 가미한 수학교실 수업은 오래 전부터 수학교사에 의해 즐겨 사용하는 수업 소재 중의 하나였음에 틀림이 없고, 최근 교과부에 의해 강하게 추진되고 있는 수업 형태임에 분명하다. 여기에서는 스토리텔링 수학수업에 대한 이론적인 제 측면에 대해 먼저 고찰하고, 이를 바탕으로 실제 수학수업을 위한 기초적인 방향을 제시하고자 한다.

1.1 이야기의 정의와 이야기하기(storytelling)

이야기(story), 특히 수학교실 수업에서 이야기의 개념적 정의는 무엇인가? 이야기와 유사한 단어로 '담화(narrative, 주로 사실을 바탕으로 하는 설명)', '서술(account)', '모험담(yarn)', '전설(legend)', '일대기(chronicle)' 등이 있다. 하지만, 이야기에 대한 유사어 혹은 사전적 정의로는 이야기에 대해 정확히 이해하거나 이야기의 의미를 파악하는 것은 쉽지 않다. 따라서 이야기의 정의와 의미에 대해 보다 명확하게 이해하기 위해 몇 가지 측면에서 살펴보자.

Egan(2005)은 이야기란 '이야기를 구성하는 요소들의 감정적인 의미를 표현할 수 있는 하나의 서술 단위'라고 정의하였다. 이야기는 갈등이 전개되는 도입부가 있고, 갈등이 복잡해지는 위기 즉, 절정구간이 있으며, 갈등이 해소되는 결말이 모두 갖춰진 특정한 종류의 단위라는 것이다. 이러한 입장에서 이야기는 이야기에 제시되어져 있는 내용으로부터 우리의 감정을 유발시키는 역할을 한다. 또한 Green(2004)은 '이야기는 본질적으로 풀리지 않은 물음들과 갈등들이 내재되어져 있고, 이러한 갈등과 마주치는 인물들이 이를 해결하기 위해 노력하게 된다. 이러한 해결과정을 통해 정보를 조직하고 알리거나, 혹은 우리의 삶이나 환경에 의미를 만들게 하는 힘이 있는 구조'라고 설명한다. 위 두 정의의 공통점은 이야기는 '갈등과 구조'라는 것이고, 차이점은 Egan은 이야기를 듣고 난 다음 학습자의 감정 적응에 주목하지만, Green은 이야기에 삽입되어진 정보에 더 주목한다는 점이다. Egan은 이야기의 서술을 통해 나타나는 사건들에 우리의 감정을 적응시키는 특별한 종류의 서술단위로 이야기를 설명하고 있기 때문에 우리에게 감정을 느끼게 해야만 이야기가 성립될 수 있다고 보았고, Green(2004)에게 있어서 이야기의 특징은 '이야기의 핵심은 무엇입니까'라는 물음에 대한 답과 관련이 있다고 본 것이다. 결론적으로 이야기는 '사건들의 감정적인 의미를 고정시킬 수 있는 언어학적 단위'인 동시에 '특정한 지식체계를 조직하는 구조를 담고 있는 것'이라고 볼 수 있다.

앞에서 제시한 이야기를 바탕으로 이야기하기(이하, 스토리텔링)에 대해 생각해 보자. 이야기는 연속적 사건과 이러한 사건에 대한 평가라는 이원적인 관점에서 설명한다(Bruner, 1996). 즉 이야기는 연속성을 지닌 낱낱의 개별적 사건이 존재하고, 이러한 개별적 사건이 모여 특정한 의미를 만들어 낼 수 있어야 한다. 다르게 표현하면, 이야기는 외적인 형태를 구축하고 있는 개별적 사건의 모임이자 이런 사건을 통해 독자에게 전달하고자 하는 특정 의미의 결합체이다. 이야기에 대한 이러한 두 요소로부터, Bruner(1996)는 다음과 같은 해석을 내리고 있다. 이야기는 '개별적 부분에 대한 통합을 통해 이야기 전체에서 전달하고자 하는 의미가 무엇인지 파악하려고 시도하고, 또다시 이야기 전체에서 전달하고자 하는 의미에 기초하여 각 부분에 내포된 의미를 상세히 이해하려고 하는 것'이라는 해석학적 순환(hermeneutic circle)으로 분석하고 있다. 이러한 해석은 이야기는 부분과 전체 상호간의 관련성에 기반하고 있다는 것을 밝힌 것이다. 여기서 Bruner는 지식과 정보를 담고 있는 이야기를 '지식화'하고 '구조화'하는 가장 자연스럽고 오래된 방법 중의 하나가 담화(narrative)라고 해석하고 있고, 급변하고 있는 지식정보시대에 성공하기 위한 6대 원칙 중 하나로 스토리텔링을 제시하였다. 왜냐하면, 지식정보시대에 '정보'와 '지식'이 담겨져 있는 이야기를 잘 이해하고 전달하기 위해 가장 효과적인 수단이 말하는(telling) 것이기 때문이다. 이러한 관점에서 많은 학자들은 '이야기를 말하는 것(telling a story)'은 지식 전달에 간편성과 간결성을 가지면서 인간의 본능에 잘 부합된 가장 완전한 수단이고(Shedlock, 1951), 스토리텔링은 청중들에게 이야기의 세계를 구성하는 것을 돕는 의사소통의 수단이면서 동시에 지식의 전달의 가장 중요한 역할을 수행하고 있으며(Golden, 2000), 스토리텔링은 '자연스럽고, 흥미로우며, 매력적인 역할의 수행'이 가능할 뿐 아니라 자연스러운 의사소통과 수학에 대한 지적인 두려움으로부터 해방되도록 도움을 제공할 수 있다고 선언하고 있다(Lipke, 1996).

1.2 스토리텔링의 새로운 조망

앞에서도 언급하였지만 스토리텔링을 활용한 교육은 최근에 발생한 것이 아니었다. 예전에도 있었고, 교육활동이 존재하는 한 사라지지 않을 교육 방법이다. 그렇다면, 20세기 말과 21세기 초에 스토리텔링이 교육활동에서 재조명되는 것은 특별한 이유가 있어 보인다. 이야기는 인류의 탄생과 함께 존재하였고, 21세기 최첨단 디지털시대에도 그 중요성이 더 크게 부각되고 있다. 이는 현대의 과학기술문명의 급속한 발달과 무관하지 않을 것이다. 최혜실(2011)이 제시하고 있는 이유를 수학교육적 입장에서 재해석하면 세 가지로 요약할 수 있다.

첫째, 인간의 인지구조가 이야기 구조로 되어 있다는 사실을 심리학적으로 발견하기 시작하였다. 아주 먼 옛날 인류는 생존을 위해 자기 자신에게 유리한 방향으로 정치, 경제, 사회, 문화, 교육, 과학 등을 발전시켜 왔고, 이러한 과정에서 자신에게 유익한 정보를 저장하는 장치 및 수단을 개발하였는데, 이러한 저장 수단 중에서 가장 효과적인 것이 바로 이야기 구조라는 것이다(Pink, 2005). 즉, 이야기는 인간이 환경에 적응하는 과정에서 부수적으로 발생하게 된 인지구조의 한 장치로 볼 수 있다. 예를 들어, 우리가 영어단어를 외울 때를 생각해 보자. 낱낱의 개별단어를 외울 때 보다는 그 단어가 포함되어진 문장(곧, 이야기)을 함께 외우거나 학습할 때 더 오랫동안 기억되고 유지되는 것과 같은 이유이다. 따라서 인간의 인지구조가 이야기 구조로 되어져 있기 때문에 이야기는 인간과 매우 친숙하고, 이로 인해 기억하기 쉽고, 이 시대에 수학학습의 한 방법으로 등장한 것이다(Zazkis & Liljedahl, 2009).

둘째, 인터넷과 같은 스마트한 전자 도구가 일상화되기 이전인 1990년대 초까지는 정보를 소유한 것 자체가 매우 소중한 것이었지만, 1990년대 중반 이후 인터넷의 대중화, 스마트폰의 실용화로 인해 정보폭발이 일어났다. 이로 인해, 자신에게 적합하다고 생각되거나 감동적으로 와 닿는 정보만을 선별적으로 취해야 한다는 인식의 변화가 생겼다. 이는 수학학습에서도 예외일 수는 없다. 자신에게 의미 있고, 흥미가 있으며, 적합할 때에만 학습에 주의 집중하고 관심을 기울이는 태도의 변화가 생겨났다. 이로 인해, 수학수업시간에 어떻게 학생들의 관심을 끌 것인가에 대한 문제가 생겼고, 이러한 문제를 해결하기 위한 방법으로 스토리텔링이 중요시되고 있다. 즉, 디지털시대에 살고 있는 학생들이 수학수업시간을 통해 의미 있고 중요한 내용을 인식, 선별 및 기억하기 위한 목적으로, 수학학습자의 관심을 끌고 집중시킬 새로운 형식으로 스토리텔링이 등장한 것이다(Egan, 2004; Lipke, 1996; Zazkis & Liljedahl, 2009).

셋째, 디지털시대 사이버 공간의 영향으로 가상성이 강조되고 있고, 이러한 사이버 가상 공간을 현실 공간으로 그대로 이동하여 설명하거나 적용하려는 인간의 욕구가 이야기의 유행을 낳았다는 분석이다(최혜실, 2011). 사이버 가상 공간에만 존재하는 가상적 구조를 시각적으로 인지 가능하고 경험할 수 있는 사실적 구조로 만들고 현실 세계에 그대로 적용하기 위한 수단이 바로 이야기였던 것이다. 이로 인해 최첨단시대의 도래와 함께 이야기의 중요성이 증대되었고, 이제는 수학학습과도 무관하지 않게 된 것이다.

현대적 의미에서 스토리텔링을 구성하고 있는 특별한 구성요소가 있다(홍숙영, 2011). 스토리텔링이 성공적으로 이루어지려면 일반적으로 4개의 구성요소 즉, 의미, 갈등, 등장인물, 플롯이 절대적으로 필요하다. 첫째, 의미에 대해 살펴보자. 스토리텔링은 단순히 이야기를 전달하는 것이 아니다. 그 이야기 안에는 전달하고자 하는 메시지가 담겨 있는데, 이것이 의미이다. 수학수업에서 수학내용이 될 수 있고, 학생의 흥미 유발이 될 수도 있다. 둘째, 갈등이다. 스토리텔링은 적절한 갈등 상황을 포함하고 있어야 한다. 갈등이 없으면 지루하고 상상력이 끼어들 여지를 주지 못하게 된다. 좋은 스토리는 갈등이 해소될 때까지 적절한 갈등을 제공하여 청자를 잡아 놓는다. 그리고 중요한 메시지는 이 갈등의 해소 과정을 통하여 전달하게 된다. 셋째, 등장인물이다. 스토리텔링에서는 효과적인 메시지 전달을 위하여 정해진 역할을 수행하는 등장인물이 있어야 한다. 일반적인 스토리에서는 성공적인 갈등을 만들어 내기 위하여 서로 다른 성격을 가지고 있는 인물들을 등장시키게 된다. 마지막은 플롯(plot) 즉, 줄거리이다. 플롯은 이야기의 전개를 어떻게 구성할 것인가를 말한다. 이는 청자들이 흥미를 잃지 않도록 정밀하게 구성할 필요가 있다. 일반적으로 기승전결 등으로 나누어 이야기를 전개하게 된다.

스토리텔링 구성요소로부터 수학교육에서 스토리텔링의 모습을 엿볼 수 있다. 스토리텔링을 직역하면, '이야기(story)를 이야기(tell)하는(-ing)'의 합성어로 '이야기를 말하고 있는 현재 활동'을 의미한다. 그러나 스토리텔링은 단순히 이야기를 들려주는 것 뿐 아니라, 이야기를 말하는 행위까지를 포함하는 일련의 활동이다. 스토리텔링은 전하고자 하는 의미를 배경, 인물, 갈등 상황을 적절히 구성하여 화자와 청자가 현장에서 이야기를 공유하면서 자신들의 상상력과 감정을 첨가하여 자신들의 언어로 생동감 있게 표현하는 활동이다. 따라서 스토리텔링에서는 이야기에 참여하는 현재성과 현장성을 강조한다. 수학교육에서 스토리텔링은 수학 교수학습방법 중 하나로, 학습 내용과 관련 있는 소재, 이야기 등 상황(스토리)과 연계하여 수학적 개념을 익히는 것이라고 볼 수 있다. 수학 내용을 배경, 인물, 갈등 상황과 적절히 연계하여 교사와 학생, 학생과 학생이 수업현장에서 이야기를 공유하며, 서로의 상상력과 감정을 이입하여 자신만의 언어로 생동감 있게 표현하는 학습 활동인 것이다.

지난 수십 년 동안 미국에서는 수학교육의 개혁하기 위해 많은 실험과 연구활동을 진행하였다. 특히 'A Nation at Risk' 이후 학력향상을 위해 새로운 도전을 지속하고 있는데, 이러한 도전들 중 하나가 스토리텔링 수학수업 기법이다. 스토리텔링 등장을 전후하여 미국 수학교육의 변화들을 보면, NCTM(1991)에서는 수학의 가치, 수학을 하는 자신감, 수학적 문제해결, 수학적 의사소통, 수학적 추론이라는 다섯 가지 수학교육 목표 및 수학적 힘이라는 새로운 개념을 설정하였고, 학습환경을 활동적으로 개선하기 위해 '고등적 사고, 지식의 깊이, 교실을 넘어 실세계와의 연결성, 실제적인 대화, 학생들의 성취'를 학습의 특성으로 설정하였으며(Ellis, 1997; Hauscarriague, 2008), 몇몇 학자들은 학생들을 수업에 지속적으로 참여시키기 위한 새로운 전략을 검토하였는데, 이러한 전략들 중 하나가 학생들의 마음을 사로잡기 위한 교육방법으로서 스토리텔링 수업기법의 선택하였다. 스토리텔링 수업기법은 교실수업과 학생들의 학습방법 개선을 위한 새로운 수업방법의 하나라는 것이 분명해 보인다(Morgan, 2006).

최근 초등학교 수학교과서에서는 스토리텔링이 전면적으로 반영되었다. 비록 중학교와 고등학교에서는 명시적 수준에 그쳤지만, 이재학 외(2013), 권오남 외(2013) 등의 연구를 통해 중학교와 고등학교에 적합한 스토리텔링 모델교과서의 개발이 이루어졌고, 다양한 관점에서 스토리텔링 수학교과서의 구현을 요구하고 있는 실정이다. 수학교과서에서 스토리텔링을 도입한 배경은 학생들에게 추상적인 수학 개념을 자연스럽게 접하여 보다 쉽게 수학을 이해하고, 재미있게 수학을 학습할 수 있는 기회를 제공하기 위함이다. 이러한 취지에 대해 교육부에서는 다음과 같이 밝히고 있다. 첫째, 추상적인 수학 개념의 이해에 스토리텔링 수학교과서는 매우 유익하다. 수학교육과정에서 밝히고 있는 수학교육의 목적을 달성하기 위해서는, 학생들의 능동적인 수업참여가 필수적인데, 능동적인 수학수업의 실현을 위해서는 구체물의 효과적 사용과 소집단 학습활동 강화 등 학습자의 학습경험에 부합된 교수학적 노력이 절대적이다. 이러한 교수학적 노력에서 매우 유익한 수단이 스토리텔링 수학교과서의 구현이다. 둘째, 재미있는 수학 교과서에 대한 요구에 대한 반영이다. 우리나라 학생은 학업 성취도는 높지만, 학습 동기는 낮다. 수학에 대한 인식 개선 및 자기주도 학습 동기 부여를 위한 수단으로 스토리텔링 수학교과서는 매우 현실적인 대안이다. 셋째, 영상 세대의 감성 발달에 부합된 학습을 위해 스토리텔링 수학교과서는 필요하다. 요즈음 학생들은 감성적이고 직관적인 영상 세대라고 일컬어진다. 영상 세대는 다양한 매체의 영향으로 시각, 청각, 촉각 등 전 감각을 인식에 동원하고 있는 세대이므로 이에 맞는 수학교과서의 구현이 요구된다. 스토리텔링 방식의 수학교과서의 구성은 학습자 자신이 무엇인가를 인지하고, 인지한 것을 바탕으로 지식을 구성하고 조직하는 활동을 다양하게 포함하게 되므로 인간의 전체 감각을 활용한 수업을 가능하게 할 수 있다.

1.3 수학수업에서 스토리텔링의 가치와 중요성

스토리텔링을 적용한 수학수업의 본질은 학생들에게 제공될 수 있는 교과서 형태의 교재(text)와 더불어 말하여지는 행동(action)이라는 두 가지 요소 사이의 상호작용의 결과에 의해 결정되어진다. 스토리텔링은 이야기가 담긴 수학 교과서일 뿐만 아니라, 수학이 담긴 이야기를 화자인 교사에 의해 말해지는 그 순간순간의 과정인 것이다. 따라서 스토리텔링의 중심은 말하는 자 즉, 화자가 아니라 말을 듣는 자 곧 청중에 초점을 두어야 한다. 이러한 스토리텔링의 속성으로 인해 Lipke(1996)는 스토리텔링을 교육적으로 매우 강력한 수업방법이자 수단으로 간주하고 있다. 특히, 21세기의 학생들은 스마트폰, MP3, 휴대폰 등으로 인해 항상 다양한 소리에 끊임없이 노출되어져 있고, 이로 인해 학생들은 비활동적인 청중으로 길들여져 있다. 즉, 청중인 학생들은 웬만한 소리에는 쉽게 집중하지도 경청하지도 않는 무관심한 학습자로 경직되어 있다. 이러한 비활동적 청중들은 다소 역설적이기는 하지만 많은 소리의 홍수 속에 진정으로 그들이 듣고자 하는 특정한 무엇인가를 찾기 위한 열망으로 가득 차 있다는 점이다. 즉, 학습자는 매력적인 이야기를 들었을 때는 그들은 혼신의 힘을 다해 듣고, 매우 적극적으로 참여하는 청자가 된다. 왜냐하면, 그들에게 들어야 하는 목적이 비로소 생겼기 때문이다. 사실, '이야기를 말하는 것'은 인간의 가장 보편적인 활동 중의 하나이다. 학습의 출발은 아이들과 부모와의 대화였다. Riessman(1993)은 자신의 내면에 존재하는 지식을 '말하는 것'을 통해 외적으로 표현하는 변환을 통해 '아는 것'으로의 변환이 이루어진다고 지적하면서, '스토리텔링'의 중요성을 역설하였다. 또한, McKeachie(1994)는 이야기는 새로운 배움에 적절한 지식을 생각하게 하고, 새로운 지식에 의미 있는 결합을 만들게 하는데 유용하다고 표현하고 있다.

수학을 가르치기 위해서 이야기를 사용하는 것에 많은 사람들이 거부감이 있거나 익숙해 하지 않을지도 모른다. 혹은 수학을 가르치기 위해 수학내용을 이야기로 만드는 것은 매우 낯설고 이상해 보이기도 한다. 하지만 우리가 이야기를 통해 수학을 가르치는 것은 분명히 기존의 방식에서 얻지 못했던 무엇인가를 얻을 수 있다는 확신이 있다. 앞에서 언급한 두 가지 속성, 즉 정보의 전달과 감정 지향적이라는 것 외에도 수학교실에서 이야기를 사용하였을 때 얻을 수 있는 구체적인 장점이 있다. 수학교육에서 스토리텔링의 이점에 대해 학자들의 의견을 종합하여 다음 7가지로 구분하여 제시할 수 있다(서보억, 2013).

첫째, 스토리텔링을 활용한 수학수업은 학습자의 흥미와 관심, 능동적 수업참여를 가능하게 한다. Egan과 Green의 이야기의 정의에 대한 두 관점을 기초로 볼 때, 스토리텔링을 통한 수학수업에서 관심을 기울여야 하는 것이 무엇인지 분명하다. 수학교육을 위한 이야기는 수학 주제에 대한 허구(실제)적인 이야기 그 자체에 관심을 가지는 것이 아니라, 이야기를 통해 전달하고자 하는 수학 내용에 흥미를 갖도록 구성되어져야 한다. 이것은 학생들에게 수학을 가르치기에 앞서 무의미한 즐거움 혹은 속임수를 제공하는 것이 아니라, 학생들이 흥미를 가지고 수학수업에 적극적으로 참여하도록 유도하는 것이다. 실제로 성공적인 수학학습의 진행을 위해 결정적 역할을 하는 것은 학생들이 자발적으로 수학적 활동에 참여하도록 하는 것이고, 이야기는 이러한 수학활동과 연관 짓는 중요한 역할을 한다. 이를 통해 학생들이 수학에 흥미와 관심을 가지도록 이끌 수 있다(Lipke, 1996). 학습에서 흥미와 관심을 통한 능동적 수업참여의 유도는 학습 초기에 중요하다. 즉, 수업의 전반부 혹은 주의집중이 절실히 요구되는 결정적 순간에 이야기를 통해 수학적 개념, 원리, 법칙을 도입함으로써 학생들의 마음을 사로잡고, 흥미와 신비감과 긴장감을 만들어 내고, 특별한 문제에 대해 깊이 생각하게 하여 강한 학습의 동기를 부여한다. 따라서 수학교육에서 스토리텔링은 수학학습을 위한 매우 효과적인 방법 중의 하나임이 분명하고, 학생들에게 의미를 전달하고 동기를 자극하며, 그들의 마음을 매혹시키면서 지식을 전달할 수 있는 매우 강력한 도구이다(Egan, 2005; Lipke, 1996). 왜냐하면, 이야기는 학생들의 주의집중을 이끌어 낼 수 있고, 그들을 수업에 능동적으로 참여시키고, 수업의 활동 속으로 이끌어 갈 수 있기 때문이다.

둘째, 스토리텔링을 활용한 수학수업은 수학에 대한 쉬운 접근을 가능하게 해 준다. 이야기를 말하는 수학교사는 개인적 정서를 함께 가미하여 수학내용을 전달하기 때문에 학생과 교사 사이에 친밀한 결속력을 형성시키고, 수학지식과 학생 사이의 긴밀한 유대감을 만들어 준다. 이를 통해 학생들의 인지구조에 밀접하게 학습내용이 전달되는 계기가 마련되고, 궁극적으로 학생 스스로 수학내용을 자신의 인지구조 속으로 구성하게 된다(Egan, 2005; Pink, 2005). 따라서 자신의 인지구조와 더 관련성이 높도록 학습내용이 구성되어지기 때문에 학생들은 더 쉽게 새로운 지식을 이해할 수 있고, 이를 통해 지식이 학생들의 인지구조에 더 적합하게 구성된다.

셋째, 스토리텔링을 활용한 수학수업은 수학적 내용에 대한 효과적 전달과 기억을 가능하게 한다. 이야기의 가장 중요한 역할 중의 하나가 정보의 전달과 기억이다. 따라서 지식의 전달을 목적으로 이야기를 사용하는 것은 정보를 유지, 기억하도록 학생들을 도울 수 있는 매우 효과적인 수단이다. 어떤 측면에서는 이야기라는 것 자체가 다양한 방법을 통해 전달하고자 하는 지식을 어떻게 기억시킬 것인가와 깊은 관련이 있다(Pink, 2005). Egan(2005)에 따르면 이야기의 효과성은 어떤 특정한 주제에 대해 학습자가 처음으로 느끼는 특정 느낌에 의해 기억될 수 있는 어떤 정보의 형식에 의존한다.

넷째, 스토리텔링을 활용한 수학수업은 문제해결의 도움과 학습내용에 대한 빠른 이해를 가능하게 한다. 이야기의 사용을 통한 흥미 유발, 쉬운 이해, 정보의 기억은 수학을 포함한 어떤 과목에서도 가능하다. 여기에 추가적으로 수학교실에서 이야기의 사용을 통해 특별히 어려운 개념이나 아이디어의 이해에 도움을 제공하고, 이를 통해 수학문제해결에 큰 도움을 제공할 수 있다. Egan은 이야기의 매혹적인 부분에 대해 '이야기의 마지막 부분에서는 앞에서 이어진 사건들을 재평가하도록 요구한다. 이를 통해 우리가 어떻게 감정을 가져야 하는지 이끌어 주고, 평안함과 만족감을 가져 준다'라고 언급하고 있다. 단지 수학교실에서는 Egan의 주장과 구별되는 점이 있다면, 수학시간의 이야기에는 전통적 이야기의 '마지막(ending)'은 존재하지 않는다는 점이다. 수학시간의 이야기는 '종말'이 존재하지 않는 대신, '결말' 혹은 '갈등의 해소'가 학생들의 수학적 사고활동으로 전환되도록 유도하게 된다. 이러한 전환이 수학에 대한 탐구나 문제해결 속으로 차츰 발전되거나 승화된다.

다섯째, 스토리텔링을 활용한 수학수업은 수학에 대한 막연한 두려움의 해소에 매우 유익하다. Lipke(1996)는 이야기를 통해 학생들이 수학에 대한 막연한 지적인 두려움으로부터 해방시켜 주도록 도움을 제공할 수 있다고 주장하였다. 학생들이 수학학습에서 두려움을 가장 많이 느끼는 순간은 학습활동이 활발하게 일어나는 작동기억 및 장기기억에 정보를 처리하려는 순간이다. 수학에 대한 막연한 두려움을 느끼는데 이러한 순간에 이야기가 중요한 역할을 하여 학생들이 수학에 대해 느끼는 불안감을 줄이도록 도울 수 있다. 왜냐하면, 스토리텔링을 통한 수업은 호기심, 문제해결, 창조성, 상상력, 담화에 대한 사랑 등과 같은 인간의 가장 기본적인 속성에 의존하기 때문이다.

여섯째, 스토리텔링을 활용한 수학수업은 수학불안감 해소에 매우 유익하다. 특히 중학교 고학년 및 고등학생 학습자의 수학불안감 해소에 큰 도움을 제공한다. 고학년의 학생일수록 수학에 대한 불안이 많고, 이러한 불안 요소에 대한 해결이 절실하게 요구된다. 이러한 수학 불안에 대한 대표적 연구자 중 한 사람인 Tobias는 수학불안이 일어나는 상황을 '자기 자신의 입력 장치와 저장 장치 사이에 통로가 봉쇄되었을 때'라고 설명하고 있다(Tobias, 1983). 이러한 방해(차단, 봉쇄)는 정서와 감정의 결과 혹은 뇌 활동의 '정지'의 결과로 나타난다. 이러한 불안이 최고조에 도달한 학생은 고등학교 학생들이다. 이러한 불안은 매우 지속적이어서 학창시절 끝까지 이어지는 경우가 빈번하다. 미국의 경우, '이번에 수학을 이수하고 나면 절대로 수학을 추가로 신청하지 않겠다'는 학생이 상당수이다. 이러한 부정적 태도는 고학년 학생의 경우 더욱 더 보편적으로 편만해져 있다. 따라서 중학교 고학년 이상처럼 수학에 오랫동안 노출된 학생들에게 지금과는 다른 수업방법이 필요하고 스토리텔링은 그 대안으로 제시될 수 있다. 왜냐하면 기존의 경험으로는 불안 요인을 제거할 수 없기 때문이다.

일곱째, 스토리텔링을 활용한 수학수업은 수학적 창의력의 신장에 도움을 제공한다. 사람은 현실의 이야기 속에 살고 있지만, 동시에 전혀 다른 상상의 이야기 속에 살아간다. 물론 이 두 종류의 이야기가 서로 뒤섞이지 않도록 하는 능력을 지니고 있다. 예를 들어,

학습자는 과학시간에 이동거리와 시간과의 관계를 학습하면서 수학시간에 학습한 이차함수를 떠올릴 수 있고, 수학시간의 이차함수의 독립변수 x와 과학시간의 시간 변수 t의 관계를 비교할 수도 있다. 같은 맥락으로 지금 주어진 수학문제를 풀면서, 과거에 풀었던 다른 수학문제를 되새겨 비교하기도 한다. 이것은 마음속에 있는 과거의 이야기와 현실 속에 직면한 이야기가 공존하고 있음을 보여 준다. 이 두 종류의 이야기는 서로 충돌하고 각각의 지적 구조를 독립적으로 가지고 있지만, 한편으로는 서로의 이야기를 활성화하고 창조적으로 뒤섞어 새로운 생산적 결과물을 만드는 것은 인간의 매우 보편적인 능력이다. 겉으로 보기에는 전혀 연관성 없는 두 이야기를 섞어서, 창의적이고 기발한 새로운 아이디어를 도출하는 경우를 쉽게 볼 수 있다. 예를 들어, 종이접기의 이야기와 각의 삼등분 이야기를 들은 다음, 이 두 이야기를 결합하여 지금까지 생각하지 못했던 새로운 방법으로 각의 삼등분 방법을 창조하였고, 실제로 수학문제를 해결할 때 지금 해결하고 있는 문제와 전혀 다른 문제와 결합하여 생각지도 못한 위대한 수학적 사실을 창조하기도 한다. 수학사에서 유추, 일반화, 귀납과 같은 개연추론은 이러한 사실을 반증해 준다.

1.4 수학수업에 활용 가능한 스토리텔링을 위한 이야기 유형

이야기들은 다양한 형태와 종류들로 나타난다. 어떤 이야기들은 허구적인 반면 어떤 이야기들은 실제적이다. 어떤 이야기들은 시적인 표현으로 제시되는 반면 어떤 이야기들은 산문으로 표현된다. 또 어떤 이야기들은 우리를 생각하게 만드는 반면 어떤 이야기들은 우리를 놀라게 한다. 마지막으로 어떤 이야기들은 우리를 웃게 만드는 반면 어떤 이야기들은 우리를 슬프게 만든다. 최근 그리스의 Mykonos에서 열린 수학자, 수학교육자, 연구자, 역사가, 철학자, 작가, 예술가들이 모인 회의에서 중등학교에서 수학학습에서 내러티브 형식의 중요한 역할을 할 수 있음에 대해 논의하였다(Senechal, 2005).

우리는 수학을 가르치고 배우는데 관심이 있고 수학이라는 과목이 교실에서 살아있는데 관심이 있다. 우리는 이야기의 구조가 아니라 이야기가 가지고 있는 수학적 내용에 따라 이야기의 종류를 구분하고자 한다. 이러한 관점에서 이야기는 '질문을 요구하는 이야기(문장제 문제)', '수학적 테마를 수반한 이야기', '수학적인 아이디어를 소개하는 이야기', '수학적인 테마와 관련지워진 이야기', '개념을 설명하는 이야기', '활동을 소개하는 이야기'로 구분할 수 있다(Zazkis와 Liljedahl, 2005; Balakrishnan, 2000). 이제 6가지 스토리텔링의 형식으로 활용 가능한 수학 이야기의 유형에 대해 구체적으로 살펴보자.

1.4.1 질문을 요구하는 이야기

이 유형은 질문에 이야기를 포함하고 있는 것이다. 이미 학생들은 '문장제 문제'에 매우 친숙해져 있는데 이것과 매우 유사한 유형이다. 이 유형은 매우 간단하고 초보적인 형태의 이야기로서 지금도 수학수업시간에 종종 소개되어지고 있다. 하지만, 이러한 문장제 문제는 학생들에게 큰 영향을 끼치지 못하고 있다. 왜냐하면, 현재 사용되는 문장제 문제는 매우 정형화된 학교수학의 한 형식으로 인식되어져 있기 때문이다. 실제로 문장제 문제는 아래와 같은 이야기와도 전혀 관련이 없어 보인다.

> '수학교육에서는 수학으로부터 이야기를 제거하려는 경향이 있다. 여기서 이야기라는 것은 다음과 관련되어져 있다. 수학의 역사적 근원을 설명하는 이야기, 수학자들의 실제적인 성취에 대한 이야기, 어떻게 인간이 수학을 만들어서 실제 일상생활에서 그것을 사용하였는지에 대한 이야기, 수학자와 일반적인 사람들의 꿈과 이 꿈속에 있는 환상적인 세계에 대한 이야기이다(Schiro, 2004, p. 47).

학생들은 문장제 문제에 흥미도 없고 자신과 관계가 없다는 것을 발견한다. 왜냐하면 문장제 문제를 읽고 곧바로 기호 작업을 시작해야 하고 종종 지겹고 많은 에너지를 소모해야 하기 때문이다. 그렇다면 중등학교에서 '어떻게 문장제 문제를 사용하여야 학습자들의 학습에 긍정적인 영향을 미칠 수 있겠는가?'에 대해 논의할 필요가 있다. 첫째, 문장제 문제는 개선되어야 한다. 즉, 문장제 문제의 발생의 초기 모습으로 되돌아가야 한다. 수학교사는 문장제 문제 안에 다이나믹한 캐릭터, 흥미 있는 줄거리, 정교한 상황 등을 주입시켜야 한다. 둘째, 학생들은 생각보다는 능숙하지 못한 대수적인 조작능력을 가지고 중, 고등학교에 진학하기 때문에, 수학교사는 처음 문장제를 제시할 때는 자연 언어적인 수준에서 제시하여야 한다. 그 다음으로 추상적인 높은 수준으로 체계화하여야 한다. 셋째, 자연적인 언어와 추상적인 형식으로 표현된 문제가 어디에 있든 간에 활동으로 학생을 이끌어가게 하는 것이다. 이러한 활동에는 은유적인 문장으로 추상적인 방정식으로 연결하기, 문장을 추상적인 식으로 변환하기, 추상적인 형식에서 문장제 문제의 해를 요약하기, 자기 자신의 언어적 전략의 기호적인 본질을 학생들에게 발표하기 등이 있을 수 있다.

1.4.2 테마를 수반한 이야기

이야기의 또 다른 형식은 테마를 수반하고 있는 이야기이다. 많은 학생들은 고대 그리스 시라큐스의 수학자이자 과학자인 아르키메데스를 기억하고 있다. 그의 삶에 대한 유명한 이야기 두 개가 전해진다. 하나는 로마의 건축가에 의해 전해져 내려오는 부력의 원리의 발견에 대한 것이고, 다른 하나는 그의 죽음에 대한 이야기이다. 이러한 생생한 이야기는 청자의 상상을 사로잡을 수 있다. 어떤 학생이 대중 앞에 벌거벗은 채로 뛰어다니고, 칼에 의해서 처형당하는 것에 매료되지 않겠는가? 수학의 관점에서 첫 번째 이야기는 인간의 이성이 망각되어질 만큼 수학적 진리의 발견의 황홀함을 보여 주고 있고, 두 번째 이야기는 주변의 위협요소까지도 무시될 만큼 수학에 몰입되어질 수 있는 정도를 보여준다. 하지만 이러한 종류의 이야기는 단지 수학적 설명의 주된 흐름 속에서 지루함을 약간 해소시켜 주는 정도의 의미를 지닌다. 이러한 종류의 이야기는 수학적 능력을 향상시키거나, 수학적 구조를 더욱 더 곤고히 하는데 큰 도움을 주지 못한다는 한계를 지니고 있다.

1.4.3 아이디어를 소개하는 이야기

수학시간에 이야기는 수학적인 아이디어나 개념을 소개하는데 사용되어질 수 있다. 이야기들의 원천은 수학자들이 어떻게 수학적 결과를 이끌어 내었는지, 어떻게 그러한 아이디어가 출발하게 되었는지에 대한 내용을 다룰 수 있다. Egan(2005)에 따르면, 모든 지식은 인간의 지식이라고 말한다. 인간이 정서를 통해 새로운 개념을 알게 될 때, 그들은 더 깊은 인간미를 알게 되는 것이다. 우리가 학생들에게 가르치는 사실이나 알고리즘이 더 이상 무의미한 기호와 추상적인 아이디어로 보여서는 안 되며, 인간의 열정, 희망, 어려움의 결과로서 다루어져야 한다. 이러한 유형의 대표적인 예로는 첫째, 데카르트가 발견한 좌표평면과 파리의 이야기, 둘째, 어린 가우스(Gauss)가 1부터 100까지의 합을 간단하게 구한 이야기, 셋째, Konigsberg의 다리, Hanoi의 답, Tan의 이야기, 오일러의 경로, 수학적 논리, 기하적인 모양 등과 같이 수학적인 내용을 담은 이야기가 있다.

1.4.4 수학적인 테마와 관련 지워진 이야기

앞에서 언급한 테마를 수반한 이야기는 수학적이지는 않다. 따라서 이런 유형의 이야기에 수학적인 요소를 첨가한 것이 수학적 테마와 관련 지워진 이야기이다. 예를 들어, 앞에서 소개한 아르키메데스의 유레카 이야기는 그 이면에 이미 수학적인 개념을 풍부하게 가지고 있는 이야기이다. 유레카 이야기를 넓이와 둘레의 개념과 관련시켜 구성한다면 수학적인 내용을 담아 탐구할 수 있도록 이야기를 구성할 수 있다. 테마와 관련 지워진 이야기의 세 유형을 살펴보면 다음과 같다.

첫째, Dido공주라는 역사적 인물에 등주문제라는 수학과 관련지어 만들 수 있다.

둘째, Kathy의 옷장 이야기이다. 예를 들어, 집합론에 나오는 다음 문제를 학생들에게 다음과 같이 제공할 수 있다.

문제 $A=\{x, y, z\}$, $B=\{1, 2, 3, 4\}$, $|A \times B|$?을 구하는 문제가 제시되어졌다고 하자. 위의 표현을 우리에게 친숙한 언어로 표현하면, '만약 집합 A의 원소가 3개, 집합 B의 원소가 4개 있다고 하면, 이 두 집합에 의한 카테시언 곱의 원소의 개수는 몇 개인가?'

셋째, 순수 수학적 내러티브 이야기도 있을 수 있다. 예를 들면, 타원에 대한 이야기가 가능하다. 타원에 대한 이론이 현재 수학에서 어떻게 발전되었는가를 추가적으로 다룰 수 있다.

1.4.5 개념을 설명하는 이야기

이야기의 다른 형태는 규칙이나 알고리즘을 설명하는 이야기이다. 수학내용 대부분은 논리적 사실, 알고리즘, 기능 등으로 인식을 한다. 그런데 이야기 구조는 이러한 사실, 알고리즘, 규칙 등의 의미를 설명하는 구조의 틀을 제공해 줄 수 있다. 따라서 개념, 원리, 사실 등을 효과적으로 설명할 수 있는 내러티브의 개발이 필요하다. 우리는 내러티브로 더 쉽게 규칙과 사실을 기억하고 인지구조 속에 구조화시킬 수 있다. 어느 누구도 5년 전 특정한 날에 내가 무엇을 하였는지 기억하지 못하지만, 이야기와 관련 지을 때는 달라질 수 있다. 물론, 중요한 것은 이러한 이야기 속에 담긴 수학적 정보가 학생들에게 효과적으로 전달되어야 한다는 점이다. 예를 들어, '0으로 나누기'에 대한 주제를 전달하는 것이 목적이라면 'The Twelve Diamonds'라고 불리는 다음 이야기를 제시할 수 있다.

> 왕은 자신이 가진 귀중한 12개의 다이아몬드를 6명의 자손에게 나누어 주고자 한다. 자손에게 몇 개의 다이아몬드를 주면 되는가? $12 \div 6 = 2$, 2개이다. 이제 4명의 자손으로 바뀌면, $12 \div 4 = 3$, 3개씩이다. 유사하게, 2명의 자손이 있다고 한다면, $12 \div 2 = 6$, 6개이다. 이제, 한 명의 자손이 있다고 하면, $12 \div 1 = 12$, 12개가 될 것이다. 그런데, 이 한 명의 자손이 죽었다고 해 보자. '어떻게 되는가?' 처음 질문은 12개의 다이아몬드를 자손에게 동일하게 나누어 주는 것이었다. 그런데, 자손이 없다면 그것은 문제가 성립되지 않는다. 따라서, 0으로는 나눌 수 없다.

1.4.6 활동을 소개하는 이야기

마지막은 활동으로 안내하는 이야기이다. 활동은 이야기 속에 담긴 의미를 파악하도록 도움을 주는 필수적인 역할을 수행한다. 아이들은 수학적인 아이디어가 포함된 활동 속에 이끌어진 다음, 이야기의 상황 속에 포함되어진 어려운 수학적 개념을 이해하려는 경향이 있다. 일반적으로 이야기는 학생들의 자신의 삶과 연결이 되고, 이야기 속에 떠오르는 활동을 즉각적으로 시행한다. 실제로 어떤 책을 읽고 나면 직접 여행하고 싶은 충동이 생긴다는 점은 이것을 확실하다는 점을 입증하여 준다. 이러한 충동을 수학적인 활동으로 연결하여 어려운 수학을 이해하도록 만들 수 있다.

1.5 수학수업에서 스토리텔링의 효율성을 높이기 위한 인지적 도구

이번 절에서는 수학적인 내용과 더불어 학생들의 상상을 이끌기 위한 이야기를 구체적으로 어떻게 만들 수 있는지에 대한 몇 가지 인지적 도구에 초점을 맞추어 소개한다. 수학수업에 활용할 수 있는 이야기를 매우 강력한 스토리텔링의 수단이 되기 위해서는 필요한 것이 바로 인지적 도구이다.

이를 위해 첫째, 대립되는 두 쌍(대상)을 인지적 도구로 사용할 수 있다. 대립구조는 수학적인 아이디어를 학생들이 비교적 초기에 사로잡을 수 있다. 게다가, 대립구조는 이야기의 진행을 돕고, 이야기 속에 갈등을 유발하는 중요한 역할도 하게 된다(Egan, 1986). 대표적인 예로, 아르키메데스, Dido공주, 피타고라스 등이 있다. 둘째, 은유를 제시할 수 있다. 대립구조와 더불어 은유는 가장 기본적인 인간의 인식과 언어의 수단이다. 셋째, 인지적 도구로는 지식과 인간적 의미에 대해 소개한다. 이야기와 인간의 정서의 관점에서 수학적 개념을 아는 것은 이야기 속에 담긴 것을 더욱 더 의미 있게 만들어 줄 것이다. 시적인 감흥, 정서적인 영향 등에 대한 부분이 될 것이다. 넷째, 이야기가 진행되는 상황의 관점에서 보면, 판타지적인 이야기와 실제 생활의 이야기가 학생들의 상상을 이끌어 주는데 더 효과적으로 작용할 것이다. 다섯째, 운율, 리듬, 패턴을 이야기 구성에서 고려해야 하는 인지적 도구로 소개한다. 여섯째, 플롯 즉 이야기의 줄거리가 인지적 도구로 사용된다. 일곱째, 경외감이 인지적 도구가 된다. 여덟째, 유머이다. 우리의 개념적인 패턴과 불일치 혹은 구조화에 기반을 둔 유머나 익살이 인지적 도구로 고려될 수 있다. 아홉째, 규칙성을 제시하였다.

1.5.1 대립되는 쌍

학생들에게 유용한 인지적인 도구 중의 하나가 대립되는 쌍을 만드는 것이다(Egan, 2005). Vygotsky도 아이들이 간단한 작업을 수행함에 있어서 가장 기본적인 차이점을 사용한 것이라고 언급하였다. 아이들은 '단순한 것보다는 차별이 있는 대조를 통해 대상들을 열거한다'는 것이다. 우리가 개념을 획득할 때, 대립되는 구조 속으로 사건을 적절하게 위치시키는 것은 매우 유익하다. 실제로 많은 고전적인 우화들이 이러한 대립되는 구조를 표면적으로 드러내고 있다. 예를 들어, 'Hansel과 Gretel'은 안전과 위험이라는 대립구조, 'Cinderella'는 부와 가난, 'Jack과 Beanstalk'는 용기와 겁쟁이가 대립구조를 이루고 있다.

이제 어떻게 대립되는 쌍이 구현되어질 수 있는지 구체적인 몇 가지 예를 통해 살펴보자. 첫째, 아르키메데스의 이야기이다. 아르키메데스는 그 동네에서 별난 사람으로 자신의 연구에 너무 열중한 나머지 개인위생에는 무관심하였다. Plutarch는 '아르키메데스의 하인은 그를 씻기기 위해 많은 노력을 기울여야 했다. 그는 기하학 그림에 푹 빠져서 씻는 것조차 잘 하지 않았다. 그리고 하인들이 그를 씻기고 청결하게 하는 동안, 그는 그의 벗은 몸에 도형을 그리기 위해 선을 그었다고 한다. 그는 기하를 연구하는 기쁨에 사로잡혀 거의 무아지경 상태에 빠져 있곤 하였다'라고 서술하고 있다. 여기에서 아르키메데스 가족을 대립인물로 내세울 수도 있다. 그의 방에서 나는 악취로 인해 그를 이 동네에서 퇴거시키려고 시도할 수도 있다. 물론 반대로 그 당시의 왕의 폭정에 대한 반대론자로 그를 내세울 수도 있다. 어느 것을 선택하든지 우리의 목적은 두 대립대상을 통해 갈등을 형성하는 것이다.

둘째, Dido공주의 일화이다. 이 이야기에서도 대립적인 대상에 학생들을 집중하도록 해 보자. 왜, Dido공주는 자신의 고향을 떠나야만 하였는가? 그는 그의 아버지가 그의 삼촌이자 Dido의 남편에게 귀중한 금을 비밀리에 유산으로 주려고 한다는 사실을 알게 되었다. Pygmalion은 금을 훔치기 위해 그를 죽였다. 하지만, Dido까지 죽이려 한다는 사실을 죽은 남편의 영혼이 Dido에게 알렸고, Dido는 그날 밤 그의 추종자와 함께 금을 훔쳐서 달아났다. Egan에 따르면, 학생들은 이 정도 시점이면 그녀의 영웅적인 모습에 매료된다고 한다. 이러한 상황에서 북아프리카에 도착한 공주에게 닥친 수학적인 문제를 제시하는 것이 가장 이상적인 구성이 될 것이다. Dido와 Iarbus 사이의 운명적인 만남과 대립적인 구조는 매우 적절한 수학적인 문제의 설정이 될 것이다.

셋째, 히파수스와 피타고라스이다. 무리수와 관련된 대립적인 상황을 만들 수 있다. $\sqrt{2}$가 무리수라는 사실의 발견은 수학에서 매우 중요할 뿐만 아니라, 수학의 기초에서 최초의 위협(위기)이었다.

1.5.2 은유

다른 인지적인 도구는 언어가 발전하는 동안에 발생한 은유이다. 은유는 언어와 사고 모두에 보편적으로 사용되고 있다. 하지만, 이러한 은유는 정확하게 해석되어져야 하는 과제도 안고 있다. 잘못된 해석이 학습의 과정에서 항상 내포될 개연성이 있기 때문이다.

아래 몇 가지 예를 살펴보자.

첫째, 방패은유이다. 다음 예를 보자. '대기는 지구를 둘러싼 공기로 된 보이지 않는 방패'. 여기에 사용된 '대기', '방패'의 개념을 통해, 한 개념으로부터 다른 은유를 창조하는 사상을 살펴보자. 단어 '대기', '공기', '보이지 않는'은 잘 알려져 있지 않은 상황에 대한 주제 영역에 속하는 단어들이고, 반면 단어 '방패'는 잘 알려진 상황으로 은유 영역의 '매개체'이다. 은유를 성공적으로 이해하기 위해서는 이러한 두 영역(주제 영역, 은유 영역) 사이의 차에 대한 연결고리를 만들어야 한다. 주제에 대한 내용은 매개체를 통해 이해가 되는 것이다. 은유는 인간의 인지와 언어의 사용에서 가장 기본적인 것이다. 이를 바르게 사용하면 매우 강력한 교수 도구가 될 수 있다. Egan(2005)에 따르면, 4세에까지 은유적 사고가 절정이다가 그 이후 쇠퇴하지만, 사춘기를 전후에서 그 능력이 강력하게 뿜어져 나온다.

둘째, 허구에서 은유이다. 가공의 이야기는 수학에 매우 흥미롭게 사용될 수 있다. 은유는 가공의 이야기를 통해 사용되고, 수학적인 내용을 명확하게 담아낼 수 있다.

셋째, Flatland(2차원 공간의 나라)의 이야기이다. 수학적인 내러티브를 가지고 있으면서 은유를 사용한 가장 유명한 예 중의 하나가 Edwin Abbott의 Flatland이다. 이 소설의 화자인 '정사각형'은 2차원 공간에 살고 있는 의인화된 대상이다. Flatland는 은유적 표현을 통해 세상을 표현하고자 한 소설이다.

1.5.3 지식과 인간적 의미: 역사적 내러티브 혹은 역사적 허구

우리는 인간적인 근원과 독립적으로 수학적인 규칙, 알고리즘 등의 집합체로 수학을 가르치는 경향이 있다. '모든 지식은 인간의 지식이고, 인간의 어떤 정서의 결과로서 개발되거나 발견되었다. 과정의 창조 혹은 현재의 유용성이 포함되어진 정서를 통해 지식을 찾고 가르치는 것이 더 깊이 있는 인간적인 의미를 사로잡는다'라고 Egan(2005)은 강조하고 있다. $a^2+b^2=c^2$이라는 공식에서 a,b는 직각삼각형의 두 변, c는 빗변이고, a^2, b^2, c^2이 삼각형의 세 변에 대한 정사각형의 넓이라는 사실을 수업시간에 잘 강조하지 않는다. 소수의 교육자들만이 인간적인 필요성이라는 관점에서 수학적인 결과물의 필요성을 다루고 있다. 고대의 기술자와 목수들은 삼각형을 만들기 위해서 로프의 매듭을 이용하였다. 그들은 경험적으로 직각삼각형을 만드는 매듭의 수를 알고 있었다. 이러한 매듭의 수가 3, 4, 5였고, 이것이 오늘날 피타고라스의 수라고 부르고 있다. 앞에서 살펴본, 근원에 대한 이야기는 수학적 개념을 소개하는데 전형적으로 사용되어질 수 있다. 하지만, 이러한 이야기를 구성하는데 있어서 다양한 허구, 등장인물, 은유 등을 사용할 수 있다. 첫째, 아르키메데스이다. 그의 유레카 이야기는 역사와 허구의 매우 흥미로운 결합으로 나타난 것이다. 이러한 설명(이야기)은 부력과 부피의 성질을 소개하는 매우 가치가 있고 친숙한 것이다. 이러한 이야기는 학생들의 집중과 상상을 이끌어 낸다. 하지만, 이 이야기가 어떻게 진실인가? 아르키메데스는 그의 저작에 이 사건에 대해 아무런 언급이 없다. 하지만, 이 설명을 듣는 독자들은 아르키메데스의 발견에 매우 큰 기쁨을 누린다. 둘째, 히파수스와 피타고라스이다. 무리수를 발견한 히파수스 역시 바다에 던져 죽였다는 것은 매우 역사적 사실 관계에서 허구일 가능성이 높다.

1.5.4 실세계와 판타지 상황

수학을 개념화하는 가장 최선의 방법은 그 내용을 실제적인 세계와 연결을 시키는 것이다. 학생의 일상생활과 연결을 지워주는 것이다. 이야기는 학생들의 활동, 경험과 가장 잘 어울리도록 친숙하게 구성할 수 있다. Schiro(2004)는 학생들의 흥미를 불러일으키고, 그들의 상상을 이끌고, 수학적인 의미를 확립하기 위해서 판타지 이야기를 강력하게 주장하고 있다. 어린이는 어린 시절 마술과 판타지를 매우 좋아한다. 그들은 요정의 이야기를 좋아하였다. 어린이들이 그들과 친숙하지 않은 상황에 부딪히면, 그들은 알고 싶은 호기심에 놓이게 된다(Colgan, 1965). 예를 들어, tan의 이야기와 걸리버의 여행 등이 있다.

1.5.5 운율, 리듬, 패턴

또 다른 스토리텔링의 인지적 도구는 운율, 리듬, 패턴이다. 전승문화의 중요한 특성은 이야기 속에 패턴화된 소리를 통해 전해져 내려 왔다는 점이다. 북 치는 리듬, 현의 진동, 노래 등이 이야기의 기억을 돕기 위해 사용되어진 전승문화의 중요한 부분이다(Egan, 2005). 연구에 따르면, 아이들도 운율, 리듬, 패턴의 경향을 가지고 있다고, 육아용 운용, 이야기 책, TV광고 등에서는 세스미스트릿(미국의 유명 프로그램)과 같은 것이 이를 증명하고 있다. 또한, 광범위하게 알려진 사실을 수학 그 자체가 분류와 가능한 모든 패턴들의 학문이라는 것이다. 수학은 겉보기에는 관련 없어 보이는 영역들을 함께 결합하고 일관되게 유지시키려고 하고 있다. 12개의 다이아몬드에서도, 이야기의 사건에 따라서 수학적인 내용을 나란히 배치하여 수학적 패턴의 존재함을 분명하게 존재하고 있음을 보여주고 있다. 예를 들어, Anno의 미스테리한 곱셈 항아리, 쌀 한 톨, 수학적으로 구조화된 이야기 등이 있다. 대표적으로 수학적인 패턴은 이야기 그 자체의 구조화된 이야기로 보일 수 있다. 학생들은 이미 운율, 리듬, 패턴 등이 시나 다양한 문학 장르에 존재함을 알고 있다. 아래의 운율의 네 줄을 보자.

1	한가로운
2	따스한 가을날
3	동무와 함께 있어
2×2	옛날 생각에 웃음 넘치리

1.5.6 플롯(Plot)

줄거리는 이야기의 구성 요소 중에서 매우 명확한 요소로 보인다. 사실, 줄거리가 없는 이야기를 상상하는 것은 어렵다. 여기서 우리의 목적은 줄거리의 필요성에 대한 말하기 보다는 오히려 줄거리가 무엇인지 더 상세하게 논의하는 것과 줄거리가 이야기에 어떤 기여를 하는지에 대해 살펴본다.

줄거리가 무엇인가는 줄거리가 무엇을 하는가와 종종 혼란스러워진다. 줄거리가 무엇을 하는가는 이야기의 사건을 통해서 독자를 움직이게 하는 것이다. 즉, 그들의 감정뿐만 아니라 그들의 사고를 안내하는 것이다. 또한, 질문을 요구하도록 독자를 촉진시키고, 지속적으로 이야기에 집중할 수 있도록 만들어 준다. 하지만, 줄거리가 무엇인가는 저자의 의도가 가득 차 있어야 하는 이야기의 순서를 창조하기 위한 저자들의 의도적인 노력의 한 부분이다.

1.5.7 경외감(The sense of wonder)

산의 전경, 금주홍 빛 일몰, 장엄한 폭포, 우주의 광활함과 같은 자연 세계의 생동감 넘치는 상황에 직면할 때 놀라움의 감정을 쉽게 느낀다. 놀라움은 우리가 잃어버린 정서적 기억의 한 유형이다. 우리 주변에서 보는 거의 모든 것은 놀라움이라는 관점에서 재조명할 수 있다. 놀라움은 지적인 탐구의 엔진이 되어질 수 있다. 놀라움은 명석한 이성을 지속시키는 한 부분이기도 한다.

1.5.8 유머

회화적 이미지처럼 유머는 마음에 드는 이야기를 만들기 위해 사용되어질 수 있다. 그것은 우리의 이야기를 상세하게 덧입힐 수 있고, 수학이 전형적이지 않은 방법으로 우리의 학생들의 정서(흥미)를 사로잡을 수 있다. 어떻게 그것을 사용하느냐에 따라서, 유머는 주의집중을 사로잡거나, 관심을 모을 수 있다. 유머는 다른 사람들을 위한 표현의 수단일 뿐만 아니라, 어떤 사람들을 위한 접촉점을 제공할 수 있다. 유머로운 일화, 우스꽝스러운 등장인물 혹은 웃기는 상황을 통해서, 유머는 마음을 즐겁게 만들기도 하고, 마음을 격하게 하기도 한다. 우리는 유머가 스토리텔링의 일부분으로 사용되어질 수 있음을 제안한다.

1.5.9 규칙성

많은 사람들이 수학은 패턴의 과학이라고들 한다. 동시에 아이들이 패턴과 패턴적인 활동을 향해 자연적인 기질을 갖는다는 사실은 많은 연구들이 반복적으로 보여 주는 것이다. 수학을 가르치면서 이와 같은 매우 강력한 도구를 활용하고 싶어진다는 것은 당연하다. Zazkis와 Liljedahl(2009)은 패턴은 수학의 '마음과 영혼'이며, 많은 수학적 활동은 패턴에 수반되면서 구조화될 수 있다고 하였다. 패턴은 학습자들이 참여하도록 하고 수학을 실체화하게 하며, 상상력을 촉발하게 하는 힘을 가지고 있다. 사실, 패턴의 가장 중요한 역할은 이야기의 역할과 유사하다. 즉, 개념이나 활동을 소개하는데 사용될 수 있고, 학습자들이 찾아내기 어려운 수학적 아이디어를 설명하는데 사용될 수 있으며, 질문을 하거나 놀라움이 스며들게 하는 데 사용될 수 있다.

근본적으로, 중요한 것은 수학을 가르치는데 있어 패턴을 어디에 사용하는가가 아니라, 어디에 사용하면 안 되는가이다. 이 장을 시작할 때의 가우스의 이야기를 생각해 보자. 가우스가 제안한 해답은 패턴과 연관되어 있었다. 이 문제에서는 최소한의 패턴으로 해결하라는 의도이다. 아르키메데스와 원을 측정하는 이야기는 패턴 인식의 활동으로 개발될 수 있고, 원의 둘레와 그 반지름 사이의 관계에 수렴하는 아이디어로부터 다양한 주제에 접근하는데 기여할 수 있다.

1.6 스토리텔링을 활용한 학습자료 개발 절차

Boidy(1994)가 제시한 스토리텔링 기법은 '교실 수업과 학습방법의 개선'을 목적으로 수업의 방법적인 측면에서 출발한 것이다. 스토리텔링은 수학학습을 위한 교수전략이자 아동문학을 수학교육과정 속으로 통합시키는 과정에서 출발하였다. 따라서 스토리텔링은 수학교과서의 구성 방식임과 동시에 효과적인 교수학습방법이다. 스토리텔링은 교사와 학생을 위한 수업용 교과서, 교수학습 보조자료 등으로 구성될 수 있다.

수학수업을 위한 스토리텔링 교수 학습자료를 효율적으로 구성하기 위한 다양한 전략들이 존재한다. 여기에서는 초등학교 스토리텔링 교과서, 중등학교 스토리텔링 모델교과서 개발과정에서 사용되어진 교과서(교재)의 구성 절차에 대해 살펴본다. 학습자료의 개발 절차는 다음 4단계로 진행될 수 있다(서보억, 2013).

■ 1단계: 본시 학습내용 결정

본시 학습내용에 대한 결정하는 단계이다. 이 단계에서는 기본적으로 두 요소가 제시될 필요가 있다. 하나는 구체적인 학습 내용의 제시이고, 다른 하나는 이야기가 필요한 이유와 그것의 사용 목적을 분석한 학습목표의 제시이다.

■ 2단계: 스토리텔링 계획 수립

스토리텔링 수업 계획을 수립하는 단계이다. 이 단계에서는 수학학습내용의 교수학적 분석, 스토리텔링을 적용할 수업시점의 결정, 이야기 유형 및 소재 결정, 인지적 도구가 결정되어진다. 스토리텔링 계획을 효과적으로 실행하기 위해 아래와 같은 이원분류표를 사용할 수도 있다. 아래 이원분류표는 학습내용에 대한 교수학적 분석이 이루어진 다음 만드는 것으로, 수업시점 결정, 이야기 유형 및 소재의 결정, 인지적 도구의 결정을 효과적으로 진행하고 이야기를 체계화하기 위한 기초 자료로 활용될 수 있다. 이러한 절차를 알기 쉽게 [표 1]과 같이 체계화할 수 있다.

[표 1] 스토리텔링 수업 및 자료개발을 위한 이원분류표

2단계(Y) \ 1단계(X)		도입	개념 획득	알고리즘 이해	개념 적용	알고리즘 연습	문제해결 학습	정리	학습 과제
이야기 구성 소재	수학사 인물/사건								
	활동중심								
	수학답사								
	실제상황								
	학문융합								
	문학 이야기	○		○		◎			
	창작 이야기		○			◎		◎	◎
인지적 도구	대립, 갈등					◎		◎	◎
	은유, 이미지		○	○					
	지식과 인간적 의미		○						
	실세계/판타지								
	운율/리듬/패턴								
	해학/유머	○							
	줄거리								
	경외심	◎							

■ 3단계: 수업자료의 개발

구체적으로 스토리개발 및 교수학습을 위한 자료를 개발한다. 최종적으로는 수학학습에 가장 적절한 이야기를 개발하고 이 이야기를 바탕으로 수학학습이 진행될 수 있는 학습자료를 개발한다.

■ 4단계: 수업지도안의 작성

개발한 자료로 수업을 진행하기 위한 수업 방안을 제시한다. 실제로 스토리텔링 자료 활용 차시, 이야기 구성의 방향, 수업 진행의 방법, 수업진행의 유의점 등을 제시한다.

2. 스토리텔링 수학수업의 실제

2.1 스토리텔링 수학수업 모형

스토리텔링 수학수업 실현을 위한 특별한 수업 모형 하나를 소개하고자 한다. 본 모형은 중학교 수업 환경에서 이야기 소재를 활용하여 수업을 진행하기 위한 가장 기본적인 요소를 추출하고, 이 요소를 중심으로 수업을 진행하는 모형이다. 스토리텔링 수업모형의 구성요소를 정리하면 다음과 같다(서보억, 2013).

첫째, 이야기 읽기 활동에 도움을 제공하기 위한 사전 학습내용에 대한 탐구활동을 제시한다. 둘째, 본시 학습과 관련된 개념, 원리, 법칙의 기반이 되는 다양한 이야기 읽기 활동을 제시한다. 셋째, 본시 학습목표를 제시한다. 넷째, 이야기 읽기의 내용과 본시 수학학습내용을 결합하고, 상호관련성을 확인하는 이야기에 수학 섞기 활동을 제시한다. 이때, 수학과 이야기의 결합을 통해 학습자가 스스로 구성한 지식을 상호 공표, 공유하여 공감을 형성하기 위한 이야기 속 수학 토론 활동을 격려하고 발표의 시간을 가질 수 있다. 다섯째, 본시 수학학습내용에 대한 구체적인 탐색활동과 탐구활동을 진행하여 수학내용에 대한 이해와 확신의 과정을 거친다. 여섯째, 학습내용에 대한 확신을 높이고, 수학적 문제해결능력을 향상시키기 위해 추론활동, 문제해결활동을 진행한다. 일곱째, 이야기로 시작한 학습을 이야기로 마무리하기 위해 자신만의 이야기 꾸미기 활동을 전개한다. 이야기 꾸미기 활동은 소집단을 중심으로 진행되며, 꾸민 이야기를 상호 공유하여 공감할

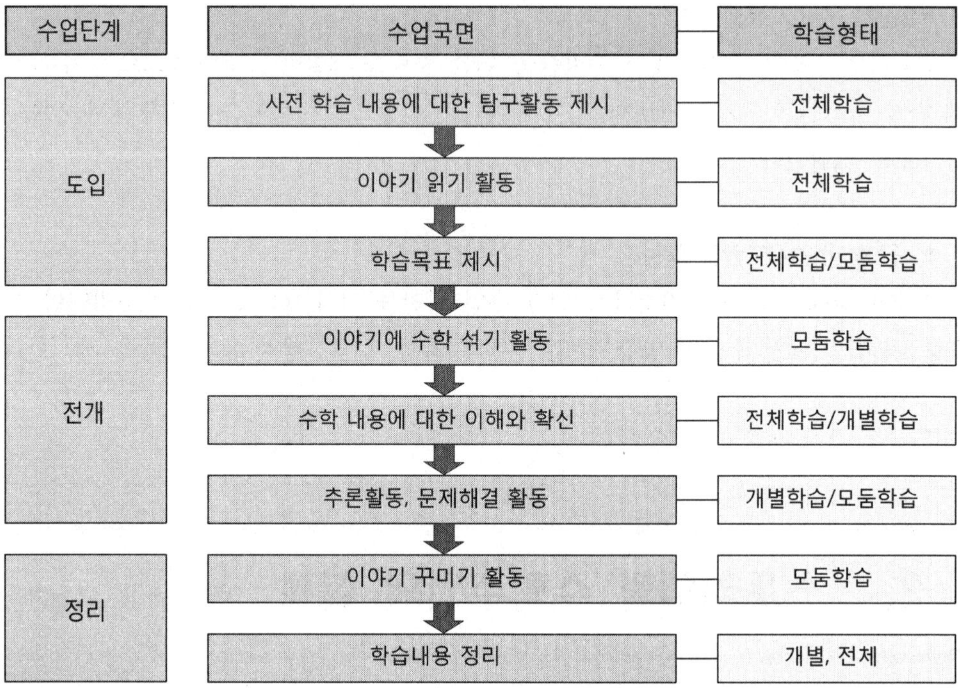

[그림 1] 스토리텔링 수업모형의 수업단계

수 있도록 학습을 진행한다. 여덟째, 학습내용을 정리하고 수업에 필요한 보조 자료를 제시한다[그림 1 참조].

2.2 스토리텔링을 적용한 수학수업

2.2.1 수업지도안의 기본 정보

❖ 교수·학습 조건

1) 과목명: 수학
2) 대상: 중학교 2학년
3) 수업 시간: 45분
4) 단원명: 1. 일차함수와 그래프 / (1) 일차함수의 뜻
5) 단원 구성

학년/단원명	제재	차시	주요 내용 및 학습 활동
중학교 1학년 Ⅳ. 함수와 그래프 1. 함수와 그래프	(1) 함수의 뜻	8~10	• 함수의 개념
	(2) 함수의 그래프		• 수직선 위에 점을 나타내기 • 좌표평면 위에 점을 나타내기 • 함수의 그래프의 뜻 • $y=ax$, $y=\frac{a}{x}$의 그래프 그리기
중학교 2학년 Ⅳ. 일차함수 1. 일차함수와 그래프	(1) 일차함수의 뜻	1~2 (본시)	• 일차함수의 의미 • 일차함수인 것과 그렇지 않은 것 구별
	(2) 일차함수의 그래프	4~5	• 일차함수 $y=ax+b$의 그래프 • 그래프의 기울기, x절편, y절편 • 기울기와 그래프 사이의 관계 • 주어진 두 점, 기울기와 y절편을 이용하여 일차함수의 그래프 그리기 • 주어진 일차함수 그래프에 대한 식 구하기

2.2.2 본시 교수·학습 지도안의 작성

앞 절에서 제시한 수업절차에 따라 스토리텔링 수학수업지도안의 예시를 제공한다. 스토리텔링 수업모형에 따른 구체적인 수업지도안의 예시는 아래와 같다.

지도 단계	학습흐름 및 관련이론	교수·학습활동 교사-학생 활동	학습자료 및 유의점
도입	인사 및 출석확인	• 교사가 교실에 들어와 학생들과 서로 인사를 나눈다. • 출석을 확인하고 학습 분위기를 조성한다.	
	사전 학습 내용에 대한 탐구활동 제시	• 교사는 함수의 뜻이 무엇인지 1학년 내용과 연계하여 여러 가지 문제를 제시한다. – 학생들은 두 변량과 관련된 실생활 예제를 확인하고 함수가 되는지 개인별로 판단한다. – 같은 소집단의 학생들과 풀이 결과를 확인하고 옳고 그른지를 토의를 통해 서로 확인한다. • 교사는 학생들의 소집단활동을 격려하고 최종적으로 제시된 함수의 뜻에 대한 문제에 대한 결과를 제시한다. • 학생은 교사의 피드백을 받고 결과를 반성한다.	• 중학교 1학년 학습 내용을 확인할 수 있는 문제준비
	이야기 읽기 활동	• 해리 포터의 저자 조앤 K. 롤링에 대한 일화 소개하기 – 학생들은 교사가 제공하는 읽기 자료를 통해 등장인물은 조앤 K. 롤링, 해리포터, 해그리드, 스네이프 등을 인식한다.	• 조앤 K. 롤링의 일화에 대한 읽기 자료 준비 • 본시 학습활동과 관련된 해리포터 문학작품의 요약본 준비 (음성자료포함)

지도 단계	학습흐름 및 관련이론	교수·학습활동 교사–학생 활동	학습자료 및 유의점
도입	이야기 읽기 활동	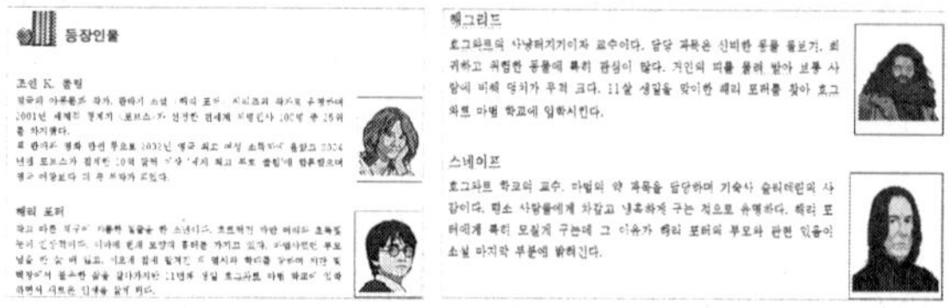 등장인물 조앤 K. 롤링 해리 포터 해그리드 호그와트의 사냥터지기이자 교수이다. 담당 과목은 신비한 동물 돌보기. 희귀하고 위험한 동물에 특히 관심이 많다. 거인의 피를 물려 받아 보통 사람에 비해 덩치가 무척 크다. 11살 생일을 맞이한 해리 포터를 찾아 호그와트 마법 학교에 입학시킨다. 스네이프 호그와트 학교의 교수. 마법의 약 과목을 담당하며 기숙사 슬리데린의 사감이다. 평소 사람들에게 차갑고 냉혹하게 구는 것으로 유명하다. 해리 포터에게 특히 모질게 구는데 그 이유가 해리 포터의 부모와 관련 있음이 소설 마지막 부분에 밝혀진다. * 이재학 외(2013) – 해리포터의 작가 조앤 K. 롤링과 관련된 일화에 대한 글을 서로 읽고 상호 간에 느낌을 이야기한다. • 교사는 읽기 자료에 대한 읽기 활동을 마무리하고, 일상생활에 존재하는 다양한 일차함수에 대해 소개한다. • 오늘 수업과 직접적으로 관련이 있는 해리포터가 등장하는 문학작품을 도입하고 학생들에게 소개한다. – 학생들은 교사에 의해 편집되어진 해리포터의 작품을 읽는다. 동시에 교사가 제공하는 동영상 자료를 보고 작품과의 연관성을 찾도록 노력한다. 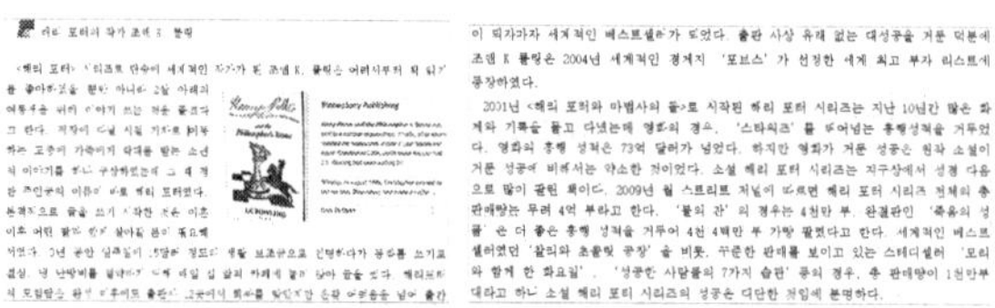 – 읽기 활동과 보기 활동이 끝나면 음성자료를 통해 학생들의 읽기/보기 활동을 보조하는 듣기 활동을 전개한다. 학생은 조용히 감상한다.	• 해리포터 작품에 대한 동영상 자료 준비 • 해리포터 작품을 잘 모르는 학생을 고려한 학습지도가 필요
	학습 목표 제시	• 교사는 본시 학습 목표를 학생들이 스스로 찾을 수 있도록 안내한다. – 학생들은 교사의 안내에 따라 본시학습 목표를 스스로 찾고 발표한다. 학습 목표 1. 일차함수의 의미를 이해하고 일차함수를 설명할 수 있다. 학습 목표 2. 일차함수인 것과 그렇지 않은 것을 정확하게 구별할 수 있다. • 교사는 학생이 찾은 본시학습 목표를 학생들과 함께 확정한다.	• 학습 목표를 스스로 찾을 수 있도록 소집단 활동을 주의 깊게 관찰
전개	이야기에 수학 섞기 활동	• 해리포터라는 문학작품을 소재로 하여 수학학습 전개를 위해 조앤 K. 롤링에 대한 일화 속에 담긴 수학적인 요소를 학생들과 발문을 통해 이끌어 낸다. – 교사: 일화 속에서 찾을 수 있는 변하는 양에는 무엇이 있나요? – 학생: 매월 받는 생활보조금, 3년이라는 시간, 정착금 등이 있어요. • 일화 속에서 찾은 변량의 관계를 활용하여 롤링의 원고료가 얼마인지 계산하는 활동을 학생에게 제시한다. 이야기가 자연스럽게 수학활동과 섞일 수 있도록 교사는 면밀히 수업을 진행한다.	• 이야기 속에 있는 수학적인 요소, 특별히 변량을 찾을 수 있는 발문 준비 • 본시학습 진행을 위한 해리포터와 엽서의 개수와 관련된 이야기 자료 준비

지도 단계	학습흐름 및 관련이론	교수·학습활동 교사-학생 활동	학습자료 및 유의점
전개	이야기에 수학 섞기 활동		

- 학생은 교사가 제공한 이야기에 기반한 수학활동을 전개한다.
- 학생의 활동결과를 공책에 잘 기록한다.

• 만일 처음에 조앤 K. 롤링이 10,000원을 정착금으로 받았다고 한다면, x월 동안 그녀가 받은 보조금의 총액 y원 사이에는 일정한 관계가 있음을 알 수 있다.

경과 월	0	1	2	…
보조금 총액	10,000	10,000+ 15,000×1	10,000+ 15,000×2	

• $y = 15000x + 10000$인 관계가 있다.

• 학생들의 활동 결과를 바탕으로, 활동에서 얻은 새로운 수식이 1학년에서 학습한 함수와 관련성이 있는지 학생들에게 질문을 한다.
- 학생은 x의 값이 변함에 따라 y의 값이 하나씩 정해지는 대응 관계가 성립하는 것을 중학교 1학년에서 y를 x의 함수라고 학습하였음을 인식한다.
- 학생들은 앞에서 얻은 $y = 15000x + 10000$로 나타내어지는 것을 함수로 받아들인다.

• 교사는 해리포터가 마법 학교에 들어가기 직전의 상황을 이야기로 제시하고, 새로운 읽기 자료를 제시한다. 새로운 읽기 자료 속에 담긴 변량을 찾고, 식을 세우는 활동을 요구한다.
- 학생은 새로운 자료를 읽는다.

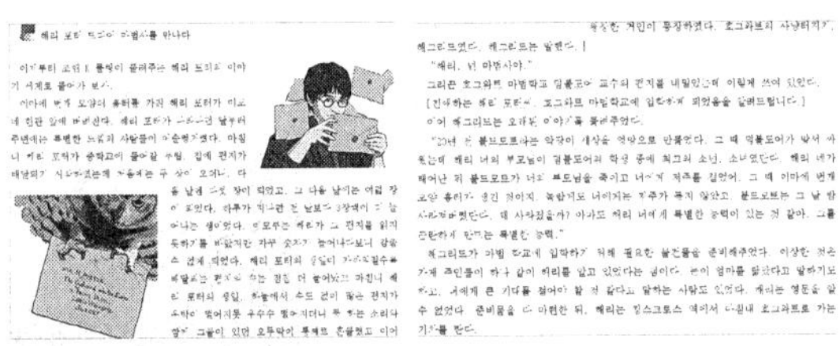

- 이제는 소집단에서 스스로 읽기 자료 속에 숨어 있는 변량을 찾아 식을 세우는 활동을 전개한다.
- 학생들은 경과한 날수에 따른 받은 엽서의 개수에 대한 수식을 아래와 같이 수립한다.

• 해리포터에게 최초로 전달된 편지의 수가 2개였고, 그 다음 날 배달된 편지의 개수는 매일 3장씩 늘어난다고 한다면, 처음 편지가 배달된 후 x일 후에는 y장의 편지를 받게 되는지 그 관계는 다음과 같다.

경과 날수	0	1	2	…
배달되는 편지 수	2	2+3×1	2+3×2	

지도 단계	학습흐름 및 관련이론	교수·학습활동 교사–학생 활동	학습자료 및 유의점
전개	이야기에 수학 섞기 활동	• 학생들은 $y=3x+2$인 관계가 있다는 사실을 찾고, x의 값이 변함에 따라 y의 값이 하나씩 대응하는 관계가 성립하므로 함수라는 결론에 도달한다. • 교사는 학생들의 활동을 격려하고 타당한 결론에 도달할 수 있도록 소집단별로 지도한다.	
	수학 내용에 대한 이해와 확신	• 교사는 롤링의 원고료, 해리포터의 편지의 수의 공통점을 생각하도록 사고를 자극한다. – 학생은 공통점을 조별로 토론하고 발표하고 전체 교실 전체에서 합의에 도달한다. • 교사는 구체적인 사례로부터 일차함수의 의미 도출하고 일차함수의 정의를 아래와 같이 명확하게 선언한다. $10000x+15000$이나 $3x+2$는 x에 대한 일차식이다. 이와 같이 함수에서 y는 x에 관한 일차식으로 나타내어질 수 있다. 이때, x와 y 사이에는 x의 값이 변함에 따라 y의 값이 하나씩 정해지는 대응 관계가 성립하므로 y는 x의 함수이다. 일반적으로 함수 $y=f(x)$에서 $y=ax+b(a \neq 0,\ a,\ b$는 상수)의 꼴로 나타내어질 때, 이 함수 f를 x의 일차함수라고 한다. – 학생들은 교사의 지도를 이해하고 정리한다.	
	추론 활동, 문제해결 활동	• 교사는 문학 작품과 관련된 추론 문제, 의사소통 문제 등을 제시한다. 추론 1 해리 포터 판타지 소설책은 올해까지 총 1000만부가 팔렸다고 한다. 그런데, 매년 200만부씩의 책이 추가로 팔린다고 할 때, x년 후의 총 판매량 y는 어떻게 되는지 구하시오. 의사소통 2 해리 포터가 호그와트로 가는 기차 안에서 프레디와 조지를 만난다. 그런데, 그들은 해리 포터의 이마에 난 상처를 보고 바로 그가 누구인지 알아보았다. 0살 때 해리 포터 이마에 생긴 상처의 길이는 1cm이었다. 해리 포터가 성장하면서 그 흉터의 길이도 조금이 커져 갔다. 매년 1mm씩 상처가 커졌다고 하면 나이가 x살일 때, 흉터의 길이 $y$mm사이에는 어떤 관계가 있는지 구하시오.  – 학생들은 추론, 의사소통 문제 등을 스스로 해결하고, 조별로 발표한다. • 교사는 학생들이 제시된 문제를 스스로 해결하도록 하고, 스스로 해결할 수 없는 학생은 도움을 받아 해결할 수 있도록 안내한다.	• 교과서 문제와 별도로 이야기와 관련된 추론, 의사소통 등 다양한 문제를 준비
정리	이야기 꾸미기 활동	• 지금까지 교사가 제공하여 준 이야기를 바탕으로 학습을 진행하였다면, 학생이 주도적으로 이야기를 꾸밀 수 있는 기회를 제공한다. – 학생들이 소집단별로 해리포터와 관련된 한 가지 이야기를 꾸미기 활동을 진행한다.	• 형성평가 자료 • 과제 준비하기

지도 단계	학습흐름 및 관련이론	교수·학습활동 교사-학생 활동	학습자료 및 유의점
정리	이야기 꾸미기 활동	– 이야기 속에서 수학적 문제를 찾고, 구성할 수 있는 활동을 전개한다. • 교사주도에 의해 학생들이 만든 이야기를 서로 나누고, 여러 조에서 구성한 이야기를 서로 공유한다.	
	학습내용 정리 및 형성평가	• 교사는 해리포터를 통해 도입된 일차함수의 정의에 대해 정리한다. – 학생들은 이야기와 함께한 일차함수의 개념을 확인한다. • 교사는 형성평가 문제를 제시하고 개인별로 해결할 수 있도록 안내한다. – 학생들은 형성평가 문제를 해결하고, 교사의 피드백을 받는다.	
	다음 차시 예고	• 일차함수의 정의와 관련된 과제를 제시한다. • 일차함수의 그래프 학습에 대한 차시를 예고한다.	

참 고 문 헌

Reference

권오남, 박지현, 김영혜, 김미주, 조형미, 주미경, 박정숙, 오혜미, 박윤근, 김영기, 박규홍, 이재성, 김지선, 박상의, 김유정, 이상구, 신준국, 전철, 박제남, 장훈, 김영록, 오방실 (2013). 고등학교 수학 스토리텔링 모델교과서. 서울: 한국과학창의재단.

서보억 (2013). 수학교육에서 스토리텔링(storytelling)에 대한 문헌 분석 연구. 수학교육, 52(1), 65-82.

이재학, 고호경, 권영철, 김선희, 김영진, 김정자, 도종훈, 박윤범, 박혜수, 서보억, 신준국, 신현용, 원유미, 이경언, 이근숙, 전윤배, 정상권, 최민식, 허선희 (2013). 중학교 수학 스토리텔링 모델교과서. 서울: 한국과학창의재단.

최혜실 (2011). 스토리텔링 그 매혹의 과학. 서울: 한울.

홍숙영 (2011). 스토리텔링 인간을 디자인하다. 서울: 상상채널.

Balakrishnan, C. (2000). *Teaching secondary school mathematics through stroytelling*. Unpublished doctoral dissertation, Simon Fraser University.

Boidy, T. (1994). *Improving students' transfer of learning among subject areas through the use of an integrated curriculum and alternative assessment*. Chicago: Saint Xavier University.

Bruner, J. (1996). *The culture of education*. Cambridge, MA: Harvard University Press.

Colgan, R. T. (1965). Tickle their imagination. *Peabody Journal of Education*, *43*(3), 128-144.

Egan, K. (1986). *Teaching as story telling: An alternative approach to teaching and curriculum in the elementary school*. Chicago, IL: University of Chicago Press.

Egan, K. (2004). The cognitive tools of children's imagination. *Early Childhood Education*, *36*(1), 4-10.

Egan, K. (2005). *An imaginative approach to teaching*. Chicago, IL: The University of Chicago Press.

Ellis, B. (1997). Why tell stories? *Storytelling Magazine*, 12(1), 29-31.

Golden, J. M. (2000). *Storymaking in elementary and middle school classrooms: Constructing and interpreting narrative texts*. Mahwah, NJ: Lawrence Erlbaum.

Green, M. C. (2004). Storytelling in teaching. Observer, 17(4) http://www.psychologicalscience.org/oberver/getArticle.cfm?id=1562

Hauscarriague, A. (2008). *Teaching mathematics through stories in high school and community college*. Unpublished doctoral dissertation, Claremont Graduate University, California.

Lipke, B. (1996). *Figures, facts & fables*. Portsmouth, NH: Heinemann.

McKeachie, W. J. (1994). *Teaching tips: Strategies, research, and theory for college and university teachers*(9th edition). Lexington, MA: DC Health.

Morgan, A. S. (2006). *Alternative methodologies for teaching mathematics to elementary students: Pilot study using children's literature*. Unpublished doctoral dissertation, American University, Washington.

National Council of Teachers of Mathematics (1991). *Professional standards for teaching mathematics*. Reston, VA: Author.

Pink, D. H. (2005). *A whole new mind: Moving from the information age to the conceptual age*. New York: Riverhead Books.

Riessman, C. K. (1993). *Narrative analysis*. Newbury Park, CA: Sage Publications.

Schiro, M. (2004). *Oral storytelling and teaching mathematics: Pedagogical and multicultural perspectives*. Thousand Oaks, CA: Sage Publications.

Senechal, M. (2005). *Mathematics as narrative at mykonos*. Retrieved July 12, 2013, from http://www.thalesandfriends.org/en/images/M images/mathematical intelligencer.pdf.

Shedlock, M. L. (1951). *The art of the story-teller*. New York: Dover Publications, Inc.

Tobias, S. (1993). *Overcoming math anxiety*. New York: W. W. Norton & Company.

Zazkis, R. & Liljedahl, P. (2009). *Teaching mathematics through storytelling*. Rotterdam, The Netherlands: Sense Publishers.

제 10 장

융합인재교육과 수학교육[1)]

고호경(아주대학교)

1. 융합인재교육 도입의 배경

STEAM 교육에 관한 논의는 2000년 과학, 공학, 기술, 수학(Science, Technology, Engineering, Mathematics)을 아우르는 융합에서 예술(Arts)을 추가한 것에서 시작되었다. STEAM 교육은 이러한 변화에 대응하는 새로운 수학·과학 교육 패러다임으로 학문의 경계를 넘나들 수 있는 융합형 인재를 양성하기 위하여 수학·과학에 대해 학생들이 흥미를 갖고, 보다 능동적으로 참여하며, 스스로 문제를 정의하고 해결할 수 있는 능력을 길러주고자 하는 목적을 지니고 있다(한국과학창의재단, 2012).

반면에 STEAM은 교사가 교과서 속 개념을 직접 강의하는 대신에, 주어진 문제를 학생이 자발적으로 재정의하고 해결하는 과정을 통해 여러 분야의 학문을 통합해 사고하고 스스로 지식을 깨우치게 하는 교육입니다. STEAM은 수학·과학 과목의 이론과 개념 뿐만 아니라 '실생활'과의 연계성을 강조합니다. 기존의 학교교육

1) 본 장은 한국교육개발원에서 수행한 정미경 외(2013)의 '초·중등교육체제 개선 방안 연구 -교육내용, 방법 및 평가체제를 중심으로-' 연구의 일환으로 위탁받아 수행한 고호경 외(2013)의 '중학교 수학과 타 교과 융합형 교육내용, 방법, 평가체제 개선 모델 개발' 연구의 일부를 발췌 수정한 것임

은 교과서에 정립된 학문 개념을 일방적으로 전달하는 데 주력해 왔습니다. 반면에 STEAM은 학생 본인과의 관련성(relevance)을 깨닫는 것이 우선입니다. 학습내용이 사회 어느 분야에서 쓰이는지 그리고 왜 배워야 하는지를 우선 체험한 다음, 스스로 설계하고 탐구하여 실험하는 과정을 통해 실생활 속 문제해결력을 배양하는 데 초점을 맞춥니다.

교육과학기술부는 2011년부터 수학 및 과학 중심 학교교육에 실용적인 기술 및 공학을 접목하여 현대사회에 필요한 과학기술 소양을 갖춘 인력 양성 기반 구축을 목적으로 하는 『융합인재교육(STEAM)』을 실시한다고 발표하였다(교육과학기술부, 2010). 이는 융합형 영재 양성을 위해 입시 중심의 교육에서 벗어나 다양한 사고와 경험을 체험할 수 있도록 지원하여 융합형 우수 이공계 인력 양성이라는 목적을 가지고, 「국가과학기술 경쟁력 강화를 위한 이공계지원 특별법」 제5조 및 동법 시행령 제4조에 의거한 교육과학기술부의 『제2차 과학기술인재 육성·지원 기본계획('11～'15)』에서 미래형 융합인재교육 강화를 주요 내용으로 하고 있으며, 초·중등학교부터 대학원에 이르기까지 과학기술 분야의 인재들이 꾸준히 지원받을 수 있도록 하는 다양한 정책을 마련하겠다는 의지를 담고 있다(교육과학기술부, 2010).

이후 '창의적 융합인재' 양성을 위한 융합인재교육(STEAM)이 강조되면서 창의·융합형 인재교육의 정립 및 일반 학교 현장에서 활용할 수 있는 프로그램 개발에 관심을 두고 있다. 향후 교육은 '학생들이 자신의 지식을 적용함으로써 더 깊이 있는 이해를 할 수 있도록 유도하는 것을 목적으로 한다.'고 하였다. 이를 위해 '여러 학문에 공통적인 개념(cross-cutting concepts)에 대해 강조점을 두는 등 단편적 교과 지식의 학습보다는 융합적인 접근을 중요시 여기고 있다(이근호 외, 2013).

한국과학창의재단(2012)에서는 각 분야의 다양한 콘텐츠들을 단순히 융합하는 수준이 아닌 다양한 지식을 활용하여 여러 가지 방법으로 복잡한 문제를 해결할 수 있다고 제안한다.

STEAM이 기존 교육과 가장 크게 차이가 나는 특징으로는 '융합'을 꼽을 수 있습니다. 지금까지의 과학교육은 단일 교과를 '쉽고 재미있게' 구성해 학생들의 이해와 관심을 높이는 것이 목적이었지만, 다양한 방식으로 이루어지는 학문 간 통합과 융합의 트렌드에 대응하는 데는 한계가 있습니다. 새로운 지식이 계속 쏟아져 나오고 언제 어디서든 원하는 정보를 찾을 수 있는 유비쿼터스 시대가 도래하면서, 단순히 지식을 많이 쌓는 것만으로는 개인의 경쟁력을 확보하기가 어려워졌습니다.

이제는 기존 지식을 어떻게 융합해 활용하는가의 문제에 대답하는 것이 더욱 중요합니다. STEAM에서 강조되는 '융합적 소양(STEAM Literacy)'은 다양한 지식을 활용해 복합적인 문제까지도 해결할 수 있는 능력을 의미합니다. 학교 현장에서 STEAM을 실행하는 교사들이 가장 많이 고민하는 부분도 '융합'입니다.

따라서 본 연구는 21세기 지식정보화 시대에 미래형 융합교육의 구현을 목적으로, 미래 타 교과에 적합한 인재 양성을 통해 미래 사회가 요구하는 수학 교과의 역할에 적합한 인재교육 모형들을 제공하고자 한다.

또한, 교육과학기술부(2010)는, 융합인재교육이 학생들의 수학 및 관련 타 과목에 대한 흥미와 이해, 잠재력을 높이고 장기적으로는 융합적 사고와 실생활의 문제해결 능력을 배양하여 미래 사회에 필요한 창의적 과학기술 인력을 양성하고 과학기술에 대한 흥미와 동기 부여로 과학기술 분야로의 진출을 유도하는데 기여한다고 하였다. 이 취지에 맞게 본 고에서는 수학과와 타 교과가 상호 연계된 교수·학습 자료를 개발하고, 이에 대한 구체적인 융합형 수학교실의 수업모델 교수학습 지도안의 예시를 제시하고자 한다.

2. 융합인재교육 관련 국내·외 선행연구

STEM 교육에 대한 연구와 내용은 미국을 중심으로 활발히 이루어지고 있는데, 미국, 영국, 핀란드, 이스라엘 등의 나라들의 경우에도 수학, 과학성취도 향상과 이공계로의 진학을 독려하기 위한 목적으로 STEM 교육을 강조하고 있다. STEM 교육은 미국 조지아 공과 대학의 포터(Porter et al, 2006)의 논문에서 알 수 있듯이, 그 시초는 과학, 기술, 공학, 수학을 통합하여 효과적인 공학교육을 하기 위한 모델에서 출발했다고 할 수 있다. 과학, 기술, 공학, 수학을 통합한 STEM 교육의 대표적 연구자인 샌더스(Sanders, 2009)는 각각의 교과가 분리된 형태가 아닌 통합된 형태로 접근하는 '통합적 STEM 교육(Integrative STEM)'의 활성화 필요성을 주장하였다. 통합적 STEM 교육은 둘 이상의 STEM 교과 영역을 연계하여 접근하는 교수-학습과, 하나의 STEM이 아닌 교과를 연계하는 교수·학습을 포함한다(Sanders, 2011). 버지니아(Virginia) 공대에서는 2005년 통합적 STEM 교육 전공과정이 개설되었다. 미국에서의 STEM 교육은 기술 및 공학 교육 전문가들이 중심이 되어 진행되고 있다고 할 수 있으며(Sanders, 2009; Brown et al., 2011), 출발은 공학 및 기술 교육에서 진행되어 왔다고 볼 수 있다. 이러한 추세는 미국 전체 과학교육의 방향에도 큰 영향을 끼치면서, The National Research Council of the National Academies(NRC, 2011a)는 과학과 공학의 통합교육의 차원에서 성공적인 STEM 교육 방안을 제시하였다.

이후 여기에 덧붙여 최근 NRC(2011b)에서는 'Framework for K-12 Science Education'을 통해 과학교육의 주요 교과 분야(Disciplinary Core Ideas)로 물상과학(Physical Sciences), 생명과학(Life Science), 지구와 우주과학(Earth and Space Science), 공학, 기술과 과학의 적용(Engineering, Technology, and the Applications of Science)을 제시하였다. 미국 국립과학재단(NSF)에서는 학부 STEM 교육변화 프로그램(Transforming Undergraduate Education in STEM; TUES)을 개발하여 보다 혁신적이고 새로운 문제해결 방식의 STEM 교육 프로그램을 보급하고 있다(AAAS, 2010). TUES가 지원하는 프로젝트들은 학습 자료를 만들어 활용·보급하고, STEM 분야에서의 최근 발달을 반영하는 전략을 가르치기 위한 도구이다. STEM 교육 분야 연구는 학습 자료와 전략 개발, 학부 STEM 교육 연구, 새로운 강의 전략 이행을 위한 연구, 교수의 전문기술, 지식개발, 학생성취평가 등으로 여러 대학에서 연구가 활발히 진행되고 있다(백윤수 외, 2012).

미국에서는 STEM Education에 관한 관심이 높아짐에 따라, 미국 교육부 웹페이지에 여러 관련 자료를 올려두고 공유하고 있다. 예를 들면, U.S. Department of Education(웹페이지)에서는 STEM-overview.pdf 자료 첨부, 미국 정부의 2014년 STEM Education 예산자료(2개의 화일 첨부; stem.pdf 2014_R&Dbudget_STEM.pdf)를 찾아볼 수 있으며, 미국 교육부 STEM 프로그램(STEM programs in U.S. Department of Education)을 여러 사이트에서 찾아볼 수 있다.[2)]

뿐만 아니라 Successful STEM Education[3)]은 NSF가 주관하는 Initiative의 하나로 미국 내의 학교나 교육 프로그램 가운데, 성공적인 STEM Education의 사례를 찾아 보고하고 좀 더 체계적인 STEM Education을 장려, 권고하는 것을 목적으로 하고 있다. 또한 STEM 스마트 신념(STEM Smart Briefs)[4)]이라는 사이트는 K-12 STEM education에 관

2) 예를 들면, http://www2.ed.gov/about/inits/ed/green-strides/stem.html(2013.08.02), Educating a competitive workforce (백악관 웹페이지, (2013.08.02)), http://www.whitehouse.gov/omb/budget/factsheet/educating-a-competitive-workforce(2013.08.02)

3) 웹사이트 http://successfulstemeducation.org/(2013.09.04)

련한 연구 프로젝트를 모아둔 페이지로서 각 연구들에 대한 개요와 보고서가 정리되어 있으며, 마지막으로 NRC의 보고서인 Successful K-12 STEM Education: Identify Effective Approaches in Science, Technology, Engineering, and Mathematics에서는 성공적인 STEM Education의 사례를 보고하고 있다.[5)]

전 세계적으로 STEM을 초·중등학생을 위한 예비공학교육에 활용하고 있는 사례들이 증가하고 있는데 초·중학교에서부터 설계(Design)를 중심으로 한 기술수업과 과학수업이 이루어지고 있다. 많은 유럽국가에서는 초등학생들에게 어려운 공학에 대해 소개하기보다는 흥미를 유발할 수 있는 기술적 문제해결(Technological Problem Solving)이나 설계중심학습(Design Based Learning)을 중심으로 실천하고 있다. ITEEA의 EbD 프로그램은 기술교육, 과학교육, 수학교육, 공학교육 전문가 집단과 교사들이 적극적으로 참여하여 각 교과별 국가 수준 기준을 근거로 초등학교부터 고등학교까지의 교육과정, 더 나아가 대학에서의 공학교육 실천까지 염두에 두고 개발하였다(백윤수 외, 2012). 2010년에 발표된 NASA의 '2010 Science Plan: For NASA's Science Mission Directorate'는 초·중등교육 STEM 교육 프로그램으로 지구와 태양계, 행성 간 환경, 태양의 영향, 우주 전체에 대한 심도 깊은 이해와 이를 통해 우주탐사를 위한 지식기반을 마련하고 과학, 기술, 공학, 수학교육의 개선에 기여하기 위해 실시되고 있다. 전 세계 로봇교육 최대 시장인 미국은 로봇을 활용하여 STEM 교과에 대한 흥미를 더하고 있으며 과학적인 기술 소양을 키우기 위한 교육을 활발하게 진행하고 있다. 풍부한 교육 콘텐츠를 바탕으로 다양한 교육이 가능한 범용 로봇키트를 개발하고 로봇기술을 실생활과 결합시키는 방향으로 발전하고 있다(백윤수 외, 2012). 이와 같이 미국에서는 기술, 공학, 과학 중심의 STEM 교육이 활발히 이루어지고 있음을 알 수 있다.

우리나라에서는 2010년 교육과학기술부의 2011년 업무계획에서 창의적 융합인재 양성을 위한 초·중등 융합인재교육(STEAM) 교육의 강화를 발표한 후 제2차 과학기술인재 육성·지원 기본계획('11~'15)의 중점 과제에서 미래형 융합인재교육(STEAM) 교육의 강화를 첫 번째로 제시하고 있다(교육과학기술부, 2010). 우리나라에서 말하고 있는 융합인재교육(STEAM)은 미국이나 영국의 STEM 교육에 예술(광범위하게는 인문학까지 포함)활동을 덧붙여 Arts를 추가한 것이다. 이후 우리나라에서는 STEAM을 '융합인재교육'으로 명명하였으며(한국과학창의재단, 2012), STEAM은 융합인재교육을 일컫는 용어로 자리 잡았다. 이것은 기존의 STS(Science, Technology, Society)의 확장된 개념으로서 과학기술공학의 사회시스템과의 연계성을 중요시한 것이다(최정훈, 2011). STEAM 교육에 대

---

4) 웹사이트 http://successfulstemeducation.org/resources/briefs(2013.09.04)

5) 웹사이트 http://books.nap.edu/catalog.php?record_id=13158(2013.09.04)

한 용어는 2007년에 Yakman(2011) 등이 일찍이 사용하였으나, 우리나라에서의 STEAM 용어 사용은 이들과는 관계없이 사용한 우연의 일치라고 알려지고 있다(신영준·한선관, 2011).

2011년 융합인재교육(STEAM)이 본격적으로 도입되기 이전에는 수학과 타 교과의 통합이 어떠한 효과가 있는지에 대한 연구가 일부 이루어졌다. 수학과 사회, 과학, 실과 교과서를 분석하여 수학 과목과의 연계성을 조사한 강신포·김호선(2006)의 연구, 통합 수학과 사회 통합 활동이 유아의 수학적 문제해결력 향상과 유능감에 긍정적 효과가 있었다는 박유란(2008)의 연구, 고등학생을 대상으로 수학과 경제의 연계성을 연구한 구유미(2005)의 연구, 경제생활 단원의 학습에 수학을 활용한 김지영(2007)의 연구, 지리교과에서의 그래프 활용을 통해 지리적 기능 향상에 도움이 되었다는 박현진(2002)의 연구 등이 진행된 바 있다.

우리나라에서는 김진수(2007)가 기술교육의 새로운 통합교육 방법으로 최초로 STEM을 국내에 소개한 이후 기술 또는 공업 교과에서 활용 가능한 STEM 교육 프로그램을 개발하여 적용한 연구들이 이루어졌다(문대영, 2008; 권혁수, 박경숙, 2009; 배선아, 금영충, 2010; 송정범, 2010; 배선아, 2011). 2011년부터 다양한 융합인재교육(STEAM) 프로그램들이 개발되었고, 본격적으로 초·중등학교 현장에 도입되어 적용 및 보급되고 있다. 이에 따라 융합인재교육(STEAM) 프로그램의 개발 및 적용과 관련한 다양한 연구들이 이루어지고 있다.

초창기 융합인재교육(STEAM) 관련 연구는 주로 기술, 공학, 발명 등의 교과를 중심으로 프로그램을 개발, 이를 학교 현장에 적용한 연구들이 주를 이루었다. 한국학술정보원의 검색을 통해 2012년부터 융합인재교육(STEAM) 연구물이 급증하고 있는 추세임을 알 수 있었는데, 융합인재교육(STEAM) 연구물은 주로 이론적 배경이나 모형 관련 연구(백윤수 외, 2012; 김성원 외, 2012), 융합인재교육(STEAM)에 대한 교사들의 인식을 알아본 연구(신영준, 한선관, 2011; 이지원 외, 2013), 기술 및 공학 중심 프로그램 연구(권순범 외, 2011; 박소정 외, 2012; 송재철 외, 2012; 안대영, 2012; 김진연 외, 2012), 과학 중심 프로그램 연구(박혜원, 2012; 이시예, 2013), 예술 중심 프로그램 연구(이소현, 정현일, 2012; 권수미, 2012) 등이 있으며 최근 들어 수학 중심의 연구도 차츰 증가하고 있는 추세이다.

수학교과에서 융합인재교육(STEAM)이라는 용어가 포함된 최초의 연구는 박형주(2012)의 연구로 융합인재교육(STEAM) 교육을 중심으로 중학교 수학교과서를 분석하여 유형을 분류하였다. 그 이후 수학교과 중심의 융합인재교육(STEAM) 연구가 비교적 활발히 이루어지고 있는데, 융합인재교육(STEAM)을 적용한 초등 수학영재교육 프로그램을 개발·적용한 이승우 외(2013)와 초등 일반학생을 대상으로 조사한 정윤희(2013)

의 연구, 수학사를 활용한 융합인재교육(STEAM) PBL의 설계 및 효과를 분석한 이민희, 임해미(2013)의 연구, 융합인재교육(STEAM)을 활용한 중학교 함수 단원에서의 수학수업방법을 제시한 송윤미(2013)의 연구, 융합인재교육(STEAM) 수학수업이 영재 학생의 학습만족도와 학업성취에 미치는 영향을 조사한 김준송(2013), 초등학교 6학년 학생들을 대상으로 한 교과 융합 역량 분석에 대한 연구(조현정, 류희수, 2014) 등이 있다.

수학교과에서의 융합인재교육(STEAM) 연구는 2013년에 발표된 연구가 대다수를 차지하고 있으며 이 연구들은 융합인재교육(STEAM)을 적용한 수학 프로그램을 개발하고 이에 대한 효과를 조사한 연구들이다. 효과를 알아본 변인으로는 수학적 태도, 학업성취도, 학습만족도, 학습동기, 학습태도 등과 같이 학습과 관련된 인지적, 정의적 특성으로, 임유정(2012)에 의하면 수학교과와 타 교과 간의 융합수업 모형 개발 및 적용 연구에서 융합수업 모형이 실생활에서의 문제해결능력 및 창의력을 향상시킬 수 있다고 한다.

그러나 아직까지 학문적인 연구 진행이 미진한 상태이며, 산발적으로 개발되는 자료들을 현장 적합성을 갖추도록 다각도에서 연구가 진행되고 이를 보고하고 있지는 못한 상태이다. 따라서 여전히 융합인재교육(STEAM)의 바람직한 정착을 위해서는 현재와 같이 과학, 공학, 기술 중심의 프로그램 개발에 치우치는 것보다는 수학, 예술과 같은 교과 중심의 융합 프로그램의 개발과 보급이 보다 활발히 이루어져야 할 것이다.

3. 융합인재교육 프로그램 모형

3.1 융·통합교육 모형

통합, 융합, 융복합, 통섭 등의 용어들이 뒤섞여 사용되고 있어 그 개념이나 정의를 정확히 나누기는 쉽지 않다. 통합은 물리적으로 합친 것을 의미하며 이것은 진짜로 섞이지 않은 상태를 말한다. 반면 융합은 화학적 변화가 일어나는 것과 같이 합친 것을 의미한다(Wilson, 2011). 융합(convergence)은 서로 다른 사물을 녹여 하나로 합치는 것으로 디지털 융합이라는 용어로 시작되었고 융합의 유형을 5가지로 정의하였다(이병욱, 2011). 즉 융합은 기술 영역에서 출발한 용어로 현재 사회과학, 인문과학, 예술 등을 모두 활용해야 하는 것을 의미한다(이병욱, 2011). 통합이란 무엇인가를 결합하는 것을 뜻하며, 통합교과를 가르친다는 것은 종래의 분리되어 각기 다른 시간에 가르치던 교과들을 어떠한 형태로든 결합하여 같은 수업기간 내에 가르치는 의미를 갖게 된다(이영만, 홍영기, 2006). 과거 통합교육은 두 가지 이상의 교과들을 단순히 나열하는 통합 방식이었으나, 최근 대두되고 있는 융합교육은 교과들을 포괄적으로 혼합시키는 통합의 방법을 추구한다(김성숙, 2011). 융합교육에서는 교과의 경계가 불투명해지며 새로운 창의적 결과가 도출된다. 이때 융합교육은 통합교육의 일부로서 하위 개념이다. 이들은 인지적 지식에서 더 나아가, 정의적, 신체적 면에서의 균형적 발달을 촉진시키고, 전인적인 인격발달을 추구한다는 점에서는 맥을 같이한다고 하였다.

3.1.1 Fogarty의 통합 모형

Fogarty(1993)는 내용과 형식을 포함하여 통합교육 과정을 정리한 학자로 교육과정 통합을 단일 교과 내의 통합, 여러 교과 간의 통합, 학습자 통합으로 구분하였다. 이들 통합 유형 중에서 가장 현실적으로 적응력이 강한 교과 간의 통합 유형은 계열형(sequenced model)에서 통합형(integrated model)으로 갈수록 통합의 강도가 크다고 하였다(김진수, 2012).

[표 1] Fogarty의 통합 모형(박형주, 2012; 김진수, 2012)

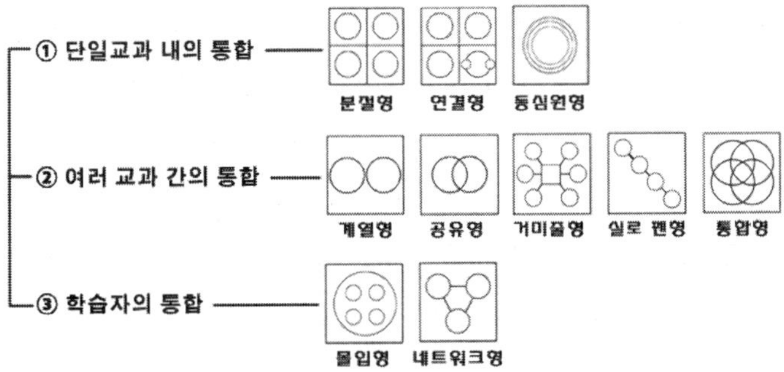

통합 유형	그림	설명
계열형	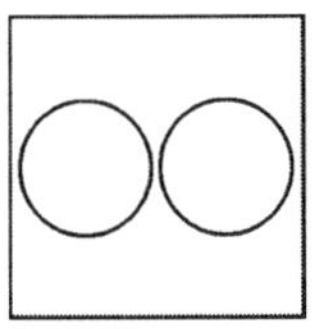	비슷한 내용의 주제를 여러 교과에서 가르칠 때 주제의 순서를 재구성함으로써 계열화하여 가르칠 수 있음. 교과 주제와 단원들을 서로 연관시키기 위해 재배치. 개별적인 교과 영역들은 그대로 유지되며 유사한 아이디어들이 계열적으로 가르침
공유형	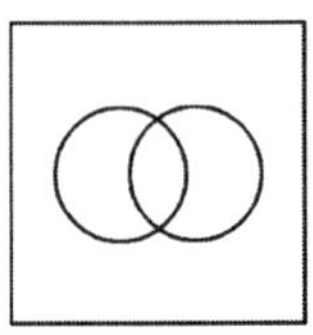	다른 학문 영역 간에 공유하고 있는 활동, 개념, 기능의 유사성을 벤다이어그램의 중복된 영역으로 구하여 수업이 가능함. 중복되는 개념과 기능을 공유하는 두 개의 교과. 두 교과에서 계획과 교수가 공유되며 중복되는 개념과 아이디어들이 조직 요소가 됨
거미줄형	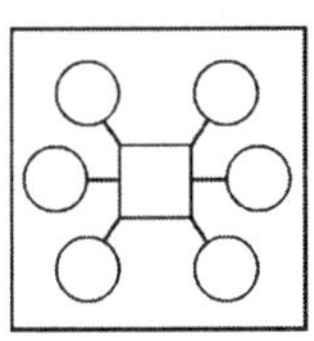	주제 중심으로 교과를 통합하는 방식. 하나의 주제를 중심으로 다양한 학습내용이 재구성됨으로써 전체를 파악할 수 있는 넓은 시야를 제공. 풍부한 주제가 교육과정 내용으로 조직됨. 공통 주제를 이용하여 적절한 개념을 뽑아냄
실로 꿴 형	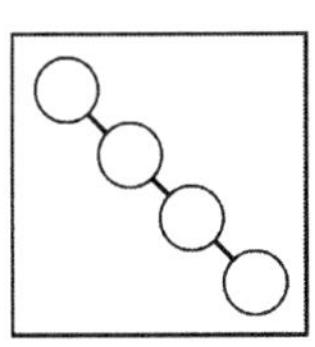	여러 개의 교과를 실로 꿰듯이 다양한 교과를 통틀어 사회적 기능, 사고 기능, 협동 기능, 다중 지능, 학습 기능 등을 연결시킴
통합형	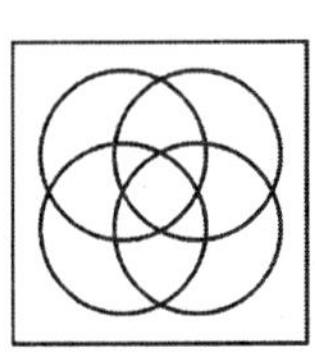	공유형처럼 간학문적 접근을 하지만 통합의 대상이 되는 교과들을 통합하는 것. 통합형은 다양한 교과들 사이에 공통점이 존재할 때 통합 가능함. 이 모형은 유능한 교사가 실행하거나 여러 교과의 교사들로 팀을 구성하여 팀 티칭 형태로 지도 가능함. 창의적 체험활동에 적용 가능

3.1.2 우리나라 융합인재교육(STEAM)을 위한 교육과정 모형

융합교수학습 자료 개발할 때 먼저 생각할 점은 각 교과를 어떻게 반영할 것인지에 관한 것이다. 미국에서 실시하는 STEM 교육에서는 S, T, E, M 중 두 개 이상이 결합되어 접근하는 수업이면 적정한 STEM 수업으로 본다(경기과학고, 2012). 따라서 교수 학습 자료 개발 시 마찬가지로 그러한 관점을 가질 수 있을 것이다.

STEAM 수업 시 어떻게 관련 교과를 반영할 것인가 하는 방향 설정이 매우 중요한데, 김진수(2007)는 STEAM의 통합적 접근으로 다음 3가지 가능한 모형을 제시하였다.

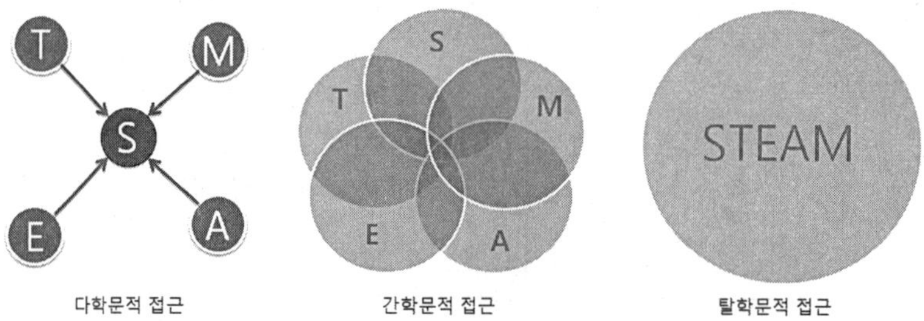

[그림 1] STEAM 통합교육과정의 모형

[표 2] 교과별 STEAM 유형(김진수, 2012)

중심 되는 교과(내용)	연계 유형	중심 되는 교과(내용)	연계 유형
과학 교과 중심 S-STEAM		예술 교과 중심 A-STEAM	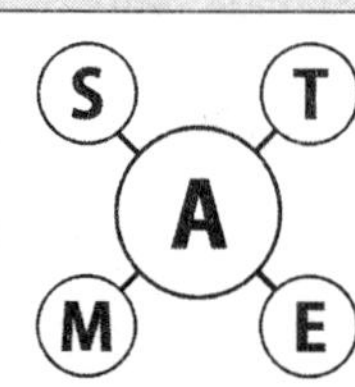
기술 교과 중심 T-STEAM		수학 교과 중심 M-STEAM	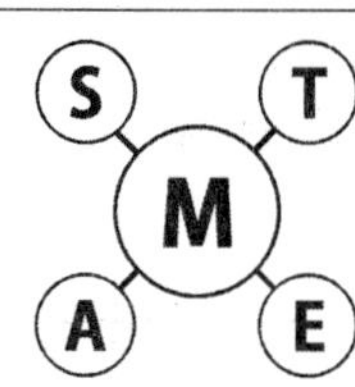
공학 교과 중심 E-STEAM		창의적 체험활동 수업 중심 CHA-STEAM	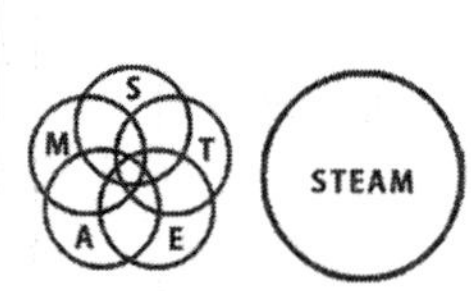

3.2 융합인재교육 프로그램 개발 절차

3.2.1 융합(STEAM) 프로그램 개발을 위한 PDIE 모형 절차

융합(STEAM) 프로그램을 체계적으로 개발하기 위하여 김진수(2012)는 준비(Preparation), 개발(Development), 실행(Implementation), 평가(Evaluation)의 PDIE 모형을 개발하였다.[6)] PDIE 모형의 4단계를 세분화하여 14단계의 세부 단계를 정하고, 이를 바탕으로 STEAM 프로그램 개발이 가능하다고 하였다.

[표 3] STEAM 프로그램 개발을 위한 PDIE 모형의 세부 절차

P(준비)	D(개발)	I(실행)	E(평가)
1. 요구분석 2. STEAM 교육과정 분석 3. 학습준거 선정 4. 통합유형 선정	5. 활동주제 선정 6. 활동과제 수업목표 선정 7. 성취활동의 명료화 8. 수업내용의 선정 9. 수업내용 구조화 10. STEAM 프로그램 내용 선정	11. STEAM 프로그램 수업 적용	12. STEAM 프로그램 평가 13. STEAM 프로그램 개선 14. STEAM 프로그램 완성

3.2.2 융합(STEAM) 프로그램 학습준거틀에 따른 개발 절차

융합(STEAM)에서 학습준거틀로 요구되는 것은 (1) 상황 제시, (2) 창의적 설계, (3) 감성적 체험이다.

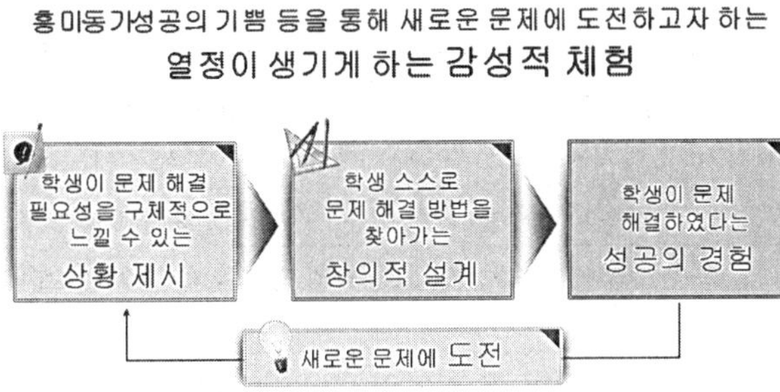

[그림 2] 학생의 수학에 대한 관점

6) 이것은 PDI 모형의 준비(Preparation), 개발(Development), 개선(Improvement)의 3단계와 ADDIE 모형의 분석(Analysis), 설계(Design), 개발(Development), 실행(Implementation), 평가(Evaluation)의 5단계의 단점을 줄이고 장점만을 통합하여 구안한 모형이다.

'상황 제시'는 학생들에게 실생활과 관련된 문제 상황을 제시하여 자신의 문제로 인식하여 문제를 해결하기 위한 동기를 부여하는 단계이다. 이 단계는 교사 주도적인 수업이 아닌 학생 중심의 수업으로 방향이 전환되는 것을 의미하며 학생들 스스로 문제에 몰입하도록 돕는다. '창의적 설계'는 주어진 상황에서 문제를 해결하기 위하여 창의적인 설계를 하고 실행해 가는 모든 과정을 뜻한다. 실생활의 문제에서 나타나는 여러 가지 복잡한 제약 조건 속에서 최선의 해결책을 만들어 나가는 과정인 것이다. '감성적 체험'은 학생들의 흥미와 학습 동기를 재창출하기 위한 요소이다. 문제해결 과정에서 성공의 경험을 하게 하면 학생들은 효능감이 높아지며 새로운 문제에 도전할 수 있는 용기와 의지를 갖게 된다. 이와 같은 과정을 통해 학생들은 자신과 관련된 문제를 스스로 해결하고 더 나아가 또 다른 학습에 적극적으로 참여하고 싶도록 유도하게 된다. 즉, 융합인재교육(STEAM)에서는 감성적 체험(Emotional Touch)과 창의적 설계(Creative Design)는 중요한 역할을 한다고 볼 수 있다.

과학, 기술, 공학은 각 학문영역에서 다루는 대상에 따라 구분되어져 왔으나 현재 인류가 경험하는 많은 문제들은 복합적이고 다양한 학문이 직·간접적으로 연관되어 어느 한 학문영역의 문제라고 단정적으로 말하기에는 어려움이 따르는 경우가 종종 있다(백윤수 외, 2012). 따라서 최근에는 학문 간의 융합과 통섭적인 접근 방법, 그리고 창의적인 문제해결 방법에 대한 시도가 요구되고 있는데 창의적 설계라는 개념은 이러한 시대적 요구에 부합하는 종합적인 문제해결 과정이라고 볼 수 있다(백윤수 외, 2012).

다음 [표 4]는 융합인재교육(STEAM) 프로그램 개발 시 학습준거 요소들의 반영을 점

[표 4] 융합인재교육(STEAM) 프로그램 학습 준거 체크리스트

구분	내용
상황 제시	• 스토리텔링: 전체 프로그램을 아우르는 상황을 제시하였는가?
	• 학습자 중심: 교사 중심에서 벗어나 학생 중심으로 프로그램이 설계되었는가?
	• 몰입: 학습자가 주제를 자기 문제로 인식하도록 수업이 구성되었는가?
창의적 설계	• 자기주도 학습: 학생이 수업의 전 과정을 주도적으로 참여하도록 설계되었는가? 개념을 교사가 가르치지 않고 활동을 통해 학생이 깨우치도록 설계되었는가?
	• 도구활용 능력: 다양한 도구를 활용할 수 있도록 설계되었는가?
	• 협업능력: 소통을 통하여 동료 및 교사와의 협력학습이 이루어질 수 있도록 설계되었는가?
	• 창의력: 프로그램에 학생이 자신의 아이디어와 발상을 반영할 수 있도록 설계되었는가? 프로그램의 결과물이 모둠별 또는 개인별로 다르게 산출되도록 설계되었는가?
감성적 체험	• 성공의 경험: 학습자가 성공을 경험하도록 설계되었는가?
	• 도전의 기회: 연계된 활동에 새로운 도전을 하도록 설계되었는가?
	• 열정: 학생들이 직접적인 체험을 통하여 열정을 가지고 참여할 수 있도록 하였는가?

검해 볼 수 있는 체크리스트이다.

4. 수학기반 융합(STEAM) 프로그램 개발 모형

외국의 통합적 수학교재를 분석하여 얻은 융합교육을 위한 수학교과서가 가져야 할 내적 요소들 특징은 다음과 같다(박형주, 2012).

첫째, 학습목표는 그림 또는 편지형식이나 행동적 언어로 제시된다. 아직 배우지 않아 어려운 수학적 용어 대신에 친근한 표현은 학생들이 자연스럽게 학습 상황으로 유도할 수 있으나 학습할 내용을 정확히 알기 힘들다는 단점이 있다.

둘째, 통합교과적 소재가 풍부하게 실려 있다. 학생들이 일상생활 속에서 접할 수 있는 소재 및 게임을 통해 관심이나 흥미를 이끌어 단원의 수학적 연관성을 이해하도록 한다.

셋째, 측정, 토론 등의 활동이 중심이 된다. 실제로 직접 어떤 것을 측정해 보거나, 친구들과 토론하는 활동이 가능하면 그 가운데에 사고력이 신장될 수 있다. 그러나 수학적 개념의 기호 활용 및 응용 능력을 키우기에는 부족하다는 우려가 있다.

넷째, 현실 맥락의 문제를 위주로 전개된다. 한국의 교과서도 구체적인 실생활의 문제를 제시하고 있으나, 한국의 교과서가 개념 설명 위주라면 외국의 통합적 교과서는 현실 맥락 문제를 위주로 제시된다. 이는 학생들이 스스로 수학의 필요성을 깨달을 수 있으나, 학습 수준이 하향 평준화될 우려가 있다.

본 연구에서는 수학교과서가 가져야 할 내적 요소 특징을 반영한 융합 프로그램 개발을 위해 다양한 융·통합교육 모형을 고려하였다. 그 결과 수학교과를 중심으로 한 융합 프로그램을 개발하기 적절한 모형은 Fogarty의 여러 교과 간의 통합 유형 및 김진수의 모형으로 판단하여 이에 기초하여 다음과 같은 5가지 수학 융합 프로그램 개발을 위한 기본 모형을 개발하였다.

4.1 수학기반 융합(STEAM) 프로그램 모형

수학기반 융합 프로그램 모형으로서는 통합의 정도에 따라 '다학문', '간학문', '탈학문'으로 나누고 통합의 방식에 따라 '공유형', '주제중심', '사고중심'으로 나누어 다음과

[표 5] 수학기반 융합 프로그램의 모형들

수학기반 공유 1 모형	수학기반 공유 2 모형	수학 중심 통합 모형	사고기능 중심 통합 모형	완전 통합 모형
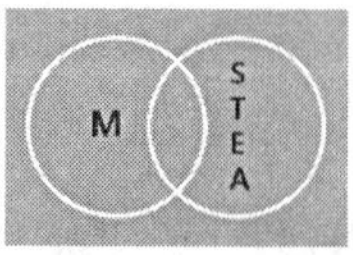	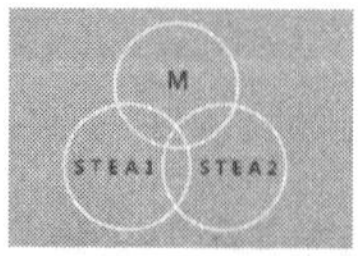	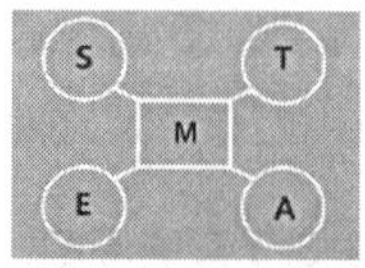	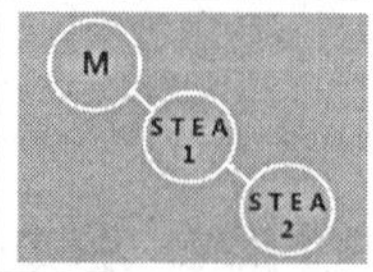	
공유 1모형(2고리 모형)	공유 2모형(3고리 모형)	수학 중심 통합 모형(거미줄 형)	사고기능 중심 통합 모형(연계형)	완전 통합 모형
STEAM 교과 중 S, T, E, A의 어느 한 영역과 소재 또는 주제가 융합된 프로그램	S, T, E, A의 어느 두 영역과 소재 또는 주제가 융합된 프로그램	주제(아이디어, 개념)를 택하여 수학 이외의 STEAM 교과들에서 공통 테마를 찾아 프로그램을 구성하는 모형으로 추후 각 교과 간의 팀 티칭(Team Teaching) 수업으로 활용 가능한 수업모형	공통 주제를 다루는 것이 아니라 공통의 학습 목표를 지향. 각 교과의 영역을 뛰어넘어 동일한 사고기능, 문제해결 능력 등을 기르는 것을 주된 목표로 한다.	STEAM의 관련 교과들이 주제 중심으로 완전히 통합된 방식의 모형이다. 주로 창의적 체험활동이나 방과 후 수업 등 비교과 교육에서 적용할 수 있는 모형

같은 모형을 생각해 볼 수 있다.

4.2 수학 융합 프로그램 개발 원칙

다음과 같은 개발 원칙에 의해 프로그램을 개발한다.

- 융합 모형 1~5 중 한 가지 모형을 선택하여 개발한다.
- M을 중심으로 하여 S, T, E, A 중 한 가지 이상의 교과를 융합하여 개발한다.
- 실생활 연계 소재를 통해 수학적 지식이나 방법이 생활 주변 현상, 자연 현상, 사회 현상 등을 이해하고 문제를 해결하는데 도움이 됨을 학생들이 인식하도록 한다.
- 융합인재교육(STEAM)의 학습 준거틀인 상황제시, 창의적 설계, 감성적 체험 요소가 반드시 반영될 수 있도록 개발한다.
- 수학교과 내 수업형, 교과 연계형 수업 등의 다양한 형태로 개발하여 학교 현장에서의 활용가능성을 높인다.
- 교사 중심의 수업보다는 학생 중심의 활동, 학생 간의 의사소통이 가능한 소그룹 형태의 활동으로 프로그램을 개발한다.

4.3 수학 융합 교수·학습 방법 및 단계 요소

본 연구에서는 수학기반 융합 프로그램을 개발하기 위하여 다음과 같이 교수·학습의 방법을 적용한다.

첫 번째, 생각열기 단계는 융합인재교육(STEAM)의 학습준거틀에서의 상황제시를 포함한 단계로 실생활 관련 문제를 제시하여 학생들의 흥미, 동기를 유발하며, 학생들은 이러한 문제상황을 접하고 문제를 파악하는 단계이다.

두 번째, 문제해결 계획 세우기 단계와 탐색 및 재탐색하기, 해결책 고안하기 단계에서는 수학수업 시간에 학습한 개념을 바탕으로 개인별, 소집단별 문제를 해결해 나가게 된다. 이 과정은 융합인재교육(STEAM)의 학습준거틀의 창의적 설계와 감성적 체험을 포함하는 단계이다. 학생들은 수학과 타 교과의 융합 프로그램에서 문제를 해결해 나가는 과정이 창의적 설계이며, 이를 통해 스스로 문제를 해결하였다는 성공의 경험을 통해 감성적 체험을 하게 된다.

각 세부 단계별 활동내용은 다음 [그림 3]에서 구체적으로 제시하였다.

생각열기		문제해결 계획 세우기		탐색 및 재탐색하기	발표 및 평가하기
문제제시	실생활 관련 상황을 문제로 제시하여 학생들의 흥미 및 학습 동기를 유발함	알아야 할 것	수학과 다른 과목의 융합을 통한 본격적인 학습 활동	문제를 해결하는 과정을 경험하면서 개념을 적용함	조별과제발표 프로그램평가
				해결책 고안하기	
문제파악	문제를 학생 스스로 파악하여 본격적인 학습을 준비하는 단계	알아내는 방법	수학기반의 융합적 사고를 적용한 문제해결을 위한 기초 단계	수학적 개념을 적용하여 창의적 문제해결방안을 찾는 단계	
① 상황제시		② 창의적 설계 ③ 성공의 경험(감성적 체험)			

[그림 3] 교수-학습 지도안 세부 단계별 활동 내용

5. 수학기반 융합인재교육 프로그램의 실재

중학교 융합인재교육 프로그램 예시로서 다음과 같이 미술의 색의 혼합을 컴퓨터 프로그램을 활용하여 그 원리를 찾고 색의 혼합 결과를 수학의 일차방정식을 이용하여 나타내는 과정에서 수학을 활용할 수 있도록 하는 프로그램을 소개한다. 이는 세계 여러 나라의 국기를 보고 나만의 깃발을 디자인해 보면서 색의 혼합과 깃발의 모양에 담긴 수학적 의미를 살펴보고 실제 디자이너와 같은 느낌으로 자신만의 깃발을 디자인해 볼 수 있는 활동이다.

개요	내용	STEAM 수업 모형
프로그램명	나는 깃발 디자이너!	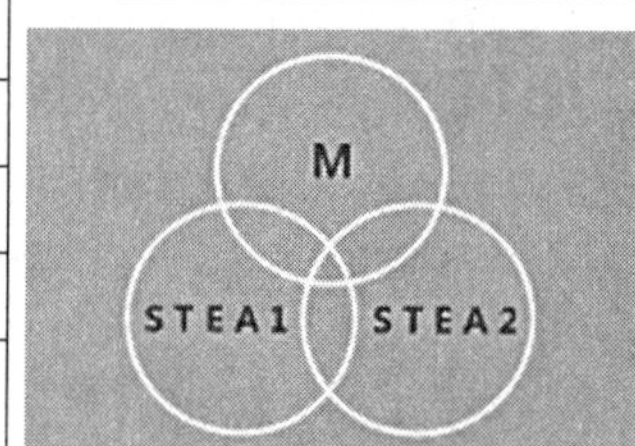
관련 교과	수학, 과학, 미술, 기술	
총 소요 시간	3차시	
수업 적용 방법	「문자와 식」 일차방정식 학습 후 적용	
준비물	컴퓨터, 필기도구, 채색도구, 자석(원형 또는 고무자석), 배지, 글루건	

▪ STEAM 단계 요소

- 상황제시:

  김연아 선수가 세계 대회에서 우승을 하고 우리나라 국기가 애국가와 함께 올라가는 모습을 보면 나도 모르게 가슴이 뭉클해진다. 벤쿠버 올림픽에서 우리나라의 김연아 선수가 세계 신기록을 기록하면서 금메달을 획득하는 쾌거를 이루었다. 애국가가 울리고 태극기가 올라가는 그 순간의 감동은 아마도 잊지 못할 것이다. 우리나라 태극기는 여러 가지 뜻을 담고 있어서 그 모양이 무척이나 복잡하다. 하지만 세계 여러 나라의 국기를 보면 단순한 모양의 국기도 있다. 이와 같이 우리나라 국기의 모양에는 많은 뜻이 담겨 있지만 시상식 순간 캐나다와 일본의 국기를 보면 모양이 매우 단순해 보인다. 나라마다 국기를 제작할 때 어떤 의미를 부여하여 만드는 것일까?
- 창의적 설계:

  자신만의 다양한 깃발을 디자인하여 냉장고 자석 또는 배지를 제작한다.
- 감성적 체험:

깃발을 디자인해 보면서 다양한 디자인 산출물을 느껴 본다. 또한 색의 혼합 과정에서 혼합의 결과로 예측한 색과 수학적 결과로서 나온 색의 결과물을 비교해 본다.

■ 전체 프로그램 흐름도

생각열기		⇨	문제해결 계획 세우기		⇨	탐색 및 재탐색하기	⇨	발표 및 평가하기
문제제시	세계 여러 나라의 국기의 모양에는 어떤 의미가 있을까?		알아야할 것	–국기의 의미 –RGB 가산혼합 –색상 알아맞추기		–나만의 깃발 제작 –색의 다양한 비율의 혼합을 생각하기		조별과제발표 프로그램평가
						해결책 고안하기		
문제파악	세계 국기 중 3색 국기의 나라를 찾아보기		알아내는 방법	–일차방정식 활용		–3색 국기를 기본으로 다양한 모양의 깃발을 만들어 보기		
① 상황제시			② 창의적 설계 ③ 성공의 경험					

■ 교수·학습 과정안

단계(시간)	교수·학습활동	STEAM 요소	자료 및 재료(■) 유의점(□)
배움 열기 (15분)	● 벤쿠버 올림픽 시상식 시청하기 Co 벤쿠버 올림픽 시상식을 시청 –동영상을 보고 국기의 모양에 대해 모둠별로 의논하고 발표한다. –국기가 가진 의미와 모양을 만드는 방법에 대해 생각해 본다. ● 학습 문제 제시 및 학습 목표 및 순서 파악하기 ◆3색 국기를 바탕으로 나만의 깃발을 디자인해 본다. ■ 학습 목표 ○ 내용 목표 • 색의 혼합정도를 일차방정식을 통해 계산하여 색을 예측할 수 있다. ○ 과정 목표 • 새로운 국기를 디자인해 보면서 창의적인 설계와 성공의 경험을 갖는다.	Ⓢ STEAM 과목 요소 ● S: 색의 혼합 ● T: 컴퓨터 프로그램(그림판, 포토샵) ● A: 깃발 디자인 ● M: 일차방정식	■ 동영상 시청 http://www.youtube.com/watch?v=hNpfzoPyoxE

<table>
<tr><td></td><td>〈학습 순서〉
1. 국기에 담긴 의미와 수학적 요소 찾아보기
2. RGB 가산혼합에 대해 알아보고 컴퓨터로 확인하기
3. 나만의 깃발을 디자인하기
4. 디자인한 깃발을 냉장고 자석이나 배지로 활용하기</td><td></td><td></td></tr>
<tr><td rowspan="2">활동적
배움
(100분)

■ 주황색은 빨강색이 초록색의 2배에 1을 더한 값이 섞여 있다. R=255일 때 G는 일차방정식을 사용하여 식을 세우고 해를 구한다(단, 채도, 명도는 무시한다).
☞ $2x+1=255$, $x=127$(R, G, B)=(255, 127, 0) 확인한다.
■ 파랑에 2배를 한 값과 빨강이 섞여 있다. R=128일 때 B는 얼마이고 섞인 색은 어떤 색인지 알아본다. 일차방정식을 사용하여 식을 세우고 해를 구한다(단, 채도, 명도는 무시한다).
☞ $2x=128$, $x=64$(R, G, B)=(128,0,64)=자주색임을 확인한다.</td><td>[활동 1] 국기에 담긴 의미
Co 국기에 담긴 의미 찾기
－세계의 국기를 찾아보고 그 속에 담긴 의미를 정리한다.
－국기의 모양에 담긴 수학적 의미를 찾는다.
Tip 제작할 국기에 의미를 부여하기 위한 작업이므로 다양한 자료를 검색하도록 한다.
Co 국기 분류하기
－세계의 국기를 보고 나만의 기준을 정하여 국기를 분류한다.
Tip 국기를 분류하는 기준을 정하면서 내가 디자인할 국기에 대하여도 생각해 보도록 한다.</td><td>TAM</td><td>■ 스마트폰 또는 사전과제

■ RGB 가산혼합은 빛의 삼원색을 이용하여 색을 표현하는 방식이다. RED, GREEN, BLUE 세 종류의 광원(光源)을 이용하여 색을 혼합하며 색을 섞을수록 밝아지기 때문에 '가산혼합'이라고 한다. 디지털 이미지에서 사용되는 RGB 가산혼합의 종류로는 sRGB, 어도비 RGB 등이 있다.</td></tr>
<tr><td>1. RGB 가산혼합이 무엇인지 조사해 보세요.
2. 컴퓨터 프로그램 중 그림판과 포토샵 중 자신이 사용 가능한 프로그램을 사용하여 색의 혼합 비율을 확인해보세요.
3. 주황색은 빨강색이 초록색의 2배에 1을 더한 값이 섞여 있다. R=255일 때 G는 얼마일까요?
4. 파랑에 2배를 한 값과 빨강이 섞여 있다. R=128일 때 B는 얼마이고 섞인 색은 무슨 색인가?
5. 친구와 함께 여러 가지 다른 색에 대한 방정식을 만들어보고 직접 색을 확인해보도록 한다.

[활동 2] RGB 가산혼합으로 색상 계산하기
Co 색 알아맞추기
－RGB 가산혼합에 대하여 살펴본다.
－그림판을 이용하여 색의 혼합비율과 색의 관계를 살펴본다.
Tip 1명이 색의 혼합비율을 이용하여 문제를 내면 다른 한사람이 계산을 하는 방식으로 진행한다.
Co 모양 알아맞추기
－둘레의 길이가 주어지고 가로와 세로의 비가 주어진 경우 가로와 세로의 길이를 구한다.
Tip 디자인하고자 하는 깃발모양이 직사각형인 경우 펄럭일 때 아름다운 모양의 가로와 세로의 비를 찾아보도록 한다.</td><td>STAM

☞ 그림판 - 색 - 색 편집-사용자 지정 색 만들기에서 확인할 수 있다.</td><td>■ 2인 1조로 활동
■ 컴퓨터
그림판-색-색 편집-사용자 지정 색
■ RGB색상 모형의 기초 활용

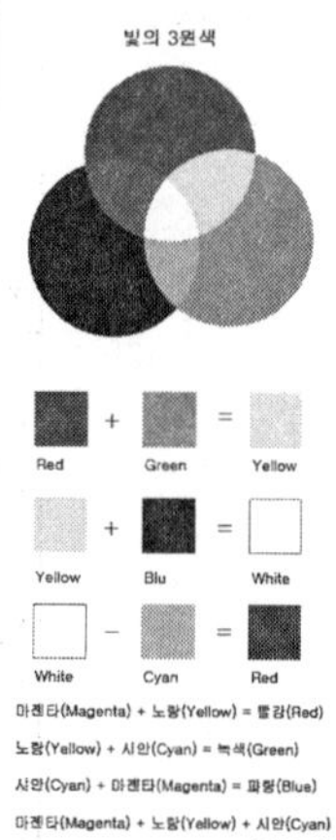
</td></tr>
<tr><td></td><td>[활동 3] 나만의 깃발 디자인하기
Co 나만의 깃발 디자인하기
－조사한 국기의 모양과 의미를 바탕으로 나만의 깃발에</td><td>STA</td><td>■ 채색도구
■ 컴퓨터
■ 다양한 아이디어가</td></tr>
</table>

	적용하여 디자인한다. Tip 컴퓨터를 이용하여 칼라 출력을 할 수 있으면 사용하도록 하고 그렇지 않으면 직접 색칠하여 제작하도록 한다.		나올 수 있도록 한다.
	[활동 4] 생활용품 만들기 Co 생활용품 만들기 –제작한 깃발을 고무자석에 붙여서 냉장고 자석을 만든다. –제작한 깃발을 이용하여 배지를 만든다. Tip 개별적인 아이디어 작품을 만들 수 있다는 점을 알려준다.	SE	■ 제시한 자석과 배지 이외의 작품을 만들 수 있음을 알려준다.
배움 정리 (20분)	ET 활동 및 실험 후 느낀 점 발표하기 –자기평가, 상호평가	TAM	■ 다른 사람의 의견을 주의 깊게 듣고 서로의 의견을 개진할 수 있도록 한다.

S: Science 과학, T: Technology 기술, E: Engineering 공학, A: Art 예술, M: Math 수학

Co: Context 상황제시,

Co: Creative Design 창의적 설계, 주어진 상황에서 창의성, 효율성, 경제성, 심미성을 발현하여 최적의 방안을 찾아 문제를 해결하는 종합적인 과정

ET: Emotional Touch 감성적 체험, 학습에 대한 긍정적 감정을 하는 것이다. 학습에 대한 흥미 자신감, 지적 만족감, 성취감 등을 느껴 학습에 대한 느끼고 성공의 경험을 동기유발, 욕구, 열정, 몰입의 의지가 생기고 개인적 의미를 발견하여 선순환적인 자기주도적 학습이 가능하게 하는 모든 활동과 경험

■ 지도상의 유의점

가. 색의 가산혼합을 직접 채색도구를 이용할 경우 원하는 색을 얻기가 어려울 수 있으므로 컴퓨터를 이용하여 색을 계산하도록 한다.

나. 인터넷을 사용하여 자료를 찾는 대신 학생들이 가지고 있는 스마트 폰을 활용하여 자료검색을 할 수도 있으며 인터넷이나 스마트 폰이 없는 경우 사전과제로 제시하여 학생들이 미리 준비를 해 올 수 있도록 한다.

다. 일차방정식을 만들 때 개별적인 활동이 어려울 수도 있으므로 3인 1조로 활용하여 2명이 방정식을 만들고 1명이 색의 비율을 계산하도록 할 수 있다.

라. 생활용품을 만들 때 자석과 배지 외에 다른 작품을 원하는 학생은 개별 준비할 수 있도록 수업 1차시에 미리 공지하도록 한다.

마. 제시된 자료는 3차시 분량이나 수업 진행 속도나 학생들의 학습 상태에 따라 2차시에서 4차시로 교사가 재구성할 수 있다.

바. [활동 2] RGB 가산혼합으로 색상 계산하기 부분에서 학생들의 흥미 상태를 확인하면서 더 많은 색을 일차방정식으로 만드는 시간을 가져도 좋다. 그리고 RGB 가

산혼합이므로 명도, 채도는 무시하고 방정식을 만들도록 한다.

사. 본 활동은 블록타임으로 운영되는 정규 수업시간을 권장하나 방과 후 수업 또는 창의적 체험활동 시간에 활용할 수 있다.

■ 평가 방안 예시

● 구술 평가 및 학생 / 동료 평가

<table>
<tr><th colspan="4">구술 평가 및 학생 / 동료 평가</th></tr>
<tr><th>구술 평가에 대한
평가 요소
체크리스트</th><th>구술 평가 기준표</th><th colspan="2">학생 자기 / 동료 평가 계획</th></tr>
<tr><td>융합적 사고</td><td>• 색의 혼합량을 정확하게 계산하고 국기의 디자인에서 색의 혼합 정도가 아름다운가?</td><td rowspan="2">자기
평가</td><td>• 즐거운 마음으로 활동에 참여하였는가?</td></tr>
<tr><td>창의적 설계</td><td>• 국기에 담간 의미와 디자인에 대한 아이디어가 창의적인가?</td><td>• 국기에 담긴 의미와 디자인이 창의적인가?
• 여러 가지 학습적인 요소를 생각하기 위하여 노력하였는가?</td></tr>
<tr><td>감성적 체험</td><td>• 자신이 설계한 국기에 대해 자긍심을 갖고 있는가?
• 느낀 점 발표 시 타인의 의견을 경청하고 비판적으로 수용하는가?</td><td>동료
평가</td><td>• 모둠별로 역할 분담이 잘 되었으며 협동적으로 활동이 이루어졌는가?</td></tr>
<tr><td>의사소통</td><td>• 다른 사람을 설득할 수 있게 발표하고 경청 및 발표 태도는 바람직한가?</td><td></td><td></td></tr>
</table>

- 수행·관찰 평가 계획

평가 영역	평가항목	우수(A)	보통(B)	미흡(C)
감성적 체험	집중과 끈기	과제에 대한 집중력이 좋으며 과제를 끈기 있게 해결함	과제에 대한 집중력은 있으나 끈기가 부족함	과제에 대한 집중력과 끈기가 부족함
	호기심과 자신감	새로운 내용을 배우고 싶어 하며 융합적 과제를 해결할 때 어려워하지 않고 적극적으로 참여함	새로운 내용에 대해 약간의 흥미가 있으며 융합적 과제를 해결할 때 어려워하지만 참여함	새로운 내용에 대해 흥미가 거의 없으며 융합적 과제를 해결할 때 어려워하고 참여하지 않음
	창의성	문제를 해결하는 과정에서 유창성, 융통성, 독창성, 정교성이 두드러지게 나타남	문제를 해결하는 과정에서 유창성, 융통성, 독창성, 정교성이 가끔씩 나타남	문제를 해결하는 과정에서 유창성, 융통성, 독창성, 정교성이 거의 나타나지 않음
창의적 설계	해결방안 및 계획	일차방정식을 세우고 해를 구하는 과정이 구체적이고 정확함	일차방정식을 세우는 과정이 구체적이나 방정식에 대한 이해가 부족하여 정확도가 떨어짐	일차방정식을 세우고 해를 구하는 과정에 대한 구체적 계획이 부족함
	문제해결 과정	색의 혼합비율을 정확하게 방정식으로 표현하고 문제를 해결하는 과정이 타당함	색의 혼합비율을 위해 수학적 요소를 찾아냈으나 문제를 해결하는 과정이 타당하지 못하지만 문제를 끝까지 해결함	색의 혼합비율의 수학적 요소를 찾아내지 못하여 문제를 해결하지 못함
	산출물 도출	제작한 국기에 수학과 예술의 융합적 사고가 잘 나타남	제작한 국기에 수학과 예술의 융합적 사고가 부분적으로 나타남	제작한 국기에 수학과 예술의 융합적 사고가 나타나지 못함
총평				

6. 융합인재교육 실천을 위한 제언

융합교육에 대한 개념은 2009 개정 교육과정에 따른 교과 교육과정 중 과학, 기술·가정에 STEAM이 반영되었다. 2011년 8월 9일에 고시된 초중등학교 교육과정에서 과학, 수학 그리고 실과(기술가정) 교과에는 융합인재교육의 기본적인 개념이 도입되어 정책 실행에 기반을 구축할 수 있게 되었고, 2013년부터 적용되는 교과서에서는 융합인재교육이 상당부분 반영되고 있다(미래창조과학부, 2013).

또한 지속적으로 융합교육에 대한 정책적 추구는 꾸준히 발표됨에 따라 본 연구에서는 이러한 취지 하에 융합인재교육 교수·학습 자료를 개발하고자 하는 연구의 일환으로 중학교 1학년 정규수업에서 활용할 수 있는 융합인재교육 수업 모델과 교수·학습 자료를 개발하였다. 융합인재교육 자료를 개발하는 데 있어서 문제중심학습(PBL)에서 다루는 문제를 해결해 나가는 것을 원칙으로 하였다. 문제중심학습(PBL)에서는 학생들이 제시된 문제 상황을 이해하고 문제에 대해서 알고 있는 것과 알지 못하는 것, 알아야 하는 것, 해야 하는 것을 파악하는 과정을 통해서 문제를 발견·정의하는 과정이 꼭 필요하다(최정임, 장경원, 2011). 따라서 문제를 해결해 나가는 과정에서 문제를 보다 잘 이해할 수 있도록 상황을 제시하고 이를 해결해 나가는 과정에서 알아야 할 것들과 해결을 위한 도구들을 융합적인 접근으로 창의적 설계 과정이 들어갈 수 있도록 구안하였다. 교수·학습 측면에서도, 융합교육 수업모델에 따른 교수·학습방법과 연계되고, 학생의 학습과정을 타당하게 평가할 수 있는 다양한 수행평가 방법을 제시하였다.

그러나 위와 같은 융합교육의 자료개발 연구만으로는, 현실적으로 융합교육의 교육적 목적과 추진방향 적용 효과 등의 일련의 과정을 충분히 경험하기엔 부족하다 할 수 있다. 따라서 학교 현장에 융합교육을 본격적으로 도입하기 위해서는 먼저, 융합인재교육을 도입하는 타당성에 대한 연구가 선행되어야 할 것이며 더불어 다음과 같은 현장 적용 연구가 병행되어 이루어진 이후에 본격적으로 학교 현장에 구체화되어 반영되어야 할 것이다.

첫 번째, 중·고등학교 수학을 기반 타 교과 융합을 위한 구체적인 수업 자료의 개발이 이루어져야 한다. 현재 각 교과별 단위로 융합교육 자료가 개발되고는 있으나 수학기반 내용으로 보기엔 역부족인 자료들이 대다수를 차지하고 있으며, 수학 전공자와 타 교과 전공자와의 융합된 연구팀에 의해 진행된 연구가 많지 않은 실정이다. 따라서 수학을 중심으로 하되 타 영역과의 체계적인 연구 체계를 갖춘 연구팀들을 통한 다양한 자료들이 개발되어져야 한다.

두 번째, 미래 창의·인재 양성을 위한 융합인재교육에서는 교사들의 팀티칭 또는 코티칭 등 기존 교육현장의 수업방법을 개선할 수 있는 수업모델이 개발되어야 하며, 또한 중·고등학교 학생의 수준과 흥미를 고려한 다양한 교육콘텐츠를 활용한 수업 모델이 개발될 필요성이 있다. 현재까지도 실제 현장에서 실현 가능한 융합인재교육 수업 모형 및 수업방법 등을 체계적으로 제시한 연구는 많지 않으며, 융합교육을 위한 수업 모형을 국내 실정과의 적합성에 대한 충분한 고려 없이 외국의 접근을 과도하게 따른다면 그 부작용도 적지 않을 것이다. 따라서 융합교육을 위한 수업 요소를 구체적으로 도출하고, 우수사례를 수집 및 분석한 후 수업 모형을 체계적으로 개발한 이후, 풍부한 교육콘텐츠를 활용하여 실제 수업에 적용해 봄으로써 학생의 수준과 흥미를 고려한 수업 모형 및 수업 자료들을 두루 갖출 필요가 있다.

세 번째, 융합인재교육을 위해 개발된 자료와 수업 모형들을 현장에서 잘 활용하고 발전시키기 위한 교사 연수가 활성화되어야 한다. 현재까지 융합교육에 대한 교사 연수 프로그램은 실용화시킬 수 있을 정도로 구체화된 연수들이 아니기 때문에, 현장에서 융합인재교육을 보다 효율적으로 적용할 수 있도록 구체적인 교사 연수 프로그램을 개발하여 적용할 필요가 있다.

참고문헌

Reference

강신포, 김호선 (2006). 수학과와 타 교과 내용의 연계성 분석. 과학교육연구, 31, 1-20.

경기과학고등학교 (2012). 연구학교 보고서. 경기과학고.

고호경, 최수영, 유미현, 오우상, 이경령, 김정현 (2013). 중학교 수학과 타 교과 융합형 교육내용, 방법, 평가체제 개선 모델 개발. 한국교육개발원 RR 2013-32-2.

교육과학기술부 (2010). 창의 인재와 선진과학기술로 여는 미래 대한민국. 2011년 업무 보고.

구유미 (2005). 중등수학교육과정과 경제 경영수학의 연계성을 연구. 성균관대학교 석사학위논문.

권수미 (2012). 예술중심 융합교육 프로그램 개발을 위한 제언. 음악교육연구, 41(2), 67-100.

권순범, 남동수, 이태욱 (2011). STEAM 기반 교육용 로봇 활용 초등학생 대상 학습 프로그램 개발. 한국컴퓨터정보학회 학술발표논문집, 221-224.

권혁수, 박경숙 (2009). 공학적 디자인: 과학, 기술, 공학, 수학교육의 촉진자. 과학교육연구, 33(2), 207-219.

김성숙 (2011). 미술 과학 교과가 융합된 교수학습방안. 경인교육대학교 석사학위논문.

김성원, 정영란, 우애자, 이현주 (2012). 융합인재교육(STEAM)을 위한 이론적 모형의 제안. 한국과학교육학회지, 32(2), 288-401.

김준송 (2013). 융합인재교육(STEAM)과정을 적용한 수학수업이 영재학생의 학습만족도와 학업성취도에 미치는 영향. 고려대학교 석사학위논문.

김지영 (2007). 실용수학의 효과적인 지도 방안: 경제생활 단원 중심으로. 제주대학교 석사학위논문.

김진수 (2007). 기술교육의 새로운 통합교육 방법인 STEM 교육의 탐색. 한국기술교육학회지, 7(3), 1-29.

김진수 (2012). STEAM 교육론. 서울: 양서원.

김진연, 김현정, 김영민, 김기수 (2012). 중학교 '전자기계기술' 단원의 STEAM 프로그램 개발. 실과교육연구, 19(2), 267-288.

김홍원, 정현철, 김남균 (2004). 교육청 영재 심화 교수-학습 자료. 한국교육개발원 연구보고 RM 2004-4-6.

문대영 (2008). STEM 통합 접근의 사전 공학 교육 프로그램 모형 개발. 공학교육연구, 11(2), 90-101.

미래창조과학부 (2013). 과학기술과 ICT를 통한 창조경제와 국민행복 실현. 2013년도 업무보고 보도자료.

박소정, 김방희, 김진수 (2012). 중학교 전자 기계 기술 단원에서 활용할 오토마타 만들기 STEAM 수업자료 개발 및 적용. 한국기술교육학회지, 12(2), 199-220.

박유란 (2008). 사회-수학 통합 활동이 유아의 수학적 문제해결력과 태도에 미치는 영향. 연세대학교 석사학위논문.

박현진 (2002). 지리 교과에서 그래프 활용에 관한 연구. 서울대학교 석사학위논문.

박형주 (2012). 통합 교육에 근거한 중학교 수학 교과서 분석-STEAM 교육을 중심으로. 이화여자대학교 석사학위논문.

배선아, 금영충 (2010). 공업계열 전문계 고등학교 화공 분야의 STEM 교육에 대한 화공 교사의 인식과 요구. 대한공업교육학회, 35(1), 44-67.

배선아 (2011). 중학교 전기전자기술 영역의 활동중심 STEM 교육프로그램 개발 및 적용. 대한공업교육학회지, 36(1), 1-22.

백윤수, 박현주, 김영민, 노석구, 이주연, 정진수, 최유현, 한혜숙, 최종현 (2012). 융합인재교육(STEAM) 실행방향 정립을 위한 기초연구. 한국과학창의재단 연구보고 2012-12.

송윤미 (2013). 융합인재교육(STEAM)을 활용한 중학교 수학수업방법 연구-함수 단원을 중심으로-. 경희대학교 석사학위논문.

송재철, 남상천, 송기상 (2012). 초등학생을 대상으로 한 스크래치 활용 STEAM 교육 프로그램에 관한 연구. 한국컴퓨터교육학회 학술발표대회논문집, 16(2), 243-247.

송정범 (2010). STEM 통합교육을 위한 교실친화적 로봇교육 모형 및 프로그램 개발에 관한 연구. 한국교원대학교 박사학위논문.

신영준, 한선관 (2011). 초등학교 교사들의 융합인재교육(STEAM)에 대한 인식 연구. 초등과학교육학회지, 30(4), 514-523.

안대영 (2012). 프랙탈 수업에서 융합인재교육, 수학교육학술지, 2012(2), 155-168.

이근호 외 (2013). 2013 교육과정, 교육평가 국제동향 연구. 연구자료 ORM 2013-97-4. 서울: 한국교육과정평가원

이민희, 임해미 (2013). 수학사를 활용한 융합적 프로젝트기반학습(STEAM PBL)의 설계 및 효과 분석. 학교수학, 15(1), 159-177.

이병욱 (2011). 미래디지털 사회를 위한 융합의 이해. 파주: 생능 출판사.

이소현, 정현일 (2012). 미술 중심의 STEAM 교육 프로그램 사례연구: 미래형과학교실

디자인 프로젝트를 중심으로. 미술교육논총, 26(3), 83-117.

이영만, 홍영기 (2006). 초등통합교육과정. 서울: 학지사.

이지원, 박혜정, 김중복 (2013). 융합인재교육(STEAM) 연수를 통해 교수·학습 자료 개발 및 현장적용을 경험한 초등교사들의 인식 조사. 초등과학교육, 32(1), 47-59.

임유정 (2012). 수학 교과와 타 교과 간의 융합 수업 모형 개발 및 적용 과정에 대한 연구. 영남대학교 석사학위논문.

조현정, 류희수 (2014). 수학 기반 STEAM 교육 관점에서 학생들의 교과 융합 역량 분석: 초등학교 6학년 학생들을 대상으로. 교육과학연구, 45(2), 49-75.

최정임, 장경원 (2011). PBL로 수업하기. 서울: 학지사

최정훈 (2011). 융합을 기반으로 하는 STEAM 교육이란? 월간창의교육, 2011년 2월호.

한국과학창의재단 (2012). 융합인재교육(STEAM) 정책 설명. STEAM 리더 스쿨 및 교사연구회 발대식 자료집.

AAAS. (2010). *New challeges, new strategies building excellence in undergraduate STEM education.* http://www.aaas.org/news/aaas-report-highlights-promising-innovation-undergraduate-stem-education. (2014. 11. 20.).

Brown, R., Brown J., Reardon, K. & Merill C. (2011). Understanding STEM: current perceptions. *Technology and Engineering Teacher, 70*(6), 5-9.

Fogarty, R. (1993). *How to integrate the curricula: Training Manual.* Thousand Oaks, CA: Corwin Press.

Jacobs, H. H. (1989). *Interdisciplinary curriculum: Design and implementation. Alexandria,* VA. ASCD. 김진수(2012)에서 재인용.

National Research Council. (2011). *Successful K-12 STEM Education: Identifying Effective Approaches in Science, Technology, Engineering, and Mathematics.* National Academy of Science.

Porter, A. L., Roessner, J. D., Oliver, S., & Johson, D. (2006). A system model of innovation process in university STEM education. *Journal of Engineering Education, 95*(1), 13-24.

Sanders, M. (2009). STEM, Stem education, STEM mania. *The Technology Teacher, 68*(4), 20-26.

Sanders, M. (2011). *An introduction to Integrative STEM Education.* 2011 국제 STEAM 교육 세미나, 경북대학교. (2011. 6. 22.).

Wilson, E. O. (2011). Consilience. 한국어판 [통섭] 최재천, 장대익 번역, 서울: 사이언스북스

Yakman, G. (2011). *Introducing teaching STEAM as a practical framework for Korea.* 2011 국제 STEAM 교육 세미나 자료집 (2011. 6. 22., 경북대학교).

제 11 장

공학적 도구를 활용한 수학수업

조정수(영남대학교)

1. 서론

오랫동안 수학 교수에서 사용되는 도구들의 안정성과 경제성은 수학을 다른 학문과 구별해주는 역할을 하였다. 서양의 경우 기하용 도구로는 연필, 직선자, 삼각자, 각도기, 컴퍼스가 사용되었고 계산용 도구로는 연필만 사용되었으며, 동양의 경우는 주판과 같은 인공물이 폭넓게 활용되었고 여전히 활용되고 있다. 도구적 관점에서 볼 때, 종이에 기록하고 계산하는데 사용하는 연필 도구는 과거에나 지금이나 수학의 학습 과정에 큰 영향을 주고 있다. 20세기에 접어들어서는 로그표나 삼각함수표와 같은 수치표와 계산자가 학교수학의 전통적인 도구로 첨가되었다. 이들 도구들은 1920년대에서 1970년대까지 계산을 위한 수학 도구로 모든 교육기관에서 광범위하게 사용이 권고되었다. 이런 상황은 수치 계산이나 형식 논리 계산 및 기하 활동이 가능한 소프트웨어의 사용이 가능했던 1975년을 기점으로 급변하였다. 이러한 변화에 의해 개인용 계산 도구인 계산기는 수학교실에서 학생들이 갖추어야 할 도구로 급격히 부상하였다(Trouche, 2005).

휴대용 계산기는 1970년 4월 Cannon사에 의해 세계 처음으로 소개되었다. 1972년 Hewlett-Packard는 $\log 3$, $\sin 3$ 등과 같은 초월함수 값을 구할 수 있는 최초의 과학용 계산기인 HP-35를 소개하였다. 1986년 일본의 Casio는 컴퓨터와 같은 그래핑 소프트웨어가 내장된 'graphing calculator'를 처음 소개하였고, 1996년 Texas Instruments는 컴퓨터 대수시스템(Computer Algebra Systems, CAS)과 탐구형 기하 소프트웨어인 Cabri가 탑재된 기호조작 계산기(symbolic calculators)인 TI-92 계산기를 세상에 내놓았다. 최근에 Texas Instruments와 Casio는 Flash ROM 계산기를 개발하였는데 이 Flash ROM 계산기는 미래를 위한 긍정적인 의미를 가지고 있다. 플래쉬 기술은 간단한 계산기 소프트웨어를 공학적으로 업그레이드 시켜줄 뿐만 아니라, 많은 종류의 컴퓨터 프로그램이 계산기에서 작동하도록 해준다. 따라서 이러한 Flash ROM 기술은 21세기 수학교육에서 계산기의 적용에 급격한 변화를 가져올 것으로 보인다(Waits & Demana, 2000).

컴퓨터 대수시스템(Computer Algebra Systems, CAS)은 그래프 그리기 기능, 수치 계산 기능, 표 만들기 기능과 연계된 기호조작 기능을 갖춘 소프트웨어 시스템으로 역동기하 소프트웨어(Dynamic Geometry Softwares, DGS) 및 스프레드시트, 통계 프로그램과 연계하여 상호작용적으로 기호조작이 가능한 특징을 가지고 있다(Heid, Thomas, & Zbiek, 2013). CAS를 통합한 수학교실에서는 수학의 불변성에 대한 탐구, 역동적 표상과의 연계, 실데이터의 사용과 조작, 그리고 실제와 수학 사이의 관계에 대한 시뮬레이션 등이 가능하다. CAS가 통합된 수학교실에서 일어나는 변화는 과제뿐만 아니라 교사와 학생 사이의 상호작용 방식에서도 나타난다. 공학이 수학교실에 도입된 짧지 않은 역사에도 불구하고 학교수학에 대한 공학의 영향은 현재까지 주변적 수준에 머물고 있으며, CAS가 수학교실에 통합되는 과정은 이보다 더 더디게 진행되고 있다.

최근에 전문 직업분야에서 수학의 사용이 증가하게 된 계기는 새로운 공학에 의한 지원성의 확대에 따른 것이다. 새로운 공학 도구들은 수학을 사용하는 전문가 집단의 수학활동의 관행을 혁신적으로 바꿔놓았지만, 수학교육 특히 학교수준에서는 여전히 이러한 혁신이 일어나고 있지 않다(Guin, Ruthven, & Trouche, 2005). 특히 계산기(산술 계산기에서 과학 계산기로, 그 다음에는 그래핑 계산기, 현재는 기호조작이 가능한 CAS 계산기까지)가 학생과 교사의 교수와 학습에 적합하다는 사실이 밝혀졌고 공식적으로 인정을 받고 있는 상황에서도 학교수학의 수학 관행에 이 새로운 공학의 통합은 여전히 겉돌고 있는 실정이다. 계산공학 도구의 강력한 기능과 휴대성은 모든 학년 수준의 수학교육에 영향을 주며 수학의 교수와 학습을 혁신시키는 기회를 제공해주고 있다. 그렇지만 공학 도구를 수학의 교수-학습 관행에서 사용 가능하도록 제도화하는 것은 상당히 더디게 진행되고 있다.

한편 다양한 종류의 공학 도구가 수학교실에서 교사와 학생들에 의해 널리 사용되고 있다. 그래서 공학이 계산이나 기호조작의 단순 활동에서 학생들을 해방시킴으로써 실제 응용, 모델링, 개념 이해, 고차적인 수학적 기능 습득 등에 수학의 교수-학습이 좀 더 초점을 둘 수 있다는 공학 도구에 대한 낙관론이 지배적이다(Drijvers & Trouche, 2008).

이를 반영하듯 1986년 미국의 학업성취도 평가기관에 따르면 중학생 연구 대상의 21%, 고등학생 26%가 수학 시간에 계산기 사용을 허락하는 학교에 다니고 있다고 밝혔는데 1992년에는 이들 퍼센트가 각각 81%와 92%로 증가하였다. 1990년 공립학교의 33%가 중학교 2학년 수학시험에서 계산기를 사용할 수 있도록 허용하였으며 1996년에는 모든 중학교 2학년의 70%까지 증가하였으며 60% 정도의 이들 학생들은 수학수업에서 매일 기본적으로 계산기를 사용하고 있었다. 수학교육의 역사에서 이러한 급속한 변화는 수학교육의 어떤 주제에 대해서도 일어나지 않았는데, 그만큼 계산기는 수학교육의 변화를 주도하고 있다(Waits & Demana, 2000).

그래핑 계산기가 처음 등장했을 때, 그 가격은 수학 교과서보다 10배 이상에 달했지만 현재 이 둘의 가격은 비슷한 상황이다. 세월이 지나면서 도구들은 점점 더 복합적인 기능을 갖추게 되었다. 현재는 처음보다 가격이 낮아졌지만 인체공학적 기능과 작업 능력은 오히려 더 향상되었고 다른 새로운 도구의 출현 또한 점점 가속화되었다. 모든 학생들이 과학 계산기를 수학교실의 도구로 소유하는 데는 15년 정도(1975년부터 1990년까지) 걸렸는데 반면, 그래핑 계산기를 갖추는 데는 10년으로(1990년부터 2000년까지) 충분했다(Trouche, 2005). 이런 식으로 본다면 기호조작 계산기를 모든 학생들이 수학교실에서 사용할 날도 얼마 남지 않았음을 쉽게 짐작할 수 있다.

이 글은 공학적 도구를 활용한 수학수업이란 주제 하에 CAS 그래핑 계산기의 이론적 배경으로 교수학적 도구로서 CAS 공학의 역할을 Kutzler(2003)의 사소화, 실험화, 시각화, 그리고 집중화를 중심으로 고찰한다. 그리고 CAS의 임베디드 시각화에 의한 국소적 수평화를 살펴봄으로써 미분적분학 지도에서 CAS 공학 사용을 위한 이론적 배경을 제시하고자 한다.

2. CAS형 그래핑 계산기의 이론적 배경

2.1 교수학적 도구로서 CAS 공학의 역할

컴퓨터 대수시스템(CAS)이 탑재된 그래핑 계산기는 이전에는 컴퓨터에서나 가능했던 기능들을 제공해주고 있다. 이 계산기는 수학적 표현의 단순화, 미분과 적분 계산, 함수의 그래프 그리기, 방정식 풀기, 행렬 조작 등을 수행할 수 있도록 해준다. 즉, CAS형 그래핑 계산기는 중등학교와 대학에서 가르치는 수학의 대부분의 내용을 수행할 수 있다. CAS형 그래핑 계산기의 대표적인 계산기로는 Texas Instruments의 TI-92, TI-92 Plus, Voyage 200, 그리고 가장 최근의 TI-nspire CX CAS 등이 있다.

그렇다면 CAS 계산기를 수학교육에서 가치 있는 유용한 도구로서 사용하기 위해서는 어떻게 해야 하는가? Kutzler(2003, pp. 57-67)는 사소화(trivialization), 실험화(experimentation), 시각화(visualization), 집중화(concentration)라는 네 가지 측면의 교수학적 역할을 CAS 공학이 담당한다고 주장하고 있다. 이를 구체적으로 살펴보면 다음과 같다.

(1) 사소화

계산기 사용을 수학교실에서 허용한다면 학생들은 한 자릿수 곱셈을 하듯이 일곱 자릿수의 곱셈을 할 수 있게 된다. 과학계산용 계산기는 이처럼 복잡하거나 어려운 산수 계산을 사소한 일로 해결할 수 있도록 해준다.

$y=2x+3$과 같은 직선 방정식의 그래프를 그리는 것은 기울기와 y 절편의 두 계수의 기하학적 의미만 안다면 쉬운 문제이다. 그런데 $y=2\sin(x/2)+\cos(x)$와 같은 함수의 그래프를 그리는 것은 훨씬 더 어렵고 또한 적합한 그래프를 그리기 위해서는 상당한 정도의 기능과 지식이 필요하지만 그래핑 계산기를 이용하면 이 두 가지 함수를 그리는 것은 시간과 지식, 기능면에서 거의 같게 된다. 따라서 그래핑 계산기는 그래프 그리는 과제나 문제를 사소한 일로 바꾸어준다.

즉, 그래핑 계산기는 대수적 기호조작을 사소한 과제로 바꾸어줌으로써 마치 자동차가 사람들의 이동과 운송의 범위를 확장시키듯이 학생들의 '계산과 대수 기호조작의 범위'를 무한히 확장시켜준다. 산수 계산, 그래프 그리기, 대수식의 조작을 사소하게 만들어주는 그래핑 계산기는 수학을 가르치는데 있어서 좀 더 복잡한 문제와 좀 더 실제적이고 현실

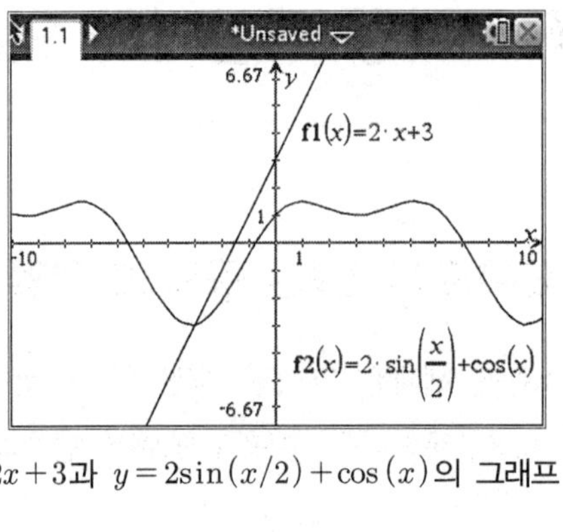

[그림 1] $y=2x+3$과 $y=2\sin(x/2)+\cos(x)$의 그래프 그리기 비교

적인 문제를 해결할 수 있는 능력을 학생들에게 제공해준다.

(2) 실험화

Buchberger(1989)는 오늘날 우리가 알고 있는 모든 수학적 지식의 발견 과정은 ① 이미 알고 있는 알고리즘을 적용하여 예(examples)를 만들기, ② 만들어낸 이들 예로부터 성질을 관찰(observe)하고 관찰된 성질을 바탕으로 추측(conjecture)을 제기하기, ③ 이 추측을 증명하여 확증된 지식인 이론(theory) 만들기, 그리고 ④ 이 이론을 새로운 알고리즘의 생성을 위한 도구(implement)화하기를 거친다고 처음으로 제안하였다. 이후 이 알고리즘을 새로운 데이터에 적용(apply)하여, 새로운 예를 산출하고, 이 예로부터 새로운 관찰을 하는 식으로 수학적 지식의 발견 과정은 아래 [그림 2]와 같이 나선형으로 계속 진행된다.

이 나선형 과정에는 세 단계가 있음을 알 수 있다. 첫째, 실험 단계(experimentation)는 여러 가지 예를 생성하기 위하여 이미 알려진 알고리즘들을 적용하는 단계이다. 둘째, 엄밀화 단계(exactification)는 증명을 통하여 제기되었던 추측이 정리로 발전되고 이 정리에 의한 알고리즘화된 지식은 새로운 알고리즘을 위한 도구가 되는 단계이다. 셋째, 적용 단계(application)는 알고리즘을 실제 데이터나 가상 데이터에 적용하는 단계이다.

이미 정리되고 만들어진 기성 수학을 현재의 학생들에게 가르치는 방식으로 수학을 연구하는 수학자는 없으며 과학자도 마찬가지이다. 수학적 지식의 획득은 학자나 학생들 모두 실험 단계를 거치면서 가능하다. 이런 관점에서 본다면 왜 많은 학생들이 수학을 이해하지 못한 채 부진한지, 수학을 가르치는데 있어 실험이 얼마나 중요한 위치를 차지하고 있는지를 알 수 있다. 수학을 가르치는데 있어 이 실험 단계는 전통적으로 수학을 가르치

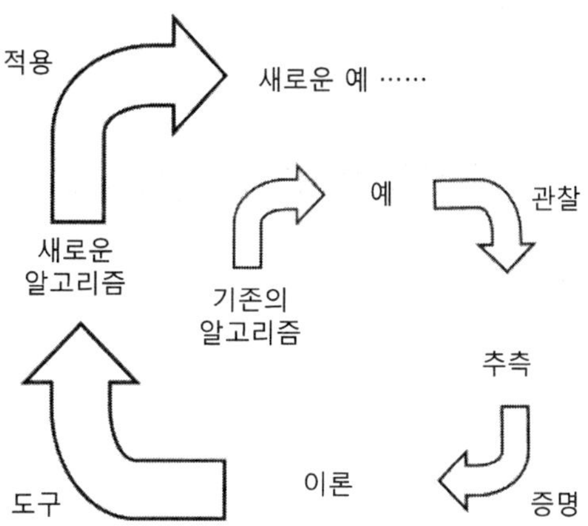

[그림 2] 수학적 지식 발견의 주요 단계들(Kutzler, 2003, p. 59)

는 방법을 대신하는 것이 아니라 전통적 방식이 완벽하도록 보완해 주는 역할을 한다. 결국, 학교에서 수학을 지도할 때는 [그림 2]의 수학적 지식 발견을 위한 세 단계를 모두 거쳐야 한다는 것이다.

그렇지만 이러한 수학적 지식 발견을 위한 세 단계의 관점에서 볼 때, 오늘날의 수학과 교육과정에는 어떠한 실험 단계도 거의 찾아볼 수 없는 실정이다. 지필에 의한 실험을 하기는 하지만 이런 유형의 수학실험은 시간 낭비일 뿐만 아니라 구한 데이터조차 쓸모가 별로 없는 것이다. 혹은 시간이 주어져서 학생들이 관찰과 발견을 위해 몇 개의 예를 만들어내더라도, 이런 예들조차도 계산 착오 등의 이유로 잘못된 예들이 대부분이다. 결국 몇 개의 예만을 사용한다든지 또는 부분적으로 잘못된 예에서 학생들이 관찰할 수 있는 것은 상당히 제한적일 수밖에 없다. 그러므로 수학교실에서 그래핑 계산기의 활용을 통해 학생들은 배우고 있는 모든 주제의 수학 내용에 대해 실험을 해볼 수 있다. 학생들은 수많은 예를 만들어볼 수 있으며, 계산기를 통해서 만들어진 예는 지필처럼 오류를 포함하고 있지도 않는다. 이러한 다양한 예로부터 학생들은 관찰과 발견을 언제든지 할 수 있게 된다.

(3) 시각화

시각화란 대상이나 사실 또는 과정을 그림으로 보여주는 것을 말하는데, 이 시각화의 결과는 그래프이거나 숫자 또는 대수식일 수도 있다. 오늘날 시각화라는 용어는 대수적 대상이나 사실, 수치적 대상이나 사실에 대한 그래프적 표현을 말한다. 이 용어는 그림으로 나타내는 도식의 과정일 수도 있고 도식으로 나타내는 과정의 결과일 수도 있다. 수학을 가르치는 한 가지 방법인 시각화는 그래핑 계산기가 폭넓게 활용되고 있는 오늘날, 대부분의 나라에서 수학교육의 중요한 주제로 다루고 있다. 그래핑 계산기는 대수적 표상과 그래프적 표상 사이의 동치적 해석을 위하여 표상 사이의 변환이 손쉽게 이루어지도록 하는 뛰어난 기능을 가지고 있다. 이것을 설명하는 좋은 예로는 $y=ax^2$의 그래프에 대해

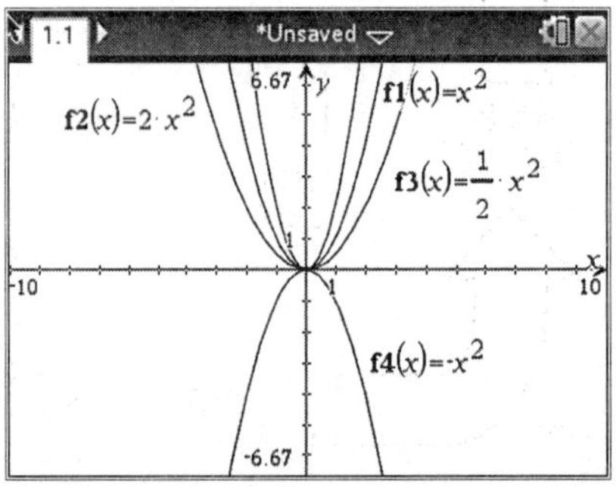

[그림 3] $y=ax^2$에서 매개변수 a의 영향에 대한 시각화

매개변수 a가 어떤 영향을 미치는지를 알아보는 것이다.

시각화를 위한 도구로서 계산기를 사용할 때 이러한 즉각적인 피드백은 아주 중요한 강화 요소이다. 예를 들어, 계산기 입력창에 x^2을 입력하고 엔터키를 누르면 불과 몇 초 만에 이 대수식에 해당하는 그래프가 그려진다. 그려진 그래프를 보고 그 성질이나 모양을 토론할 수 있고 입력한 대수식과 그래프와의 연관성을 알아볼 수도 있다. 수학에 뛰어나지 않은 학생이 계산기를 사용할 수 있음에도 불구하고 손으로 그래프를 그리면서 학습을 할 때 그 학습의 효과를 생각해보자. 이런 수준의 학생이 손으로 그래프를 직접 그리는 데는 너무 많은 시간이 필요하고 그렸다고 하더라도 실제 그래프와는 많은 차이가 있을 수 있다. 이런 잘못 그려진 그래프의 예를 가지고 이 학생은 무엇을 관찰할 수 있겠는가. 하지만 그래핑 계산기를 활용한다면 이 학생은 대수식과 그에 해당하는 그래프 사이의 연관성을 실제로 알아보는 기회를 가지게 된다. 지필로 그래프를 그리는 것은 대수식 표상과 그에 해당하는 그래프적 표상 사이의 연관성을 이해하는 학습을 위한 중요한 활동임에는 틀림없고 또한 이 활동은 앞으로도 수학과 교육과정에서 계속 다루어져야 한다. 그렇지만 수학에 영재적 능력을 발휘하지 못하는 학생에게 그래핑 계산기라는 적합한 도구를 활용하여 '손쉽고 빠르고 정확하게' 그래프를 그리는 것은 이들 학생들의 학습 심리적 측면에서 아주 중요한 요소이며 또한 교수학적으로도 중요한 요소이다.

그래핑 계산기의 시각화 기능에 대한 또 다른 예를 들면 다음과 같다. 그래핑 계산기는 학생들에게 수학을 하는데 있어서 시각화의 힘을 발휘할 수 있는 능력을 제공해준다. 이런 능력을 통해서 학생들은 전통적인 대수 내용을 탐구할 때 기하적 표상을 추가적으로 사용할 있다. 예를 들어, 아래 등식의 왼쪽 식을 간단히 하여 오른쪽 식과 동치임을 쉽게 밝힐 수 있다.

$$\frac{2}{x}+\frac{x-3}{3}=\frac{x^2-3x+6}{3x}$$

이 답이 참이라는 것을 어떻게 알 수 있을까? 등식의 왼쪽 '문제'와 오른쪽 '답'을 그래핑 계산기의 창을 적절히 조절하여 두 그래프를 동시에 그려보면, 정확히 두 그래프가 포개어져서 일치함으로 좌변의 대수적 절차에 의한 오른쪽 답이 사실임을 알 수 있다. 물론 그래핑 계산기를 사용해서 확인한다는 것을 의미하며 이들 그래프를 손으로 그린다는 것은 시간 낭비이며 또한 현실적이지도 않다. 여기서 관심의 초점이 되는 것은 이들 그래프가 가지는 성질이 아니라 단지 등식의 왼쪽 식과 오른쪽 식이 그래프로 그렸을 때 동일한가이다. 따라서 이 과정은 증명은 아니지만, 만약 그래프가 동일하지 않다면 학생들은 자신의 대수식 조작의 실수를 실제 시각적으로 확인할 수 있게 되는 것이다. 그런데 실제로 학생들에게 이 문제를 그래핑 계산기로 풀어보라고 했을 때 이들은 이 두 그래프를 서

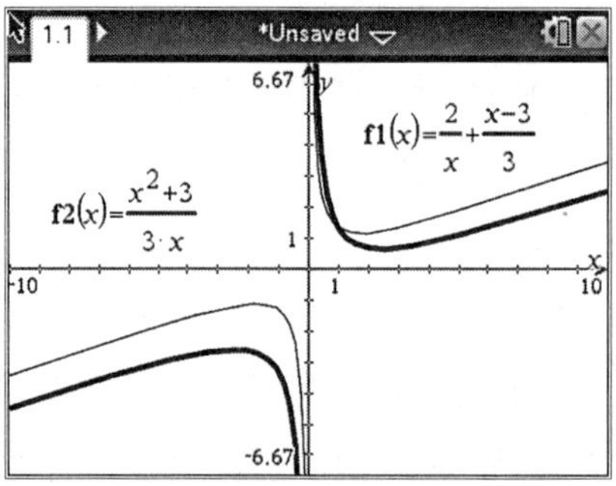

[그림 4] 그래프의 시각화를 통한 대수적 조작의 실수 인식

로 비교함으로써 대수식 조작의 실수를 발견하고 수정하는 것을 볼 수 있다. 이러한 대수식의 조작 실수의 예로, 다음과 같이 학생들이 $\frac{2}{x}+\frac{x-3}{3}$의 답을 $\frac{x^2+3}{3x}$라고 적은 경우를 종종 볼 수 있다. 그 이유는 $x(x-3)$을 x^2-3으로 전개했기 때문에 생긴 실수였다. 그런데 지필환경에서는 이러한 대수식 조작의 실수를 학생들 스스로 발견하여 수정할 수 없다는 것이다. 그런데 그래핑 계산기를 활용하는 경우 이들 학생들은 $f1(x)=\frac{2}{x}+\frac{x-3}{3}$과 $f2(x)=\frac{x^2+3}{3x}$의 두 그래프를 [그림 4]와 같이 동시에 그려보면 일치하지 않고 분명히 서로 다르다는 것을 발견하게 된다. 이처럼 학생들은 대수식의 조작에 있어서의 실수를 그래핑 계산기의 시각화의 힘을 통하여 직접 볼 수 있게 됨으로써 이 실수를 스스로 교정할 수 있게 된다. 이렇게 시각화를 통해 학생들의 대수식의 조작 실수를 줄일 수 있는 것은 당연한 일이라고 본다.

학교수학은 변화의 과정을 거치고 있는데, 특히 대수식의 조작에 대한 강조가 확연하게 감소하는 추세를 보이고 있다. 하지만 아무리 CAS 계산기가 수학교실에서 활용되더라도 대수식의 어떤 조작 기능은 반드시 학생들이 지필로 수행할 수 있어야 한다. 대수식의 조작에 대한 검사 방법으로서 그래핑 계산기의 시각화 기능의 사용은 학습의 효율성 향상을 위한 공학 활용의 매우 좋은 방법이며 또한 수학에서 그래핑 계산기가 아주 유용한 도구임을 인식시키는 자연스러운 방법이기도 하다. 이를 통해 그래핑 계산기에 대한 학생들의 자연스러운 호기심과 그래프를 쉽게 그려주는 기능은 학생 스스로 많은 그래프를 그려볼 수 있도록 유도하여 대수적 표상과 그래프의 모양이나 성질을 연결지어보는 시도를 할 수 있게 해준다. 그리고 그래핑 계산기에서 제공하는 그래핑 기능은 전통적인 대수적 방법으로 해결할 수 있는 문제의 범위를 훨씬 광범위하게 확대시켜준다. 그러나 CAS 계산기의 시각화 기능을 통해 인위적이고 계수를 간단히 하여 답이 지필로 쉽고 정확하게 나올 수 있도록 구성된 교과서 식의 대수 문제에서 벗어나 실생활이나 우리를 둘러싼 실제 세계에서 발생하는 수학적 문제를 해결할 수 있을 것이다.

(4) 집중화

어떤 주제를 다루든지 간에 수학은 그 주제를 다루기 위해 필요한 선행 주제를 습득해야 한다. 이것을 예시하기 위하여 '하나의 변수를 가진 직선방정식 풀이'를 살펴보자. $5x-6=2x+15$인 방정식을 x에 관한 식인 $x=$로 바꾸어야 하는 경우를 살펴보자. 적절한 몇 단계의 등식의 변환 절차를 거치면 해결할 수 있는 문제이다. 일반적으로 학생들은 "방정식의 한 변으로 x가 포함된 항을 옮긴다"와 "나머지 항들은 방정식의 다른 변으로 옮긴다"라는 사실을 알고 있어야 이 절차를 실행할 수 있다. 이제 이 방정식에서 $-2x$라는 동치변환을 선택하고, 방정식의 양변에 이를 적용하여 간단히 하면 $3x-6=15$가 된다. 또 다른 동치변환을 위해 양변에 6을 더하고 간단히 하면 $3x=21$이 된다. 이 마지막 단계에서 발생하는 학생들의 전형적인 실수는 "x 앞에 있는 3을 없애기 위해서는 3을 양변에서 빼야 한다"는 사실에서 기인한다. 학생이 이 지시문에 따라 방정식을 풀면 $x=18$이란 결과가 나오게 된다. 수학 교사로서 왜 학생들이 어떤 실수(오개념)를 하게 되는지 알아야 한다.

이러한 과정에서 무엇이 잘못 되었으며 이러한 실수를 반복하지 않고 더 잘 학습하기 위해서 공학은 어떤 역할을 하는가? 위에서 취한 단계들을 자세히 분석해보면 두 가지 절차가 반복됨을 알 수 있는데, 동치변환 선택하기와 대수식 간단히 하기이다. 그런데 방정식의 해를 찾는 필수적인 전략인 동치변환의 선택과 적용은 대수식 간단히 하기보다 고급 단계의 과제이므로, 방정식 풀이를 배울 때 학생들이 반드시 학습해야 하는 새로운 기능이다. 식을 간단히 하는 것은 방정식 풀이 그 전에 이미 학생들이 충분히 훈련되었다고 생각할 수 있으므로 하위 수준의 과제가 된다.

[그림 5]는 학생이 새로운 수학적 기능을 배우려고 할 때 하위 수준에 있는 기능들을 충분히 학습되지 않은 상태라면 학습 과정이 계속적으로 짧은 순간 중단되는 것을 보여주는 것이다. 하위 수준의 과제를 할 때 일어나는 이런 중단은 상위 수준의 과제 학습을 심각하게 방해하게 되어 결국 상위 수준의 과제나 기능에 대한 학생의 학습을 포기하게 할 수도 있다. 이것이 위의 예에서 $x=18$이란 잘못된 해를 나오게 했던 바로 그 원인이다. 양변에 3을 빼기로 결정한 후 이 동치변환을 선택하게 된 이유는 잊어버린 채 방정식의 양변에서 3을 빼는 활동에만 완전히 집중해야만 한다. 그러나 실제로 보면 "좌변을 x에 관한 식인 $x=$로 나타내기 위하여 -3이란 변환을 한다"라는 단순한 이유만으로

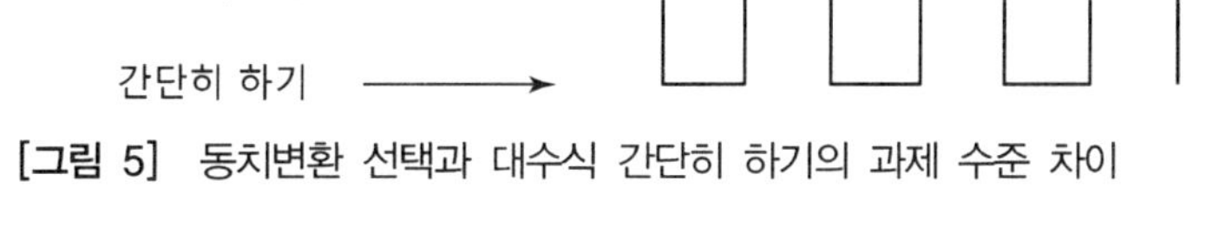

[그림 5] 동치변환 선택과 대수식 간단히 하기의 과제 수준 차이

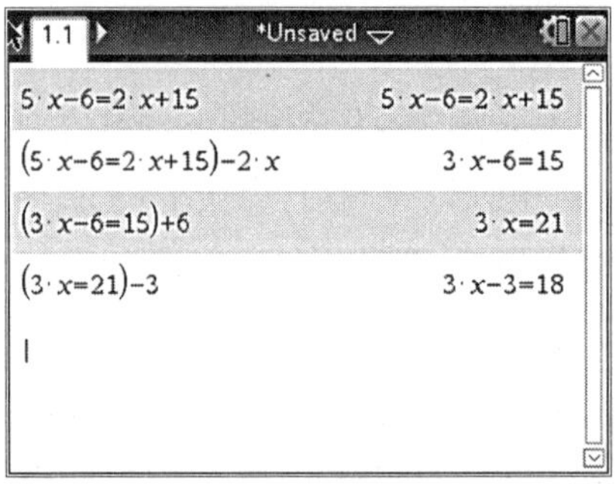

[그림 6] 방정식 $5x-6=2x+15$의 CAS 계산기를 통한 풀이 과정

'$x=$'이 있는 다음 줄에서 활동을 시작하게 된다. 상위 수준의 과제측면에서 볼 때 -3이 방정식을 원하는 만큼 간단히 했다는 잘못된 인식을 학생들이 가지게 된다. 이러한 상위 수준의 기능과 하위 수준의 기능 사이의 끊임없는 수준의 변화는 학교수학의 모든 내용에서 거의 일어나는 현상이다. 이것은 기초가 되거나 이미 배운 내용의 연습을 바탕으로 새로운 기능이나 지식을 학생들이 배워야 하는 수학교실에서 일어나는 가장 중요한 문제 중의 하나이다.

CAS 계산기를 사용하는 경우 방정식 풀이의 이 학습과정은 다음과 같이 진행된다. 먼저 방정식 $5x-6=2x+15$을 계산기에 입력한다. 그런 다음 동치변환 $-2x$를 입력한다. 계산기는 자동적으로 마지막 수식에 뺄셈 연산을 실시하는데 여기서의 마지막 수식이란 입력된 방정식을 말한다. 방정식의 양변에 동치변환을 적용하는 간단히 하기가 계산기에 의해 이루어진다. 그런 다음 학생은 다음 동치변환 $+6$을 선택한다. 이 단계에서 위에서 논의했던 것처럼 3을 없애야 하는데 잘못해서 -3을 입력한 경우를 계산기에 적용해보자.

여기서 보면 계산기는 아무런 에러 메시지 없이 간단히 하기를 적합하게 잘 수행했기 때문에 학생들은 위의 식에서 $x=$의 형태로 방정식을 변형하기 위해서는 -3을 해서는 원하는 간단히 하기가 되지 않는다는 즉각적인 피드백을 얻게 된다. 지필환경에서는 이러한 피드백을 얻을 수 없기 때문에 학생들은 이 방법에 대한 잘못된 오개념을 충분히 가질 수 있다.

위에서처럼 지필과는 달리 CAS 계산기를 사용하여 방정식을 푸는 경우 교수학적으로

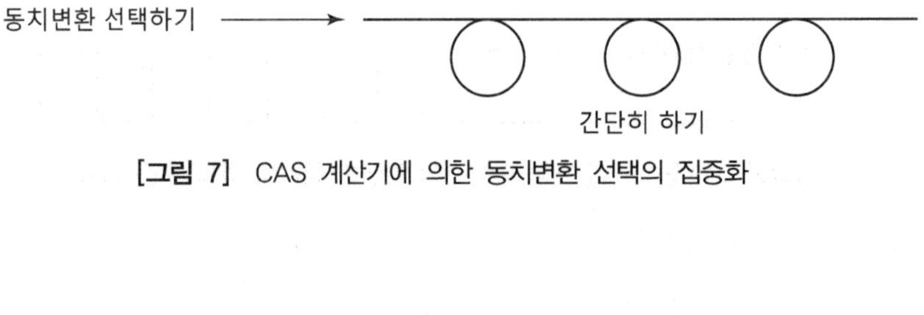

[그림 7] CAS 계산기에 의한 동치변환 선택의 집중화

는 가능한 동치변환을 사용해서 학생들은 실험을 하게 됨으로써 실험이란 학습 단계를 거치게 되며, 변환을 실시한 다음 제시되는 즉각적인 결과는 시각화에서 제시했던 즉각적 피드백과 일치하는 것이라는 장점이 있다. 계산기가 제공하는 지시에 따라 실행한 학생은 간단히 하기라는 하위 수준의 기능은 계산기에 의해 손쉽게 수행되어지기 때문에 동치변환을 선택하는 상위 수준의 기능에 전적으로 정신을 '집중'할 수 있게 된다.

2.2 CAS의 임베디드 시각화에 의한 국소적 수평화1)

공학이 도래하기 전 전통 미적분학은 미분과 적분, 미분방정식 풀이 등을 그와 관련된 고정된 그래프 그림의 도움을 받으면서 대수적 기호 조작을 중심으로 지도되었다. 그런데 공학은 사용자의 조정에 따라 역동적 그림을 제공함으로써 전통적인 입실론-델타($\epsilon - \delta$) 해석학에 근거한 개념들뿐만 아니라 비표준 해석학에 근거한 개념에 대해서도 새로운 통찰을 준다. 예를 들어, 그래프를 고배율로 확대해보면 그 그래프는 '국소적 직선(locally straight)'의 그림이 된다. 물론 이때 의미하는 직선은 수학적으로 절대적 의미의 직선이 아니라 공학적 용어로 설명하면 픽셀 크기에 의해 직선으로 보이는 것이다. 비표준 해석학을 사용한 엄밀한 공학적 의미에서 볼 때 고차적 무한소를 무시한 무한 확대 과정의 결과에 의한 그래프의 '표준' 부분은 실제로 직선이다(Tall, 2002). 컴퓨터의 그래프 표상을 사용해서 그래프 상의 두 점을 연결하는 할선을 움직여 보여주면, 학생들은 곡선을 나타낸 함수를 점별로 구성된 것이 아니라 전체적으로 기울기의 변화로 구성된 개념임을 시각화할 수 있다.

이런 식으로 미적분 개념을 지도하는 것은 학생들에게 어떤 영향을 주는가? 형식적 체계로서 수학을 지도하려는 교사는 공학에 의한 시각화를 눈속임으로 생각하여 신뢰하지 못하고 결과적으로 시각적 방법을 수학적 엄밀성과 정확성이 결여된 것으로 치부한다. 그렇지만 미적분의 형식적 접근은 여러 한정기호를 포함한 입실론-델타 정의의 고차적이고 복잡한 조작을 거쳐야 가능하다. 대학 미적분학 수업에서 극한의 이러한 형식적 정의를 사용한 지도는 엄청나게 어렵다는 사실이 보고되었다(Williams, 1991).

형식주의와 시각적 구조 사이의 갈등에 직면하게 되면, 진정한 부루바키 스타일의 형식성을 고집하는 수학자들은 시각화가 미묘한 작은 부분에 대해 속임수를 부린다고 생각한다. 그래서 수학 활동에서 시각화를 신뢰하지 않고 수학의 형식적 이론에만 전적으로 의존한다. 그렇지만 이들 수학자와는 달리 수학을 공부하거나 전공하는 많은 학생과 다른 분야에 종사하는 사람들은 은유를 포함하여 수에 대한 다양한 견해를 가지고 있다. 이 딜

1) 이 내용은 이 글의 주제에 맞게 조정수(2011)의 논문에서 발췌한 것임.

레마를 해결하는 데는 두 가지 방법이 있다고 생각한다. 첫 번째 방법은 완전히 형식적 견해를 취해서 수학적 기호와 한정 기호로 된 진술문을 배제하는 것이다. 그런데 이 방법은 대부분의 학생들에게 너무 어렵다는 사실이 입증되었다. 또 다른 방법은 학생들에게 시각적 직관을 갖도록 교육시키는 것이다. 예를 들어, Tall(2001)은 시각적 아이디어를 수학의 형식적 정의로 바로 바꿀 수 있게 하여 형식적 개념에 대한 심상을 풍부하게 하여 마침내는 형식적 증명에까지 영향을 주는 방법을 제안하였다. 이 두 가지 방법은 공학 활동과 함께 실시되어 왔는데 미적분에 대한 상당히 다른 지도 방법으로 전개되었다.

미분적분학을 지도하기 위한 '자연적 방법'이란 국소적 수평화(local straightness)를 통한 역동적인 시각적 이미지를 구성하는 것을 의미한다. 이 방법은 기존의 기호 조작이나 수치 근삿값을 이용하는 방법과는 반대이다. APOS 이론이 (극한, 도함수, 또는 적분의) 과정을 하나의 정신 대상으로 캡슐화하는데 초점을 두는 방법이라면, 국소적 수평화는 그래프를 '수평선처럼 평평하게 보이게 확대하는' 시각적 이미지를 그 출발점으로 한다. 이 국소적 수평화 방법은 인간의 사고는 인간의 자연적 지각과 행동에 구현되어진다는 Lakoff & Nunez(2000)의 이론과 일치한다. 미분적분학의 구현된 기초에는 시각적 이미지뿐만 아니라 마우스를 사용하여 컴퓨터나 계산기 화면의 대상을 조작하는 것과 같은 육체적 감각도 포함한다. 이렇게 구현된 시각적 지도 방법은 인간의 기본적 감각에 근거를 두고 있다. 미분적분학의 이 지도 방법은 그 자체가 목적이기도 하지만 또한 전통적인 입실론-델타 미적분이나 무한소를 사용하는 비표준 미적분에 대한 형식적, 이론적 방법의 전개에 자연적 방법을 제공하기도 한다(Dubinsky, Weller, Mcdonale, & Brown, 2005).

국소적 수평화 방법은 여러 수학과 교육과정에 구현되어져 왔다(Tall, 2001). 예를 들어, 영국의 학교수학 16-19 프로젝트는 대수적 조작을 제한하면서 그래프의 곡선의 기울기 변화의 관점에서 컴퓨터를 사용하여 그래프를 스케치하도록 설계되었다. 이 프로젝트에 참가한 학생들의 경우 x^2의 도함수는 $2x$, x^3의 도함수는 $3x^2$을 구하고 이로부터 다항함수의 도함수를 추측하는 것은 쉬운 활동에 해당했다. 이 프로젝트의 내용은 $\sin x$의 도함수와 $\cos x$의 도함수를 '보는 것으로', 심지어 지수함수 k^x의 도함수가 다시 k^x임을 k의 수치값으로 찾는 것까지 확장되었다. 이러한 지도 방법은 수학에 구현된 의미를 소개하는 것으로, 예를 들면, $\cos x$의 도함수는 $\sin x$의 덧셈에 대한 역원이라는 사실은 대수적 조작의 결과에 의해서가 아니라 $\cos x$의 기울기의 모양이 $\sin x$의 그래프를 '뒤집어 놓은' 것처럼 보이기 때문이다. 주어진 함수의 도함수를 그래프로 그리라는 평가의 결과를 보면, 지필에 의한 전통적인 기호조작 방법을 사용한 학생들보다 국소적 수평화 방법으로 배운 학생들이 훨씬 더 주어진 함수를 기울기의 변화로 시각화하고 스케치함으로써 그 함수에 대한 통찰을 보였다.

수많은 미분적분학 개혁 교육과정에서 '국소적 수평화'의 용어는 '국소적 직선화(local linearity)'와 동의어로 사용되고 있다(예: Smith & Moore, 1996). 그렇지만 이 두 아이디어가 수학적으로는 동치이지만 인지적인 면에서 보면 상당히 다르다. 국소적 수평화는 주어진 그래프가 얼마나 가파른지를 '관찰'하려고 고배율로 확대하는 이미지화를 말하는 것으로 구현된 시각적 개념이다. 이 관점에서 볼 때, 기호화는 필요한 도구가 아니다. 즉 이러한 시각적 이미지화는 도입하려는 수학적 개념의 기초 단계에 맞게(또는 그 후에) 적절한 시점에 제시될 수 있다. 반면에 국소적 직선화는 특정한 점 근처에서 주어진 그래프에 '최적의 선형 근사'를 하는 직선 함수를 찾기 위해 출발점에서부터 기호 사용이 요구되는 것을 말한다. 국소적 수평화는 미분불가능(어떤 점에서 그래프가 '모서리'가 있거나 어떤 범위에서 '쭈글쭈글한' 경우)에 대한 시각적 보완 아이디어를 제시하는 반면, 국소적 직선화는 어떤 점에서 국소적으로 선형 근사하는 함수의 예에만 초점을 두는 것이다. 그렇기 때문에 국소적 수평화 방법은 초기 단계에서부터 그 개념에 대한 훨씬 더 정교한 통찰을 줄 수 있다. 쭈글쭈글한 함수의 확대를 통해 미분가능성(국소적 수평화)뿐만 아니라 미분불가능성(국소적 수평화의 어려움)을 시각화할 수 있음을 밝힘으로써 정의역 전체에서 미분가능한 곳이 한 곳도 없는 함수에 대한 시각적 감을 제공해줄 수 있다. 국소적 수평화 방법은 또한 형식적 정의에 대한 영감을 주는 역동적으로 공학과 연계된 지각을 자연적 방식으로 기르는데 사용될 수도 있다. 예를 들면, 컴퓨터 화면에서 y축의 수직값은 고정한 채 그래프를 x축에 수평으로 '잡아늘이는(즉 x축의 일정한 구간을 확장하는 것을 말함)' 일을 해볼 수 있다(Dubinsky, Weller, Mcdonale, & Brown, 2005).

일반적으로 볼 때, $f(x_0)$의 값은 그래프의 최대 높이와 최소 높이를 나타내는 $f(x_0)\pm\epsilon$을 정의하는 값인 $f(x_0)+\epsilon$과 $f(x_0)-\epsilon$ 사이에 있게 되고, 그런 다음 그래프를 잡아당겨 평평하게 되는 구간인 $(x_0-\delta,\ x_0+\delta)$를 찾는다. 그러면 이 정의역 안에서 그래프는 치역인 $f(x_0)\pm\epsilon$에 놓이게 된다. 이러한 활동은 연속에 대한 형식적 정의를 보여주는 것이다. 즉 임의의 $\epsilon>0$에 대하여 $|x-x_0|<\delta \Rightarrow |f(x)-f(x_0)|<\epsilon$을 만족하는 $\delta>0$가 존재한다. 따라서 연속에 대한 정의는 세 개의 한정사를 고도로 조합하는 활동에 의해서가 아니라 그래프가 언제 평평해지는지를 보려고 이 그래프를 수평으로 잡아당기는 자연적 과정에서 발생한다. 이러한 방법은 자연적 사고를 선호하는 학생들에게 정신 이미지를 제공하여 정리를 증명하기 위하여 한정사가 있는 명제의 형식적 조작을 하는데 이 이미지를 활용할 수 있게 해준다. 또한 수학이라는 학문적 형식으로는 수학 이론을 잘 이해할 수 없는 학생들에게는 미분적분학에 대한 깊은 통찰을 줄 수 있는 장점이 있다. Tall(1993)은 컴퓨터 기반 시각적 방법을 사용하여 미분적분학 개념의 이해를 어려워하는 중등수학 예비 교사들을 지도하였다. 이 방법으로 수업한 후 학생들은 '자연적'

방식으로 미적분학의 개념과 원리에 대해 광범위하게 토론할 수 있게 되었다. 이 토론에는 미분불가능한 함수(왜냐하면 이 함수는 프랙탈 함수라서 아무리 확대하더라도 어느 곳에서도 평평하기 않기 때문에)의 아이디어와 '잡아당겨서 평평해지므로' 그래프는 연속이라는 아이디어가 포함되어 있었다. 이 토론으로부터 연속의 형식적 정의가 개발되었고 이 정의는 "연속함수 아래의 넓이는 미분가능한 함수이다"와 "넓이 함수의 도함수는 원래 함수이다"라는 시각적 아이디어와 연계되어졌다. 시각적 방법은 연속함수 아래의 넓이를 나타내는 함수는 원래 함수를 도함수로 가진다는 사실을 '보는데' 사용되어진다. 집단별 활동을 통해 학생들은 연속이면서 미분불가능한 함수 아래의 넓이는 일계도함수라는 사실을 자연스럽게 이끌어냈다. 이것은 전통적인 미분적분학을 배우는 대부분의 학생들은 도저히 알 수 없는 고도로 미묘한 형식적 아이디어에 대한 통찰을 이 시각적 방법이 제공한다는 사실을 증명한 것이다. 그러므로 구현된 지각적 방법의 사용은 수학의 미묘한 형식적 개념에 대한 깊은 의미를 부여함과 더불어 이러한 아이디어를 형식적 접근으로 자연스럽게 확장할 수 있음을 보여주고 있다.

3. CAS 공학을 활용한 수학수업

3.1 수학교실에서 CAS 계산기의 활용 방법과 예

CAS 계산기를 수학교실에서 활용하는 방법은 다음과 같이 크게 10가지 정도로 요약할 수 있다. 그렇지만 이런 활용 방법이 전통적인 수학 내용을 대신하는 것이 아니라 위에서 논의했던 CAS 공학의 기능을 활용할 때 가능한 새로운 수학활동들을 의미하는 것이다(Waits, 2000).

① CAS 계산기의 테이블 기능을 사용하여 문제를 수치적으로 접근하여 해결하기
② 방정식과 부등식 풀이에서 지필에 의한 대수적 조작의 결과를 시각적으로 입증하기
③ 시각화 방법을 사용하여 방정식과 부등을 푼 다음 지필 방법에 따라 CAS 계산기의 결과를 해석 및 대수적 방법으로 확증하기
④ CAS 계산기를 사용하여 문제 상황을 모델링이나 시뮬레이션으로 풀고 지필 방법

에 따라 해석 및 대수적 방법으로 확증하기
⑤ 수학적 개념의 다양한 예를 CAS 계산기로 만들어내기
⑥ 지필에 의한 해석이나 대수적 방법으로 풀 수 없는 방정식과 부등식 풀이에 사용하기
⑦ 수학 실험을 실시하고 이로부터 추측을 제기하고 이를 검증하기
⑧ 서로 다른 여러 유형의 함수와 이들 함수가 나타내는 행동을 연구하고 분류하기
⑨ 앞으로 배우게 될 수학 개념(예: 미분적분학의 내용)으로 확장하기
⑩ 한 가지 문제 상황에 대한 서로 다른 여러 표상들 사이의 다양한 연결성을 조사하고 탐구하기

CAS 계산기를 활용하는 이러한 방법과 전통적인 수학 교수-학습 방법 사이의 균형적 방법이 필요한데 수학의 교수-학습에서 CAS 계산기를 적합하게 활용한다는 의미는 학생들이 계산기를 사용해서 위의 활동들을 할 수 있는 것을 말한다. 다음은 이들 활용에 대한 구체적인 예를 통해 CAS 공학의 역할을 살펴보고자 한다.

활용 예 1

방정식과 부등식 풀이에서 지필에 의한 대수적 조작의 결과를 시각적으로 입증하기

문제 $x=0$에서 주어진 다음 함수의 극한을 구하시오.

$$\frac{1-\cos x}{x^2}$$

CAS 계산기 활동

이 문제는 로피탈 정리를 적용하여 지필로 해결할 수 있는 문제이다.

$$\lim_{x\to 0}\frac{1-\cos x}{x^2}=\lim_{x\to 0}\frac{\sin x}{2x}=\frac{1}{2}\lim_{x\to 0}\frac{\sin x}{x} \text{ 이므로}$$

주어진 함수의 극한은 1/2임을 알 수 있다. CAS 계산기를 활용하여 그래프를 그리고 $x=0$ 근처에서 확대(zoom-in)하여 관찰함으로써 지필에 의해 구한 결과를 시각적으로 입증할 수 있다. 하지만 CAS 계산기를 사용하더라도 $x=0$에서 불연속점인 '구멍'을 확인할 수 있는 것은 아니다. 사실 눈으로 이 구멍을 확인할 수 있다면 불연속이 되지

않도록 메울 수 있기 때문이다. 아래 그래프를 보면 $x=0$에서 주어진 함수의 극한이 $1/2$임을 시각적으로 확인할 수 있다.

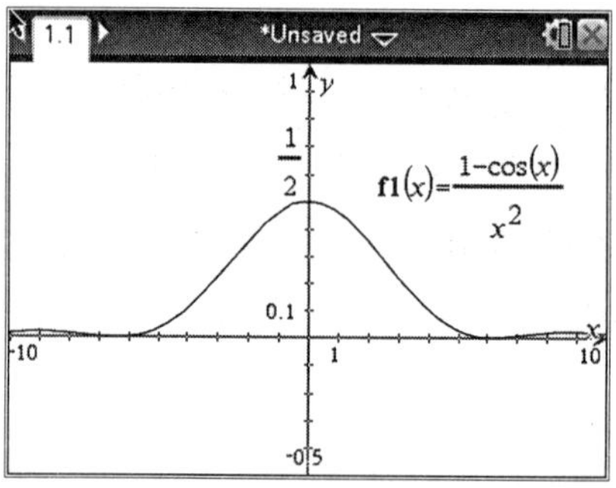

[그림 8] $\frac{1-\cos x}{x^2}$의 극한을 시각적으로 입증하기

활용 예 2

서로 다른 표상 사이의 다양한 연결성을 조사하고 탐구하기

문제 다음 방정식을 등식의 성질을 사용한 방정식 풀이와 함수 그래프에 의한 방법으로 풀고 서로 비교하시오.

$$x^2+2x=5-2x$$

CAS 계산기 활동

먼저 CAS 계산기에 $f1(x)=x^2+2x$, $f2(x)=5-2x$를 입력한다. 등식의 성질을 이용하여 방정식을 풀면 첫 번째 단계는 양변을 -5로 더하는 것으로 그 결과는 $x^2+2x-5=5-2x-5$가 된다. 이 단계를 CAS 계산기로 나타내기 위하여 위의 방정식의 왼쪽과 오른쪽 식을 각각 함수 $f3(x)=x^2+2x-5$, $f4(x)=-2x$로 입력하여 그래프를 그리면 [그림 9]와 같다.
아래의 그래프를 보면 방정식의 양변에 -5를 더하는 행위는 그래프로 볼 때 두 그래프를 동시에 아래로 -5만큼 평행이동시키는 것으로 나타난다. 따라서 원래 방정식 $x^2+2x=5-2x$에서의 교점은 그대로 보존되는 것을 볼 수 있다. 즉 등식의 성질을 이용한 대수적 표상에 의한 식의 조작은 그래프적 표상에서는 그래프의 평행이동으로 나타나는 것을 볼 수 있다. 표상활동의 이러한 연결성에 의한 지도는 방정식 풀이에 대한 이해를 증대시키고 무의미한 대수식의 조작에 대한 의미를 좀 더 충실하게 할 수 있다.

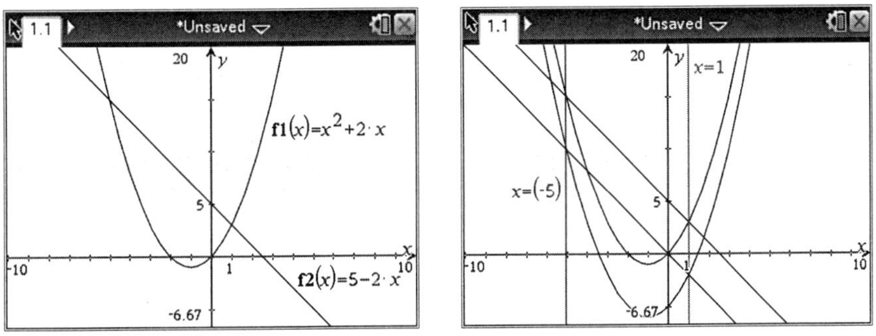

[그림 9] 대수식 조작과 그래프 표상 사이의 연결

활용 예 3

CAS 계산기를 사용하여 문제 상황을 모델링이나 시뮬레이션으로 풀고 지필 방법에 따라 CAS 계산기를 사용하여 해석 및 대수적 방법으로 확증하기

문제 분자운동 문제

직선 $y = 2$를 따라 움직이는 분자의 x의 좌표가 다음과 같은 함수로 주어졌고 이때 t는 초를 나타낸다.

$$s(t) = 2t^3 - 13t^2 + 22t - 5$$

(1) 움직이는 분자가 방향을 바꿀 때는 언제인가?
(2) 분자가 방향을 바꿀 때 이 분자의 위치는 어디인가?
(3) t가 1초에서 3초 사이일 때 최고 속도는 얼마인가?
(4) 이 분자가 $(15, 2)$의 위치에 있을 때는 언제인가?

CAS 계산기 활동

매개변수 방정식은 ① 문제 상황을 대수적으로 표상할 수 있는 방법이며, ② 분자의 움직임과 같은 움직임을 시뮬레이션할 수 있는 방법이다.

① 설정을 Function에서 Parametric으로 바꾼다.
② 분자의 위치함수 $x1(t) = 2t^3 - 13t^2 + 22t - 5$를 입력한다.

③ 분자가 직선 $y=2$를 따라 움직이는 것을 $y1(t)=2$라고 입력한다. 여기서 2를 다른 숫자로 바꾸면 얼마든지 x축 평행한 직선으로 분자가 움직일 수 있게 할 수 있다.

④ 이렇게 해서 그래프를 그리면 아래 그림과 같이 $y=2$에 해당하는 직선이 부분적으로 그려졌다 다시 전체적으로 그려지게 되어 분자의 움직임은 알 수 없다.

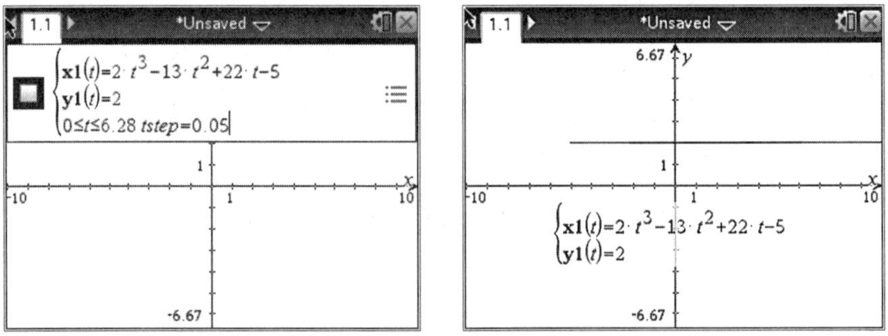

[그림 10] 분자의 위치함수와 직선축의 입력

⑤ Trace 기능을 이용하여 좌우 방향키를 움직여보면 아래 그림과 같이 직선 $y=2$ 위에서 0.05초 간격으로 이동하는 분자의 움직임을 커서가 그대로 시뮬레이션하고 있음을 볼 수 있다. 그리고 $t=1.15$(초)가 되면 커서의 위치가 반대 방향으로 움직이고 있음을 확인할 수 있다. [그림11]의 화면 아래에 보면 분자의 움직임에 대한 시간과 위치가 나타나 있으므로 학생들은 커서를 움직여봄으로써 주어진 문제를 해결할 수 있다.

⑦ $x2(t)=2t^3-13t^2+22t-5$의 수식을 다시 입력하고 $y2(t)=t$라고 입력한다.

⑧ 그래프를 그려보면 분자의 이동을 더욱 분명하게 볼 수 있다. 위의 [그림10]에서는 직선상에서 이동하는 분자의 움직임을 [그림11]에서는 곡선으로 분명하게 보여주고

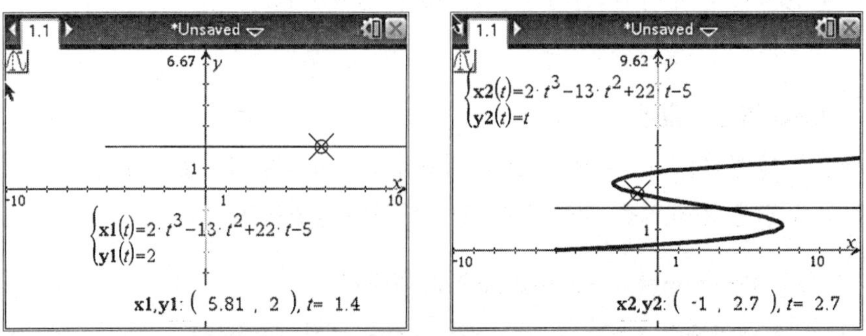

[그림 11] 분자의 이동축을 직선에서 곡선으로 변형하여 관찰

있다. 이 그림을 보면 분자가 언제, 어느 위치에서 이동 방향을 바꾸는지를 시각적으로 확인할 수 있다.

CAS 계산기를 사용하여 지필 방법에 따라 확증하기

분자가 이동 방향을 바꾸는 시간과 위치는 방정식 $s'(t)=0$ 또는 $v(t)=0$를 풀면 구할 수 있다. 이것은 학생들에게 $s'(t)=v(t)$라는 거리와 속도 사이의 관계를 토론할 수 있는 좋은 학습 기회이며, 또한 $v(t)=0$일 때 왜 분자가 이동 방향을 바꾸는지를 탐구할 수 있는 기회이기도 하다.

주어진 분자위치 함수의 도함수를 구하고 이 도함수의 방정식을 풀면 [그림 12]에는 해와 이 해의 근삿값이 구해져 있다. 이 분자의 위치함수를 보면 이 분자는 $t=0$일 때 $(-5,\ 2)$의 위치에서 움직이기 시작한다. 이제 [그림 12]의 풀이를 보면 직선 $y=2$를 따라 약 $t=1.153$ 때까지, 즉 $s'(t)=0$가 될 때까지 이동한다. 이때의 분자 위치는 $x=s\left(\dfrac{13-\sqrt{37}}{6}\right)=6.149$에 있음을 계산기의 결과에서 확인할 수 있다. 즉 이 분자는 $t=0$에서 $t=1.153$이 될 때 속도가 줄어든다는 것을 알 수 있다.

$s'(t)=0$이 되는 또 다른 위치는 약 $t=3.180$초일 때이다. 이때 분자의 위치는 $x=s\left(\dfrac{13+\sqrt{37}}{6}\right)=-2.186$으로 오른쪽으로 이동방향이 바뀌었음을 알 수 있다. 이렇게 시뮬레이션을 활용한 실험 활동을 함으로써 학생들은 지필 활동에서는 경험할 수 없는 물체의 이동을 대수적으로, 시각적으로 이미지화할 수 있다.

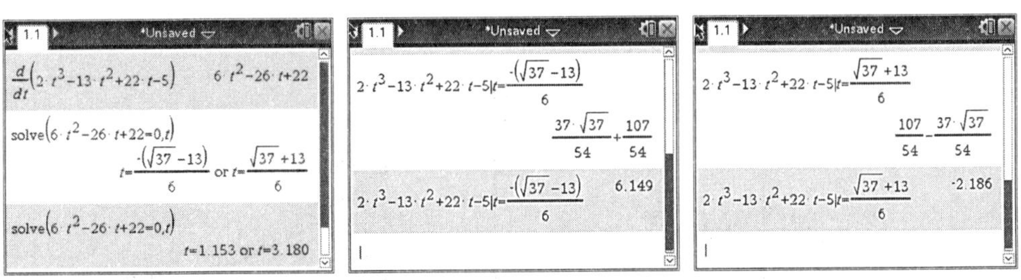

[그림 12] 시뮬레이션에 의한 실험 활동의 결과를 대수적으로 확증하는 활동

3.2 고등학교 정규분포곡선의 성질 탐구[2)]

고등학교 통계 영역의 정규분포에 제시되어 있는 정규분포의 확률밀도함수 $f(x)=$

---

2) 이 내용은 이 글의 주제에 맞게 조정수(2010)의 논문에서 발췌한 것임.

$\frac{1}{s\sqrt{2\pi}}e^{-\frac{1}{2}(\frac{x-m}{s})^2}$ (상수 m, $s(s \neq 0)$)는 어떤 함수로부터 유도된 것인지, 만약 이 함수가 $f(x)=e^{-x^2}$로부터 유도된 것이라면 $\sqrt{2\pi}$와 $\frac{1}{2}$, 그리고 상수 m, $s(s \neq 0)$는 어떤 역할을 하는 것인지, 정규분포곡선의 넓이는 어떤 과정과 절차를 거쳐 구해지는가를 CAS 계산기를 사용하여 탐구해보고자 한다.

3.2.1 정규분포곡선 원형 $f(x)=e^{-x^2}$의 그래프에 따른 성질

정규분포곡선의 원형 $f(x)=e^{-x^2}$의 그래프로부터 다음과 성질을 알 수 있다.

첫째, $(0,1)$이 최댓값이며 y절편이 1이다.

둘째, $f(-x)=e^{-(-x)^2}=e^{-x^2}=f(x)$이므로 y축 대칭이다.

셋째, x축이 점근선이다. $|x|$가 커지면 x^2도 커진다. 그런데 e^{-x^2}을 하면 $\frac{1}{e^{x^2}}$이므로 이 큰 값의 역수가 되어 x의 값이 커질수록 $f(x)=e^{-x^2}$의 값은 점점 더 작아지게 된다.

넷째, 이 곡선의 곡률변화가 또 다른 성질이다. 이 그래프는 y절편 근처에서는 곡선이 볼록하고, y절편에서 멀어질수록 오목하다.

이 그래프의 볼록과 오목이 변하는 변곡점은 [그림 13]에서 보듯이 두 점이다. 이 변곡점을 구하기 위하여 $f''(x)=0$인 점을 조사해보면 $x=\pm\frac{1}{\sqrt{2}} \approx \pm 0.707$이며 이 두 점의 y값을 구해보면 $y \approx 0.61$이다. 아래의 CAS 계산기의 결과를 보면 이 사실을 알 수 있다.

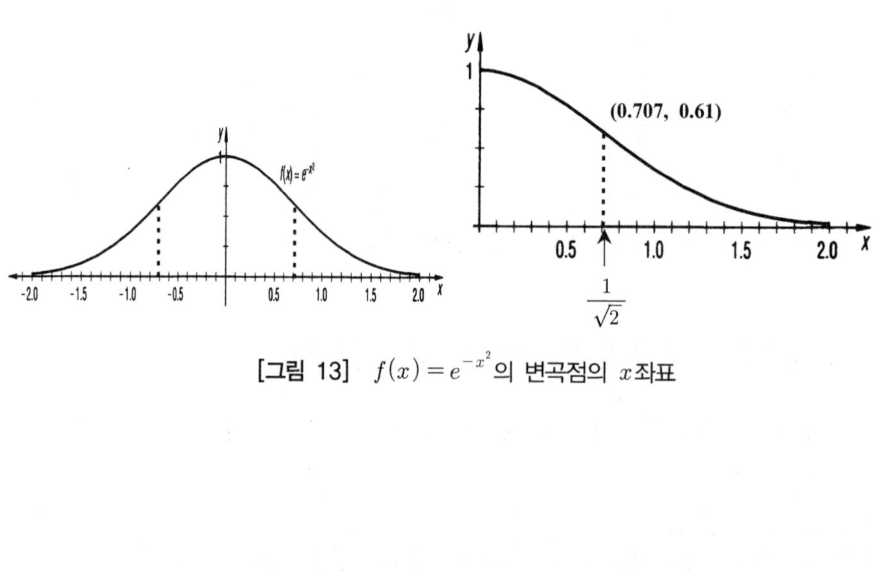

[그림 13] $f(x)=e^{-x^2}$의 변곡점의 x좌표

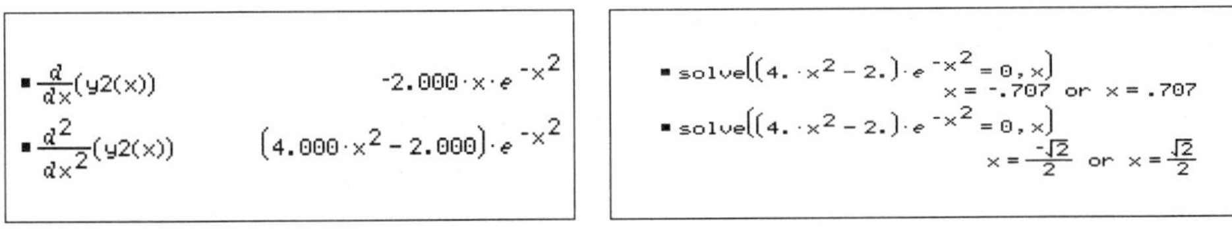

[그림 14] CAS 계산기에 의한 $f(x)=e^{-x^2}$의 변곡점의 x좌표 계산 결과

3.2.2 적분법에 의한 $f(x)=e^{-x^2}$의 그래프와 x축 사이의 넓이 계산

$f(x)=e^{-x^2}$의 그래프와 x축 사이의 넓이는 $\int_{-3}^{3}(e^{-x^2})dx \approx 1.772414$이며 이 값은 $\sqrt{\pi} \approx 1.7725$와 같다. 그리고 $|x|>3$인 경우 $f(x)=e^{-x^2}$ 아래에 추가되는 넓이는 거의 없다. 그 이유는 $\int_{-\infty}^{\infty}(e^{-x^2})dx \approx 1.772453$이므로 $-3 \le x \le 3$의 범위에서 $f(x)=e^{-x^2}$ 넓이의 약 99.9%를 차지하기 때문이다. 따라서 정규분포 곡선 아래의 넓이는 $\sqrt{\pi}$와 같다.

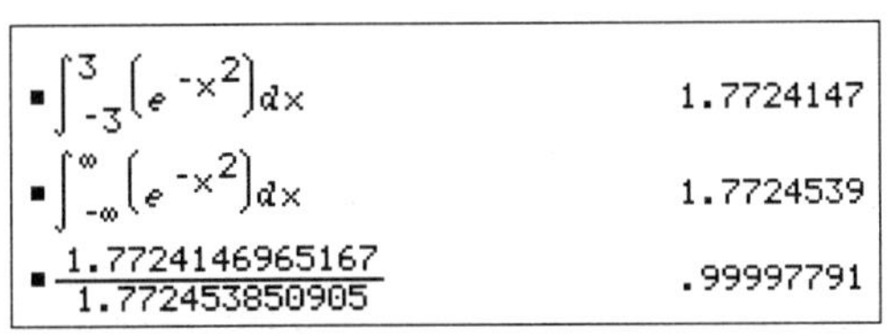

[그림 15] CAS 계산기에 의한 $f(x)=e^{-x^2}$그래프와 x축 사이의 넓이 계산 결과

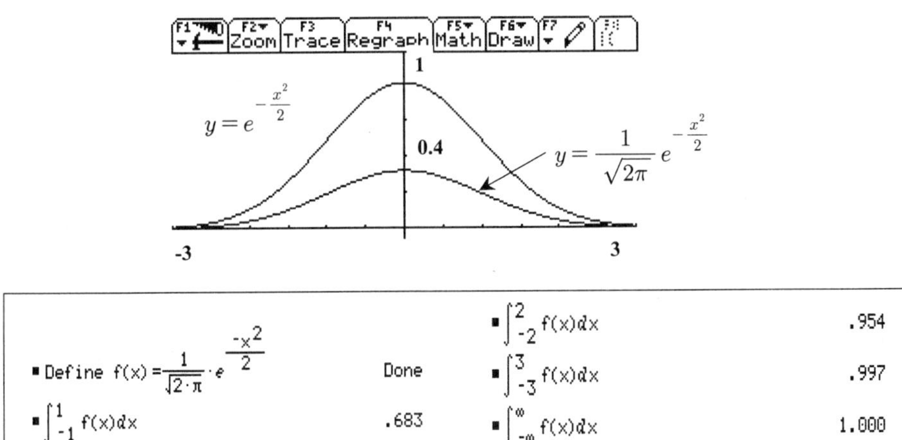

[그림 16] 넓이 변환에 의한 $y=\frac{1}{\sqrt{2\pi}}e^{-\frac{x^2}{2}}$의 그래프와 CAS 계산기에 의한 결과

3.2.3 여러 형태의 정규분포곡선과 성질

표준정규분포곡선에 대해 임의의 선형변환과 스케일 변환을 주더라도 그 결과는 여전히 정규분포곡선이다. 특히, m과 s가 상수이고 $s \neq 0$일 때, 다음 식의 그래프도 곡선 아래의 넓이가 1인 정규곡선이다.

$$f(x) = \frac{1}{s\sqrt{2\pi}} e^{-\frac{1}{2}\left(\frac{x-m}{s}\right)^2}$$

따라서 이러한 곡선도 확률분포를 나타낼 수 있다. 이 확률밀도함수에 대해 m과 s를 변화시켜본 그래프는 [그림 17]과 같으며 이로부터 중요한 성질을 발견할 수 있다.

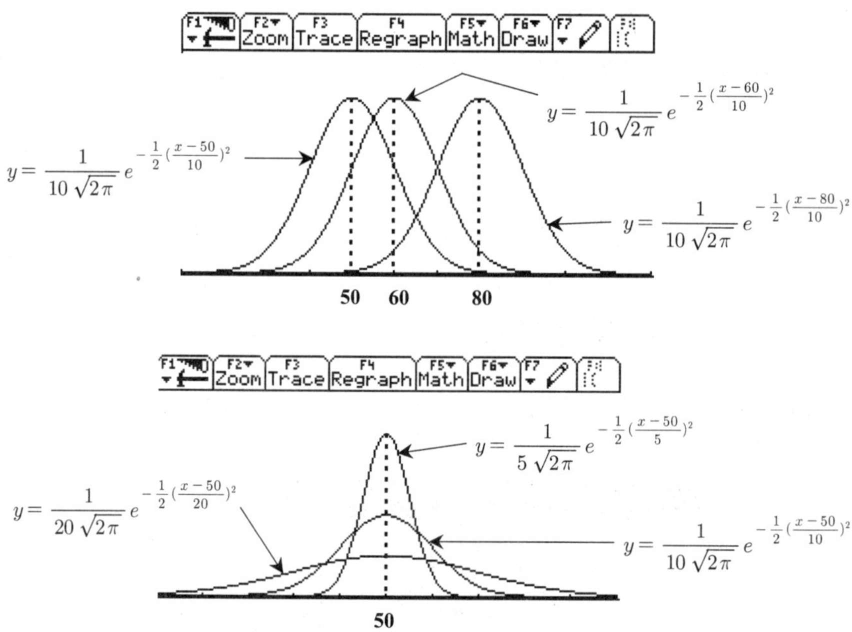

[그림 17] 상수 m과 $s(s \neq 0)$에 따른 여러 형태의 정규분포곡선의 모양 변화

첫째, 확률밀도함수에서 $m > 0$이면 그래프가 오른쪽으로 평행이동하고 $m < 0$ 이면 그래프가 왼쪽으로 평행이동한다. 그리고 그래프의 모양은 변하지 않는다.

둘째, s는 곡선의 퍼짐 정도를 나타낸다. s가 커질수록 곡선의 퍼짐 정도는 커지고 작을수록 중심으로 모인다.

셋째, 이 곡선은 직선 $x = m$에 대하여 대칭이다.

그리고 이 경우 m은 이 확률분포의 평균이고 s는 표준편차를 나타낸다. 1730년대 Abraham DeMoivre가 평균이 μ이고 표준편차가 σ인 정규분포에 해당하는 다음과 같은 곡선의 방정식을 발견함으로써 정규분포에 대한 완벽한 수학적 식이 완성되었다. 이 식에서 상수 $\frac{1}{\sigma\sqrt{2\pi}}$는 곡선 아래의 넓이를 1로 만들기 위한 것이다.

$$f(x) = \frac{1}{\sigma\sqrt{2\pi}} e^{-\frac{1}{2}\left(\frac{x-\mu}{\sigma}\right)^2}$$

3.3 $\epsilon-\delta$법을 사용한 함수의 극한 지도의 실제3)

함수의 극한을 구하는 과제를 CAS 계산기의 시각화와 $\epsilon-\delta$법을 사용하여 구해보자. $\epsilon-\delta$법을 사용하여 함수의 극한을 구하는 이런 과제는 대학의 미분적분학을 학습하는 학생들에게 상당히 까다롭고 어렵다는 점은 많은 선행연구에서 밝혀져 있다. 그런데 이 문제를 CAS 계산기의 시각화를 이용하면 상당히 직관적으로 쉽게 $\epsilon-\delta$법을 이해할 수 있음을 보이고자 한다.

문제 $f(x)=x^3-5x+6$이라 하자. $|x-1|<\delta$일 때 $|(x^3-5x+6)-2|<0.2$를 만족하는 δ를 구하시오.

풀이 이 문제를 극한의 정의를 이용하여 표현하면, $a=1$, $L=2$인 경우이므로 $\lim_{x\to 1} f(x)=2$이다. 그리고 $\epsilon=0.2$에 대응하는 δ를 구하는 문제이다. 따라서 $(1, 2)$의 근방에서 무슨 일이 일어나는지를 살펴봐야 한다.

$$\begin{aligned}|(x^3-5x+6)-2|<0.2 &\Leftrightarrow 2-0.2<x^3-5x+6<2+0.2\\ &\Leftrightarrow 1.8<x^3-5x+6<2.2\end{aligned}$$

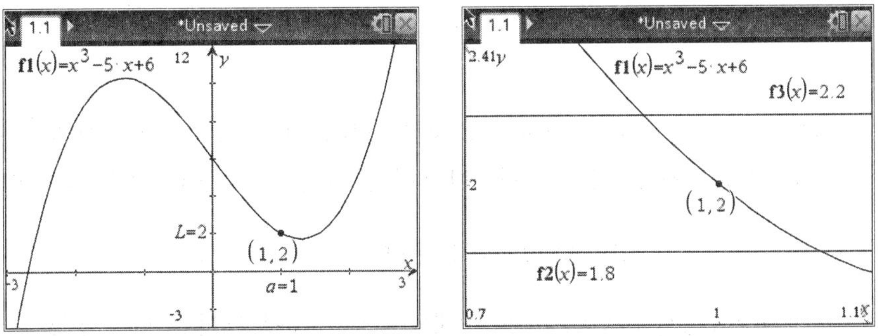

[그림 18] 점 (1, 2)와 두 직선 사이의 근방에서 일어나는 현상

3) 이 내용은 이 글의 주제에 맞게 조정수(2011)의 논문에서 발췌한 것임.

으로 고쳐 쓸 수 있다.

따라서 곡선 $f1(x)=x^3-5x+6$은 두 직선 $f2(x)=1.8$과 $f3(x)=2.2$ 사이에 있게 된다.

$f1(x)=x^3-5x+6$과 두 직선 $f2(x)=1.8$과 $f3(x)=2.2$가 만나는 교점을 구하기 위하여 CAS 그래핑 계산기에 이들 세 식을 다음과 입력한다. 그런 다음 Solve( ) 기능을 이용하여 이들의 교점을 다음과 같이 구한다.

이들이 만나는 교점은 $x=1$ 근방의 가장 작은 값이어야 하므로 약 $x=0.911$과 $x=1.124$이다. 이를 수식으로 표현하면 $0.911< x< 1.124$일 때 $1.8< x^3-5x+6< 2.2$이다.

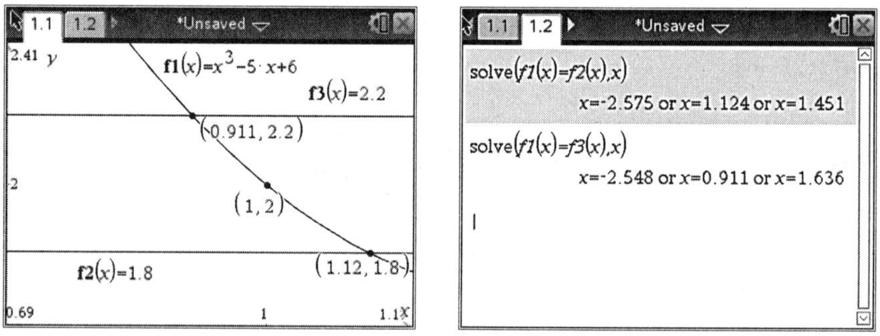

[그림 19] 점 $(1, 2)$와 두 직선 사이의 교점과 거리 계산

그런데 위의 그림에서도 알 수 있듯이 교점에 의한 구간 $(0.911, 1.124)$는 $x=a=1$에 대해 대칭이 아니다. 그래서 대칭의 위치를 정하기 위하여 이들의 거리를 계산하면,

(1) $x=a=1$에서 왼쪽 끝점까지의 거리: $1-0.911=0.08$

(2) $x=a=1$에서 오른쪽 끝점까지의 거리: $1.124-1=0.124$

$x=a=1$에서 거리가 가장 가까운 값을 δ로 잡으면 되므로, 이 두 거리에서 작은 값인 $\delta=0.08$로 정하면 된다. 따라서 이러한 사실을 문장으로 적어보면 다음과 같다.

$$|x-1|< 0.8 \text{일 때 } |(x^3-5x+6)-2|< 0.2$$

이 식은 $x=a=1$에서 좌우로 0.08 이내에만 있는 x를 택하면 항상 $f(x)$는 2에서 0.2이내에 있게 된다는 뜻이다. 그리고 $\delta=0.08$을 택했지만 이 값보다 작기만 하면 되므로 $\delta=0.08$보다 작은 값을 택하더라도 위의 식은 그대로 성립한다. 또한 지금까지의 방법을 사용하면 임의의 ϵ값에 대해서도 마찬가지이다. 이로써 CAS 계산기의 임베디드 시각화와 $\epsilon-\delta$법을 사용하여 $\lim_{x\to 1} f(x)=2$를 구하는 방법을 탐색해보았다.

3.4 CAS 계산기를 활용한 수학수업지도안

3.4.1 수업지도안의 기본 정보

1) 과목명: 고등학교 수학 Ⅱ
2) 고등학교 2학년
3) 수업시간: 50분
4) 단원명: Ⅱ. 함수의 극한과 미분 2. 다항함수의 미분법 (1) 미분계수
5) 학습내용: 평균변화율의 극한과 미분가능성
6) 단원의 구성:

대단원	중단원	소단원	주요 내용 및 학습 활동
고등학교 2학년 Ⅱ. 함수의 극한과 미분	1. 함수의 극한과 연속성	(1) 함수의 극한 (2) 함수의 연속성	• $\lim_{x\to a} f(x)=\alpha$ • 좌극한, 우극한 • 함수의 극한 성질 • 함수의 연속 정의 • 연속함수의 성질: 최대, 최소 정리, 중간값 정리
	2. 다항함수의 미분법	(1) 미분계수 (2) 도함수	• 평균변화율 • 평균변화율의 극한과 미분가능성 • 미분계수 • 미분계수의 기하학적 의미 • 접선의 기울기 • 미분가능성과 연속성 • 도함수의 정의 • 미분법의 성질
	3. 도함수의 활용	(1) 접선의 방정식 (2) 함수의 증가와 감소 (3) 함수의 극대와 극소 (4) 함수의 그래프 (5) 방정식과 부등식의 활용 (6) 속도와 가속도	• 접선의 방정식 • 함수의 증가와 감소 • 함수의 극대와 극소 • 함수의 그래프 • 방정식과 부등식의 활용 • 속도와 가속도

3.4.2 본시 교수·학습 지도안의 작성

앞에서 제시한 CAS 계산기의 실험화와 시각화, 그리고 CAS의 임베디드 시각화에 의한 국소적 수평화를 적용한 수학수업지도안의 구체적인 예시는 다음과 같다.

지도 단계	학습흐름 및 관련이론	교수·학습활동 교사-학생 활동	학습자료 및 유의점
도입	인사 및 출석확인	• 인사 및 출석 확인	
	본 학습 내용과 연관된 사전 지식의 확인	• 지난 시간에 배운 평균변화율의 뜻과 식을 상기시킨다. 함수 $f(x)$에서 x의 값이 $a \to a+h$일 때 평균변화율은 다음과 같다. $\frac{\Delta y}{\Delta x}=\frac{f(a+h)-f(a)}{h}$ • 평균변화율은 할선의 기울기와 같음을 말하고 이 사실을 이용하여 곡선상의 한 점에서 기울기를 어떻게 구할 수 있는지 생각해보도록 한다. ■ 학생들은 직선상에서 임의의 두 점 사이의 기울기와 곡선상에서 임의의 두 점 사이의 기울기를 구하는 방법 사이의 구조적 관계성을 찾으려고 노력한다. • 교사는 할선의 기울기인 평균변화율을 사용하여 곡선상의 어떤 점에 대한 기울기를 구하는 것이 오늘의 학습 목표임을 학생들과 목표 설정한다.	• 학습목표 설정할 때 학생들과 논의
	학습목표 제시	• 학생들과 논의하여 본시 학습 목표를 진술할 수 있도록 안내한다. 학습 목표: 평균변화율의 극한과 미분가능성 사이의 관계를 말할 수 있다.	
전개	실험화와 시각화	• 다음 함수 $f(x)=x^2$을 CAS 계산기를 사용하여 $x=1$에 대해 계속 확대하는 실험을 통해 무슨 일이 일어나고 있는지 관찰하여 그 결과를 발표하게 한다. 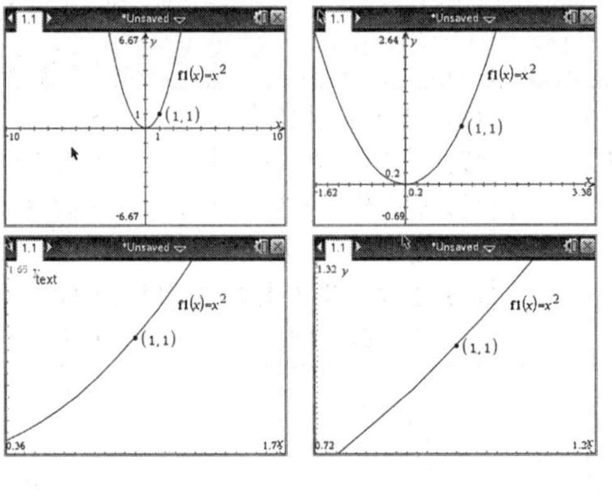	• CAS 계산기를 사용하여 다양한 방법으로 실험할 수 있도록 격려

지도 단계	학습흐름 및 관련이론	교수·학습활동 교사-학생 활동	학습자료 및 유의점
전개	국소적 수평화 추측제기	• 계속해서 확대했을 때 $x=1$에서 어떤 일이 일어나는지 관찰하도록 한다. ■ 학생은 $x=1$에 대해 확대를 계속하니까 처음에는 곡선으로 보였는데 점점 $x=1$ 주변에서 직선처럼 곧게 되었다고 발표한다. • 교사는 CAS 계산기를 사용하거나 지필로 1보다 약간 큰 값과 약간 작은 값을 계속 변화시켜가면서 평균변화율을 학생들에게 구해보도록 한다. ■ 학생은 다음과 같이 CAS 계산기를 사용하여 $x=1$에 대한 여러 가지 평균변화율을 구한다.	
	국소적 수평화와 대수식의 연결	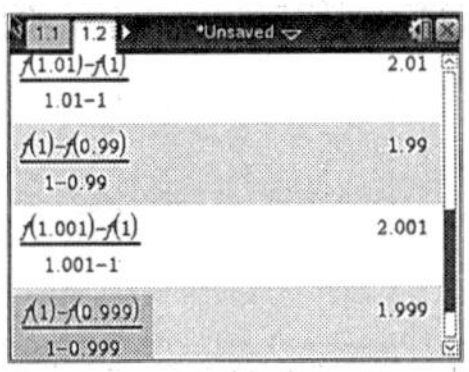 	• 계산 결과는 학생이 입력하는 값에 따라 다양할 수 있음을 상기시킴
	추가적인 예를 통한 실험으로 추측의 확증	■ 학생은 $x=1$에서 아주 작은 값으로 평균변화율을 구해보니 $x=1$의 좌, 우의 평균변화율이 약간 차이는 있지만 거의 같다고 결론내릴 수 있음을 발표한다. • 교사는 $f(x)=x^2+1$, $f(x)=x^3$, $f(x)=\sqrt{x}$의 함수에 대해 $x=2$에서의 평균변화율을 구하는 과제를 제시한다. 이번에는 2인 1조의 활동으로 한 학생은 확대를 통한 시각화 실험을 하고 다른 학생은 대수식을 이용하여 평균변화율을 구하도록 한다. 실험이 끝난 후 각 조는 추측을 문장으로 진술하게 한다.	• 조별활동 • 실험 결과를 추측의 진술문으로 쓰도록 지도
	국소적 수평화	• 실험을 마무리하고 정리한다. 주어진 이들 함수에 대해 $x=2$에서 확대한 실험과 대수적으로 구한 평균변화율로부터 어떤 추측을 할 수 있고 이 추측은 처음의 예에서 제기했던 추측을 확증해주는지 질문한다. • 주어진 모든 함수들이 주어진 어떤 점에 대해 시각적으로 확대를 계속했을 때 그 점 주위에서(국소적으로) 직선처럼 편평하게(수평화) 됨을 설명한다. • 평균변화율의 분모를 보면 주어진 점에서 아주 작은 거리의 차를 구하는 식을 앞에서 배운 극한과 연결시켜보면 어떻게 표현할 수 있도록 한다. 즉, '평균변화율의 극한'이란 용어를 사용할 수 있음을 학생들과 협의한다.	• 개념의 이름을 학생들이 적절하게 붙일 수 있도록 안내
	기호를 사용한 추측의 기호화	• 분모의 경우 주어진 점에 아주 가까이 가는 x로 생각할 수 있으므로 $x \to a$로 표현할 수 있고 이것을 극한과 연결시키면 $\dfrac{f(x)-f(a)}{x-a}$에 극한을 붙이는 것이 될 것이라고 설명한다. • 최종적으로 평균변화율의 극한을 아래와 같이 기호로 나타내도록 한다.	
	형식화 및 표준 용어의 도입	$\lim_{x \to a}\dfrac{f(x)-f(a)}{x-a}$	

<table>
<tr><th rowspan="2">지도
단계</th><th rowspan="2">학습흐름
및
관련이론</th><th>교수·학습활동</th><th rowspan="2">학습자료 및
유의점</th></tr>
<tr><th>교사-학생 활동</th></tr>
<tr><td rowspan="3">전개</td><td></td><td>• 이 극한 또는 극한값이 존재할 때 함수 $f(x)$는 어떤 점 $x=a$에서 '미분가능'이라고 하며, 특히 정의역의 모든 점에서 미분가능할 때 그 함수를 '미분가능 함수'라고 한다는 결론을 제시한다.</td><td>• 교과서의 표준 용어에 익숙해지도록 내면화 활동 필요</td></tr>
<tr><td>반례를 통한 미분가능 개념의 재확인</td><td>• 함수 $f(x)=|x|$와 $f(x)=\dfrac{x}{|x|}$는 $x=0$에서 미분가능한지 실험을 통해 알아봅시다.
■ 다음은 학생들의 CAS 계산기를 사용한 실험 화면이다. 축의 값이 작아진 것으로 보아 확대를 계속했음을 알 수 있다.
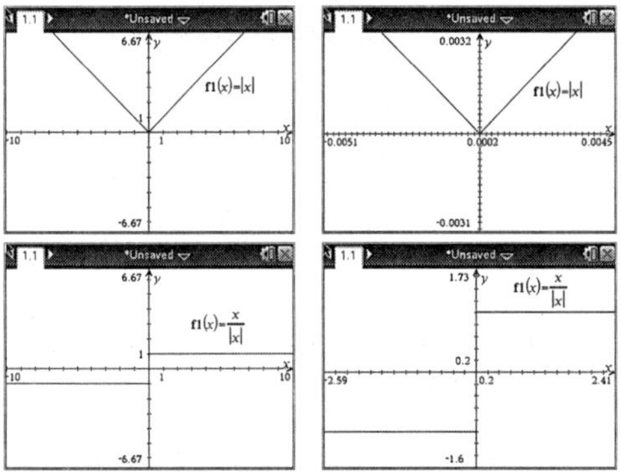

• 앞의 실험 결과와 이 두 함수의 $x=0$에서 확대 실험의 결과는 어떤 차이가 있는지를 질문한다.
■ 학생은 앞의 실험에서는 주어진 점에 대해 확대를 하면 직선처럼 수평화가 되었는데 이 두 함수는 아무리 확대를 해도 수평화가 되지 않고 처음 모양 그대로임을 발표한다.
• 교사는 함수가 어떤 점에서 미분가능하거나 미분가능 함수가 되기 위해서는 시각적으로 어떻게 되어야 한다고 결론내릴 수 있는지 질문한다.
■ 학생은 주어진 그 점에 대해 또는 함수의 어떤 점에 대해서도 시각적으로 직선처럼 되어야 미분가능이라고 할 수 있다고 한다.</td><td>• 앞에서와 동일한 실험을 할 수 있도록 필요한 경우 실험 과정을 칠판에 판서</td></tr>
<tr><td>수업의 최종 결론 제시</td><td>• 교사는 오늘 수업의 결론은 주어진 함수를 볼 때 미분가능인지 아닌지를 알 수 있는 직관적인 방법은 주어진 점이나 그 함수의 모든 점에서 확대할 때 직선처럼 수평화가 가능한지를 생각하면 된다는 사실을 전달한다.</td><td></td></tr>
<tr><td>정리
및
다음
차시
예고</td><td></td><td>• 평균변화율의 극한을 '순간변화율' 또는 기하학적으로 '$x=a$에서 접선의 기울기'라고도 하며, 또 다른 이름은 함수 $y=f(x)$의 $x=a$에서의 '미분계수'임을 설명한다.
• 이 개념들에 대해서는 다음 시간에 다시 더 자세하게 다룰 것임을 예고한다.</td><td></td></tr>
</table>

4. 결론

수학적 사고와 이해에 관한 현재의 연구는 학습자가 수학적 지식을 어떻게 구성하는지에 대한 중요한 정보를 제공해주고 있다. 한편, Bruner는 인간의 정신 능력은 인간 외부의 도구에 의해 진화된 것이라고 주장한다. 인간의 정신 기능의 사용은 인간의 능력을 제대로 발휘하게 하고 확장시켜주는 '도구'와 '공학'을 개발해서 사용하는 능력에 좌우된다. 인간이 공학기반 사회를 발달시킨 것은 다른 동물보다 큰 두뇌를 가졌기 때문이 아니라 인간의 형태를 점진적으로 변화시킨 도구의 사용과 협동이었다. 그렇지만 Bruner의 공학적 도구 사용의 중요성과 더불어 인간의 모든 경험은 물질적이고 기호적, 공학적 체계를 통해 구조화되고 매개된다는 인류학적 사실에도 불구하고, 수학 학습자의 지식 구성에 관한 연구들 중 많은 연구의 심리학적 경향은 인지과정에서 도구의 역할을 다소 경시하고 있다(Rivera, 2005).

지금까지 공학적 도구를 활용한 수학수업에 대해 컴퓨터 대수시스템(CAS)과 그래핑 기능을 탑재한 CAS 계산기 측면에서 살펴보았다. 이를 위하여 그래핑 계산기와 CAS 공학의 역사를 먼저 살펴보았고, 이론적 배경으로 교수학적 도구로서 CAS 공학의 역할과 CAS 계산기의 임베디드 시각화에 의한 국소적 수평화를 고찰하였다. 이를 토대로 CAS 공학을 사용한 교수-학습의 실제를 예시하기 위하여 수학교실에서 CAS 계산기를 활용하는 방법과 다양한 예를 살펴보았고, 고등학교 정규분포곡선의 성질 탐구와 $\epsilon-\delta$법을 사용한 함수의 극한 지도를 앞에서 고찰한 이론에 근거한 교수-학습의 실제로 제시하였다.

Bruner와 Rivera의 주장처럼 공학 도구를 활용한 수학수업에서는 공학 도구를 사용하는 활동이 교사와 학생의 인지과정에서 어떤 도구적 역할을 하는지에 초점을 두어야 함에도 불구하고 이 글에서는 이런 측면까지 고려하지 못하고 있다. 또한 이 글에서는 공학 도구의 활용을 CAS 계산기 측면에서만 살펴보았다. 따라서 결론적으로, 수학학습 과정에서 공학 도구의 효과를 좀 더 명확하게 밝히기 위해서는 다양한 공학 도구의 기능에 대한 세련된 분석을 확대할 필요가 있다. 수학활동을 하는데 있어 이러한 공학 도구의 역할과 수학 학습자 사이의 관계를 파악하는 것이 공학 사용에 따른 학생들의 수학학습을 이해하는데 절대적으로 필요하다고 본다.

참 고 문 헌

Reference

조정수 (2011). CAS 그래핑 계산기의 임베디드 시각화를 통한 함수의 극한 지도 방안 탐색. 수학교육논문집, 25(1), 63-78.

조정수 (2010). CAS 계산기를 활용한 고등학교 정규분포곡선의 교수-학습을 위한 시사점 탐구. 수학교육논문집, 24(1), 177-193.

Buchberger, B. (1989). *Why should students learn integration rules?* RISC-Linz Technical Report no. 89-7.0. Austria: University of Linz.

Drijvers, P., & Trouche, L. (2008). From artifacts to instruments: A theoretical framework behind the orchestra metaphor. In M. K. Heid & G. W. Blume (Eds.), *Research on technology and the teaching and learning of mathematics: Vol. 2. Cases and perspectives* (pp. 363-391). Charlotte, NC: Information Age Publishing.

Dubinsky, Ed., Weller, K., Mcdonale, M. A., & Brown, A. (2005). Some historical issues and paradoxes regarding the concdept of infinity: An APOS-based analysis: Part 1. *Educational Studies in Mathematics*, 58, 335-359.

Guin, D., Ruthven, K., & Trouche, L. (2005). Introduction. In D. Guin, K. Ruthven, & L. Trouche (Eds.), *The didactical challenge of symbolic calculators: Turning a computational device into a mathematical instrument* (pp. 1-8). New York: Springer.

Heid, M. K., Thomas, M. O. J., & Zbiek, R. M. (2013). How might computer algebra systems change the role of algebra in the school curriculum? In M. A. Clements, A. J. Bishop, C. Keitel, Kilpatrick, J. & Jeung, F. K. (Eds.), *Third international handbook of mathematic education* (pp. 597-641). New York: Springer.

Kutzler, B. (2003). CAS as pedagogical tools for teaching and learning mathematics. In J. T. Fey, A. Cuoco, C. Kieran, L. McMullin, & R. M. Zbiek (Eds.), *Computer algebra systems in secondary school mathematics education*. Reston, VA: NCTM.

Lakoff, G., & Nunez, R. E. (2000). *Where mathematics comes from: How the embodied mind brings mathematics into being*. New York: Basic Books.

Rivera, F. D. (2005). An anthropological account of the emergence of mathematical proof and related processes in technology-based environments. In W. J. Masalski & P.

C. Elliott (Eds.), *Technology-supported mathematics learning environments* (pp. 125-136). Reston, VA: National Council of Teachers of Mathematics.

Smith, D. A., & Moore, L. C. (1996). *Calculus: Modeling and application*. Boston: Houghton Mifflin.

Tall, D. (2001). Cognitive development in advanced mathematics using technology. *Mathematics Education Research Journal*, *12*, 196-218.

Tall, D. (2002). Natural and formal infinities. *Educational Studies in Mathematics*, *48*, 199-238.

Trouche, L. (2005). An instrumental approach to mathematics learning in symbolic calculator environments. In D. Guin, K. Ruthven, & L. Trouche (Eds.), *The didactical challenge of symbolic calculators: Turning a computational device into a mathematical instrument* (pp. 137-162). New York: Springer.

Waits, B. K. (2000). The power of visualization in calculus. In E. D. Laughbaum (Ed.), *Hand-held technology in mathematics and science education: A collection of papers* (pp. 49-67). The Ohio State University.

Waits, B. K., & Demana, F. (2000). Calculators in mathematics teaching and learning: Past, present, and future. In E. D. Laughbaum (Ed.), *Hand-held technology in mathematics and science education: A collection of papers* (pp. 2-11). The Ohio State University.

Williams, S. (1991). Models of limit held by college calculus students. *Journal for Research in Mathematics Education*, *22*, 219-236.

제 12 장

교구를 활용한 수학수업

장혜원(서울교육대학교)

1. 들어가는 말

수학교구로서의 구체적 조작물은 오랫동안 수학수업에서 교사와 아동에게 유용한 도구로 인식되어 왔다. '학습을 구체화·직관화하고 효과적으로 지도하기 위하여 사용하는 도구. 칠판, 괘도, 표본, 모형 따위이다(국립국어원, 2014).'라는 사전적 의미에 드러나 있듯이 교구(敎具)란 가르침의 효과를 높이기 위한 도구이며 그 방법상의 원리로 구체화와 직관화를 이용한다. 한편 캐나다 온타리오 주의 교육과정 용어 색인에는 교구에 해당하는 용어로 concrete material 또는 manipulative가 제시되며, 그 의미는 '학생들이 수학적 개념과 기능의 이해를 구성하거나 보이기 위해 다루고 사용하는 대상. 교구의 몇 가지 예로 십진블록, 연결 큐브, 만들기 도구, 수 모형, 게임, 지오보드, 기하 입체, 측정 테이프, Miras, 패턴블록, 회전판, 타일 등이 있다(Ministry of Education, 2005).'이다. 이와 같은 두 가지 의미에 따라 교구는 교수와 학습의 주체인 교사와 학생 양자의 관점에서 사용될 수 있고 또 그래야 함을 보여준다. 실제로 교수와 학습은 동시에 발생하는 활동으로, 분리시켜 생각할 수 없기 때문이다. 수학교구와 관련한 연구는 다수 있고(김남균, 2004; 김남희, 2001; 김민경, 2001; 류성림, 2002; 방정숙, 김수정, 2007; 송상헌, 2008; 심상길, 황선욱, 2009; 장혜원, 강종표, 2009; 정동권, 2011; 최창우,

2002 등),[1] 연구에서 다루어진 수학교구로 십진블록, 패턴블록, 퀴즈네르막대, 탱그램(칠교판), 기하판, 조노돔, 쌓기나무, 소마큐브 등을 발견할 수 있지만, 대수타일이 사용되는 내용 영역인 대수가 우리나라 초등학교에서 다루어지지 않는다는 내용상의 제약을 고려한다면 교구가 수학수업에 활용되는 학교급은 주로 초등학교라 할 수 있다. 따라서 수학교구는 수학적 지식의 특성인 추상성을 구체화함으로써 학생의 이해를 돕기 위한 교수·학습 도구라 할 수 있으며, 주로 초등학교 시기의 학습을 돕기에 유효한 것으로 인정된다.

대부분의 연구가 교구 활용의 긍정적 효과를 보여주고 있지만, 부정적인 견해가 전혀 없는 것은 아니다. 예컨대 미국의 한 연구 결과를 인용하면, 미취학시기에 수학교구가 반드시 필요한 것은 아니라는 기사도 보인다(임소형, 2013). 연구에 사용된 과제는 두 자리 또는 세 자리 수의 대소 비교나 계산 문제인데, 연구는 이 과제들을 미취학 아동에게 수행하도록 하였을 때 대소 비교에서 숫자 표현만으로도 잘 수행하였다는 결과 뿐만 아니라 계산시에는 수만을 다룬 경우와 교구를 이용한 경우를 비교하여 연구 참여자들이 교구 없이 계산을 더 잘하였다는 결과를 보여준다. 필자는 이러한 결과에 대해 교구 투입의 시기와 관련된 고려가 필요하다고 생각한다. 교구가 사용되어야 하는 학습 전개상의 적절한 시기가 있는 것이다. 어린 아동이라고 해서 항상 교구가 필요한 것은 아니다. 연구에서 교구 없이 수만을 다루어 더 계산을 잘 할 수 있었던 아동이 두 자리 수의 덧셈 원리를 전혀 모르는 상태였을까? 과연 덧셈 원리를 전혀 모르는 상태에서 수만으로 계산한 것일까? 사실 교구는 그 원리를 파악하도록 하기 위해 수업에 동원되는 것이다. 원리 파악에 도움을 주고 그 원리가 수 표현과 함께 사용되어 형식화된 후에는 더 이상 있을 자리가 없게 되는 것이다. 즉 아동이 수 표현의 의미나 덧셈 원리를 깨달은 후와 같이 이미 개념이나 원리를 파악한 이후에는 교구가 더 이상 유효한 역할을 하지 못하는 경우가 되며, 배제되어야 할 대상이 되는 것이다.

수학수업의 효과를 증대시키기 위한 다양한 접근 방법 중 하나가 수학교구의 활용이다. 본 고에서는 초등수학교육의 관점에서 수학교구를 활용하는 것에 대한 근거를 몇 가지 이론에 기초하여 고찰하고, 교구 활용시 이점 및 주의해야 할 점에 대해 다각적 측면에서 검토할 것이다. 그리고 교육과정 및 교과서에서 다루어지는 수학교구의 다양성을 조사할 것이다. 우리나라 2007 개정 교육과정 및 2009 개정 교육과정과 그에 따른 교과서,[2] 외국의 교육과정 사례에 대한 수학교구 관련 내용을 분석할 것이다. 마지막으로, 실제 수업

---

1) 수학교구를 다룬 연구는 다수이지만, 그 중 특히 제목에서 수학교구가 명시적으로 드러나는 국내학술지 논문을 위주로 제시하였음을 밝힌다.

2) 본 고에서 2007[2009] 개정 교육과정에 따른 수학과 교육과정을 '2007[2009] 개정 교육과정', 그에 따른 교과서를 '2007[2009] 개정 교과서'라 칭할 것이다.

을 위한 지도안을 포함한다. 초등학교 도형 단원의 수업을 겨냥하여, 주어진 교구를 활용하는 것 이상으로 교구를 만들고 그 교구를 적용하는 활동을 통해 도형 개념과 성질을 반성하도록 하는 칠교판 활용 수업을 제안할 것이다.

2. 교구 활용에 대한 논의

2.1 교구 활용의 이론적 근거

수학수업, 특히 초등 수학수업에서 교구를 활용하는 적절성의 이론적 근거를 크게 세 가지 관점에서 설명할 수 있다. 첫째, 수학적 지식의 본성과 아동의 사고가 보이는 특성의 단절이다. 수학적 개념은 추상성을 본질로 한다. 기하학적 점은 위치만을, 기하학적 선은 폭 없는 길이만을 나타내는 등 대표적인 기하학적 요소들의 추상성이 이를 대변한다. Piaget의 인지발달이론에 따르면 이와 같은 추상적 개념을 다루려면 형식적 조작기에 이르러야 하고 그것이 대략 12세 정도이다. 그렇다면 구체적 조작기에 있는 초등학생들은 수학을 배우기는 하지만 구체적 조작에 기초해서 추상성에 접근하는 양상을 띨 수밖에 없다. 수학적 개념의 추상성과 그것을 학습하는 주체의 인지적 특성인 구체성 간에 간격이 존재하고, 그것을 연결시켜주기 위해 교구가 역할하기를 기대하는 것이다. 이러한 기대가 Bruner와 Dienes의 이론에 반영되어 있다. 두 학자 모두 수학적 구조를 지도해야 한다는 새수학 시대의 대전제를 지지하기 위해 교수 원리와 교구를 만든 경우이다. Bruner(1960)는 저서 〈교육의 과정〉의 마지막 장을 교구(aids to teaching)에 할애할 정도로 교구를 중요 사항으로 다루었다. 수업에 사용되는 교구를 간접 경험의 제공을 위한 교구, 모형 교구, 극화 교구, 자동화 교구의 네 가지 유형으로 구분하였다. 본 고의 논의는 Bruner가 학생들로 하여금 한 현상의 내면에 숨어 있는 구조를 파악하도록 도와주는 교구라고 설명한 모형 교구와 관련 있다. 수학의 원리를 가르치기 위하여 만든 나무토막이나 막대기들은 수학의 원리를 눈에 보이도록 표현하는 기능을 수행한다고 보았다. 또한 보다 포괄적으로 과목의 핵심 아이디어에 가장 효과적으로 도달하도록 그 과목의 학습내용이나 아이디어의 제시 순서를 이상적으로 조절한 프로그램 역시 포함시켜 설명하였다. Bruner(1960)가 제시한 가설 '어떤 교과든지 지적으로 올바른 형식으로 표현하면 어떤 발달단계에 있는 어떤 아동에게도 효과적으로 가르칠 수 있다.'에 따른 EIS 이론으로부터 함의되는 행동적(Enactive) 표현과 영상적(Iconic) 표현의 사용(Bruner, 1966)도 같은 맥락에 있다고 할 것이다. 또한 Dienes(1960) 역시 놀이를 통한 개념 학습을 주장하면서 역동적 원리(Dynamic principle)를 주장하였다. 수학적 개념 형성을 위해 예비 놀이, 구조화된 놀이, 실습 놀이가 적절한 시기에 필수 경험으로 제공되어야 하며 어린 아동에게는 구체적인 도구를 이용한 놀이로부터 점차 정신적 게임이 도입되어야 한다는 설명이다. 양자 모두 구체적 활동을 교수학적 변인으로 선택해야 하는 교수 실제를 함의하며, 따라서 구체적 활동을 위한 교구 활용이 요구되므로 Bruner와 Dienes 스스로 교구를 고안하기도 하였다.

둘째, 활동주의(activism) 원리이다. 활동주의 원리를 언급할 때 자주 인용되는 것이 '들으면 잊고, 보면 기억하고, 행하면 이해한다.'는 말이다. 중국의 유향이 〈설원(說苑)〉에서 공자를 인용한 것으로, 결국 행함의 중요성을 피력한 것이고 이해를 위한 조건으로 내건 것이다. 수학학습에서 활동의 중요성은 20세기까지 이어진다. 20세기 초 Dewey의 사상은 활동주의 교육사상의 역사에서 이전까지의 사상의 집합체인 동시에 현대 활동주의적 발상의 모체로 간주된다(김응태, 박한식, 우정호, 1985). Dewey는 수를 활동의 소산으로 보았고, 따라서 김응태 외(1985)는 수학이 심리 발생적으로는 감각 운동적인 실제적인 활동에 기원을 갖고 있다면 수학의 학습 지도는 적어도 그 출발점에 있어서는 그러한 실제적 활동을 유발시키는 교구의 연구로부터 시작하지 않으면 안 된다고 하였다. 극단적으로 활동주의 입장에서 초등학교 초기 단계의 수학교육의 방법론적 연구는 교구의 연구라고까지 말하고 있다. Dewey가 강조한 행함으로써 학습(Learning by doing)하는 사태는 20세기 말에 이르면 Papert의 구성주의(Constructionism)로 확장된다. 구성주의에서는 '행함으로써'에서 한 발 더 나아가 '만듦으로써 학습(Learning by making)'이 이루어진다는 관점이다(Papert & Harel, 1991). 이러한 관점을 반영하여 본 고에서 제안하는 교수·학습 활동을 교구를 만들면서 학습하는 장면으로 연출하고자 하였다(4절 수업의 실제 참조).

셋째, 다중 표현의 원리이다. 표현의 다양성은 개념 이해에 필수적이다. [그림 1]에서 보듯이 하나의 수학적 개념에 대해 실세계 상황, 그림, 구체적 조작물, 구어, 기호로의 표현이 가능하며, 각각은 상호 번역이 가능하여 이 활동을 통해 적절한 개념 형성이 이루어진다. 여기서 구체적 조작물, 즉 교구는 다양한 표현 양식 중의 하나로 위치한다.

수학 개념을 여러 표현 양식 중 구체적 조작물로 다루어보는 것이 유효하며, 이 표현을 그림, 언어, 기호로 나타내는 활동 또한 중요함을 함의한다. Kaput(1986)에서 ICT의 영향으로 파생된 결과인 다중 관련 표현(multiple, linked representaions) 역시 교구로 인한 표현의 다중성을 뒷받침해준다.

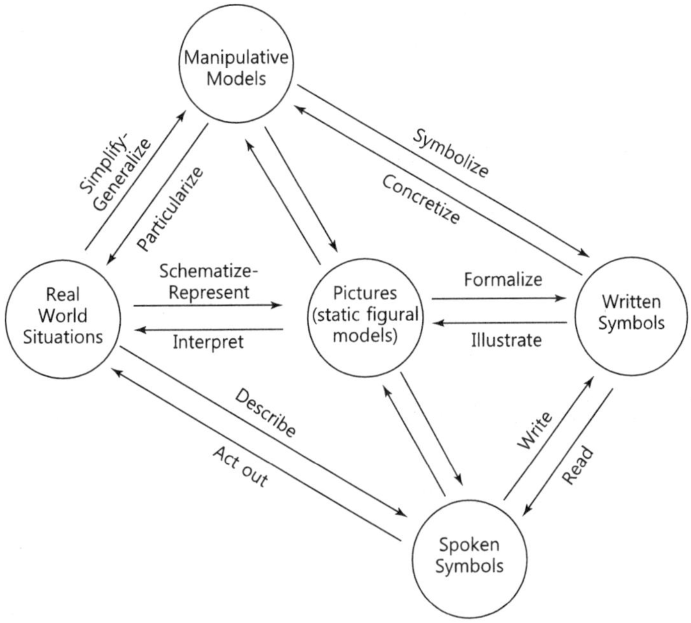

[그림 1] Lesh의 표상모델(Lesh, Landau, & Hamilton, 1983)

2.2 교구 활용의 이점

수학수업에서 교구를 활용하는 이점으로, 앞 절에서 설명한 이론적 근거에 기초하여 인지적 측면에서 수학적 개념의 추상성에 접근하기 위한 매체로서의 가능성이 풍부하다는 점을 들 수 있다. 또한 계산 원리나 절차에 대해 스스로 구성하고 이해할 수 있는 기회를 제공한다. 예컨대, 자연수의 덧셈·뺄셈 학습에서 학생들이 가장 어려워하면서도 중요한 받아올림이나 받아내림의 원리를 형식화하기에 앞서 낱개모형과 십묶음으로 하는 구체적 조작활동으로부터 스스로 원리를 파악하도록 하는 것이다. 언어적 설명이 제공할 수 없는 학습 상황을 경험하게 한다는 점에서 의미 있다.

교구는 이와 같은 개념, 절차 등의 수학 내용 측면 뿐만 아니라 오늘날 강조되는 '수학적 과정'의 지도를 위한 기회를 풍부하게 해준다. 예를 들어, 2학년 2학기 수학교과서(교육과학기술부, 2013b)에서 수학적 과정의 하나인 수학적 의사소통을 위해 쌓기나무 활동을 이용하는 사례를 볼 수 있다. 구체적으로, 쌓기나무로 만든 모양을 가림판으로 가린 다음 짝에게 말로 설명하면 그 설명을 듣고 똑같이 쌓아보는 활동이다.

Bruner(1960)가 '오직 순간적인 호기심을 자극하는 수단으로서의 …는 교사에게나 학생에게나 아무런 도움을 주지 못한다.'고 하였듯이, 수업 장면에서 교구 도입으로 인한 흥미 유발의 정의적 측면은 부수적이다. 그러나 우리나라 학생들의 수학 기피 현상은 잘 알려진 사실이고, 이를 해결하고자 스토리텔링, 융합학문 등 다양한 접근을 취하고 있는 시점에서 보다 미시적이고 교사들이 직접 적용할 수 있는 것이 수학교구일 수 있다. 송상헌(2014)은 스토리텔링을 교구와 접목시키는 방안도 제시하였다. 모두 학습 흥미를 높여 수학적 태도를 변화시키고자 하는 노력의 일환으로 해석된다.

한편 다문화 학생이나 귀국 학생, 생물학적 언어 장애 등과 같이 언어적 어려움을 겪는 학생들에게 언어적 이해를 돕기 위한 보조물로서 수학교구의 역할 또한 많은 문헌에서 주목된다(예컨대, Ministry of Education, 2005; I & Chang, 2014).

2.3 교구 활용시의 주의점

교구 활용의 이론적 근거가 탄탄하고 이점이 충분해보일지라도 실제 적용에 있어 적절하게 활용되지 못한다면 부작용이 따를 수 있다. 교구 활용시 주의해야 할 점에 대해 고찰해본다.

첫째, 교구의 활용 자체가 수학적 개념 또는 원리의 학습을 보장하지는 않는다. 교구와 함께 하는 수업은 생동감이 있다. 교구가 제공된다는 것은 그것으로 하는 '활동'을 함의하기 때문이다. 그러나 주의할 것은 수학적 개념이나 원리가 교구에 내재하지 않는다는 점이다. 수학학습은 교구로 하는 활동에 대한 반성에서 비롯된다.

이와 같은 사실을 Kamii와 Warrington(1999)은 Piaget를 이어 물리적 지식(physical knowledge)과 논리수학적 지식(logicomathematical knowledge)의 대조로써 설명하였다. 물리적 지식은 외적 실제에 있는 대상에 대한 경험적 지식이며, 논리수학적 지식은 관계로 구성되며 각 개인의 정신적 활동이 그 궁극적 근원이 된다. 동치 분수의 예를 들어 분수 막대나 종이 접기 등의 교구를 이용하여 경험적으로 학습되지 않으며 학생 자신의 추론을 통해서 구성해야 한다는 것이다.

둘째, 교구는 도구로서 유용하게 사용되지만 수학적 형식화가 발생하도록 유도하는 매개의 역할을 해야 하며, 형식화 이후에는 도구 없이도 수학적 활동이 가능해지도록 주의 깊게 다루어져야 한다. 다시 말해, 유용하게 사용되던 교구도 어느 시점에서는 학생으로부터 배제될 필요가 있는 것이다. 예를 들어 학생이 어려워하는 계산 원리인 받아올림이 있는 덧셈이나 받아내림이 있는 뺄셈을 배울 때 십진 블록은 매우 유용한 도구이다. 일의 자리에서 덧셈을 하다가 낱개모형 10개가 모이면 십모형 하나가 되고, 뺄셈을 하려는데 일의 자리에서 감수가 더 커서 모자라면 십모형 하나를 낱개모형 10개로 분해하여 생각할 수 있다. 십모형을 만들고 십모형을 분해하는 활동을 형식화한 것이 십의 자리 위에 올려 쓴 1이고, 십의 자리에서 받아내려 일의 자리 위에 임시로 써지는 10인 것이다. 형식화 없이 교구에 지속적으로 의존해야만 덧셈과 뺄셈을 할 수 있다면 그것은 수학교구를 제대로 활용하지 못한 경우이다. 교구를 이용한 활동이 익숙해지고 원리를 파악하여 형식화가 이루어지면 이제 교구는 사용될 필요가 없고 더 이상 사용되어서도 안 되는 것이다.

셋째, 특정 개념을 위해 특정 교구만을 사용하는 학습 경험은 학생의 오개념을 유발할 위험이 있다. 천진승(2010)에서 연구 참여자인 ADHD 학생은 학습시 분수 $\frac{1}{4}$을 늘 노란 색막대로 표현했었기 때문에 분수를 교구의 부수적 성질인 색깔과 연결짓게 된 것이다. 사용한 교구가 지닌 결정적 속성이 아닌 부수적인 성질까지도 목표 지식과 관련지어 생각하는 오류이다. 수학적 개념과 교구 간에 다각형과 기하판, 분수와 퀴즈네르막대라는 식의 일대일 대응이 아니라 가능한 한 다양한 교구를 사용하는 것이 바람직할 것이며, Dienes(1960)의 지각적 다양성의 원리를 확장하여 생각하도록 한다.

넷째, 개념의 상대성으로 인해 학생이 경험하는 인지적 어려움을 인식해야 한다. 자릿값에 근거하여 몇 자리 수의 개념 및 연산을 지도하며 사용하는 수모형은 수와 연산에서 즐겨 사용되는 교구이다. 낱개모형은 1, 십모형은 10, 백모형은 100을 나타낸다. 이는 비례 모델로서 수의 크기만큼 교구의 양이 나타나므로 큰 어려움 없이 적용가능할 것으로 기대된다. 그러나 그 사용을 확장하여 수학 4-2(교육부, 2014f)는 소수 사이의 관계를 다루면서, 또는 김남희(1999), 방정숙, 김수정(2007)은 소수의 개념 및 그 연산을 위해서 수모형을 활용할 수 있음을 제안한다. 수학 4-2에서는 천모형을 1로 볼 때, 백모형, 십모형, 낱개모형이 각각 $\frac{1}{10}$배씩 감소됨을 보여주며([그림 2]), 다른 두 연구에서는 백모형을 1로 본다면, 십모형은 0.1, 낱개모형은 0.01을 나타냄을 이용한다. 낱개모형, 십모형, 백모형, 천모형 사이의 관계가 각각 10배로서 성립되는 상대적 양을 나타낼 수 있기 때문에 가능한 활용이다. 그러나 백모형이 상황에 따라 100, 1, 0.1을 나타내는 것과 같이 동일한 대상이 여러 가지 크기의 수를 나타낸다는 다중성을 인식할 때 학생들이 경험하는 어려움의 가능성을 주의해야 할 것이다. 그러한 경우에 크기의 상대성을 인식할 수 있는 기준 모형이 함께 제시됨으로써 상황에 따라 크기를 재평가해야 한다는 경험을 시킬 필요가 있다.

다섯째, 3차원에서 시간의 흐름에 따른 교구 활용 장면을 2차원 교과서의 정지 화면에

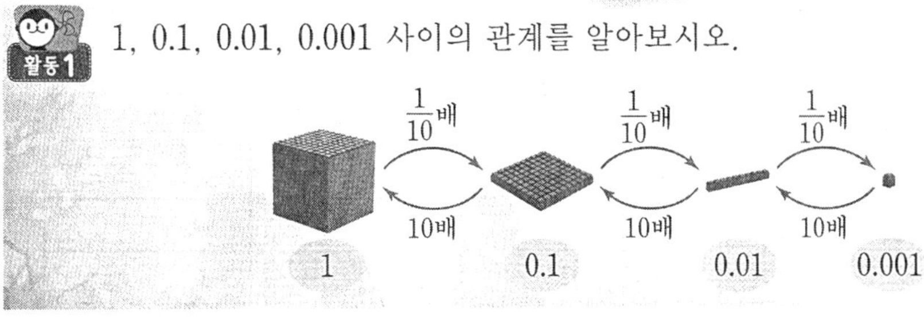

[그림 2] 수학 4-2에서 소수 사이의 관계(교육부, 2014f)

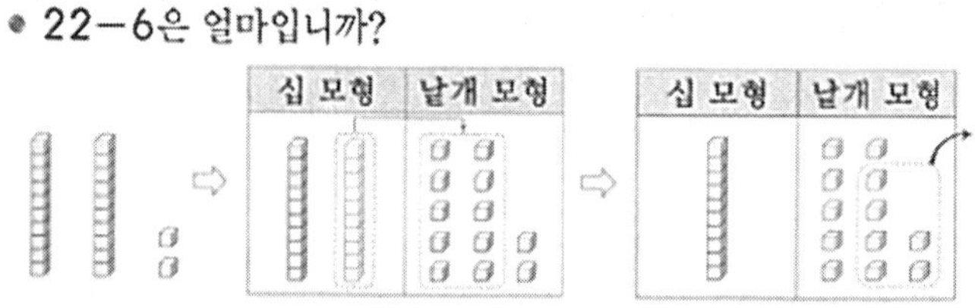

[그림 3] 수학 2-1에서 받아내림이 있는 뺄셈(교육부, 2014b)

담을 때 표현상의 어려움으로 인해 오개념을 유발할 수 있음에 주의해야 한다.

[그림 3]은 22-6을 하면서 일의 자리 2-6을 할 수 없기 때문에 십모형 한 개를 풀어 낱개모형 10개로 만드는 과정으로 보여준다. 그러나 그림의 두 번째 단계의 정지 상태만 본다면 모형은 모두 32개가 있다. 시간의 흐름을 묘사하지 못하여 십모형 1개와 그를 대신할 낱개모형 10개가 같은 장면에 존재함으로써 생긴 문제이다. 실제 수업 활동으로 이루어진다면 아무 문제없이 진행되겠지만, 교과서를 통해 교구 조작을 사고 조작으로 대신해야 하는 상황이라면 학생들에게 이해의 어려움과 오류를 유발시킬 수 있다.

여섯째, 교구는 모든 수준의 학생들을 위해 활용할 수 있다. 교구는 개념의 구체화 수단이며 흥미 유발에 유효하다는 관념 때문에 주로 학습 부진아에게 적용되는 경향이 있다(이영철, 2010; 최동미, 2010; 김선애, 2011; 김은옥, 2011; 김재홍, 2012; 최은정, 2013 등). 교구를 활용한 프로그램 개발 연구 외에 교구 활용이 수학 영재 학습에의 영향을 조사한 연구는 상대적으로 적다(김용준, 2013; 이주용, 2013 등). 그러나 동일한 교구일지라도 목적과 범위를 달리 한다면 활용 가능성은 확대된다. 영재학생에게 n진법을 지도하려는 의도에서 3진법을 위해 삼진블록을, 4진법을 위해 사진블록을 이용할 수 있지만([그림 4]), 보통의 수모형을 이용하여 일반학생이나 부진학생에게는 십진법의 원리만을, 영재학생에게는 삼진법, 오진법 등 n진법의 일반 원리를 지도할 수 있다([그림 5]). 특수교육 및 보충학습과 심화학습을 위한 교구 활용의 구체적인 방안에 대한 연구의 필요성이 제기된다.

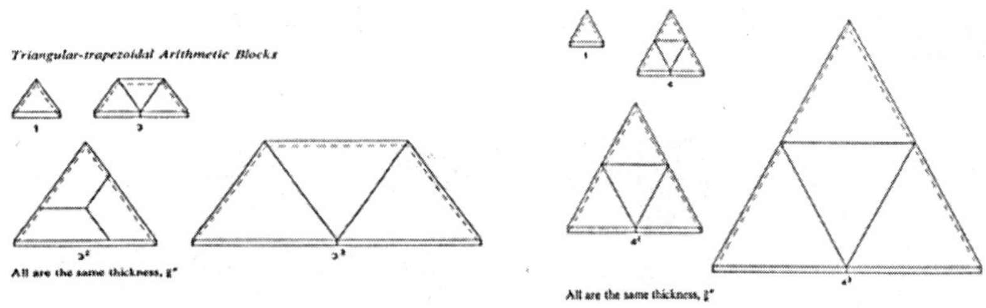

[그림 4] Dienes의 삼진블록과 사진블록(Dienes, 1963)

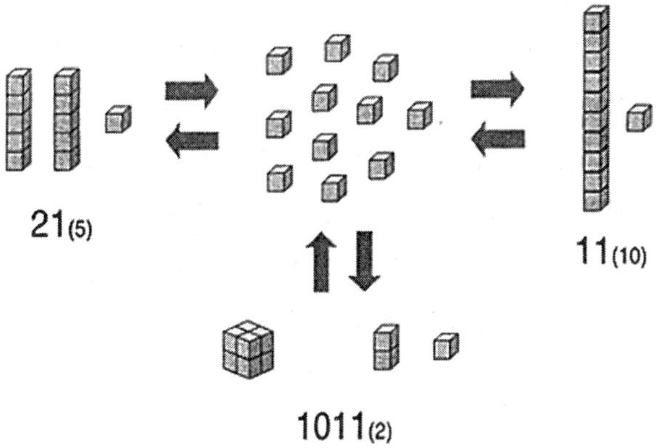

[그림 5] n진법의 지도를 위한 수모형의 활용(김남희, 1999)

일곱째, 공학도구의 활용이 용이한 오늘날은 물리적인 교구 이외에 컴퓨터 기반 가상 교구(virtual manipulatives)를 활용할 수 있고, 그것이 더 효과적인 경우도 있다. 가상 교구는 구체적인 교구에 대한 Web상의 정적 또는 동적인 시각적 교구를 말한다(Moyer, Bolyard, & Spikell, 2002). 가상 교구의 활용을 옹호하기 위해서는 그것이 수학적 개념에 대한 이해를 돕기 위해 동적 환경의 변이성 이상으로 어떻게 사용될 수 있는가 하는 방법적인 설명이 가능해야 한다. 컴퓨터 기반 가상 교구 활용의 가장 큰 이점은 상호작용성, 즉 학생이 뭔가 작용을 하면 상대인 컴퓨터로부터의 피드백이 있다는 점이다. 학생이 그림을 옮겨놓거나 숫자를 입력할 때 그에 대한 즉각적인 반응을 해주는 것이다. 반대로 학생 개개인이 직접 손조작 활동(hands-on activity)을 하지 못하므로 효과가 제한적일 것이라는 우려도 있지만, 적절한 활용 방법을 탐색한다면 긍정적 효과가 기대된다. Olive(2008)는 컴퓨터 기반 상호작용 학습 환경의 목적이 학생들에게 수학 지식의 구성을 뒷받침하도록 고안된 가상 세계에서 자유롭게 탐구할 수 있는 공간의 제공이라고 하였다. 그와 같은 목적을 이루기 위한 다양한 공간이 창출되었고, 이는 과거의 손조작 교구가 오늘날의 역동적 ICT 환경에서 컴퓨터 기반 온라인상에서의 교구로 확대되는 시대적 변화를 야기한다. 예컨대 van den Heuvel-Panhuizen(2009)는 '현실주의 수학교육'에서 현실의 의미를 컴퓨터를 이용한 새로운 유형의 현실로 확장하며, 평가에서 컴퓨터 기반 수모형 활용 사례를 예시하고 있다. 실제로 인터넷 검색에 의해 다수의 가상 교구 활용 사이트를 얻을 수 있고, Moyer et al.(2002)는 선택을 위한 조언을 주기도 한다. NVLM(2014)은 학년군별-영역별 이원적 셀로 제시된 제시 형태는 자료 검색 및 사용의 용이성에서 돋보이지만 유료라는 단점이 있는 반면, NCTM(2014)이나 Math playground(2014) 등은 일반적으로 자주 사용되는 교구인 기하판, 패턴블록, 분수막대, 칠교놀이 등의 온라인 버전이 제공되며, 특히 온라인 스피너는 가능성의 개념이나 통계적 확률의 개념 지도에서 적절히 활용될 수 있을 것으로 기대된다.

여덟째, 교사는 교구 사용 주체의 관점 차이를 인식할 필요가 있다. 즉 교구를 만들거나 지도를 위해 사용하는 교사는 의도하는 수학적 지식의 추상성을 구체화시키는 입장이지만, 그것의 조작을 통해 수학을 학습하는 학생은 구체물을 이용한 구체적 조작으로부터 수학적 지식을 추상화해내야 하는 입장에 있어 양자의 관점은 서로 반대 방향으로 맞물려 있다. 교사는 구체화의 관점에서 교구를 제작하거나 수업 진행을 위해 채택하지만, 수업 전개에 포함되는 활동은 학생의 관점에서 교구를 이용한 활동으로부터 무엇을 파악하고 추상화할 수 있는지를 염두에 두고 구성해야 한다는 매우 당연한 주의점이다.

3. 초등 수학교육과정 및 교과서를 중심으로 한 수학교구 탐색

3.1 초등 수학교육과정에서의 교구

(1) 우리나라의 사례

교과서를 검토해보면 앞선 교육과정기보다 교구를 다양하게 다룬 시기가 2007 개정 교육과정기이다. 그러나 [표 1]에서 보듯이 2007 개정 교육과정에 따른 수학과 교육과정에서 교구 활용에 대한 언급은 그리 많지 않다(교육인적자원부, 2007). 그에 비해 2009 개정 교육과정에서는 좀 더 적극적이고 구체적인 언급이 발견된다(교육과학기술부, 2011). 적극적이라 함은 성취기준, 교수·학습상의 유의점, 교수학습방법에서 활용 교구, 활용 범위가 확장되고, 교수·학습과정에서 교육기자재 외에 수학 교과 교실의 활용을 추가하여 교구의 구체적인 조작 활동을 강조한다는 점에 근거한다. 한편 구체적이라 함은 성취기준에서 이전에 다룬 쌓기나무 외에 칠교판이 구체적으로 언급된 점, 계산기의 활용 범위를 구체적인 내용 요소를 명시하여 제시한 점으로부터 뒷받침된다.

특히 칠교판과 관련하여 고찰해보자. 2009 개정 교육과정에서는 초등학교 1~2학년군에서 평면에서의 공간감각을 위하여 칠교판을 명시적으로 언급하고 성취기준으로서 그 활동을 포함하고 있다. 3차원에서의 공간감각을 위해 도입되었던 쌓기나무와의 형평적 취급을 의도한 것으로 해석된다. 구체적으로 [표 1]에서 보는 바와 같이 '칠교판을 이

[표 1] 2007 개정 교육과정과 2009 개정 교육과정의 교구 관련 내용

	2007 개정	2009 개정
성취 기준	2학년 • 쌓기나무로 만들어진 입체도형을 보고 똑같이 만들 수 있다. • 주어진 쌓기나무로 여러 가지 입체도형을 만들 수 있다. 6학년 • 쌓기나무로 만든 입체도형을 보고 사용된 쌓기나무의 개수를 구할 수 있다. • 쌓기나무로 여러 가지 모양을 만들고 규칙을 찾을 수 있다. • 쌓기나무로 만든 입체도형의 위, 앞, 옆에서 본 모양을 표현할 수 있다.	1~2학년군 • 쌓기나무를 이용하여 여러 가지 입체도형의 모양을 만드는 활동을 통하여 입체도형에 대한 감각을 기른다. • 칠교판을 이용하여 여러 가지 모양을 자유롭게 꾸미거나 주어진 모양을 채우는 활동을 통하여 평면도형에 대한 감각을 기른다. 5~6학년군 • 쌓기나무로 만든 입체도형을 보고 사용된 쌓기나무의 개수를 구할 수 있다. • 쌓기나무로 만든 입체도형의 위, 앞, 옆에서 본 모양을 표현할 수 있다. • 쌓기나무로 만든 입체도형의 위, 앞, 옆에서 본 모양을 표현한 것으로부터 입체도형의 모양을 알 수 있다.
교수·학습 상의 유의점	4학년 • 계산하거나 어림한 값을 계산기를 사용하여 확인해볼 수 있다.	3~4학년군 • 덧셈, 뺄셈, 곱셈, 나눗셈을 하기 전에 계산 결과를 어림해 보고, 어림한 값을 계산기를 사용하여 확인할 수 있게 한다. • 규칙적인 계산식의 배열에서 계산 결과의 규칙을 찾는 활동을 할 때 계산기를 활용할 수 있게 한다. 5~6학년군 • 소수의 곱셈과 나눗셈에서 복잡한 계산은 계산기를 사용하게 한다. • 측정에 관련된 활동이나 원의 넓이, 겉넓이, 부피 등을 구할 때 복잡한 계산은 계산기를 사용하게 한다.
교수 학습 방법	구체적 조작 활동과 탐구 활동을 통하여 학생 스스로 개념, 원리, 법칙을 발견하게 한다. 카. 수학 교수·학습 과정에서 교육 기자재의 활용은 다음 사항에 유의한다. (1) 교수·학습의 전 과정을 통하여 적절하고 다양한 교육 기자재를 활용하여 수학학습의 효과를 높이도록 한다. (2) 계산 능력 배양을 목표로 하지 않는 경우의 복잡한 계산 수행, 수학적 개념·원리·법칙의 이해, 문제 해결력 향상 등을 위하여 계산기, 컴퓨터, 교육용 소프트웨어 등의 공학적 도구와 다양한 교구를 확보하여 활용할 수 있다.	구체적 조작 활동과 탐구 활동을 통하여 학생 스스로 개념, 원리, 법칙을 발견하고 이를 정당화하게 한다. 파. 수학 교수·학습 과정에서 교육 기자재 및 수학 교과 교실의 활용은 다음 사항에 유의한다. (1) 교수·학습의 전 과정을 통하여 적절하고 다양한 교육 기자재를 활용하여 수학학습의 효과를 높이도록 한다. (2) 계산 능력 배양을 목표로 하지 않는 경우의 복잡한 계산 수행, 수학의 개념, 원리, 법칙의 이해, 문제 해결력 향상 등을 위하여 계산기, 컴퓨터, 교육용 소프트웨어 등의 공학적 도구와 다양한 교구를 활용한다. (3) 구체적인 조작과 탐구 활동을 통해 수학의 개념과 원리를 이해하고 수학 주제에 대해 모둠으로 토론함으로써 수학학습의 효율을 높일 수 있도록 수학 교과 교실을 구축하여 활용한다.
평가	–수학학습의 평가에서는 평가하는 학습 내용과 방법에 따라 학생에게 계산기, 컴퓨터, 교육용 소프트웨어 등의 공학적 도구와 다양한 교구를 이용할 수 있는 기회를 제공한다. (밑줄 그은 부분은 2009 개정 교육과정에 추가)	

용하여 여러 가지 모양을 자유롭게 꾸미거나 주어진 모양을 채우는 활동을 통하여 평면도형에 대한 감각을 기른다.'로, 칠교판을 이용한 활동을 창의성 신장을 위한 발산적 사고와 분석력을 자극하는 수렴적 사고와 관련된 두 가지 유형으로 구분하여 언급하고 있다.

한 유형은 일곱 개의 조각을 다양하게 배치하여 모양을 꾸미는 활동이다. 이때 자신의 관심사를 드러낼 수 있고, 그에 따라 명명하는 등의 활동을 장려한다. 이는 제한 없이 사고를 확장하도록 하므로 창의·인성 교육과정이라 불리는 개정 교육과정의 취지에 부합하는 활동이다. 또 다른 유형은 꾸민 모양의 윤곽선만을 제시한 다음 그 내부를 일곱 개의 조각으로 채우는 활동이다. 어느 조각이 어디에 위치해야 하는지를 알아내기 위해서는 뛰어난 공간감각력과 함께 각 조각의 모양과 성질에 기초하여 채워야 할 모양에 분석적으로 접근할 것이 요구된다. 즉 앞선 유형의 발산적 사고와는 반대로 수렴적 사고를 필요로 한다.

이와 같이 칠교판 활동은 하나의 교구로 정반대의 이중 사고를 격려하는 활동을 간편하게 구성해볼 수 있다는 점에서 효과적이다. 더욱이 칠교판이 별도로 구비되어 있지 않더라도 색종이 한 장을 이용하여 만들 수 있고, 그 제작 과정 자체가 기하 영역에서의 학습으로서 가치가 있다는 점에서 주목할 만하다.

이외에도 적극적인 활용을 위해서는 1학년 1학기 1차시에 1부터 5까지의 숫자 쓰기를 학습하면서 그 모양을 숙지하기 위해 칠교판으로 만들어보는 활동을 추가할 수 있다([그림 6]). 자칫 건조함이 느껴질 수 있는 차시 내용인데, 거기에 칠교 활동을 포함시킨다면 재미와 함께 활동을 통한 학습의 효과가 기대된다. 일의적인 정답이 결정되지 않는 열린 문제로 다루어 유사한 모양이 나오면 모두 인정해주는 것이 바람직할 것으로 생각한다. 또한 1학년에게는 어려운 수준의 과제이므로, 적절한 스캐폴딩을 제공해줄 필요가 있다. 모양을 구성하지 못하는 학생들을 위해 숫자 모양 전체의 윤곽선 또는 심지어 각 조각의 윤곽선을 제시해주는 것이 한 방법이다.

한편 계산기 활용에 대한 내용이 교수·학습상의 유의점에서 강화된 것도 주목할 만한

[그림 6] 칠교판을 이용한 숫자 만들기

변화 중 하나이다. 단순히 계산결과나 어림결과에 대한 확인용에서 그뿐만 아니라 규칙 찾기 활동에서의 사용이나 소수 계산, 원 관련 측정에서의 계산 등에서의 사용으로 확장된 것을 확인할 수 있다. 계산 자체가 목적이 아닌 부분에서 복잡한 계산으로 인한 시간 및 정신적 수고의 낭비를 막고, 개념 및 규칙 등의 학습 목표로부터 벗어나지 않게 하려는 의도로 해석된다.

(2) 외국의 사례

외국의 교육과정에서 교구 관련 내용이 풍부한 사례로 국가차원의 교육과정이 구비된 남아프리카공화국의 수학과 교육과정(Department of Basic Education, 2011)을 고찰하고자 한다. 선정 이유는 교육과정이 전반적으로 매우 세분화된 문서 체제로 구성되며 각 요소의 진술도 구체화되어 있다는 특징을 띠기 때문이다. 따라서 교구 관련 내용 역시 구체성에 있어 단연 앞선다.

우리나라의 초등학교에 해당하는 1-6학년의 수학과 교육과정은 두 권으로 구성된다. 1-3학년을 위한 기초단계와 4-6학년을 위한 중간단계이다. 목차에서 눈에 띄는 것이 1-3학년에 있는 '기초단계의 수학 교실을 위한 추천 자료'이다. 중간단계와는 달리 별도의 섹션을 마련하여 다양한 구체물과 수업 보조 자료를 열거하고 있다. 그중 셈돌, 큰 주사위, 화폐 모형, 달력, 시계, 쌓기블록, 입체도형 모형, 평면도형 모형, 카드, 수직선, 찰흙, 다양한 크기와 모양이 상자와 병, 직소퍼즐, 도미노, 탱그램 등의 수학 퍼즐 등이 있다. 한편 각 학년마다 구체적인 활동 속에 교구 활용 내용이 포함되어 있다. 예를 들어 1학년 활동 중에는 '쌓기나무나 만들기 키트, 재활용 자료 등의 구체적 물체를 이용하여 3차원 대상을 관찰하고 만들어보기, 질량의 비형식적 측정을 위한 어림·측정·비교 활동에서 블록과 브릭 이용하기'와 같이 굳이 교구에 대한 설명 없이도 진술 가능한 성취기준이지만 구체적인 교구를 추가적으로 덧붙여 진술하고 있음이 주목할 만하다.

이 교육과정의 구체성은 교육과정에 서술된 성취기준 각각에 대해 '지도 안내'가 포함된다는 사실에서 뚜렷이 드러난다. 예를 들어 2학년의 자릿값에 대해 '적어도 99까지의 두 자리 수의 자릿값을 인식한다. : 각 숫자가 의미하는 바를 안다, 두 자리 수를 몇 개의 십과 일로 분해한다, 각 자리 수의 크기를 알고 말한다.'와 같은 성취수준을 설정하고 그 지도를 위해 구체적 교구로 하는 활동이 [그림 7]과 같이 소개되어 있다. 십의 자리와 일의 자리에 대한 이해를 위해 셈막대, 주판, 디엔에스 블록의 활용에 대한 예시를 보여준다. 이외에도 다양한 교구 활용이 포함된 구체적인 지도 안내를 발견하는 것은 어렵지 않다.

Working with concrete apparatus

- **Counting sticks/matches**

Counting sticks or matches can be grouped to show bundles of tens and loose ones.

Example:

To show 12 **To show 18** **To show 25**

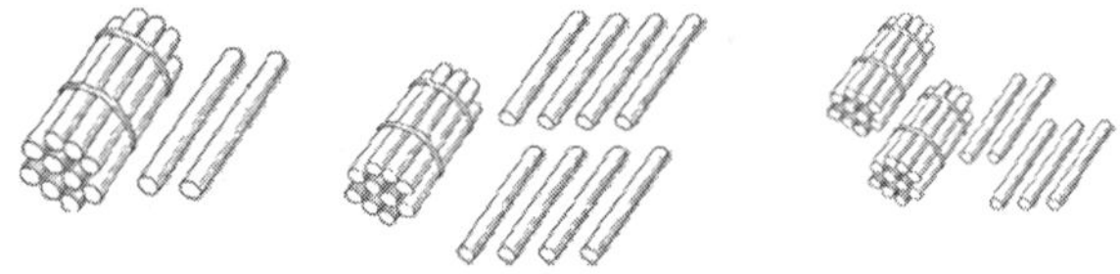

- **The abacus**

Learners should continue to manipulate concrete apparatus by grouping to form ten ones and understanding that 10 is one group of ten loose ones.

Using an abacus, learners should be able to show:

- one ten;
- one ten and 5 ones;
- one ten and 6 ones;
- one ten and 7 ones;
- one ten and 8 ones; and
- one ten and 9 ones.

- **Dienes blocks**

During this term the resources to teach place value can be widened. Base ten blocks (part of the Dienes blocks) can be introduced to develop the idea of a ten as a single entity and that:

- 10 ones make 1 ten;
- 20 ones make 2 tens; and
- 16 ones make 1 ten and 6 loose ones.

Although learners still need to count and group in tens, they can also show 18 by placing one base ten block and eight loose blocks to show the number.

Learners should also group to show 20.

[그림 7] 남아프리카공화국의 1학년 자릿값 지도 안내(Department of Basic Education, 2011)

3.2 초등 수학 교과서에서의 교구

교과서 검토는 지면의 제약상 우리나라의 사례에 국한하여 제시한다. 우리나라 초등 수학교과서에서 다양한 교구가 등장하기 시작하는 것은 2007 개정 교육과정에 따른 교과서 이후라 할 만하다. 구체적 조작의 필요성 때문에 이전 교과서에서도 실생활 구체물이나 쌓기나무, 바둑돌, 수수깡 10묶음, 점판과 같은 교구가 활용되기는 하지만([그림 8]) 보다 적극적으로 활용되는 2007 개정 교과서와 2009 개정 교과서의 활용 사례를 고찰하고자 한다. 현재 이용 가능한 2009 개정 교과서가 1~4학년용이고 교구가 저학년에서 다수 활용된다는 점에 비추어 1~4학년 교과서(교육과학기술부, 2013a, 2013b; 교육부, 2014a, 2014b, 2014c, 2014d, 2014e, 2014f)를 중심으로 고찰한다.

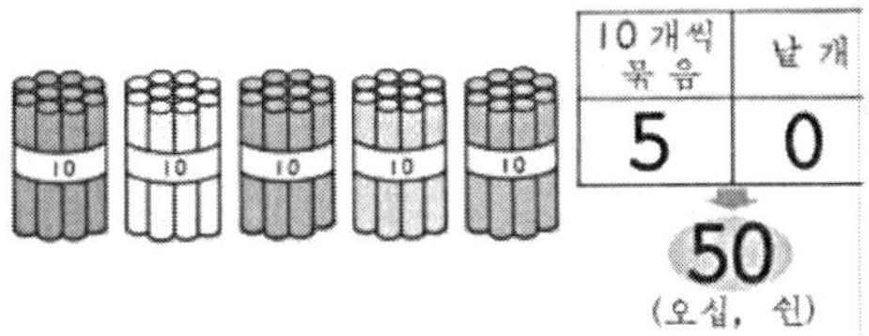

제5차 교과서 산수 1-1(문교부, 1989)

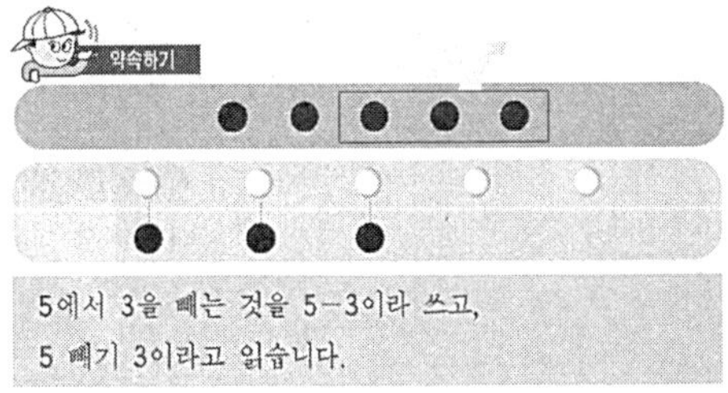

제7차 교과서 수학1-가(교육부, 2000)

[그림 8] 2007 개정 이전 교과서의 교구 활용 사례

2007 개정 및 2009 개정 교과서에서는 학생들이 직접 조작하도록 의도하는 주요 교구를 붙임딱지나 모형으로 만들어 모양조각이나 도미노카드, 숫자카드와 같은 것을 교과서 뒤쪽에 제공한다는 점에서 변화 양상을 보인다. 2007 개정 교과서에 사용된 교구로 1학년의 빨대, 구슬, 수모형, 공깃돌 등 수와 연산을 지도하기 위한 구체물과 도미노카드, 숫자카드 등의 카드류가 있다. 그 밖에 각종 입체모형과 쌓기나무, 점판, 모양조각(패턴블록), 모형시계 등도 이용된다. 2학년에서는 수모형과 더불어 화폐모형, 수카드, 바둑돌, 모양조각, 쌓기나무, 자, 달력, 3학년에서는 수모형, 화폐모형, 그림카드, 바둑돌, 공깃돌 외에 삼각자, LOGO 언어, 한글프로그램, 컴퍼스, 자, 모양조각(테트로미노), 양팔저울, 저울, 달력 등이 이용된다. 4학년에서는 화폐모형, 수모형, 수카드와 기호카드, 바둑돌, 공깃돌, 각도기, 쌓기나무, 모양조각, 삼각자, 도형판(칠교판) 등을 활용한다.

같은 맥락에서 2009 개정 교과서 역시 다양한 교구를 도입하여 차시 내용을 전개하였다. 2007 개정 교과서에 비해 스토리텔링의 도입이나 융합학문적 접근으로 인해 다양한 활동과 섹션이 시도되었고, 따라서 카드 유형이나 놀이 도구로서 이전에 없던 다양한 교구가 등장하는 경향을 보인다. 새롭게 활용되는 교구 중 주목할 만한 것으로 1학년에 연결큐브, 달걀판, 2학년에 기하판, 3학년에 테트로미노와 펜토미노 조각, 계산기, 모양조각(패턴블록), 4학년에서 계산기, 곱셈막대, 소수막대(퀴즈네르막대) 등이다.

2009개정 교과서에서의 변화 특징은 연결큐브, 테트로미노, 펜토미노, 기하판, 칠교판 등 교구의 이름이 구체적으로 명시된다는 점이다. 칠교판은 교육과정에서 명시된 교구이므로 자연스러운 등장이고, 기하판은 이전의 점판 또는 점 종이로 제시되던 것이 실물 사진과 함께 수업 실제에서 활용되기를 기대한 것으로 보인다. 또한 연결큐브는 수모형의 십모형과 낱개모형으로 대치될 수 있는 상황이지만 십 몇을 지도할 때 의도적으로 사용하고 있다([그림 9]). 테트로미노와 펜토미노 역시 2007 개정 교과서에서 일부 등장하지만 교구명과 함께 적극적인 의미로 도입되고 있음을 볼 수 있다. 또한 교육과정에서 계산기 활용 범위의 확장과 함께 계산기를 사용하는 활동이 3학년부터 명시적으로 도입되어

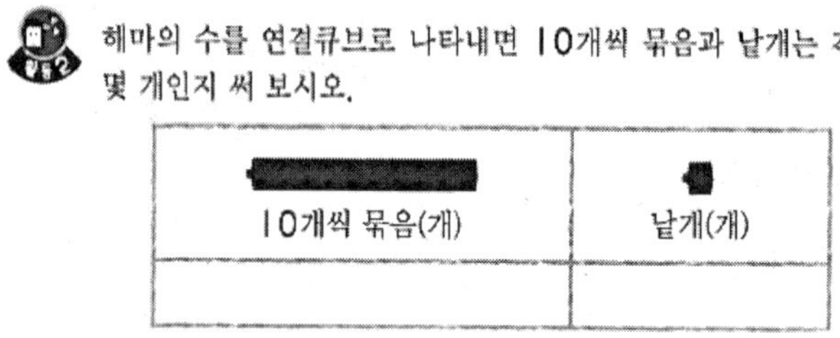

[그림 9] 수학 1-1의 연결큐브(교육부, 2014a)

있다. 한편 2007 개정 교과서에서 발견된 LOGO 언어나 한글 프로그램과 같은 컴퓨터 활용은 오히려 약화되었음을 볼 수 있다.

하나의 교구가 여러 영역에서 다양한 목적으로 사용된 경우로 패턴블록을 들 수 있다. 패턴블록은 여러 가지 다각형으로 구성되기 때문에 도형 영역에서의 활용이 기대되지만 그 밖에 각 조각의 넓이의 배수 관계로 인해 분수의 개념 및 연산 학습에도 활용되고 있다([그림 10]).

4. 교구를 활용한 수학수업

교구를 활용한 수업 실제의 사례로 칠교판 제작을 통한 도형의 성질 이해 및 모양 맞추기를 통한 공간감각의 신장을 목표로 하는 수업을 고안하고자 한다. 칠교판은 2009 개정 교육과정에서 언급될 정도로 활용 가치가 높고, 특히 교구의 구성 요소가 초등 수학에서 학습하는 다양한 삼각형과 사각형의 형태를 띤다는 점에서 도형 학습과 직접 연계 가능하다. 본 수업 전개는 몇 가지 관점에서 격려될 수 있다. 첫째, 칠교판을 산출하기 위해 색종이를 접고 오리는 과정에서 학생들의 참여를 장려할 수 있는 조작 활동이 포함된다. 그 조작 활동은 학생의 사고가 전제되어야 가능하고 그 조작을 통해 학생의 사고가 확장된다는 점에서 의미 있다. 둘째, 몇 개의 칠교 조각이라는 조건에 따라 삼각형과 사각형을 만드는 활동을 통해 공간감각력을 기를 수 있다. 공간감각은 도형 학습이라는 목표와 함께 학교 수학의 기하 영역에 새롭게 등장한 주요 목표이다. 셋째, 수업안의 학습유의점에 기술한 대로, 도형 및 수와 연산 영역에서의 이중적 학습 활동을 계획할 수 있다. 도

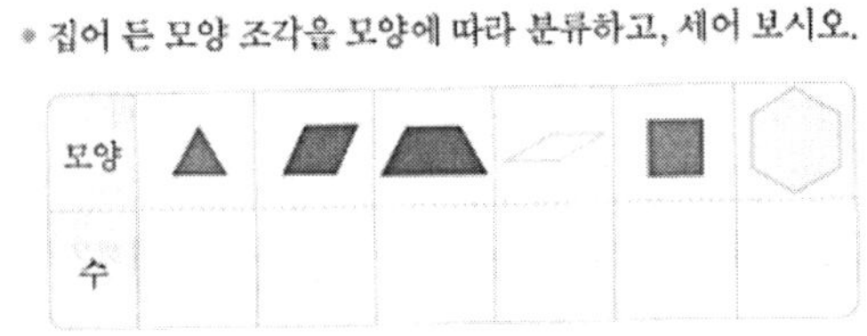

모양에 따른 분류(교육과학기술부, 2010a)

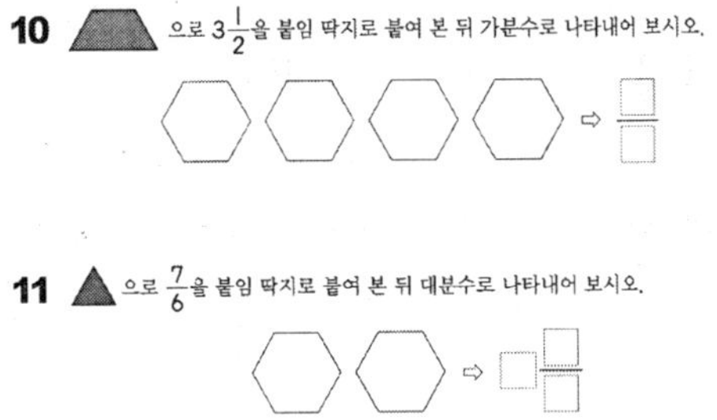

가분수와 대분수(교육부, 2014d)

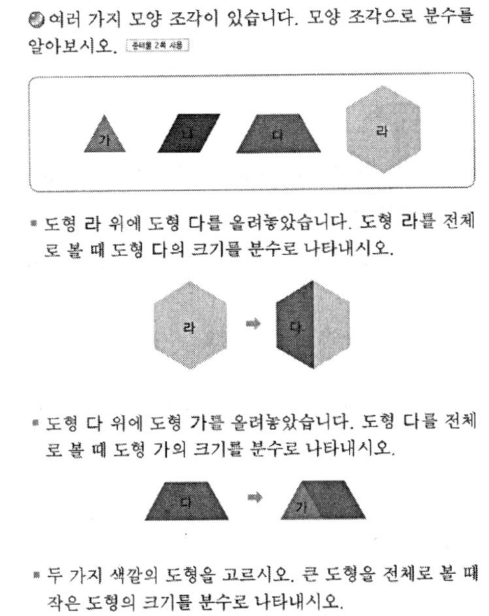

분수(교육과학기술부, 2010b)

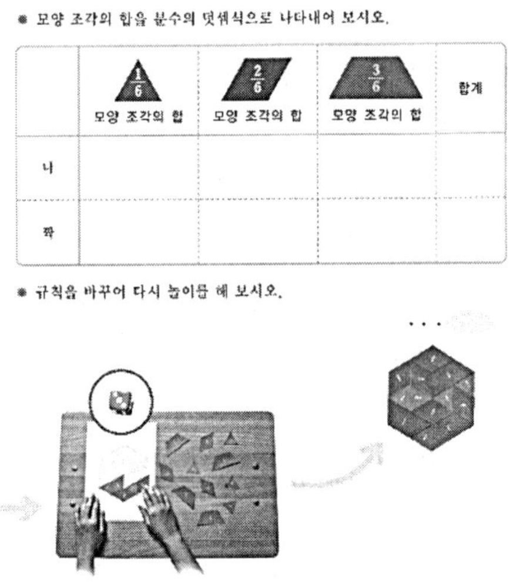

분수의 덧셈과 뺄셈(교육부, 2014e)

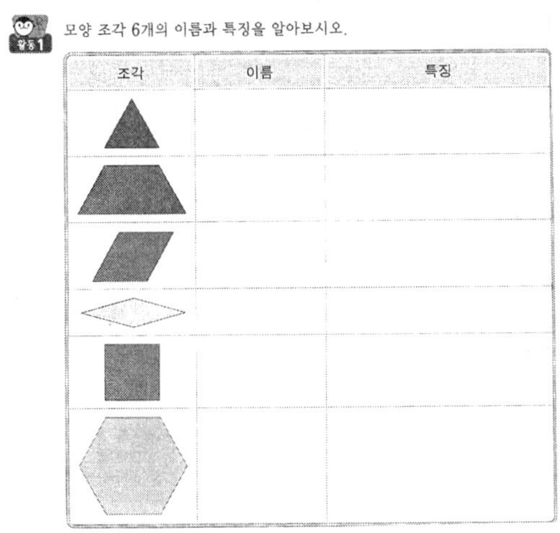

도형의 이름과 특징(교육부, 2014f)

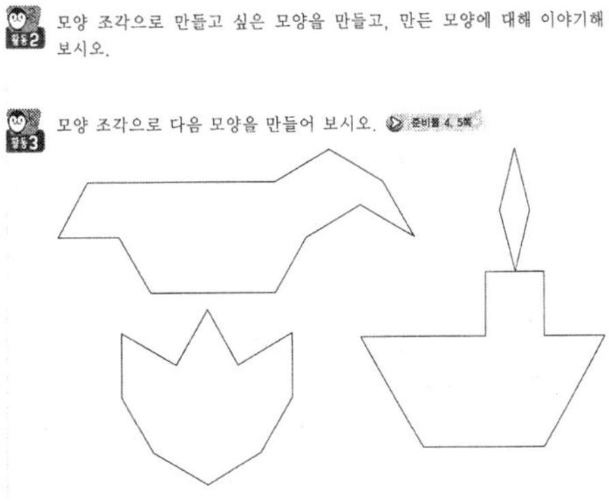

모양 만들기(교육부, 2014f)

[그림 10] 패턴블록 활용의 다양한 사례

형 영역에서는 도형의 이름, 개념 및 성질에 대해 이해하고 반성할 수 있는 기회를, 수와 연산 영역에서는 넓이 관계에 대한 파악을 통해 자연수 또는 분수의 상대적 크기를 인식하는 기회를 제공한다. 넷째, 교구의 제작을 위해 시각적 정보인 교구의 구성 형태나 교사의 시범 없이 교사의 언어적 설명만을 제공함으로써 의사소통의 상황을 활성화할 수 있다. 다섯째, 교사의 수업 준비 또는 물리적 준비가 매우 간단하여 수업을 부담 없이 계획할 수 있다.

본 수업 활동의 내용적 요소는 도형의 이름, 개념, 성질이므로 수업을 위한 적기로는 필요한 선수 요소인 직각삼각형, 이등변삼각형, 평행사변형, 정사각형, 사다리꼴, 대각선, 직각, 예각, 둔각 등을 학습한 이후인 4학년 2학기의 도형 단원을 제안한다. 그리고 칠교판을 만드는 것만으로도 도형 학습의 의미가 충분하지만 자신이 만든 교구를 가지고 공간감각의 신장을 위한 도형 맞추기 활동을 하는 것이 교구 제작에서 나아가 그 적용이라는 연속선상에서 학생들에게 의미 있을 것으로 생각하여 계획한 차시이다. 따라서 한 차시 분량으로는 수업량이 과다하므로 블록타임 편성 등과 같이 수업 시간의 탄력적인 운영을 제안한다.

학습 목표: 칠교판을 스스로 만드는 활동을 통해 도형의 이름 및 개념과 성질을 이해하고, 조건에 맞는 도형 맞추기를 하면서 공간감각을 기를 수 있다.

지도 단계	학습흐름 및 관련이론	교수·학습활동		학습자료 및 유의점
		교사	학생	
도입	인사 및 출석확인	• 학생들과 인사한다. • 출석을 확인하고 학습 분위기를 조성한다.		
	선수 학습 확인	• 각의 크기에 따라 분류된 각의 종류를 이해하고 있는지 확인한다. (직각, 예각, 둔각) • 여러 가지 삼각형과 사각형을 알고 그 성질을 말해보도록 한다. (직각삼각형, 이등변삼각형, 정사각형, 평행사변형, 사다리꼴)	• 직각, 예각, 둔각의 크기 관계를 발표한다. • 직각삼각형, 이등변삼각형, 정사각형, 평행사변형, 사다리꼴의 뜻과 성질을 발표한다.	• 본 수업에 필요한 선수 학습 요소를 질의응답 또는 탐구활동지로 확인할 수 있다.
	학습 목표 인지	• 학생들과 함께 학습 목표를 읽고 확인한다. 학습 목표: 칠교판을 스스로 만드는 활동을 통해 도형의 이름, 뜻 및 성질을 이해하고, 조각을 이용하여 여러 가지 삼각형과 사각형을 만들 수 있다.	• 학습 목표를 읽는다.	• 2009 개정 교과서 수학 2-1(교육부, 2014b)의 '여러 가지 도형' 단원에서 칠교판을 이미 다룬 경험이 있다.

지도 단계	학습흐름 및 관련이론	교수·학습활동		학습자료 및 유의점
		교사	학생	
도입	실생활에서 접한 교구 의사소통	◆ 실세계에서 수학 내용 탐구 • 김포공항의 벽면 디자인, 칠교모양의 책상, 조선시대 칠교해 등의 사진 및 실물 자료를 통해 생활 속에서 칠교놀이에 대한 친숙함을 확인한다. 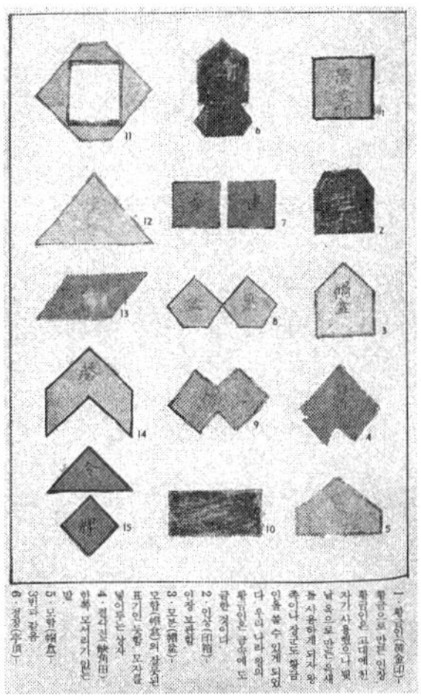 조선시대 〈칠교해〉  중국의 칠교모양 책상 (출처: KICE 교수학습개발센터)	• 칠교놀이 경험을 발표한다.	• 칠교놀이 경험을 회상하여 칠교판의 일곱 조각이 모두 삼각형과 사각형이었음을 상기시킨다. 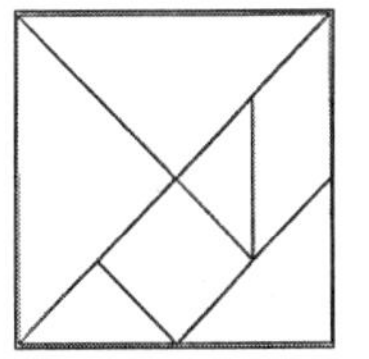
전개	도형의 이름 및 성질	◆ 칠교판을 만들며 도형의 뜻과 성질 확인 • 색종이는 무슨 도형입니까? • 정사각형의 뜻을 말해봅시다. • 정사각형의 대각선을 따라 접어서 자릅니다. • 잘라서 생긴 도형은 무엇입니까?[3)] • 두 삼각형 중 하나를 다시 완전히 포개어지도록 접어서 자릅니다.	• '정사각형' • '네 변의 길이가 같은 사각형' • 교사의 설명에 따라 조각을 만든다. • '직각삼각형', '이등변삼각형'	◆ 의사소통의 강화 • 학생들이 칠교판의 모양을 보지 않고 교사의 설명에 따라 만들 수 있도록 한다. 시각적 정보 처리가 아닌 의사소통력의 강화를 의도한 것이다. • 직각이등변삼각형이라는 용어를 소개할 수 있다.

지도 단계	학습흐름 및 관련이론	교수·학습활동		학습자료 및 유의점
		교사	학생	
전개	도형의 이름 및 성질	• 이때 생긴 두 도형은 무엇입니까? • 다른 큰 삼각형을 잡습니다. 직각을 마주보는 변의 중점에 오도록 접어서 자릅니다. 어떤 도형이 생겼습니까? • 사다리꼴은 어떤 성질의 사각형입니까? • 사다리꼴을 완전히 포개어지도록 반으로 접어서 자릅니다. 어떤 도형이 생겼습니까? 왜 그렇게 생각합니까? • 그 중 하나를 잡고 예각을 같은 쪽에 있는 직각에 놓이도록 접어서 자릅니다. 어떤 도형이 생겼습니까? 왜 그렇게 생각합니까? • 다른 사다리꼴을 잡고 둔각을 마주보는 직각에 놓이도록 접어서 자릅니다. 어떤 도형이 생겼습니까? 왜 그렇게 생각합니까? • 책상 위에 있는 조각이 모두 몇 개인지 확인해봅시다.	• '직각/이등변삼각형' • '(직각이등변)삼각형과 사다리꼴' • '마주보는 두 변이 평행인 사각형' • '똑같은 두 개의 사다리꼴' • '(직각이등변)삼각형과 정사각형' • '(직각이등변)삼각형과 평행사변형' • '7개'	• 직각이등변삼각형에 대해 이 용어 외에 직각삼각형, 이등변삼각형, 심지어 삼각형이라는 답도 예측할 수 있지만, 직각인 이등변삼각형, 이등변인 직각삼각형 등과 같이 가능한 한 특수한 삼각형을 묘사하도록 안내한다. • 자신의 이유를 자유롭게 발표할 수 있는 분위기를 조성한다. 기하학적 증명이 아닌 직관적 수준에서의 정당화를 인정한다. • 교사는 학생이 사용하는 색종이 칠교와 같은 유형의 것을 사용하는 것이 좋지만, 각각의 조각에 하드보드지를 대고 뒷면에 자석을 붙인 데모용 교구를 만들어 활용하는 것이 효과적이다. • 정당화 과정에서 학생들 사이에 활발한 토의가 이루어지도록 지도한다.
	공간감각	◆흩어놓은 조각을 원래의 정사각형 모양으로 맞추기 • 7개의 조각을 원래 정사각형 모양이 되도록 배열해봅시다. ◆조각의 일부 또는 전체로 삼각형과 사각형 만들고 이름 말하기 • 2개의 조각으로 삼각형/사각형 만들기 • 3개의 조각으로 삼각형/사각형 만들기	• 전체 모양, 다른 조각과의 관계를 생각하면서 조각을 맞추어본다. 잘 완성되지 않을 경우 칠교조각을 만들어 냈던 과정을 상기하도록 한다.	• 몇 개의 조각으로 삼각형과 사각형을 만드는 활동은 모둠활동으로 진행한다. 되도록 많은 경우를 찾는 것이 목표가 되도록 격려한다. • 오목다각형도 다각형임을 이해하도록 한다.

지도 단계	학습흐름 및 관련이론	교수·학습활동		학습자료 및 유의점
		교사	학생	
전개	공간감각	• 4개의 조각으로 삼각형/사각형 만들기 • 5개의 조각으로 삼각형/사각형 만들기 • 6개의 조각으로 삼각형/사각형 만들기 • 7개의 조각으로 삼각형/사각형 만들기 예)  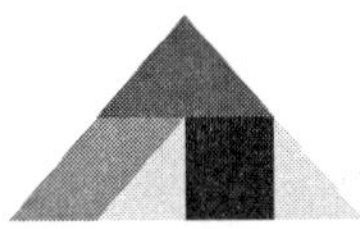  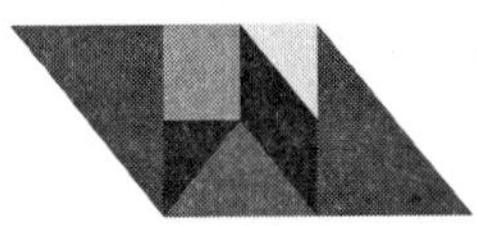	• '이런 모양의 도형도 사각형입니까?' 	• 조각의 넓이 관계 파악을 추가 활동으로 이용할 수 있다. 조각 사이 및 전체와의 넓이 관계를 상대적으로 수로 표현할 수 있다. 예) 가장 작은 조각을 1로 할 경우, 전체 정사각형을 1로 할 경우 • 모둠 내에서 가능한 한 다양한 방법을 찾도록 하고, 이를 기초로 모둠간 발표를 통해 다양성을 추구한다.
정리	학습 내용 정리	• 칠교판을 만드는 과정에서 나온 다음 도형들과 그 성질에 대해 정리한다. 정사각형, 직각삼각형, 이등변삼각형, 평행사변형, 사다리꼴, 대각선, 예각, 직각, 둔각		• 칠교조각의 전체 모양이 담긴 정사각형을 보면서 정리한다.
	형성 평가	• 색종이 한 장을 잘라 칠교판을 만드는 과정에서 생기는 도형이 아닌 것을 모두 고르시오. ① 평행사변형 ② 정사각형 ③ 이등변삼각형 ④ 직사각형 ⑤ 직각삼각형 ⑥ 마름모 ⑦ 사다리꼴	• ④, ⑥	• 필요할 경우, 문제의 문맥상 정사각형이 마름모이면서 직사각형이라고 할 수 있다는 포함 관계를 배제하는 것으로 인식시킨다.
	다음 차시 예고	• 다음 차시에 배울 내용을 간단히 설명해준다.		

3) 5학년 1학기라면 이 수업을 통해 합동에 대한 학습의 기회를 제공할 수 있다. 4학년 2학기 적용시에는 '똑같은, 완전히 포개어지는 도형'과 같은 설명을 통해 차후 학습할 합동의 개념에 대한 사전 지식을 형성할 수 있다.

참 | 고 | 문 | 헌

Reference

국립국어원 (2014). 표준국어대사전. Web page: http://stdweb2.korean.go.kr/main.jsp.

교육과학기술부 (2010a). 수학 1-1. 서울: 두산동아.

교육과학기술부 (2010b). 수학 2-2. 서울: 두산동아.

교육과학기술부 (2011). 수학과 교육과정 (교육과학기술부 고시 제2011-361호 [별책 8]).

교육과학기술부 (2013a). 수학 2. 서울: 천재교육.

교육과학기술부 (2013b). 수학 4. 서울: 천재교육.

교육부 (2000). 수학 1-가. 서울: 대한교과서주식회사.

교육부 (2014a). 수학 1-1. 서울: 천재교육.

교육부 (2014b). 수학 2-1. 서울: 천재교육.

교육부 (2014c). 수학 3-1. 서울: 천재교육.

교육부 (2014d). 수학 3-2. 서울: 천재교육.

교육부 (2014e). 수학 4-1. 서울: 천재교육.

교육부 (2014f). 수학 4-2. 서울: 천재교육.

교육인적자원부 (2007). 수학과 교육과정 (교육인적자원부 고시 제2007-79호 [별책 8]).

김남균 (2004). 패턴블록과 조노돔을 활용한 테셀레이션 지도방안 탐색. 수학교육논문집 18(2), 497-504.

김남희 (1999). 교구: 수학의 기본 구조 지도와 딘즈블럭. 학교수학, 1(1), 305-324.

김남희 (2001). 교구: 기하판을 활용한 학교수학의 지도. 학교수학, 3(1), 155-184.

김민경 (2001). 초등수학에서 기하판 활용방안 탐색. 초등수학교육, 5(2), 111-119.

김선애 (2011). 지오보드 활용 학습이 학습부진아의 도형 학습에 미치는 효과. 대구교육대학교 교육대학원 석사학위논문.

김용준 (2013). 교구를 활용한 수업이 초등수학영재 학생들의 도형 학습에 미치는 효과. 한국교원대학교 교육대학원 석사학위논문.

김은옥 (2011). 수학 학습 부진 원인에 따른 맞춤형 학습 부진아 지도 사례 연구: 초등학교 3학년 덧셈, 뺄셈, 곱셈 중심으로. 전주교육대학교 교육대학원 석사학위논문.

김응태, 박한식, 우정호 (1985). 증보 수학교육학개론. 서울: 서울대학교출판부.

김재홍 (2012). 지오픽스를 활용한 수학부진아의 보충학습 효과 분석. 부산교육대학교 교육대학원 석사학위논문.

류성림 (2002). 초등 수학수업에서 퀴즈네어막대의 활용에 관한 연구. 과학·수학교육연구, 25, 73-92.

문교부 (1989). 산수 1-1. 서울: 국정교과서주식회사.

방정숙, 김수정 (2007). 십진블록을 활용한 소수의 나눗셈 지도에서 초등학교 5학년 학생들의 개념적 이해 과정 분석. 수학교육학연구, 17(3), 233-251.

송상헌 (2008). 수학과 교육과정에 비추어 본 탱그램과 유사탱그램의 재조명. 수학교육학연구, 18(3), 391-405.

송상헌 (2014). 교구에 스토리텔링의 옷을 입히다. 한국초등수학교육학회 연구발표대회 논문집, 9-18.

심상길, 황선욱 (2009). 소마큐브 활동에서 포함-배제 방법의 활용에 대한 연구. 수학교육, 48(1), 33-44.

이영철 (2010). 수학교구를 이용한 수업이 학습부진아의 수학적 개념형성에 미치는 효과: 중학교 1학년 일차방정식 지도를 중심으로. 한국교원대학교 교육대학원 석사학위논문.

이주용 (2013). 4D 프레임 활용 학습이 초등 수학영재학생의 공간감각 및 수학적 창의성에 미치는 영향. 대구교육대학교 교육대학원 석사학위논문.

임소형 (2013). 블록·구슬 등 숫자 놀잇감 아이 교육에 꼭 필요하다? 한국일보 2013, 12, 29.

장혜원, 강종표 (2009). 쌓기나무 지도를 위한 부분제거법의 적용. 수학교육학연구, 19(3), 425-441.

정동권 (2001). 수업아이디어: 수학교실에서 기하판의 활용 의의와 활용 사례 분석. 학교수학, 3(2), 447-473.

천진승 (2010). ADHD 학생의 분수학습 능력을 향상시키기 위한 개별화 학습 방안. 진주교육대학교 교육대학원 석사학위논문.

최동미 (2010). 교구 활용 수업이 수학부진아의 도형학습에 미치는 효과. 한국교원대학교 교육대학원 석사학위논문.

최은정 (2013). 칠교놀이 활동이 학습부진아의 창의성과 수학적 태도에 미치는 효과. 대구교육대학교 교육대학원 석사학위논문.

최창우 (2002). 초등학교 수학수업에서 기하판의 활용. 초등수학교육, 6(1), 1-10.

Bruner, J. S. (1960). *The process of education*. Cambridge: Harvard University Press.

Bruner, J. S. (1966). *Toward a theory of instruction*. Cambridge: Harvard University Press.

Department of Basic Education (2011). *Curriculum and assessment policy statement, grades 1-3 mathematics.* http://www.education.gov.za/Curriculum/CurriculumAssessmentPolicyStatements/tabid/419/Default.aspx

Dienes, Z. P. (1960). *Building up mathematics*. London: Hutchinson.

Dienes, Z. P. (1963). *An experimental study of mathematics-learning*. London: Hutchinson

I, J. Y., & Chang, H. (2014). Teaching mathematics for Korean language learners based on ELL education models. *ZDM-The International Journal on Mathematics Education*, 46(6), 939-951

Kamii, C., & Warrington, M. A. (1999). Teaching fractions: Fostering children's own reasoning. In L. V. Stiff, & F. R. Curcio (Eds), *Developing mathematical reasoning in grades K-12* (pp. 82-92). Reston, VA: National Council of Teachers of Mathematics Press.

Kaput, J. J. (1986). *Information technology and mathematics: Opening new representational windows*. ED257950, Educational Technology Center

Lesh, R., Landau, M. & Hamilton, E. (1983). Conceptual models in applied mathematical problem solving research. In R. Lesh & M. Landau (Eds.), *Acquisition of mathematics concepts & processes* (pp. 263-343). NY: Academic Press.

Math playground (2014). *Math manipulatives*. Web page: http://www.mathplayground.com/math_manipulatives.html.

Ministry of Education (2005). *The Ontario curriculum grades 1-8 Mathematics*. Web page: http://www.edu.gov.on.ca/eng/curriculum/elementary/math18curr.pdf.

Moyer, P. S., Bolyard, J. J., & Spikell, M. A. (2002). What are virtual manipulatives? *Teaching Children Mathematics*, *8*(6), 372-377.

NCTM (2014). *Illuminations-Resources for teaching math.* Web page: http://illuminations.nctm.org/Search.aspx?view=search&type=ac.

NLVM (2014). *National library of virtual manipulatives*. Web page: http://nlvm.usu.edu/en/nav/vlibrary.html.

Olive, J. (2008). *From Dienes' blocks to JavaBars: A personal odyssey in the use of artifacts, materials and tools for learning and teaching mathematics*. The symposium on the occasion of the 100th anniversary of ICMI, Rome.

Papert, S., & Harel, I. (1991). Situating constructionism. *Constructionism*, *36*, 1-11.

van den Heuvel-Panhuizen, M. (2009). *Realistic mathematics education as work in progress*. Proceedings on realistic mathematics education conference, University of Colorado, Boulder.

제 13 장

수학교육에서 인성교육 방안

박만구(서울교육대학교)

1. 들어가는 말

인간은 사람다운 삶을 살아가기 위해서 타인과 관계를 맺으면서 살아갈 수밖에 없는 존재이다. 여기에서 원만한 인간관계를 유지하면서 살아가기 위해서 가장 중요한 것이 소위 말하는 인성이 좋아야 하는 것이다. 인성(人性)이라 하면 사전적인 의미로는 '사람의 성품(性品)' 또는 '각 개인이 가지고 있는 사고와 태도 및 행동 특성(국립국어원, 2014)'으로 정의할 수 있다. 따라서 인성교육이라 하면 각 개인이 가지고 있는 사고와 태도 및 행동 특성을 타인과 잘 어울리면서 살아갈 수 있도록 교육을 하는 것을 말한다고 할 수 있다. 이는 학교교육에서 어느 교육보다도 궁극적이면서도 중요한 것이라고 할 수 있다. 과거에는 이를 도덕이나 윤리교과에서만 다루면 된다고 보았으나 최근에는 그 중요성과 교육의 효과성을 고려하여 모든 교과에서 교육하도록 하고 있다(교육과학기술부, 2011).

우리나라 2009 개정 수학과 교육과정에서도 '인성'이라는 용어가 50번이나 등장한다(교육과학기술부, 2011). 그리고 수학교육의 목적에서 인성에 대해서는 다음과 같이 강조하고 있다. "학교 수학에서는 인지적 능력의 증진은 물론 수학에 대한 흥미와 호기심, 수학학습에 대한 자신감과 긍정적인 태도 등 정의적 영역의 개선과 더불어 상대방을 이해하고 배려하는 바람직한 인성을 길러야 한다(p. 2).” 그리고 학생들의 인성을 함양시키기 위하여 교수·학습에서 다음과 같이 인성과 관련한 유의점을 제시하고 있다.

(1) 다른 학습자의 풀이 방법과 의견을 존중하며, 이를 통해 타인을 배려하는 성품을 기르게 한다.
(2) 자신의 수학적 아이디어를 설득력 있게 논리적으로 표현하여 그 타당성을 입증하고 이에 기초하여 합리적으로 결론을 내리는 과정을 통해 민주 시민의 소양을 기르게 한다.
(3) 수학 문제를 해결함에 있어 결과에 이르는 과정이 중요함을 인식하게 한다(p. 35).

위에서 제시한 인성의 요소를 보면, ‘존중’, ‘배려’, ‘합리적 태도’, ‘민주 시민의 소양’, ‘과정을 중시하는 태도’ 등으로 요약할 수 있다. 이를 보면, 수학교과에서 제시하고 있는 인성교육의 요소도 도덕과 등 일반 교과에서의 인성교육의 요소들과 별반 다르지 않은 것처럼 보인다. 사실 몇 연구나 자료에서도 이런 견해를 피력하고 있다(예, 교육부, 2013c; 권오남 외, 2009; 권오남, 박지현, 박정숙, 2011; 김동중, 배성철, 2013; 김홍희, 한기순, 2011; 문권배, 2000). 좀 더 구체적인 내용을 보면, 교육부(2013)에서는 수학교육에서 인성의 요소를 다음과 같이 규정하였다. 즉, 상대방의 수학적 생각에 대한 존중심, 자신의 수학적 생각을 상대에게 이해시키려는 배려심, 서로의 수학적 생각을 나누고자 하는 공유심, 수학적 사고를 유연하게 실행하려고 하는 개방심으로 규정하고 있다. 권오남, 박지현, 박정숙(2011)은 수학교육에서 인성의 요소로 정직, 책임, 배려, 용기, 소유, 인내, 공정, 화합 등의 8가지로 제시하였다. 좀 더 넓은 관점으로 유충현(2013)은 Kant의 자유 개념을 수학교육에서 인성교육과 연계하여 설명하였다.

이상에서 보면 기존의 연구들에서도 일반 도덕 교과에서 제시하고 있는 인성 요소와 별반 다르지 않은 것을 알 수 있다. 이와 같이 수학교육에서의 인성적인 요소는 도덕이나 타 교과에서 생각할 수 있는 범교과적인 특성을 그대로 차용하여 사용하고 이를 수학교육에서도 적용할 수 있다. 그러나 수학교육에서 일반적인 범교과적 인성 요소를 다루는 것도 필요하겠지만 본 연구에서는 수학의 고유한 속성을 활용하여 인성교육을 병행할 필요가 있다고 본다.

그리고 아마도 일반인들이나 일반 교사들의 관점에서 볼 때 교과안에서 인성교육을 하는 방법에 대하여 가장 어렵고 궁금해하는 교과가 수학과일 것이다. 다른 교과보다도 수학과는 왜 인성교육이 쉽지 않은가? 이는 다른 교과와는 달리 수학교과에서는 학습할 개념 자체가 ‘추상적인 개념’에 기반을 두고 있기 때문이라고 할 수 있을 것이다. 이런 이유로 인하여 지금까지 우리나라의 학생들은 TIMSS나 PISA의 수학 성취도에서 일관되게 상위권의 점수를 획득해 온 반면에 수학에 대한 태도는 매우 낮게 나오고 있다(김경희, 김수진, 김미영, 김선희, 강민경, 박효희, 정송, 2009; IEA, 2014; OECD, 2014). 이런 문제점을 극복하기 위하여 교육부에서는 초등학교 수학교과서 등에서 스토리텔링 기법을 도입하고, 중등의 경우는 모델교과서를 만들어 그 가능성을 살펴보기도 했다(교육부, 2013; 이재학 외, 2013; 권오남 외, 2013). 그러나 아직도 수학교육에서 인성교육 및 학생들의 수학에 대한 긍정적인 태도 함양을 위해서는 연구가 미흡한 실정이며 보다 많은 현장에 적용이 가능한 실질적인 연구가 있어야 할 것이다.

교육의 근본적인 목적은 타인과 어울려 살아가면서 행복한 삶을 누리도록 하는데 있다고 할 수 있다(이어령, 이재철, 2012). 이를 위해서는 소위 말하는 인간의 품성 즉 인성교육이 중요한데 본 연구에서는 인성을 보다 넓은 의미로 본다. 인성교육은 기독교에서 말하는 '진리를 알지니 진리가 저희를 자유케 하리라(요한복음 8장 32절)'라는 것과 도교에서 말하는 득도(得道)나 불교에서 말하는 해탈(解脫)을 향한 여정이라고 보고 있다. 본 연구에서는 인성교육을 보다 광의의 개념으로 보고 인성교육을 통하여 세상의 이치를 깨치면 많은 인간사의 문제를 해결하고 개인적으로는 보다 평안한 삶을 누릴 수 있다고 보고 있다.

본 연구에서는 수학교육에서 인성교육에 대한 의미와 현장에서 적용이 가능한 구체적인 사례를 제시하여 보다 많은 실천적인 연구의 기초를 제공하고 교실에서 수학을 지도하는 교사들에게 수학교육에서 인성교육의 의미와 실제적인 방향을 제시하는 것을 목적으로 한다.

2. 수학교육에서 인성교육 및 인성교육 방안

아직까지 수학교육에서 인성교육에 대한 자료는 그리 많지 않은데, 우선 범교과적으로 인성교육을 제시한 사례로, 문용린 외(2009)는 수학교과와 관련한 인성 요소로는 약속, 책임, 정직, 소유, 배려로 제시하고 있다. 그들이 제시한 각 요소별 특징을 수학적인 것과 관련이 있는 것만을 추출하면 다음과 같다(pp. 96-100).

1. 약속(언행일치/시간 엄수/역할 수행/자신과의 약속 수행): 약속이란 미래의 일에 대하여 자신이나 타인에게 다짐하는 것으로 말한 것을 행동으로 옮기기, 시간 엄수, 맡은 역할 수행, 자신과의 약속을 수행하는 것을 포함한다. 이에 대한 구체적인 예는 다음과 같다.
   - 공동체인 모둠이나 학급 전체에서 맡은 역할을 잘 수행하는가?
   - 자신이 한다고 말한 일을 하지 않아서 또래나 전체 학생들에게 피해를 주지 않는가?
   - 학교나 학급에서의 규칙, 규율 및 공동체에서 지켜야 할 약속을 존중하고 지키는가?

2. 책임(능력파악/역할 이해/사회적 영향): 책임감이란 타인에게 해를 입히지 않는 범위 내에서 자신의 역할을 수행하려는 의식을 말하는 것으로 자신의 능력 파악, 역할 알고 수행하기, 자신의 행동이 사회에 미치는 영향을 인식하는 것을 포함한다. 이에 대한 구체적인 예는 다음과 같다.
   - 자신이 맡은 역할에 대하여 인지하고 이를 성실히 수행을 하려는 태도를 갖는가?
   - 자신이 맡은 역할을 사소한 것이라도 잘 이행하는가?

3. 정직(진실한 언행/자료 출처의 명료성/절차의 충실성): 정직이란 자신이나 타인에게 거짓됨이 없이 말하고 행동하는 것으로 구체적으로 자신이 한 말과 행동을 일치하려 하고, 타인의 자료를 왜곡하지 않고 출처를 명확하게 밝히고, 학습의 과정에서 요구하는 절차를 이해하고 지키는 것을 포함한다. 이에 대한 구체적인 예는 다음과 같다.
   - 타인에게 자신이 잘못한 것을 있는 그대로 인정하는가?
   - 소그룹이나 전체에서 역할 수행을 요구받았을 때 무임승차하지 않고 성실하게 참여하여 기여를 하는가?

4. 소유(소유권 인정/절제/적절한 공유): 소유는 각 개인이나 단체가 가지고 있는 소유권을 인정하고 적절하게 공유하려는 것으로 타인의 소유권을 인정하고 탐하지 않으며 타인의 것은 허가를 얻고 사용하는 것과 자신이 소유한 것을 전체 구성원들과 공유하려는 태도를 포함한다. 이에 대한 구체적인 예는 다음과 같다.
   - 자신의 소유물과 타인의 소유물을 구별할 수 있는가?
   - 자신의 소유물을 공공 목적을 위하여 타인과 공유하고자 하는가?

5. 배려(타인에 대한 관심/친절한 행동/상호존중): 배려는 타인에 대하여 관심을 가지고 친절히 대하며 상대방의 입장을 이해하려는 것으로 타인은 나와는 다를 수 있음을 이해하고 나와는 다른 생각이나 행동을 존중하며 이해하려는 태도, 최대한 상대방을 이해하려는 개방적인 태도를 포함한다. 이에 대한 구체적인 예는 다음과 같다.
   - 자신의 주변 사람의 다른 입장이나 의견을 이해하려 하는가?
   - 타인의 의견이나 말을 관심을 가지고 경청하며 예의를 갖춰 말하는가?

그리고 문용린 외(2009)가 제시한 창의·인성의 요소에 대하여 각 교사들이 리커트 6점 척도 기준으로 제시한 각 요소별 인식을 보면 다음과 같다.

[표 1] 수학교과에서의 창의·인성에 대한 교사들의 인식(문용린 외, 2009, p. 56)

수학교과					
창의·인성교육요소		평균	창의·인성교육요소		평균
인성 요소 (인간관계 덕목)	약속	4.64	창의성 (정의적 요소)	끈기	5.23
	공정	4.49		호기심	5.14
	책임	4.34		열정	5.03
	정직	4.21		흥미	4.95
	소유	3.80		몰입	4.82
	배려	3.70		독창성	4.77
				즐거움	4.72
창의성 (인지적 요소)	문제해결력	5.56		다양성	4.63
	논리/분석적 사고	5.39		독립심	4.56
	문제발견	5.39		자율성	4.44
	확산적 사고	5.16		개방성	4.42
	상상력	4.82		복합적 성격	4.29
	시각화 능력	4.69		용기	4.24
	비판적 사고	4.69		애매모호함에 대한 참을성	3.67
	유추/은유적 사고	4.54		감수성	3.32

이 조사에 의하면 담당교사들은 창의·인성교육 요소 중 인성 요소에 대한 인식이 상대적으로 창의성의 영역에 비하여 낮고, 인성 요소 중에서는 약속이 수학교과의 특성과 가장 관련성이 높다(M=4.64)고 보고 있다. 이렇게 생각하는 이유는 수학 자체가 정의를 기반으로 한 교과이기 때문일 것이다.

2009 개정 교육과정의 가장 큰 강조점 중의 하나는 창의·인성교육 또는 창의성과 인

성교육이다(교육과학기술부, 2011). 후자의 표현보다는 창의·인성교육이라는 용어를 일관되게 사용하는 이유는 창의성과 인성이 항상 연관성을 가지고 교육이 되어야 함을 의미한다고 할 수 있다. 그런데 일반교사들에게 수학교육에서 창의성은 당연히 생각해 볼 수 있는 것이라고 생각하겠지만 인성교육은 생소한 것이라고 생각할 것이다. 초등학교 수학의 경우 국정교과서에는 명시적으로 인성에 대한 내용이 거의 드러나지 않고 있지만, 교사용지도서에서는 각 코너마다 가능한 한 해당 내용과 연계하여 인성 지도를 할 수 있도록 하고 있다. 지도서의 총론 부분에 인성교육에 대하여 다음과 같이 기술하고 있다.

> 초등수학교육에서 고려해 볼 수 있는 인성적 요소는 다음과 같이 구체화할 수 있다. 수학적 활동 과정에 상대방의 아이디어나 생각을 존중하며 경청하여 이해하려는 마음가짐이나, 자신의 수학적 아이디어나 생각을 상대가 이해할 수 있게 상대방에게 맞추어 설명하려는 마음가짐, 문제해결과정에 서로의 수학적 아이디어나 생각의 가치를 인정하고 문제의 해에 도달하기 위하여 생각을 나누고자 하는 마음가짐, 그리고 수학적 이해의 과정이나 수학적 문제해결의 과정에 경직되지 않고 모든 가능성을 열어 놓으려는 마음가짐 등으로 앞으로 초등수학교육에서는 이러한 인성 관련 수학적 마음가짐의 지도가 필요하다(p. 14).

이 부분에서 보면, 초등수학에서는 상대방의 수학적 아이디어에 대한 존중심, 상대방의 이해를 위한 배려심, 서로의 생각을 나누고자 하는 공유심, 그리고 모든 가능성에 대하여 열어 놓고 받아들이려는 개방심으로 요약할 수 있다. 그 구체적인 사례로, 초등학교 4학년 1학기 1단원의 큰 수에 대하여 교사용지도서에는 다음과 같은 예시를 제시하고 있다.

> 서울 광장에 모인 붉은 악마들은 과연 몇 명일까? 일상생활에서 사람들이 수만 명, 혹은 수십만 명이 모인다거나 엄청나게 많은 사람의 수를 세는 경우는 별로 없다. 그러나 우리나라는 2002년 한일월드컵에서부터 한국의 경기가 치러지는 날에는 어김없이 전국 곳곳에서 시민들이 붉은 악마가 되어 월드컵 거리 응원전을 펼치는 축제가 벌어지는 전 세계가 놀라는 광경을 펼치고 있다. 그렇다면 서울 광장에 모인 사람들은 과연 몇 명 정도일까? 신문 보도에 의하면 약 30만 명이라고 한다. 30만 명이라면 과연 얼마나 많은 인원일까? 30만 명이 소리치는 함성은 또 얼마나 대단할까?
>
> 사진을 통해 본 붉은 악마 30만 명은 실로 엄청나게 많은 인원이다. 그런데 여기서 더 놀랄 일은 그 인원의 거대함에 못지않게 전 세계가 놀라는 큰일이 일어났다는 것이

[그림 1] 월드컵 응원하는 시청 앞 인파(교육부, 2014b, p. 120)

> 다. 바로, 서울 광장의 거리 쓰레기가 1시간 만에 말끔히 치워졌다는 사실이다. 바로 시민들의 자발적인 참여로 너 나 할 것 없이 쓰레기를 줍기 시작해서 순식간에 길거리가 깨끗해져 버린 것이다. 생각해 보자. 30만 명이라는 거대한 인원이 한 마음을 가지고 무엇인가를 해낸다면 못해낼 일도 없을 것 같다. 30만 명의 아름다운 마음이 하나로 모여 나라의 품격을 30만 배 이상 높이는 계기가 된 것이다(p. 120).

제시한 부분을 보면, 월드컵 응원전에 참여한 인원이 30만 명이라며 큰 수를 소개하면서 그 많은 인원이 모인 광장의 쓰레기를 1시간 만에 치웠다는 이야기를 통하여 환경을 생각하고 타인을 배려하는 마음에 대한 내용을 담고 있다. 이는 우리가 일반적으로 생각할 수 있는 타인을 위한 배려심 또는 책임감으로 볼 수 있다. 이 예시 등을 통해서 볼 때, 현재 초등학교 수학교사용지도서에서 제시한 예들은 앞의 총론에서 제시한 것을 포함하여 폭넓은 인성 요소를 포함하는 것으로 볼 수 있다.

지금까지의 연구들을 살펴보면 수학교과에서의 인성교육은 타 교과들에서 제시하는 것과 내용이나 교육 방법에 있어서 크게 다르지 않은 것을 볼 수 있다. 수학교육에서 인성교육은 보는 관점에 따라서 다양하게 생각해 볼 수 있는데, 본 연구에서는 크게 일반적으로 도덕교육에서 제시하는 요소를 포함하는 범교과적 인성교육, 수학의 속성을 활용한 인성교육, 도야성을 포함한 인간, 사회, 자연현상을 이해하는 것까지 포함한 광의의 개념으로의 인성교육이라는 3가지의 관점에서 그 예들을 알아보고자 한다. 구체적인 예들의 자료로 초등학교는 국정교과서와 교사용지도서, 중학교와 고등학교는 각각 검인정교과서 1종과 고등학교 인정교과서 1종의 구체적인 예들을 예시로 들어서 살펴보았다.

(1) 일반적인 도덕교육과 유사한 범교과적 인성교육

일반적으로 도덕교과나 타 교과들에서 제시하는 범교과적인 인성교육을 수학교과에서도 생각해 볼 수 있다. 따라서 수학교육에서의 지도 내용이나 요소 그리고 지도 방법도 유사한 경우이다. 당연히 이런 범교과적인 인성교육이 수학 시간에도 이루어져야 할 것이다. 수학 시간에 고려할 인성 요소로는 모든 인성적인 요소들을 포함할 수 있지만 대표적으로 생각해 볼 수 있는 것으로 약속, 정직, 배려, 존중, 협동, 책임, 인내 등으로 볼 수 있다. 예를 들어, 수학 시간에 한 학생이 자신의 생각을 발표하고 있을 때, 떠들거나 방해가 되는 행동을 하는 학생이 있다고 가정해 보자. 교사가 떠든 학생을 조용히 하도록 요구하면서 학생들에게 다른 사람이 발표할 때에는 발표자의 의견을 귀 기울여 주의 깊게 들어줘야 한다고 중재한다면 이는 인성 요소 중 타인을 존중하고 '배려'하도록 지도할 수 있다. 그리고 모둠에서 각자가 맡은 문제를 풀어 보고 수학적인 해결 방법을 공유하고 논의해 보도록 하는 장면에서 자신의 역할을 충실히 수행해야 한다는 것을 강조한다면 이는 수학 시간에 협동이나 책임의 인성 요소를 지도하는 장면으로 생각해 볼 수 있다.

초등학교의 경우 교과서에서는 인성교육에 대하여 대부분 명시적으로 나타내는 경우는 적고, 대부분은 교사용지도서에 교사들을 위한 지도 자료로 제공하고 있다. 예를 들면, 4학년 1학기의 6단원 분수와 소수 단원에서 솔로몬의 지혜를 소개하면서 '양보'에 대하여 다시 생각해 보도록 하고 있다(교육부, 2014b, p. 386). [그림 2]는 3학년 1학기 5.시간과 길이 단원의 지도서에 나온 프랭클린의 예화를 통하여 시간의 중요성과 타인에 대한 배려와 관련한 인성교육 자료의 예이다.

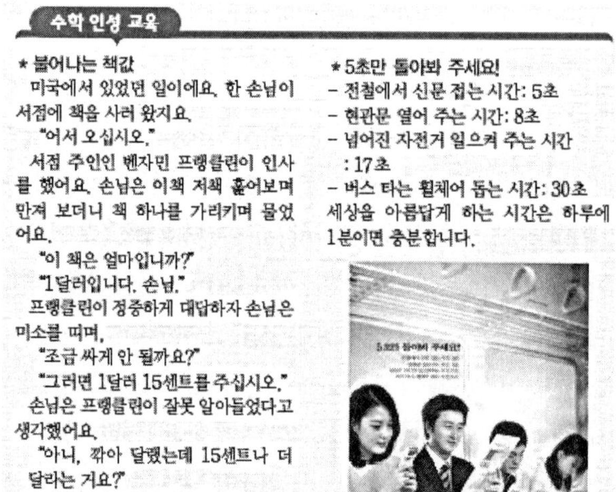
수학 인성 교육

* 불어나는 책값

미국에서 있었던 일이에요. 한 손님이 서점에 책을 사러 왔지요.

"어서 오십시오."

서점 주인인 벤자민 프랭클린이 인사를 했어요. 손님은 이책 저책 훑어보며 만져 보더니 책 하나를 가리키며 물었어요.

"이 책은 얼마입니까?"

"1달러입니다. 손님."

프랭클린이 정중하게 대답하자 손님은 미소를 띠며,

"조금 싸게 안 될까요?"

"그러면 1달러 15센트를 주십시오."

손님은 프랭클린이 잘못 알아들었다고 생각했어요.

"아니, 깎아 달랬는데 15센트나 더 달라는 거요?"

그러나 프랭클린이 대답했대요.

"시간이 돈이라는 말을 모르십니까? 손님께서 시간을 끌었으니 책값에 시간 끈 값을 보태 받아야 하지 않겠습니까?"

읽을거리

• 배종수(1999). 초등수학교육 내용지도법. 경문사, 618.

* 5초만 돌아봐 주세요!

- 전철에서 신문 접는 시간: 5초
- 현관문 열어 주는 시간: 8초
- 넘어진 자전거 일으켜 주는 시간 : 17초
- 버스 타는 휠체어 돕는 시간: 30초

세상을 아름답게 하는 시간은 하루에 1분이면 충분합니다.

출처: 한국방송광고진흥공사 공익광고협의회

[그림 2] 초등학교 교사용지도서에서 제시하고 있는 인성교육의 소재(교육부, 2014a, p. 320)

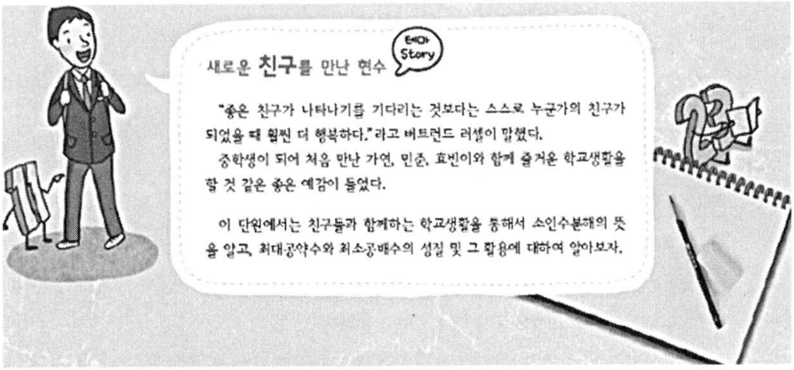

[그림 3] 중학교 교과서의 친구관계의 소재(김서령 외, 2013, p. 8)

이와 같이 초등학교의 인성교육은 각 수학 주제와 어느 정도 관련을 가지고 인성교육의 소재를 가져오기는 했으나 수학의 속성을 강하게 활용하지는 않고 있음을 알 수 있다. 따라서 대부분의 인성교육을 위한 예들이 구체적으로 접근하기보다는 매우 포괄적으로 제시되고 있는 것이 특징이라고 할 수 있다.

중학교의 경우에도 이러한 접근으로 인성교육을 하는 것이 일반적이다. 예를 들어, [그림 3]은 소인수분해, 최대공약수와 최소공배수를 다루는 단원으로 도입 부분이기는 하지만 단원의 주제와는 동떨어진 내용으로 새로운 친구들을 만날 때 먼저 다가가는 것이 훨씬 행복하다는 일반적인 인성에 대한 내용이다.

고등학교의 경우도 중학교의 경우와 많이 다르지 않은데 [그림 4]를 보면 나눗셈을 일반적인 '나눔'이라는 의미와 관련지어 접근하고 있다. 나눔이라는 주제의 노래를 불러보고 서로 간에 나눔과 돌봄이 우리 삶을 따뜻하게 만든다는 것을 나눗셈을 통해 생각해 보

[그림 4] 고등학교 수학교과서에서 '나눔'에 대한 장면(류희찬 외, 2014, pp. 52-53)

25 어느 봉사동아리에서는 독거노인 돕기 성금을 마련하기 위하여 선물 세트를 만들이 팔기로 하였다. 다음 표는 A, B 두 종류의 선물 세트를 각각 1개씩 만드는 데 필요한 쿠키와 초콜릿의 개수 및 1세트당 판매 가격을 나타낸 것이다. 선물 세트에 들어가는 쿠키와 초콜릿은 각각 700개, 1400개까지 사용할 수 있다. 판매 금액을 최대로 하려면 A, B 세트를 각각 몇 개씩 만들어야 하는지 구하고, 그 때의 최대 판매 금액을 구하여라.

	쿠키(개)	초콜릿(개)	가격(천 원)
A	1	4	5
B	2	1	4

[그림 5] 고등학교 교과서의 친구관계의 소재(류희찬 외, 2014, p. 221)

도록 하고 있다.

그러나 이는 수학적인 나눗셈의 의미를 반영했다기보다는 '나눗셈'을 '나눔'이라는 말로 치환하여 생각해 보도록 하는 정도에 머물고 있음을 알 수 있다.

그리고 [그림 5]와 같이 단순히 소재를 인성교육과 관련이 있는 것을 가져오는 경우가 많이 있다. 이는 수학교육에서 가장 흔하면서도 인성교육과 자연스럽게 결부하여 지도할 수 있는 방법이라고 할 수 있다. 제시한 예의 경우 독거노인을 돕기 위하여 선물세트를 만드는 장면에서 수학적인 아이디어인 최대공약수를 활용하도록 하는 상황을 가져온 경우이다. 수학수업에서 교사는 자연스럽게 독거노인 돕기나 어른을 공경해야 하는 이유 등을 언급하면서 인성교육을 할 수 있을 것이다.

실제 수학수업에서도 가장 범교과적인 인성 요소를 그대로 차용하는 경우가 대부분인데, 정광인(2013)은 인성적인 요소로 책임, 배려, 용기, 인내, 협동, 화합, 약속, 자기긍정, 칭찬, 격려로 규정하고 초등학교 1학년 학생들을 대상으로 한 수학수업에서 여러 가지 모양을 알고 표현하기의 수업을 통하여 인성교육에 대한 예시를 제시하였다. 그 내용을 보면 수학활동 중 여러 가지 다양한 모양의 물건을 만들도록 하는 활동에서 학생들이 만든 물건이 몸이 불편한 사람들에게 어떻게 도움이 될 수 있는지 물었다. 이를 통하여 나눔이나 배려의 인성덕목의 인성을 기를 수 있다고 보았다. 또 수업의 마지막 부분에 다른 친구들이 만든 작품을 평가하면서 수정 사항 뿐만 아니라 칭찬 사항을 찾으라고 요구하고 있다. 이는 수학 시간을 통하여 타인에 대한 배려, 존중, 협동 등의 인성교육을 위한 것이라고 할 수 있다.

이상에서 살펴본 바와 같이 일반적으로 수학교육에서 인성교육은 도덕교육에서 고려하는 일반적인 인성교육의 요소를 다루는 경우가 가장 많다고 할 수 있다.

(2) 수학의 속성을 활용한 인성교육

수학교육에서 수학의 속성을 활용한 인성교육은 다른 교과의 인성교육과는 구별이 되는 것으로 수학적인 속성과 인성의 요소를 적절하게 연계하여 지도하는 경우라고 할 수 있다. 그 구체적인 예들을 보면 다음과 같다.

수학 인성 교육

학생들은 어떠한 정보를 찾더라도 자신의 문제를 구체화하고 정련하게 될 것이며, 이것 자체가 중요하고 가치로운 경험이다. 그래프는 정보를 수집하여 종합하는 도구로 종종 사용되며, 다른 사람으로 하여금 자료 수집의 결과를 이해하게 도와준다.

[그림 6] 2학년 2학기 수학교사용지도서에서 수학의 속성을 인성과 연계한 경우(교육부, 2013c, p. 296)

[그림 6]은 초등학교의 예로 그래프가 정보를 수집하여 종합하는 도구로써 타인에게 자료를 잘 이해할 수 있도록 돕는 도구가 될 수 있음을 말하고 있다. 이는 통계영역에서 다루는 그래프가 왜 필요하며 그 역할이 무엇인지를 생각해 보도록 하고 있다. 그러나 수학책이나 지도서의 대부분에서 그러하듯이 너무 추상적인 차원에서 기술하고 있어서 학생들로 하여금 이를 보다 현실감 있게 받아들이도록 하는 데는 한계가 있다고 할 수 있다. 이런 관점에서의 인성교육이 보다 효과적이 되도록 하려면 수학적인 의미에 대하여 학생들이 보다 현실적으로 느낄 수 있도록 해야 한다.

[그림 7]은 수학과 인성을 연계한 중학교 교과서의 내용이다. 음식물 쓰레기로 오염된

내가 버린 음식물을 정화하는 데 얼마나 많은 물이 필요할까?

먹다 남은 음식물을 버리면 물이 오염된다. 버려진 음식물로 오염된 물을 정화하기 위해서는 물이 필요한데, 이때 필요한 물의 양은 음식물의 BOD(생화학적 산소 요구량)와 관계가 있다.

예를 들어 BOD가 52500 ppm인 된장국 1000 mL에 들어 있는 유기물을 분해시키기 위해서는 산소 52500 mg이 필요하고, 이만큼의 산소를 공급하려면 물 8300000 mL가 필요하다. 즉 이 된장국 1000 mL로 오염된 물을 정화하는 데 8300000 mL의 물이 필요하다.

음식물	1 mL를 정화하는 데 필요한 물의 양 (mL)
오렌지 주스	12343
라면 국물	3690
된장국	8300
간장	165600
식용유	198000
사이다	10286
⋮	⋮

이와 같이 버려진 음식물로 오염된 물을 정화하는 데는 엄청난 양의 물이 필요하다. 물을 오염시키는 것은 쉬우나, 이를 정화하는 것은 어려운 일이다.

따라서 우리는 쌀뜨물은 화초에 주고 폐식용유는 휴지로 닦아 내며 찌개는 먹을 만큼만 끓이는 등 생활 하수를 줄이는 노력을 해야 한다.

[그림 7] 중학교에서 수학의 속성을 인성과 연계한 경우(김서령 외, 2013, p. 143)

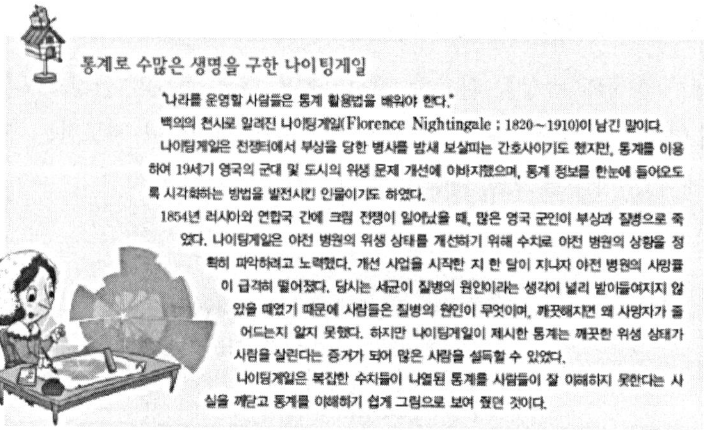

통계로 수많은 생명을 구한 나이팅게일

"나라를 운영할 사람들은 통계 활용법을 배워야 한다."
백의의 천사로 알려진 나이팅게일(Florence Nightingale : 1820~1910)이 남긴 말이다.
나이팅게일은 전쟁터에서 부상을 당한 병사를 밤새 보살피는 간호사이기도 했지만, 통계를 이용하여 19세기 영국의 군대 및 도시의 위생 문제 개선에 이바지했으며, 통계 정보를 한눈에 들어오도록 시각화하는 방법을 발전시킨 인물이기도 하였다.
1854년 러시아와 연합국 간에 크림 전쟁이 일어났을 때, 많은 영국 군인이 부상과 질병으로 죽었다. 나이팅게일은 야전 병원의 위생 상태를 개선하기 위해 수치로 야전 병원의 상황을 정확히 파악하려고 노력했다. 개선 사업을 시작한 지 한 달이 지나자 야전 병원의 사망률이 급격히 떨어졌다. 당시는 세균이 질병의 원인이라는 생각이 널리 받아들여지지 않았을 때였기 때문에 사람들은 질병의 원인이 무엇이며, 깨끗해지면 왜 사망자가 줄어드는지 알지 못했다. 하지만 나이팅게일이 제시한 통계는 깨끗한 위생 상태가 사람을 살린다는 증거가 되어 많은 사람을 설득할 수 있었다.
나이팅게일은 복잡한 수치들이 나열된 통계를 사람들이 잘 이해하지 못한다는 사실을 깨닫고 통계를 이해하기 쉽게 그림으로 보여 줬던 것이다.

[그림 8] 중학교에서 수학의 속성을 인성과 연계한 경우(김서령 외, 2013, p. 196)

물을 정화하는데 사용되는 물의 양을 계산해 보고 동시에 음식물 쓰레기로 인해 오염된 물의 문제성을 되짚어 보게 할 수 있다. 이 교과서의 내용을 통해 학생들의 각 가정에서 버리는 음식물로 오염된 물을 정화하는데 필요한 물의 양을 실제로 계산을 해 보도록 지도할 수 있으며, 실생활을 통해 타인과 공동체에 대한 배려를 생각해 보도록 할 수 있다.

[그림 8]도 통계를 활용하여 많은 생명을 구한 나이팅게일의 사례를 소개하고 있는데 이 통계의 중요성과 다른 사람을 위한 나이팅게일의 희생정신을 자연스럽게 생각해 보도록 함으로써 인성교육이 가능하도록 할 수 있다. 그런데 이런 소재도 인성교육의 측면에서 보면 학생들의 관심이나 수학의 속성이 너무 포괄적으로 진술이 되고 있음을 알 수 있다.

따라서 학습한 수학 개념을 실생활에서 활용하거나 환경이나 인성교육과 관련이 있는 소재를 통하여 수학속성이 결합된 인성교육을 하는 것은 보다 세밀하게 수학의 속성과 인성의 속성을 연계하여 생각할 필요가 있다. 즉, 수학 자체의 속성을 생각하도록 하고 해당 수학의 개념이 구체적으로 적용이 되는 사례를 활용하는 방안을 고려해 보아야 한다.

예를 들면, 초등학교의 수준에서 생각해 볼 수 있는 장자에서 나오는 우화로 '조삼모사(朝三暮四)'가 있다. 이 이야기는 다음과 같다. 송나라의 저공이라는 사람이 원숭이를 많이 기르고 있었는데 어느 해에 흉년이 들어 먹이가 부족하여 원숭이들에게 줄 도토리의 개수를 계산해 보니 하루에 7개씩밖에는 줄 수 없게 되었다. 저공이 원숭이들에게 "도토리를 아침에 3개, 저녁에 4개를 주겠다"고 하니까 원숭이들이 화를 내어 그러면 "아침에 4개 저녁에는 3개를 줄게"라고 했더니 원숭이들이 좋아했다는 일화이다. 이는 수학적으

[그림 9] 초등학교 1학년 1학기 수학교과서 수학의 속성을 인성과 연계할 수 있는 소재 (교육부, 2013a, p. 102)

로 보면 단순히 3+4=4+3이므로 별로 달라지는 것이 없는 것으로, 일반적으로 이 이야기에서는 원숭이들이 어리석다는 것을 말하는 것으로 인식하고 있다.

이 일화는 초등학교 1학년 내용에 적용해 볼 수 있다. [그림 9]를 보면 두 수를 바꿔 더해 보는 교환법칙의 성질을 초등학교 1학년 수준에서 보여 주고 있다. 풍선의 개수를 이용하여 2+3=3+2임을 알아보는 것이 활동의 목적이다. 수의 순서를 바꿔서 더해도 같은 결과를 보이는 것을 학습자의 수준에서 설명해 보도록 함으로써 수학활동의 목적을 달성할 수 있도록 할 수 있다. 이러한 목적을 위해 '조삼모사' 이야기를 활용하여 학생들에게 좀 더 재미있게 수학적인 의미에 접근하며 동시에 인성교육과 자연스럽게 연계해 보도록 할 수 있다. 물론 많은 초등학교 1학년 학생들은 원숭이들이 어리석다는 반응이 대부분일 것이다. 그런데 다른 몇 학자들의 해석처럼 원숭이가 어리석다고 보기보다는 자신들의 의사표현을 했다는 것으로 볼 수도 있을 것이다. 보기에 따라서 매우 다른 관점으로 볼 수도 있고 원숭이 주인의 입장에서 보면 자기 마음대로 주면 될 것을 하찮은 원숭이들에게 의견을 묻는 것에서 자신보다 약자의 의견을 존중하는 것 등 다양한 인성교육의 소재로 활용이 가능할 것이다.

다른 예로, 어떤 수에 1을 곱하면 그 수가 되고, 0을 곱하면 모두 0으로 만들어 버리는 속성을 상기하도록 함으로써 곱셈에서 1과 0의 속성을 생각해 보도록 할 수 있다. 그러면서 더불어 우리의 삶에서 상대방의 의견을 무비판적으로 받아들이거나 타인의 의견과는 상관없이 나의 의견을 따르도록 강요하는 경우는 없는지 반성해 보도록 하여 타인과의 관계에 있어 배려와 소통의 인성교육을 유도할 수 있다.

고등학교 수준에서의 예로, 0과 1 사이에 유리수는 무한히 많이 있다. 그리고 무리수도 무수히 많이 있다. 만약에 유리수는 검은 점으로 무리수는 속이 빈 점으로 0과 1 사이의 수직선에 표시를 한다면 0과 1 사이에 무수히 많은 검은 점과 속이 빈 점들도 무수히 많이 있게 된다. 이는 눈으로 보는 것과는 다른 것이다. 이를 통하여 유리수의 조밀성에 대하여 이해하게 되고 우리의 삶 속에서도 눈에 보이는 것이 다가 아니라는 것을 이야기하도록 함으로써 타인을 보이는 것으로만 판단하지 않도록 하는 신중한 판단과 세심한 배려가 필요하다는 인성교육이 가능할 수 있다. 더 나아가 삶에 대한 보다 깊은 조망이나 철학적 인문학적인 측면에서도 생각해 보도록 할 수 있다. 예를 들면, 숫자 0의 의미는 아무것도 없음을 의미하기도 하지만 완전하고 온전한 것을 의미하기도 하다. 수학에서도 0은 양의 정수들보다 작은 수이지만 모든 양의 정수의 배수가 된다. 즉, 작은 것이 큰 것이 되고, 큰 것이 작은 것이 되는 것이다! 이는 불교에서 말하는 색즉시공(色卽是空) 공즉시색(空卽是色)의 의미까지로 확장하여 생각해 볼 수도 있을 것이다. 앞에서 언급했던 조삼모사의 의미에 대해서도 교환법칙이 성립하는 것 뿐만 아니라 배려라는 인성교육도 함께 고려해 보도록 할 수 있다. 그리고 우리가 흔히 가위바위보를 3번씩 하는 것이나 윷놀이와 마방진의 해법 중 사각형의 밖에 임시로 수를 쓰도록 하는 논리성 속에서 역에 대한 아이디어 등을 포함한 인성교육의 사례들과 우리 생활 속에서 수학을 보다 넓은 관점으로 보도록 하는 사례도 보다 큰 관점에서 수학을 이해할 수 있도록 하는 방법이 될 것이다.

이런 수학의 속성을 활용한 인성교육을 위해서는 수학의 개념이나 기능을 구체적이고 세밀하게 활용할 필요가 있고, 이런 속성이 인성교육과 밀접하게 연계되도록 할 필요가 있다. 이를 통해, 학습자들이 수학의 속성과 인성교육의 속성을 자연스럽고 의미 있게 연결해 보는 기회를 제공할 수 있다. 이는 수학교육에서 인성교육 뿐만 아니라 수학 개념 자체에 대한 의미를 보다 깊게 음미해 보도록 함으로써 시너지 효과를 가져올 수 있다.

(3) 도야성을 포함한 인간, 사회, 자연 현상을 이해하는 것까지 포함한 광의의 인성

예로부터 학문을 하는 폭넓은 목적은 인간의 심성의 개발이나 지식의 축적 등에 있다고 할 수 있다. 이는 인성교육을 인간, 사회 현상 및 자연 현상에 대한 이해를 포함한 것으로 가장 폭넓게 수학교육에서의 인성교육을 바라보는 관점이라고 할 수 있다. 사실 인성교육을 특정 교과인 도덕교과에서 한정되어 다루기보다는 각 교과에서 고유의 내용을 다루면서 자연스럽게 인성적인 요소를 가미하는 것이 보다 자연스러울 것이다. 그런데 본 연구에서 주장하듯이 수학교육에서의 인성교육은 보다 넓은 관점에서 볼 필요가 있다. 따라서 본 연구에서는 인성교육을 일반적으로 도덕교과에서 보이는 인성의 요소들을 포함하여 수학의 속성을 연계한 인성교육 뿐만 아니라, 더 나아가 인간, 사회, 자연 현상을 이해하는 것까지를 포함해야 한다는 입장이다. 이런 관점에서 수학교과에서 어떤 식으로 인성교육을 접근해야 하는지에 대하여 살펴보도록 하겠다.

수학을 배우는 이유를 Pestalozzi는 정신의 도야로 보기도 하는데 수학은 마음의 논리성 및 심미성을 길러 주고 수학을 통하여 모든 자연과 사회 현상 속에 있는 수학적인 원리를 발견하는 것을 통하여 만물에 깃들어 있는 신적인 것을 깨닫게 된다고 보는 보다 광의로 수학교육을 보고 있다. 그리고 전미수학교사협의회(National Council of Teachers of Mathematics: NCTM)에서는 앞으로의 수학교육의 목표를 '수학적 소양'의 형성으로 보고, 자신감, 유연성, 창의성, 수학의 가치 인식 등 수학적 성향을 신장하고 평가하는 문제에 대하여 언급하고 있다(NCTM, 1989). 보다 넓게 본다면 수학 시간에 하는 모든 교수 학습의 활동이 이 범주에 속한다고 볼 수도 있다.

다음 [그림 10]은 나눗셈에 대한 부분에서 나눔의 기쁨에 대한 소재를 인성교육의 소재로 교사용지도서에서 권고하고 있다. 이는 나눗셈의 속성일 수도 있으며 제시한 해당 내용과는 그리 연관이 없어 보이지만, 수학적인 의미를 떠나 '더불어 살아가는 세상', '나

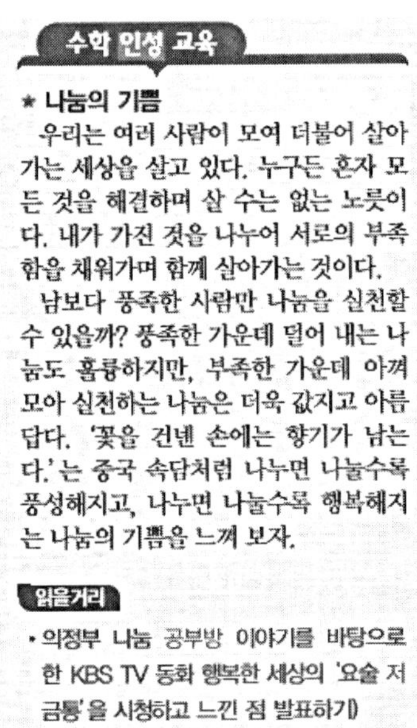
수학 인성 교육

★ 나눔의 기쁨

우리는 여러 사람이 모여 더불어 살아가는 세상을 살고 있다. 누구든 혼자 모든 것을 해결하며 살 수는 없는 노릇이다. 내가 가진 것을 나누어 서로의 부족함을 채워가며 함께 살아가는 것이다.

남보다 풍족한 사람만 나눔을 실천할 수 있을까? 풍족한 가운데 덜어 내는 나눔도 훌륭하지만, 부족한 가운데 아껴 모아 실천하는 나눔은 더욱 값지고 아름답다. '꽃을 건넨 손에는 향기가 남는다.'는 중국 속담처럼 나누면 나눌수록 풍성해지고, 나누면 나눌수록 행복해지는 나눔의 기쁨을 느껴 보자.

읽을거리

- 의정부 나눔 공부방 이야기를 바탕으로 한 KBS TV 동화 행복한 세상의 '요술 저금통'을 시청하고 느낀 점 발표하기)

[그림 10] 초등학교 수학교사용지도서에서 나눗셈을 인성교육과 연계한 경우(교육부, 2014a, p. 242)

수학 산책

자연과 예술 속의 **대칭과 그 아름다움**

우리는 주변에서 어떤 직선에 대하여 대칭인 모양의 동물과 식물을 쉽게 발견할 수 있는데, 자연의 신비로움에서 손꼽는 것이 대칭성이다. 대부분의 생물체는 한 개 이상의 대칭을 갖는데, 이러한 대칭성은 인간을 비롯한 동물과 식물의 아름다움을 상징하는 중요한 잣대이고, 물질을 구성하는 분자 구조의 대칭성은 그 성질을 탐구하는 실마리가 되기도 한다.

한편 고대에서 현대에 이르기까지 대부분의 문화유적이나 건축물에서 대칭의 아름다움을 확인할 수 있는데, 신라의 불국사 다보탑, 인도의 타지마할 사원은 좌우의 대칭성이 절묘해 미적인 아름다움이 최고 수준에 도달한 것으로 평가받는다.

미술 작품에서 활용되는 데칼코마니(Decalcomanie)는 종이 위에 물감을 칠하고 그것을 두 겹으로 접거나 다른 종이를 그 위에 겹쳐 눌렀다가 떼어내서 대칭의 형태를 바탕으로 새로운 효과를 창출하는 미술 기법이다.

195

[그림 11] 고등학교 교과서에서 자연과 예술 속의 대칭의 아름다움에 대하여 발견하도록 하는 소재(류희찬 외, 2014, p. 195)

눔의 실천', '나눔과 행복' 등에 대해 생각해 보도록 하고 있다. 따라서 수학을 지도하는 교사는 반드시 수학적인 내용을 인성교육과 연결하여 지도할 필요는 없다는 것을 시사한다.

따라서 수학을 지도하는 교사는 반드시 해당 차시의 내용과 관련된 내용만을 인성교육과 관련하여 지도할 필요는 없다고 생각한다. 예를 들면, [그림 11]은 고등학교 수학교과서에서 자연 속 대칭의 아름다움에 대하여 언급하고 있다. 기하학적으로 직접적인 대칭의 아름다움을 통해 우리는 물리적인 대칭의 개념에서 나아가 추상적인 관점으로 확장하여 인간관계의 균형도 생각해 볼 수 있다. 그러므로 수학시간에도 철학적이고 인문학적인 접근으로 인간의 심성의 대칭이나 균형감의 아름다움에 대해 논의할 수 있다. 즉, 사람의 얼굴이나 신체와 같은 외연적인 부분 뿐만 아니라, 인격과 같은 내면에서 풍겨 나오는 한 쪽에 치우치지 않는 균형감 있는 심성 측면의 아름다움도 중요함을 학생들에게 지도할 수 있다.

그리고 학생들에게 평가의 일환으로 인성교육을 가미한 수학문항을 만들도록 하는 것도 필요하다. 이런 활동은 학생들로 하여금 수학과 인성을 함께 생각하도록 하고 수학문제 자체에 대하여 다양한 측면으로 생각해 보도록 하는 효과가 있다. 그 예로는 다음과 같은 것이 있을 수 있다.

다음 문제는 초등학교 6학년 1학기 4단원 '여러 가지 입체도형'의 단원평가 문제이다. 이 문제를 변형하거나 전혀 새롭게 만들어 '인성'을 가미한 평가 문항을 하나 만들고 출제 의도 및 채점 기준도 제시하시오.

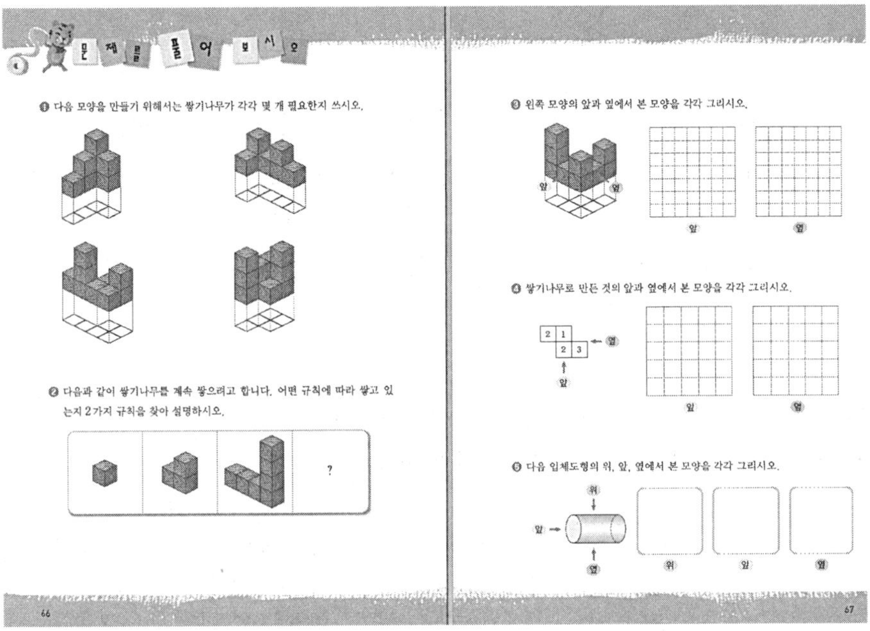

[그림 12] 인성교육의 자료로 활용 가능한 쌓기나무 소재(교육부, 2013b, pp. 66-67)

이 소재는 건물을 설계할 때 어느 입체든 적어도 3면에서 보아야 정확하게 만들어 낼 수 있음을 통하여 인간에 대해서도 적어도 세 가지 이상의 측면에서 보도록 함으로써 타인을 판단할 때보다 신중하게 하도록 하는 인성지도를 할 수 있다. 그리고 위와 같이 수학교육에서 여러 관점으로 인성교육을 고려해 볼 수 있는데 이를 교실에서 효과적으로 적용하기 위해서는 스토리텔링 방식으로 제시하는 것이 보다 자연스러울 수 있을 것이다. 그리고 학생들이 짝에게나 모둠에서 자유롭게 자신의 생각을 갖고 주장하거나 반박해 보면서 의사소통할 수 있는 기회와 시간을 충분히 갖도록 할 필요가 있다.

이상에서 보면, 수학교육에서 인성교육은 학습자로 하여금 수학 지식 자체에 대한 반성을 하도록 함은 물론 수학 개념을 인성과 결부하도록 함으로써 수학을 통하여 인간을 보고 세상을 보다 폭넓게 이해하도록 한다. 이는 전통적으로 다소 건조한 방식으로 지도된 수학을 학생들이 보다 풍부한 상황에서 자연스럽고 친숙하게 받아들일 수 있도록 할 것이다. 그러나 여기에서도 수학 지식이나 기능의 속성을 분석하고 이를 어떻게 인성교육과 연계하여 활용할 것인지에 대한 연구가 필요하며 이를 현장 적용을 통하여 가장 바람직한 사례를 만들어 갈 필요가 있다.

3. 인성교육을 적용한 수학수업

수학수업에서 인성교육을 위해서는 다양한 접근이 필요하고 여기에서 제시하는 것은 단지 하나의 예시일 뿐이다. 사실 수학교육에서 인성교육은 어느 부분에서든 어느 방법이든 가능하다. 따라서 아래에서 제시한 사례는 실제 수업에서 활용에 대한 이해를 돕기 위한 것으로 가장 이상적인 것은 아닐 수 있다. 이는 정광인(2013) 교사의 초등학교 1학년 사례를 수정 보완한 것이다.

단 원	2. 여러 가지 모양 (초등학교 1학년 1학기)	
제 재	여러 가지 모양을 알고 표현하기 (6/8)	
차 시	주제	수업 내용 및 활동
6	여러 가지 모양을 알고 표현하기	• 이야기를 듣고 여러 가지 모양을 이용하여 물건 만들기 • 주변을 살펴 여러 가지 모양이 들어간 노래 만들고 부르기 • 여러 가지 모양을 이용하여 집 꾸미고 감상하기 • 친구의 작품 감상하고 느낌 발표하기

단계	학습흐름 및 관련이론	교수·학습활동		학습자료 및 유의점(인성)
		교사	학생	
도입	동기유발	◆노래 부르며 수업 준비 • 여러 가지 모양을 생각하며 '세모 네모 동그라미' 노래를 친구들과 함께 몸으로 나타내며 신나게 따라 불러 봅시다. • 참 잘 표현했습니다. 오늘은 무엇을 공부할 것 같나요?	• ('세모 네모 동그라미'노래를 몸으로 표현하며 힘차게 부르며 앞으로 나온다.) • 모양을 공부합니다. • 헨젤과 그레텔 이야기를 들어요. • 집을 만들 것 같아요.	• 노래 영상 *모양을 몸으로 표현하도록 격려 한다. (협동)
	학습 문제 확인	◆학습문제 확인하기 여러 가지 모양을 이용하여 다양한 방법으로 표현해 봅시다.		
	학습 활동 안내	◆학습 활동의 흐름 활동 1: 세상이 다 보이는 물건 → 활동 2: 뭐가 있을까? → 활동 3: 살고 싶은 집 먹고 싶은 집		
	문제 탐색	◆'헨젤과 그레텔: 집으로 가는 길' 이야기 들려주기		• 빅북 *실감나게 이야기를 읽어 주고 발

단계	학습흐름 및 관련이론	교수·학습활동		학습자료 및 유의점(인성)
		교사	학생	
도입	문제 탐색	• 헨젤과 그레텔 뒷부분의 내용을 들려주겠습니다. 교실 앞에 조용히 모여 선생님이 들려주는 이야기를 바른 자세로 들어 봅시다.	• (교사의 이야기를 듣는다.)	문을 통하여 자연스럽게 학습활동을 알아차리도록 한다. (책임, 용기, 협동, 배려)
		헨젤은 마녀에게서 받은 보물을 들고 동생 그레텔과 손을 꼭 잡고 집으로 가는 중이었습니다. 어느 마을을 지나게 되었는데 이 마을 사람들 몸에는 상처가 많았습니다. 그레텔이 왜 그러냐고 물어보니 마을 사람이 앞이 잘 보이지 않아 서로 부딪혀서 몸이 상처투성이라고 말했습니다. 정말로 주변을 보니 걸어가는 사람들이 돌부리에 걸려 넘어지기도 하고, 운전하는 사람들이 앞을 잘 보지 못해서 서로 부딪힐 것 같은 위험한 상황이었습니다. 이 특이한 마을은 어떤 마을일까요? 이 마을의 이름은 '로꾸거' 마을입니다. 이름처럼 마을 사람들은 옷을 뒤집어 입기도 하고, 오른쪽이 아닌 왼쪽으로 걸어 다녔습니다. 헨젤과 그레텔은 부모님이 빨리 보고 싶었지만 힘을 합쳐 '로꾸거' 마을 사람들을 도와주기로 결심했습니다. 그리고 함께 공부한 1학년 2반 친구들에게 물어보았습니다. "2반 친구들아, '로꾸거' 마을 사람들을 함께 도와주는 것에 대해 어떻게 생각하니?" 여러분, 같이 도와줄까요?		
전개	해결방법 찾기	활동 1 세상이 잘 보이는 물건		*발표를 끝까지 들어주고 격려하며 확산적 사고를 유도한다(브레인 라이팅). (배려, 봉사)
		◆ 도와줄 방법 의논하기 •'로꾸거' 마을 사람들을 어떻게 도와줄 수 있을까요? 이야기해 봅시다.	• 안과를 알려줍니다. • 안경이나 돋보기를 빌려 줍니다. • 옆에서 도와줍니다.	
자료의 탐색		• 헨젤, 그레텔과 함께 '로꾸거' 마을 사람들을 도와줄 수 있는 물건은 무엇이 있을까요?	• 망원경을 만들 수 있어요. • 안경을 만들면 됩니다. • 말해 주는 로봇을 발명합니다.	
아이디어 생성	문제해결	◆ 여러 가지 모양으로 안경 만들기 • 여러분은 지금까지 무엇을 배웠나요? • 그렇다면 배운 것을 이용해서 '로꾸거' 마을 사람들을 도와줍시다. 자리로 돌아가서 주어진 재료와 힌트를 생각하며 '로꾸거' 마을 사람들에게 도울 수 있는 물건을 만들어 봅시다.	• 여러 가지 모양을 배웠습니다. • (주어진 재료를 이용하여 여러 가지 물건을 만든다.) • 돋보기처럼 큰 ○가 들어간 안경이 좋습니다. • 요새는 햇빛이 세게 비추니까 색깔을 넣어 크게 □모양 안경을 만들었습니다.	★모루 *자신이 없어 망설이는 학생이 있다면 격려한다. (존중, 배려)
아이디어 적용		• 자신이 만든 물건을 발표해 봅시다.	• (자신이 해보거나 친구 것을 살펴본다.) • 무거운 짐을 들어줍니다.	

단계	학습흐름 및 관련이론	교수·학습활동		학습자료 및 유의점(인성)
		교사	학생	
아이디어 평가		• 직접 써 봅시다. 부족한 부분을 고쳐 봅시다. • 여러분이 열심히 만든 물건이 큰 도움이 되었습니다. 평소에도 몸이 불편한 사람이나 도움이 필요한 친구에게 어떤 일들을 도울 수 있을까?	• 지우개를 같이 씁니다. • 놀리지 않고 사이좋게 지냅니다. • 선생님에게 알리거나 보건실에 데려다 줍니다.	(배려, 용기, 정직)
		• 말한 것을 실천하는 2반 어린이가 됩시다. 여러분 만든 물건을 모아 도움이 필요한 사람들에게 줄 거예요. 지나가면 선물함 상자에 넣어 주세요.	• (선생님이 바구니를 들고 지나가면 자신이 만든 물건은 넣는다.	*만든 물건을 모아 두고 연계지도에 이용한다. ★PPT1
자료의 탐색	문제탐색	활동 2 뭐가 있을까?		
		◆ 이야기 듣고 생각 나누기 • 계속되는 이야기를 잘 들어봅시다.	• (집중하며 이야기를 듣는다.)	(책임, 배려, 협동, 효)
		'로꾸거' 마을 사람들에게 도움을 준 헨젤과 그레텔은 집으로 향했습니다. 헨젤은 그레텔이 지치지 않도록 한손에는 보물을 들고 다른 손으로 그레텔의 손을 꼭 잡았습니다. 고개를 올라가던 중 나무그늘 아래 앉아 있는 할머니를 보았습니다. 할머니는 슬픈 표정이었습니다. 헨젤이 "할머니, 어디 편찮으세요?"라고 묻자, 할머니께서는 "얼마 전 추석에 손녀, 손자들이 가고 난 이후로 적적하단다. 그래서 나무 아래서 손녀, 손자들을 기다리고 있단다."라고 말씀했습니다. 그레텔은 "할머니, 말벗이 되고 이야기 나눌 친구가 필요하시군요."라고 말하자 할머니는 "맞단다. 특히 손녀, 손자들이 명절 때 신나게 부른 노래가 생각나는구나. 그 노래를 다시 들으면 힘이 날 것 같은데 말이다."라고 했습니다. 헨젤과 그레텔은 얼굴을 보며 말했습니다. "슬퍼하시는 할머니를 어떻게 도와드리지?"		*학생의 이야기를 끝까지 들어준다.
		• 이야기를 잘 들었나요? • 이야기 내용을 확인하고 여러분이 해줄 수 있는 일을 알아보도록 하겠습니다. • 여러분이 발표한 방법 중에서 이번 시간에는 할머니가 힘이 나도록 노래를 불러드립시다. 3명 모둠으로 자리를 옮겨봅시다. • 다음 노래를 같이 불러 봅니다.	• 네, 잘 들었습니다. • 옆에 잠깐 같이 있어요. • 조금만 참고 기다리라고 합니다. • 노래를 불러 줍니다. • (힘을 합쳐 자리를 옮긴다.) • 노래를 따라 부른다.	*소란스럽지 않게 자리를 옮기도록 한다. ★노래파일 ★모둠판 *배려하여 노래를 완성하도록 한다. (협동, 존중, 배려)
		네모난 것, 네모난 것, 네모난 것 뭐가 있을까? 유치원의 창문이 네모 네모랗지. 동그란 것, 동그란 것, 동그란 것 뭐가 있을까?		*연습 후 자신 있게 발표하도록 한다.

단계	학습흐름 및 관련이론	교수·학습활동: 교사	교수·학습활동: 학생	학습자료 및 유의점(인성)
		거울속의 내 얼굴 동글 동그랗지. 세모난 것, 세모난 것, 세모난 것 뭐가 있을까? 할머니집 지붕이 세모 세모랗지.		
아이디어 생성	문제해결 방법 찾기	• 알고 있는 ○모양을 말해 봅시다. • 알고 있는 □모양을 말해 봅시다. • 알고 있는 △모양을 말해 봅시다.	• 안경, 선풍기, 동전, 포도 • 돈, 칠판, 책, 색종이, 운동장 • 표지판, 트라이앵글, 삼각자	
아이디어 적용	문제해결	◆ 생활 속에서 여러 가지 모양을 생각하며 노래 짓기 • 주변에서 본 모양을 떠올리며 조원들과 함께 새로운 가사를 만들어 봅시다. • 만든 노래를 앉은 자리에서 힘차게 불러 봅시다. 여러분이 만든 노래를 할머니가 듣고 힘을 날 거예요.	• (힘을 합쳐 노래를 완성한다.)	★ PPT2 ★ 선물상자, 편지 (감사, 용기, 배려, 협동)
아이디어 평가		• 다 완성한 친구들은 큰 목소리로 불러 보겠습니다. 듣는 친구들은 바르게 앉아 들어 봅시다.	• (완성한 노래를 힘차게 부른다.)	
		활동 3 살고 싶은 집, 먹고 싶은 집		
자료의 탐색	문제탐색	◆ 편지글 읽고 이야기 나누기 • 할머니의 고민도 해결하고 고개를 지나 헨젤과 그레텔이 집에 도착했습니다. 누가 기다리고 있을까요? • 온 가족이 기뻐하였습니다. 어, 그런데 편지가 도착했네요. 편지를 읽어보겠습니다.	• 부모님이 기다리고 있습니다.	★ 과자, 도화지, 제목 종이 *다양한 학생의 생각을 칭찬한다. *수업 후 과자를 먹음을 약속한다. *질서를 지키며 감상하도록 약속한다. (협동, 배려, 책임)
		1학년 2반 친구들, 안녕? 헨젤과 그레텔의 엄마, 아빠란다. 이렇게 편지를 쓰는 이유는 너희들이 우리 아들, 딸이 어려워하는 모양공부를 잘 도와주고 '로꾸꺼' 마을 사람들과 할머니의 문제를 해결해 주어 고맙기 때문이란다. 헨젤과 그레텔이 마녀에게서 가져온 보물들로 여러 가지를 사서 우리 집을 멋지게 꾸몄단다. 너희에게도 선물을 보낼 테니 이 모양들로 살고 싶은 집을 지어 봤으면 좋겠어. 그럼, 마지막까지 최선을 다하는 2반 어린이들이 되렴. 안녕~		
		• 누구에게서 온 편지입니까? • 선물을 하나씩 꺼내 보겠습니다. 접시, 과자가 있습니다. • 이 물건들을 왜 주었을까요? • 여러분은 어떤 집에서 살고	• 헨젤, 그레텔 부모님이 썼습니다. • 과자로 집을 만들기 위해서입니다.	

단계	학습흐름 및 관련이론	교수·학습활동		학습자료 및 유의점(인성)
		교사	학생	
아이디어 생성		싶나요?	• 과자로 된 집에서 살고 싶습니다. • 태양열 전기를 만드는 집입니다. • 얼음으로 된 집입니다.	
	해결 방법 찾기	◆ 여러 가지 모양으로 과자집 만들기 • 짝과 함께 사이좋게 살고 싶은 과자집을 만들어 보겠습니다. 모두 자리 바꾸기 시작! (떴다 떴다 내 책상, 날아라 날아라. 높이 높이 날아라, 내 짝 앞으로)	• (노래를 부르며 이동한다.)	
아이디어 적용	문제해결	• 5분 동안 짝과 함께 멋진 과자집을 꾸미고 집 이름을 적어 보겠습니다.	• (짝과 협동하면서 집을 만든다.)	
		• 질서를 지켜 친구들이 만든 과자집을 구경하겠습니다. 앉아 있는 친구가 설명을 해 주어도 좋습니다.	• (이동하며 작품을 감상한다.) • 친구가 집을 튼튼하게 만들었어요. • 쓰러지지 않게 만들었습니다. • 동그란 창문이 재미있어요.	(협동, 탐구)
아이디어 평가		• 고칠 점이 있다면 고쳐 봅시다. • 친구들의 작품을 보고 느낀 점이나 칭찬할 점을 말해 봅시다. • 만든 모양의 특징을 말해 보고 우리 생활 속에서도 여러 가지 모양을 발견하여 그 특징을 모둠에서 논의한 후 발표해 봅시다.	• (주변의 여러 가지 모양을 찾아서 그 특징에 대하여 발표한다.)	
정리	학습정리	◆ 배운 것을 말해요 • 오늘 배운 것, 재미있었던 점, 자신의 생각을 바른 자세로 발표합시다.	• 모양이 들어간 안경이 신기합니다. • 과자로 집을 만들어 재미있습니다. • 할머니를 도와주어서 뿌듯해요. • 진짜 과자집에서 살고 싶어요.	*자신의 마음을 솔직하게 말하도록 격려한다. (약속, 배려)
	차시예고	◆ 차시예고 하기 • 다음에는 몸으로 모양을 만들고 친구에게 알려주는 활동을 하겠습니다.	• 네, 알겠습니다.	

제시한 지도안에서는 첫째, 수학교육에서 범교과적 인성 요소를 포함하는 방향으로 수학주제(여러 가지 모양)와 관련 있는 인성교육 요소(나눔, 협동, 양보 등)를 수업 속으로 접목시켰다. 둘째, 수학의 속성을 활용하는 방향으로 1학년의 수준을 고려하여 수학적 개념(여러 가지 모양)을 구체적으로 적용되는 사례(여러 가지 모양을 활용한 안경 디자인하기)를 수업 속으로 가지고 왔다. 셋째, 광의의 관점에서 수학을 학생들이 자연스럽고 친숙하게 접하도록 재미있는 이야기의 문맥 속에서 수업을 진행하는 스토리텔링 방식을 시도하였다. 세 가지 관점은 비슷하면서도 차이를 가지고 있지만 학생들이 즐거운 마음으로 수학을 배우고 조화로운 인격을 키우게 하는 것을 목표로 하고 있다. 수학 주제별 적당한 인성 요소와 올바른 접근 방법으로 수학교과를 통한 인성교육이 이루어지도록 할 필요가 있다.

다시 말하자면, 수학수업에서 인성교육을 위한 가장 간편한 방안은 일반 교수·학습지도안에서 범교과적, 수학의 속성의 활용, 광의의 관점에서의 인성교육을 고려하여 이를 어떻게 포함할 것인지 고려하는 것이다. 이에 대한 구체적인 계획은 수업의 목표가 무엇인가, 소재가 무엇인가에 따라서 효과적인 방안을 고민해야 할 것이다.

4. 나가는 말

수학이 다른 교과와 차별화되는 점은 추상적인 개념이나 기능을 대상으로 한다는 것이지만 학생들에게 이를 어떻게 제시하고 지도하는가는 모두 교사의 몫으로 남겨져 있다. 수학을 지도하는 교사는 학생들에게 수학이 어렵지 않고 가능한 한 거부감 없이 받아들일 수 있는 방안을 고민할 필요가 있다. 이를 위하여 수학교육에서는 인성교육을 다양한 상황이나 이야기를 통한 스토리텔링 방식으로 문제를 해결해 나가면서 수학 자체의 이해를 도울 뿐만 아니라 인간, 사회, 자연에 대한 이해를 보다 깊게 할 수 있도록 할 필요가 있다.

이 연구에서 수학교육에서 인성교육을 범교과적인 인성 요소를 포함한 교육, 수학 자체의 속성을 활용한 인성교육, 그리고 인간, 사회, 자연에 대한 이해를 넓게 하려는 광의의 개념으로의 인성교육으로 나누어 생각해 보았다. 수학교육에서 인성교육은 학생 모두를 위한 진정한 의미에서의 인간교육으로 이루어져야 하며, 학생들은 수학이 무엇인가를 깨달아야 하고, 수학의 인간과 사회와 문화 속에서의 역할을 이해해야 하며, 그러한 논리성에 기반한 수학의 본질이 정직성 등을 포함한 인격형성에 기여하도록 해야 한다. 아울러 수학 자체에 내포된 인성적 요소에 대한 탐구에 연구도 지속적으로 할 필요가 있다.

수학교육에서 인성교육은 앞에서 주장하였듯이 범교과적인 인성교육을 포함하여 수학교육의 속성과 관련한 인성교육 그리고 세상과 자연의 현상을 알아가는 태도 및 바라보는 성향이나 품성까지도 포함하여 인성교육을 보다 광의의 관점으로 볼 필요가 있다. 학문을 하는 목적은 세상의 이치를 깨치는 것이라고 본다면 수학을 배우는 목적도 보다 넓은 의미로 보아야 할 것이고 인성의 교육도 인간의 인간됨을 형성하도록 돕는 교육이 되어야 할 것이다. 더 나아가 배운 수학을 생활에 적용하여 삶을 바꾸어 나가도록 할 필요가 있다(박만구, 2007, 2011).

마지막으로 수학교사는 학생들로 하여금 수학을 기반으로 하는 인문학적 소양을 접목하여 수학 시간에 자연을 이해하고, 인간과 사회를 이해하는 기회를 가지도록 할 필요가 있다. 이로써 학생들은 수학이 단지 입시를 위한 지겨운 교과가 아닌 우리의 삶 속에서 많은 것을 설명해 주고, 삶을 더 나은 방향으로 이끌어 주는 과목으로 인식하여 학생들로 하여금 보다 긍정적인 태도로 수학을 바라볼 수 있도록 한다. 교사들은 수학수업이 재미와 감동을 줄 수 있도록 열정을 가지고 끊임없이 자료를 찾고 연구를 지속할 필요가 있다. 학교에서의 수업은 학생들의 미래의 삶을 위한 준비 기간이기도 하지만 수업 시간 자체가 삶의 일부분이 되도록 할 필요가 있고 현재적 시간을 즐길 수 있도록 할 필요가 있다. 수학수업을 위한 궁극적인 목표 역시 학생과 교사 모두의 미래의 행복 뿐만 아니라 수학 교실 안에서의 현재의 행복이 되어야 할 것이다.

참 고 문 헌

Reference

교육과학기술부 (2011). 수학과 교육과정. 교육과학기술부.

교육부 (2013a). 초등학교 수학과 교과서 1-2학년군 1. 서울: 천재교육.

교육부 (2013b). 초등학교 수학과 교과서(6학년 1학기). 서울: 천재교육.

교육부 (2013c). 초등학교 수학과 교사용 지도서 1-2학년군 4. 서울: 천재교육.

교육부 (2014a). 초등학교 수학과 교사용지도서 3-4학년군(1). 서울: 천재교육.

교육부 (2014b). 초등학교 수학과 교사용지도서 3-4학년군(3). 서울: 천재교육.

국립국어원 (2014). 표준국어대사전. 서울: 국립국어원.

권오남 외 (2009). 학과 교육 영역 창의·인성교육 교수 학습자료 개발 연구. 한국과학창의재단 연구보고서.

권오남, 박지현, 박정숙 (2011). 창의·인성교육을 위한 수학수업 모형 사례. 수학교육, 50(4), 403-428.

권오남 외 (2013). 고등학교 스토리텔링 모델교과서 개발. 한국과학창의재단 연구보고서.

김경희, 김수진, 김미영, 김선희, 강민경, 박효희, 정송 (2009). PISA와 TIMSS 상위국과 우리나라의 교육과정 및 성취 특성 비교 분석. 한국교육과정평가원 연구보고서 RRE 2009-7-2.

김동중, 배성철 (2013). 수학교육에서 창의인성교육에 대한 예비교사들의 인식변화. 한국수학교육학회 학술발표대회논문집, 57-58.

김서령 외 (2013). 중학교 수학 1. 서울: 천재교육.

김홍희, 한기순 (2011). 창의·인성교육에 대한 초등 교사들의 인식의 개념도. 영재와 영재교육, 10(1), 49-72.

류희찬 외 (2014). 고등학교 수학 I. 서울: 천재교육.

문권배 (2000). 수학교육에서 창의인성교육에 대한 예비교사들의 인식변화. 한국수학교육학회 학술발표대회논문집, 141-153.

문용린 외 (2009). 창의·인성교육 활성화 방안 연구. 한국과학창의재단 정책연구, 2009-019.

박만구 (2007). 참여수학을 통한 수학교육 활성화를 위한 모델 개발. 한국학교수학회논문집, 10(4), 567-571.

박만구 (2011). 창의성 신장을 위한 초등수학 과제의 유형. 초등수학교육, 14(2),

117-134.

유충현 (2013). Kant의 '자유'개념이 주는 수학교육적 의의에 관한 연구. 중등교육연구, 61(3), 563-582.

이어령, 이재철 (2012). 지성과 영성의 만남. 서울: 홍성사.

이재학 외 (2013). 중학교 스토리텔링 모델교과서 개발. 한국과학창의재단 연구보고서.

정광인 (2013). CPS(창의적 문제해결)를 통한 수학과 도형 영역의 창의·인성 수업. 대한수학교육학회 창의 및 인성 수학수업 경연대회 자료집.

International Association for the Evaluation of Educational Achievement (IEA) (2014). *Trends in International Mathematics and Science Study. Boston College*. http://timssandpirls.bc.edu/timss2011/ international-results-mathematics.html.

National Council of Teachers of Mathematics (1989). *Curriculum and evaluation standards for school mathematics*. Reston, VA: Author.

The Organisation for Economic Co-operation and Development (OECD) (2014). *Programme for international student assessment*. http://www.oecd.org/pisa/aboutpisa/.

■ **집필진** (가나다순)

고호경 : 아주대학교
김부미 : 원광대학교
김진호 : 대구교육대학교
남미선 : 서울갈현초등학교
박만구 : 서울교육대학교
박지현 : 한국교육과정평가원
서보억 : 충남대학교
이봉주 : 경북대학교
이지은 : Oakland University
이환철 : 한국과학창의재단
장혜원 : 서울교육대학교
조완영 : 충북대학교
조정수 : 영남대학교
주홍연 : 용동중학교
한인기 : 경상대학교
한혜숙 : 단국대학교
황혜정 : 조선대학교

한국수학교육학회 2014년 연보

수학학습 지도 원리와 적용

편 집 황혜정 · 김진호 · 고호경 · 서보억
집 필 고호경 · 김부미 · 김진호 · 남미선 · 박만구 · 박지현
서보억 · 이봉주 · 이지은 · 이환철 · 장혜원 · 조완영
조정수 · 주홍연 · 한인기 · 한혜숙 · 황혜정
펴낸이 조경희
펴낸곳 경문사
펴낸날 2014년 12월 20일 1판 1쇄
등 록 1979년 11월 9일 제313-1979-23호
주 소 121-818, 서울특별시 마포구 와우산로 174
전 화 (02)332-2004 팩스 (02)336-5193
이메일 kyungmoon@kyungmoon.com

값 23,000원

ISBN 978-89-6105-844-5